LIBRETTO

EDGAR ALLAN POE

LA CHUTE DE LA MAISON USHER

Intégrale des nouvelles

Tome 1

Nouvelle traduction de l'anglais (États-Unis)
et préface de
CHRISTIAN GARCIN
et
THIERRY GILLYBŒUF

LIBRETTO

Titre original :
Tales

Édition originale :
The Works of the Late Edgar Allan Poe, Tales, éd. N. P. Willis ; J. R. Lowell & R. W. Griswold, J.S. Redfield, New York, 1850.

ISBN : 978-2-36914-610-0

PRÉFACE

Some like Poe
And others like Scott.
Some like Mrs Stowe ;
Some not.
Robert Louis Stevenson

1. L'HISTORIQUE

Il est impossible, en France, de parler de l'un sans évoquer immédiatement l'autre : c'est dire si le cas Baudelaire-Poe est unique dans les annales littéraires. Traducteur et auteur semblent à ce point indissociables qu'on a parfois presque été tenté de croire que l'écrivain américain était une invention, une création du poète français – au point de considérer, comme l'écrit François Gallix, que «*les récits de Poe traduits par Baudelaire font partie du patrimoine littéraire français*»*. D'ailleurs, les traductions qu'il a faites de ses histoires, qu'elles soient fantastiques ou grotesques, figurent dans certaines éditions des *Œuvres complètes* de Baudelaire, comme pour mieux accréditer cette idée solidement arrimée d'un Edgar Allan Poe sublimé en français par sa baudelairisation.

* François Gallix, «Les traducteurs des histoires d'Edgar Allan Poe», *Loxias* n° 28.

Et dans les *Œuvres* de ce dernier publiées dans la prestigieuse collection de la Pléiade, en 1951, ce sont uniquement les traductions baudelairiennes canoniques qui sont reprises, ce que le préfacier Yves-Gérard Le Dantec justifie ainsi : « *Bien que ce volume ne fasse pas partie des* Œuvres *de Baudelaire dans la Bibliothèque de la Pléiade, c'est encore un texte baudelairien que nous donnons ici, en publiant une édition des œuvres d'Edgar Allan Poe.* »* Il semble en effet entendu que l'auteur des *Fleurs du Mal* aurait considérablement amélioré le style purement *journalistique* d'un Poe à l'imaginaire inspiré mais dont l'écriture manquerait d'envergure – ce qui ne résiste pas vraiment à l'examen de son œuvre, nous y reviendrons. (Walt Whitman ne tenait-il pas Poe pour l'un des « *feux électriques de la littérature américaine* » ?) Or, s'il y a bien eu *baudelairisation* de Poe, ce n'est pas tant dans la version française qu'en a donnée Baudelaire, scrupuleusement fidèle au texte original, que dans le portrait qu'il en a dessiné à travers le choix des histoires : celui d'un écrivain d'un fantastique noir, presque macabre, dont les obsessions auraient été, de son propre aveu, calquées sur celles du poète français : « *Je trouvai, croyez-moi si vous voulez, des poèmes et des nouvelles dont j'avais eu la pensée, mais vague et confuse, mal ordonnée, et que Poe avait su combiner et mener à la perfection...* »** D'ailleurs, dans une lettre à sa mère, du 27 mars 1852, dans laquelle il lui joint sa traduction du « Corbeau » et où il lui explique qu'il travaille toute la nuit à ses traductions pour éviter les « *insupportables tracasseries* » de Jeanne Duval, il écrit : « *J'ai trouvé un auteur américain qui a excité en moi une incroyable sympathie, et j'ai écrit deux articles sur sa vie et ses ouvrages. C'est*

* Yves-Gérard Le Dantec, préface à Edgar Allan Poe, *Œuvres en prose traduites par Charles Baudelaire*, Gallimard « La Pléiade », 1951.

** Charles Baudelaire, *Lettres*, Mercure de France, 1907 (lettre à Armand Fraisse de 1858).

écrit avec ardeur ; mais tu y découvriras sans doute quelques signes d'une très extraordinaire surexcitation. C'est la conséquence de la vie douloureuse et folle que je mène», avant de lui demander : «*Comprends-tu maintenant pourquoi, au milieu de l'affreuse solitude qui m'environne, j'ai si bien compris le génie d'Edgar Poe et pourquoi j'ai si admirablement écrit sa vie et traduit son œuvre ?*»*

Pour autant, Baudelaire ne fut pas le *découvreur* de Poe en France, même s'il ne viendrait à personne l'idée de contester que la renommée que ce dernier a acquise dans cette patrie littéraire d'adoption doit évidemment tout au premier. Mais l'histoire même de cette traversée littéraire de l'Atlantique semble emprunter à ce sens du grotesque et de la mystification qui constitue l'une des marques principales de l'auteur de «Hans Pfaall».

Les premiers récits de Poe parus en français ne sont pas des traductions à proprement parler mais des «adaptations», qui constituent un genre littéraire à part, dont on ne prend même pas la peine de préciser la source et l'auteur auquel ont été faits ces emprunts. C'est ainsi que paraît en deux livraisons, les 3 et 4 décembre 1844, dans un journal royaliste fondé au lendemain de la Révolution française, *La Quotidienne*, une libre adaptation ou «*loose translation*» de «William Wilson» (1839), intitulée «James Dixon, ou la funeste ressemblance». Dans le même organe, les 11, 12 et 13 juin, paraît le premier véritable récit policier français, «Un meurtre sans exemple dans les fastes de la Justice, histoire trouvée dans les papiers d'un Américain», qui n'est rien de moins qu'un «démarquage» et une «version passablement défigurée» (Louis Seydaz *dixit***) des «Crimes de

* *Idem.*

** Louis Seylaz, *Edgar Poe et les premiers symbolistes français*, Imprimerie La Concorde, 1923.

la rue Morgue» (1843) de Poe, que d'aucuns considèrent comme «le premier récit policier de l'histoire de la littérature». Pour des raisons qui échappent à toute logique, la rue Morgue devient la rue de l'Ouest, Dupin s'appelle H. Bernier et n'habite plus boulevard Saint-Germain mais rue de Clichy. Et tous les développements discursifs qui ne servent pas directement l'intrigue sont supprimés – les dix premières pages sont ainsi caviardées – pour renforcer le caractère macabre de cette histoire dont l'horreur ainsi rehaussée est censée répondre aux goûts du jour. Aucun nom d'auteur ne les signe, à l'exception de deux initiales, G.B., qui ne sont évidemment pas celles de Poe, pas une seule fois mentionné, mais celles de Gustave Brunet (1805-1896), polygraphe auteur d'ouvrages de bibliophilie plus ou moins fantaisistes, d'études sur les langues vernaculaires du Sud-Ouest et d'essais religieux allant des *Curiosités théologiques* au *Dictionnaire des apocryphes*. Mais sous le pseudonyme de Philomneste Junior, il est surtout l'auteur d'un essai bibliographique sur la littérature excentrique qui a fait date, les *Fous littéraires* (1880).

Entre ces deux «adaptations» de Brunet, va d'abord paraître «Une Lettre volée» (1844) dans *Le Magasin pittoresque* d'août 1845, brochure illustrée façon *Penny Magazine*, dont la traduction n'est pas signée et dans laquelle le nom de Poe ne figure toujours pas. Une fois encore, bien que l'action se déroule à Paris dans la version originale de cette «*nouvelle absolument sensationnelle, qu'on pourrait même considérer comme fondamentale pour un psychanalyste*»* d'après Lacan, les noms sont changés sans que l'intrigue y gagne : Dupin est cette fois rebaptisé Armand Verdier et habite désormais rue Saint-Honoré.

* Jacques Lacan, *Le Séminaire*, Seuil, 1978.

Mais trois mois plus tard, le nom de Poe apparaît pour la première fois en France. En effet, *La Revue britannique*, mensuel fondé vingt ans plus tôt et offrant un «choix d'articles traduits des meilleurs écrits périodiques de la Grande Bretagne», propose dans son numéro de novembre 1845 «Le Scarabée d'or», précédé de cette notice : «*Les Contes de M. E. Poe, Américain, dont nous avons voulu donner une idée aux lecteurs de la* Revue Britannique *ont été imprimés en un volume après avoir paru successivement dans un* Magazine *des États-Unis.*» Pour la première fois, le nom de Poe est mentionné, et derrière les initiales A.B. du traducteur, censées être celles d'un certain Alphonse Borghers, se cache en réalité le directeur de la revue, Amédée Pichot (1795-1877), traducteur de Dickens, Thackeray, Bulwer-Lytton, Scott, Byron ou Lamb.

Pour autant, cette véritable première traduction de Poe en français passe plus ou moins inaperçue, sauf pour l'un des collaborateurs de la *Revue Britannique*, un certain Paul-Émile Daurand-Forgues (1813-1883), ancien avocat qui a renoncé au barreau et grand ami de Stendhal. Parfaitement bilingue, signant des initiales O.N. pour «Old Nick», l'un des sobriquets du diable chrétien dans les fables médiévales, il donne des études sur des auteurs anglais et américains, se faisant un ardent défenseur de la littérature anglo-américaine à laquelle Chateaubriand reprochait, de façon expéditive, son manque d'originalité. Il sera ainsi le premier traducteur de Nathaniel Hawthorne, et le premier à parler de Melville, en donnant en 1853 un long «résumé» de *Moby Dick* (1851) dans la *Revue des Deux-Mondes*. Dans le numéro de septembre 1846, il donne «Une Descente au Maelström», traduction signée O.N. et précédée de cette note du rédacteur : «*Cet article est de M. Edgar Poe, auteur américain dont nous avons publié le* Scarabée d'or».

Le mois suivant, dans *Le Commerce*, O.N. propose «Une

sanglante énigme », nouvelle adaptation des « Crimes de la rue Morgue », ramenée à sa portion congrue, puisqu'elle ne fait que quatre pages, qu'il est juste précisé que l'histoire appartient à un « feuilletoniste américain » et que l'action est cette fois transplantée à Baltimore... où Poe mourra trois ans plus tard, presque jour pour jour. Cela pourrait n'être qu'un épisode supplémentaire dans la réception masquée de Poe en France, n'était le fait que c'est par cette énième « *loose translation* » que le scandale arrive – mais un scandale propice puisqu'il permettra de faire connaître enfin le nom de l'écrivain américain en France et d'attirer l'attention sur lui de ses deux premiers véritables passeurs, Isabelle Meunier et, par elle, Charles Baudelaire. Comme l'écrira Remy de Gourmont, « *il y a presque toujours au début des grandes renommées littéraires, même les mieux justifiées, un scandale, un procès, un bruit extérieur à l'œuvre* »*.

En effet, le 14 octobre, deux jours après la parution d'« Une sanglante énigme », *La Presse*, qui avait un compte à régler avec Daurand-Forgues, crie au plagiat, en soulignant que la nouvelle parue dans *Le Commerce* est « à quelques mots près, entièrement pris[e] et textuellement copié[e] » du feuilleton paru dans *La Quotidienne* en juin – Old Nick, que Baudelaire taxait de « pirate » et d'« écumeur des lettres », ayant pris la (« vaine ») précaution de modifier les noms des personnages et de transposer l'action de Paris à Baltimore. Daurand-Forgues rétorque aussitôt dans *Le National*, le 15 octobre, en démontrant que si plagiat il y a eu, il n'est pas de son fait, mais bel et bien de « G.B. » qui avait publié sa propre adaptation dans *La Quotidienne*, alors que lui n'a fait que puiser dans « *les* Contes *d'E. Poe, littérateur américain* » la matière de

* Remy de Gourmont, *Promenades littéraires*, Mercure de France, 1904.

son propre conte, avant de conclure : «*Il ne s'agit ni de plagiat, ni de vol, ni de copie, ni rien qui en approche. Et la source de l'article en question n'est pas celle qu'il indique, mais bien celle-là même où avant moi, ce semble, un rédacteur de la* Quotidienne *avait trouvé les éléments du récit que j'ai reproduit à ma guise.*» Le même jour, comme pour mieux enfoncer le clou et étayer sa défense, il publie un long essai dans la *Revue des Deux-Mondes*, intitulé «Études sur le Roman anglais et américain (les contes d'Edgar A. Poe)», qui constitue la première étude en français consacrée à Poe qu'il décrit comme un «*chercheur de problèmes à résoudre*».

Le différend ira jusqu'au procès, et la *Gazette des Tribunaux* fait remarquer, loin de se douter à quel point elle a raison : «*Grâce à M. Forgues, tout le monde va savoir que M. E. Poe fait des contes en Amérique…*» Poe lui-même finira par en avoir vent, qui écrit le 30 décembre suivant, à l'éditeur Evert A. Duyckinck : «*Mrs Clemm m'a raconté ce matin que certains journaux parisiens avaient parlé de mes* Crimes de la Rue Morgue. *Elle n'a pas pu me donner de détails – me disant simplement que vous le lui aviez dit.*»

Sans doute est-ce le bruit fait autour de cette affaire qui attira l'attention d'une jeune Anglaise de Brighton, Isabella-Mary Hack, mariée à un publiciste français, Amédée Meunier, à moins qu'elle n'ait lu l'essai de Daurand-Forgues, qui écrit que «Le Chat noir *nous rappelle les plus sombres inspirations de Théodore* [sic] *Hoffmann*». Toujours est-il que le 27 janvier 1847, trois mois seulement après que la polémique eut éclaté, elle donne dans le journal fouriériste *La Démocratie pacifique*, «Le Chat noir», première de ses cinq traductions, qu'elle signe Isabelle Meunier, avant d'offrir quatre jours plus tard, la première traduction authentique de la nouvelle par laquelle le scandale était arrivé, qu'elle intitule «L'Assassinat de la Rue Morgue».

On sait que c'est la lecture de cette première traduction par Isabelle Meunier qui va être déterminante pour Baudelaire, comme il l'avoue à Théophile Thoré, dans une lettre de 1864 : « *Savez-vous pourquoi j'ai si patiemment traduit Poe ? Parce qu'il me ressemblait. La première fois que j'ai ouvert un livre de lui, j'ai vu, avec épouvante et ravissement, non seulement des sujets rêvés par moi, mais des phrases, pensées par moi, et écrites par lui, vingt ans auparavant.* »* La première traduction de Poe par Baudelaire, « Révélation magnétique », paraît le 15 juillet 1848 dans *La Liberté de Penser*. Suivront quarante-trois autres nouvelles et plusieurs articles, malheureusement nourris principalement à la source empoisonnée par la jalousie du *Mémoire* qu'avait publié le révérend Rufus Wilmot Griswold, dans lequel il dressait le portrait d'un écrivain raté et alcoolique dont les obsessions macabres étaient celles d'un esprit fortement dérangé. Le choix même des nouvelles traduites par Baudelaire viendra conforter la légende d'un maître du fantastique noir et lugubre, et celles qu'il a écartées seront longtemps tenues, parfois injustement, pour négligeables ou de seconde catégorie. Cette image d'Épinal dans laquelle la postérité a figé Poe comme un insecte pris dans l'ambre a relégué au second plan, quand elle ne l'a pas totalement occulté, le trait principal de la plupart de ses histoires : un sens aigu du grotesque très ancré dans un contexte littéraire et politique, nombre de ses charges, plus ou moins déguisées, visant ses contemporains, qu'ils soient écrivains ou politiciens.

* Charles Baudelaire, *Lettres*, op.cit.

C'est à partir de la publication du « Manuscrit trouvé dans une bouteille », au début de 1833 et non en 1831 comme il l'indique curieusement à la fin de la nouvelle, qu'Edgar Allan Poe entre, si l'on peut dire, dans sa brève et tourmentée carrière littéraire. À cette époque, Poe est un jeune homme de vingt-quatre ans de constitution plutôt fragile, qui avait été orphelin de père et de mère à l'âge de deux ans (l'un, David Poe, était un comédien tuberculeux et alcoolique, l'autre, Elisabeth Arnold, mourut à 25 ans de la tuberculose, ou d'une pneumonie, on ne sait pas très bien – pour faire bonne mesure, son frère William Henry, lui-même tuberculeux et alcoolique, ne dépassera pas les 24 ans, tout comme sa future épouse, sa cousine Virginia, morte au même âge de la même maladie), et ensuite recueilli et adopté par la famille Allan, de riches négociants de tabac, grâce à quoi il reçut une éducation d'aristocrate virginien. Adolescent « solitaire et rêveur » ainsi que le décrivaient ses professeurs, puis étudiant, avant de s'engager brièvement comme volontaire dans l'artillerie sous le nom d'Edgar Allan Perry, le jeune homme est très tôt taraudé par l'écriture, notamment par la poésie, grâce à quoi il espérait gagner sa vie. Il publia même en 1829 une plaquette de poèmes, *Tamerlan and other poems*, qui se vendit à une bonne cinquantaine d'exemplaires. En 1831 il est à Baltimore chez sa tante Maria Clemm, dont il épousera quatre ans plus tard la fille Virginia, sa cousine donc, âgée de 13 ans au moment de leur mariage, et fait paraître anonymement quelques contes dans le *Philadelphia Sunday Courrier*. La plupart de ses autres contes sont ensuite refusés, sauf le « Manuscrit trouvé dans une bouteille », qui paraît en juin 1833 dans le *Baltimore Sunday Visiter*, et obtient même un prix doté de 50 dollars. Il attire l'attention d'un journaliste réputé, John Kennedy, grâce à qui il pourra entrer comme chroniqueur, puis responsable éditorial, au *Southern litterary messenger*, dont il démissionnera quelques années plus tard. Les publications se suivent alors et le succès est parfois au rendez-vous ; certains contes comme « La chute de la Maison Usher » (1839) sont même célébrés, mais l'argent continue de manquer et Edgar Poe, « Eddy » ainsi que le surnommait son épouse et cousine Virginia, embrassera cette carrière de chroniqueur dans différents journaux de la côte est. Il y sera féroce et impitoyable, et se fera de nombreux ennemis. À partir de 1842 Virginia tombe malade. Eddy et elle s'installent dans un petit cottage à la campagne, dans le Bronx, aujourd'hui un quartier de New York, où Virginia meurt en 1847, à l'âge de vingt-quatre ans. Edgar quitte New York, lui survit deux ans, et meurt dans des circonstances assez troubles et toujours pas élucidées à l'hôpital de Baltimore en octobre 1849, à l'âge de quarante ans.

3. LA LÉGENDE

Comme l'avait écrit Valery Larbaud, « *traduire un ouvrage qui nous a plu, c'est pénétrer en lui plus profondément que nous ne pouvons le faire par la simple lecture, c'est le posséder plus complètement, c'est en quelque sorte nous l'approprier** ». C'est ainsi qu'il existe chez la plupart des lecteurs une idée reçue particulièrement tenace qui veut que Baudelaire ait « surbaudelairisé » Poe, et l'ait en quelque sorte noyé de son ombre, empêchant ainsi le lecteur français de se faire une idée de ce qu'est réellement la teneur de sa prose, celle-ci ayant été phagocytée, triturée, métamorphosée par la langue

* Valery Larbaud, *De la traduction*, Actes Sud, 1984.

baudelairienne. Or, rien n'est plus faux. Baudelaire ne s'est pas le moins du monde éloigné de Poe : il fut au contraire un traducteur extrêmement fidèle, scrupuleux, beaucoup plus que les autres traducteurs qui se sont chargés, après lui, des nouvelles qu'il n'avait pas traduites. Il colle de très près au texte de Poe, et si sa traduction est belle c'est parce qu'il s'agit d'une belle langue anglaise traduite par un grand poète français, et non parce que celui-ci se serait éloigné de l'original pour proposer une œuvre marquée presque exclusivement de son sceau. Au demeurant, la traduction de Baudelaire, si elle est (évidemment) belle à bien des égards, n'est (évidemment) pas exempte d'erreurs, de contresens, d'obscurités et de lourdeurs absentes de l'original. Parfois ce sont de simples détails : dans « Morella », des yeux sont *limpides* au lieu d'être *vitreux* ; dans « Parmi les lions », le sixième *ciel* devient le sixième *siècle* ; dans « Ombre », les gens sont *heureux* au lieu d'être *nerveux*, et *cruellement* éveillés au lieu de l'être *parfaitement* ; dans « Ligeia », une *obstination* devient *perversité*, et un corps, au lieu de *solide*, est qualifié d'*audacieux*, etc. D'autres fois, ce sont des contresens dus à de faux amis : une traduction mot à mot de « *I feel for you* », par exemple, qui, au lieu de « je compatis », devient « je sens pour toi » – ce qui, force est de le reconnaître, ne veut pas dire grand-chose ; ailleurs, le *comportement* (« *habits* ») de William Wilson devient son *costume*, etc. D'autres fois encore, ce sont d'assez obscures formulations : ici, un *petit médecin* est qualifié d'*homme médical* ; là, le soleil est qualifié de *seigneur médiatisé* ; ailleurs, une joyeuse excitation devient un *délice âcre*, le brouhaha une *commotion*, et un interlocuteur un *interrupteur*… Mais il serait fastidieux, et parfaitement vain, de relever ici toutes les erreurs, voire toutes les lourdeurs de la traduction de Baudelaire, dues pour l'essentiel – pour ce qui concerne ces dernières en tout cas – à un état de la langue qui a évolué depuis 1860. Certaines expressions qui «passaient» il y a un siècle et demi font aujourd'hui tiquer le lecteur. D'autres mots ont complètement disparu des dictionnaires actuels. Qui sait aujourd'hui qu'une «lisière» était une laisse pour enfants, qui saurait encore situer le crépuscule au petit matin, à part quelques subtils connaisseurs de la langue française? On dit qu'il faudrait, pour quelque œuvre littéraire que ce soit, une nouvelle traduction par génération. Celle de Poe, pour les deux tiers de ses récits, date d'il y a un siècle et demi. C'est peu dire que toute traduction est sujette à révisions, et celle de Baudelaire, toute canonique qu'elle a été considérée jusqu'à aujourd'hui, n'échappe pas à la règle.

Selon une autre idée reçue, la langue de Poe serait plate, ou pauvre, et Baudelaire l'aurait rehaussée, améliorée. Là aussi, rien de plus faux. La langue de Poe est classique et précise, et certains passages sont d'ailleurs considérés comme des sommets de la prose américaine: c'est le cas pour le début de «La chute de la Maison Usher», par exemple, pour «William Wilson», pour «La fosse et le pendule» ou bien encore pour le dialogue céleste «Le pouvoir des mots», dont le critique et universitaire C. Alphonso Smith disait d'un passage (qui d'ailleurs inspira Whitman) qu'il était «*inégalé dans la prose anglaise ancienne ou moderne*». Il est donc tout à fait erroné de prétendre, comme l'a fait le très estimable Simon Leys*, et d'autres avec lui, que Baudelaire aurait «amélioré» Poe – pas plus qu'il ne l'a «baudelairisé». Si remarquable que soit à bien des égards la traduction de Baudelaire, il semble d'ailleurs que ce soit Poe qui ait imprimé sa marque sur lui, davantage que l'inverse (n'oublions pas que Baudelaire traduit Poe plusieurs années avant d'écrire *Les fleurs du mal.*)

* Dans *L'ange et le cachalot*, Seuil 1998.

Poe en tout état de cause était un styliste, et cela constituait probablement un frein à sa popularité. Un éditeur new-yorkais, ayant refusé des textes qu'il lui avait envoyés, lui répondit ceci : «*Le nombre de ceux qui, dans ce pays, sont capables d'apprécier et de savourer des écrits tels que les vôtres est en vérité très restreint.*» Et Nathaniel Parker Willis, le directeur du *New York Mirror*, estimait quant à lui que «*M. Poe écrivait avec une difficulté fastidieuse et dans un style trop au-dessus du niveau populaire pour être bien payé*».

Or Poe, c'est un fait, veut avoir du succès. «*Dès l'année 1831*, écrit Georges Walter*, [son] *projet* [...] *est très clair: écrire des contes pour récolter lecteurs et renommée. Une étude quasiment statistique lui a permis d'observer le succès du roman gothique anglais, du fantastique germanique et plus généralement d'un vaste marché du cauchemar où se marient le Moyen-Âge, le sang et le soufre, dans un décor de vampires, de goules et de souterrains gluants.* [...] *Telle est l'origine, nécessaire à connaître mais non suffisante, de cet art de la terreur à quoi le nom de Poe est attaché comme un produit à son terroir.*» Mais voilà : en dépit de sa volonté de toucher un large public, Poe n'est pas un de ces fabricants au kilomètre d'histoires fantasques ou absurdes que l'on trouve dans des revues comme le *Blackwood's Edinburgh Magazine*, qu'il caricaturera notamment dans «Le souffle perdu», «Comment écrire une histoire façon Blackwood» ou «Un beau pétrin». Il récupère cependant divers motifs des lectures de l'époque : le gothique anglais dans «La chute de la Maison Usher», le fantastique allemand dans «Le souffle perdu», où le personnage perd son souffle comme Peter Schlemihl son ombre dans le roman de Chamisso. On peut aussi trouver Hoffmann à travers la

* Georges Walter, *Enquête sur Edgar Allan Poe, poète américain*, Phébus 1998.

figure du double dans «William Wilson», ainsi que dans les diableries de «Bon-Bon», du «Diable dans le beffroi» ou du «Roi Peste» – mais ces contes ne relèvent jamais de la magie noire, ni de l'esprit de sérieux que certains, ailleurs, leur insufflent : il s'agit chez Poe de contes humoristiques, ou grotesques, jamais véritablement inquiétants. Aussi procède-t-il le plus souvent en parodiant ces histoires farfelues que débite à la louche le *Blackwood* et d'autres journaux. Le problème – mais est-ce vraiment un problème ? – est qu'il lui arrive de *trop bien* parodier : ainsi, «'Manuscrit trouvé dans une bouteille', *qui ouvrait le cycle de l'*"In-folio' *et se voulait une imitation des récits de voyages rocambolesques, n'a plus rien, à nos yeux, d'une parodie. Ce vaisseau-fantôme surgi sur la vague géante, ce très vieil équipage murmurant qui n'est pas invisible mais* ne voit pas *le narrateur, nous y croyons parce que l'artiste est trop* juste. *Il a raté sa parodie**. »

Il ne faudrait cependant pas se borner à voir dans les contes de Poe de simples imitations d'Hoffmann ou du gothique anglais, pas plus qu'il ne faut systématiquement y voir des fragments d'autobiographie, à la suite de ce qu'ont voulu y lire Marie Bonaparte ou Baudelaire – lesquels se sont basés ensuite sur cette clé interprétative pour proposer le portrait d'un Poe sombre et maladif, intimement torturé d'angoisses permanentes, un ange noir et incompris écrivant des histoires terrifiantes, un corbeau sur l'épaule, une bouteille de scotch à ses côtés, et quelques chauves-souris voletant au-dessus de son crâne – bref : la légende. «*En dépit des allusions personnelles ici et là répandues*, écrit Georges Walter, *voir en Ligeia l'image de Virginia et dans le narrateur du "Chat noir" un autoportrait de l'auteur, bref, chercher l'auteur comme on cherche la femme, c'est perdre de vue*

* *Ibid.*

le sens sous-jacent et suggéré, le deuxième regard sans lequel la fiction, selon Poe, n'a aucun intérêt.»* [*]

De façon générale, il faut relever chez Poe une notion fondamentale, à ne *jamais* perdre de vue lorsqu'on le lit, qui est l'opposition entre la fantaisie («*fancy*») et l'imagination. La première est une rêverie aléatoire et gratuite, un jeu de l'esprit qui vagabonde allègrement, libre de toute entrave conceptuelle. Poe la rejette absolument. La seconde en revanche s'apparente à une profonde intuition fondée sur la connaissance objective des faits, et peut permettre d'accéder à la vérité. C'est ce que démontrera par exemple le détective Auguste Dupin dans les trois nouvelles qui lui sont consacrées, «Les crimes de la rue Morgue», «Le mystère de Marie Roget» et «La lettre dérobée», dans les tomes II et III de la présente édition. Poe n'est pas un rêveur – ou alors c'est un rêveur rigoureux. Même lorsqu'il se risque à d'ardues théories cosmogoniques, comme dans son essai *Eurêka*, «*son modèle cosmologique n'est pas le fruit de son imagination débridée. Partant d'un principe métaphysique, dit de l'Unité originelle de la matière, son univers est compatible avec les idées astronomiques de son époque et la physique newtonienne sur laquelle il s'appuie*[**].» C'est ainsi qu'il sera le premier auteur moderne «*à concevoir une histoire de l'univers faisant immanquablement penser à celle décrite par la théorie du Big Bang*[***]». On peut trouver quelques échos de ces théories dans «Conversation entre Eiros et Charmion», ainsi que dans les deux autres dialogues célestes de deux âmes au Paradis, «Le colloque de Monos et Una» et «Le pouvoir des mots» (tomes II et III).

* *Ibid.*
** Thomas Lepeltier, *Univers parallèles*, Seuil 2010.
*** *Ibid.*

Non, Poe n'est pas un rêveur; il n'est pas non plus un poète maudit, ni un ivrogne invétéré, et encore moins un opiomane. Telles sont pourtant les idées reçues le concernant. Les deux responsables de ces légendes sont en premier lieu Rufus Wilmot Griswold, l'exécuteur testamentaire de Poe, qui après sa mort œuvrera largement pour le discréditer, et Charles Baudelaire qui, «*pour façonner le personnage du poète maudit qu'il voulait voir en Edgar Poe* [...] *n'hésita pas à utiliser les vices et bassesses que Griswold a si adroitement prêtés au poète américain*»*. Pour écrire son premier portrait de Poe, Baudelaire puisa largement dans la notice nécrologique d'un journaliste (John Daniel, rédacteur en chef de l'*Examiner* de Richmond), mais il évita soigneusement, par exemple, de prendre en considération ce passage, qui allait à l'encontre de la volonté de Baudelaire de faire de Poe un poète inspiré par l'absorption massive d'alcool: «*Son goût pour la boisson était une simple maladie, ce n'était ni une source de plaisir, ni une source d'excitation*». L'opium, Poe n'y a jamais touché. Quant à l'alcool, il en buvait peu, mais en raison d'une faiblesse, ou défaillance, de sa constitution, ce peu suffisait à provoquer chez lui des états de perte de repères et d'ébriété maladive – et certainement pas, en dépit de ce qu'aurait souhaité Baudelaire, de puissantes illuminations créatrices, ni une quelconque source d'inspiration, bien au contraire: le pauvre homme perdait alors tous ses moyens. On peut citer ici un passage d'une longue lettre que Poe écrivit à William E. Burton**: «*À aucune période de ma vie je n'ai été ce qu'on appelle intempérant. Je n'ai jamais eu* l'habitude *de m'enivrer. Je n'ai jamais bu de* petits verres *ni rien de la sorte* [...]. *Mais*

* Claude Richard, *Edgar Poe, journaliste et critique*, Klincksieck 1978 (cité par Georges Walter, op.cit.).

** Lettre à William E. Burton du 1er juin 1840, citée dans Walter, op. cit.

pendant une brève période où je vivais à Richmond comme rédacteur en chef du Messenger, *alors, oui, je me suis laissé aller, à de longs intervalles, à la tentation, répandue dans tous les milieux, de l'esprit convivial du Sud. Mais mon tempérament vulnérable ne pouvait supporter une excitation qui était, pour mes compagnons, une affaire quotidienne.* [...] *Après chacun de ces excès j'étais invariablement cloué au lit.* » Sur ce sujet, laissons le mot de la fin à George Bernard Shaw : « *Edgar Poe a bu autant d'alcool dans toute sa vie qu'un Américain moderne qui a réussi en absorbe en six mois.* »

Poe, donc, n'est pas plus un rêveur qu'un opiomane ou un buveur compulsif : ses histoires sont précises, organisées, scrupuleusement référencées, et toujours à considérer en fonction de la vie politique, littéraire et éditoriale de l'époque à laquelle elles ont été écrites. La majorité d'entre elles, en effet, sont abondamment cryptées et, le temps ayant fait son œuvre depuis lors, elles pourraient à bon droit passer, aux yeux d'un lecteur du XXIe siècle, pour d'aimables et discutables fantaisies (dans le sens de « fancy », justement, que rejetait Poe) si on ne les recontextualisait pas. Ainsi « Le roi Peste » (sous-titré, pour faire bonne mesure : « Histoire contenant une allégorie ») ne peut-il être pleinement apprécié si on ne sait pas que Poe, clairement engagé dans la vie politique de son époque, était favorable aux Républicains, et que la nouvelle est une charge violente et caricaturale contre le Président démocrate des États-Unis, Andrew Johnson, et son entourage – tout comme l'est « Quatre bêtes en une » ; que « Le diable dans le beffroi » vise à ridiculiser par de nombreuses allusions le successeur de Johnson, Martin Van Buren (président démocrate des États-Unis de 1837 à 1841) ; ou que « L'homme rafistolé » est une critique du vice-président Richard Mentor Johnson. Les allusions à la vie littéraire de l'époque sont également constantes : « Une histoire de Jérusalem » est écrit en référence à un roman du Britannique Horatio Smith ; « Bon-Bon » à un autre roman, de l'Écossais Thomas Carlyle ; « Mystification » est à considérer en regard d'une joute littéraire ayant opposé Poe à Theodore Sedgwick Fay, le rédacteur du *New York Evening Mirror*, la nouvelle étant une parodie d'un chapitre d'un roman de Fay, etc. Toute l'œuvre de Poe, les deux tomes suivants ne le démentiront pas, est étroitement inscrite dans son époque, et y fait constamment référence, que ce soit par le choix des thèmes, des personnages ou des situations.

4. LA TRADUCTION

À plus d'un titre, une nouvelle traduction des récits d'Edgar Allan Poe s'imposait comme une nécessité. Longtemps considérée comme intouchable, celle qu'avait donnée Baudelaire, malgré ses indéniables qualités, n'en comportait pas moins quelques défauts qui relevaient d'erreurs, de lourdeurs ou bien d'un vieillissement de la langue et de la façon de traduire. Par ailleurs, en choisissant de ne traduire, pendant dix-sept ans, que les deux tiers des histoires « fantastiques » ou « grotesques » de l'écrivain américain, Baudelaire a involontairement plongé dans l'ombre celles qu'il a écartées ou négligées, qui s'en sont trouvées implicitement dépréciées ou ignorées. Il a, par ailleurs, esquissé un portrait faussé de Poe, auteur maudit, macabre et gothique, porté aux excès, nourri d'une part à l'identification de Baudelaire avec lui et les obsessions qu'il lui prête et dans lesquelles il se reconnaît, d'autre part à la légende noire et noircie qu'a entretenue sitôt après sa mort le redoutable révérend Griswold, légende tenace malgré les dénégations et les précieuses corrections apportées par des amis du défunt, comme Sarah

Helen Whitman – avec laquelle, quelques années plus tard, Mallarmé entrera en contact. Il est proposé ici aux lecteurs français une traduction intégrale et chronologique des histoires et récits d'Edgar Allan Poe, réalisée par un seul et même traducteur, en l'occurrence dédoublé mais travaillant en symbiose. La présentation chronologique et non plus – parfois arbitrairement – thématique de ces nouvelles constituera sans doute une révélation ou une découverte pour nombre de lecteurs, en ce qu'elle tend à diluer le fantastique lugubre que l'on prête volontiers à Poe, pour mieux faire ressortir son sens aigu du grotesque.

Venir après l'auteur du *Spleen de Paris* aurait pu relever d'une gageure risquée s'il s'était uniquement agi de « débaudelairiser » Poe à tout prix. Mais à aucun moment, notre façon d'aborder ce travail ne s'est inscrite dans cette démarche. Pour toutes les raisons exposées ci-dessus, il était nécessaire de montrer l'auteur américain *tel qu'en lui-même*, en n'offrant pas une organisation des récits selon un ordre ou des affinités qui ne sont pas le fait de l'auteur, et en proposant l'intégralité des proses fictionnelles de Poe restituées par une seule et même voix.

Le regretté Antoine Berman avait forgé le néologisme de « défectivité » pour désigner « *toutes les formes possibles de défaut, de défaillance, d'erreur dont est affectée* toute *traduction*[*]. » Quant aux traductions à ambition « littéraire », il indique qu'elles sont « *généralement partielles et, comme on sait, les plus frappées de défectivité* ».

Pour ce qui concerne celle que nous proposons ici, il n'est pas question de soumettre totalement la langue de Poe à la nôtre, ou au dénominateur commun des deux nôtres. La

* Antoine Berman, *Pour une critique des traductions : John Donne*, Gallimard 1995.

« défectivité » serait ici à son comble. Pour autant il s'agit d'adapter tous les paramètres langagiers, littéraires, culturels et historiques qui déterminaient « le sentir, l'agir et le penser » de Poe à nos propres paramètres, et restituer le tout dans une langue accessible aujourd'hui, sans trahir évidemment celle du texte original. Nos propres rapports à la langue anglaise, à la langue française, à la littérature en général, à l'écriture, à l'expérience d'autres traductions, à l'œuvre de Poe, à la traduction existante de Baudelaire (et des autres, pour un tiers des nouvelles), à la lecture de théories de la traduction, sont ainsi déterminants.

Il y a dans le geste du traducteur une conjonction qui prend en compte la position traductive (quel parti-pris ?), la position langagière (le rapport aux deux langues en œuvre) et la position scripturaire (le rapport à l'écriture). En ce qui nous concerne, la position traductive est la suivante : il s'agit d'une *littéralité contrôlée*, c'est-à-dire d'un « collage » au plus près du texte, sans faire preuve de « servilité », ou d'effacement total devant l'œuvre – ce qui ne serait ni plus ni moins que l'anéantissement du traducteur. Par ailleurs, si traduire sans subjectivité est chose impossible, il s'agit de ne pas non plus se laisser envahir par elle. Ni « informité caméléonesque », ni « liberté capricieuse », ni « tentation de l'effacement » mais un travail de proximité vigilante par rapport au texte original. Notre idéal serait sans doute de parvenir à cet état d'objectivité réceptive qui est celui des auteurs des haïkus japonais : être « à l'écoute », mais sans interférer outre mesure, ou du moins sans noyer l'original sous le flot de notre propre subjectivité – c'est-à-dire atteindre à un état de moindre « défectivité » en n'ayant pas de visée déformatrice qui viendrait atténuer les composantes du texte original. Et il faut dire ici que le fait de travailler à deux aide sans doute grandement à contourner cette menace.

Georges Mounin écrivait jadis*: « *Tous les arguments contre la traduction se résument en un seul: elle n'est pas l'original* ». Ici la tâche est doublement ardue, mais aussi doublement nécessaire, car la traduction que nous proposons, outre qu'elle n'est pas l'original, n'est pas non plus *la traduction* originale, celle de Baudelaire qui, dans nos esprits de lecteurs français, se confond si aisément avec le texte de Poe – pour les deux tiers des nouvelles du moins. Notre traduction, si elle n'est pas l'original, se propose néanmoins d'être *tournée* vers lui, avec un recul de cent soixante-dix ans qu'il nous est interdit, et au demeurant impossible, de nier, mais dont nous devrons inévitablement rendre compte par un double mouvement qui consiste à adapter le texte à un lectorat contemporain, tout en lui collant au plus près. « *Ou bien traduire n'a aucun sens, ou bien le lien avec l'original doit être plus étroit qu'il n'est d'usage*** . »

Christian GARCIN & Thierry GILLYBŒUF.

* In *Les belles infidèles*, Cahiers du Sud.
** Op. cit.

UN RÊVE[1]

Voici quelques jours, à la nuit tombée, je me suis mis au lit. Depuis des années, j'ai l'habitude de parcourir quelques pages des Écritures avant de fermer les yeux et de m'abandonner au doux sommeil de la nuit. C'est ce que je fis ce soir-là. Je tombai par hasard sur les lignes où le souffle divin relate l'agonie du Créateur de toutes choses[2]. Le souvenir de ce passage, ainsi que les scènes consécutives au moment où il avait rendu l'âme, me poursuivirent durant mon sommeil.

Il y a certainement quelque chose d'incompréhensible et de mystérieux dans la manière dont s'organisent parfois les caprices de notre imagination. Mais cela relève davantage du domaine du physiologiste que de celui du «rêveur» insouciant... J'étais, semble-t-il, un pharisien qui rentrait du lieu du supplice. J'avais aidé à planter les clous acérés dans la paume du crucifié – spectacle de la plus vive douleur qu'un mortel puisse éprouver. Je pouvais entendre les gémissements qui lui traversaient l'âme, tandis que j'enfonçais dans sa chair les fers grossiers qui lui raclaient les os.

Je m'éloignai de quelques pas du lieu de l'exécution, puis me retournai pour contempler mon plus coriace adversaire. Le Nazaréen n'était pas encore mort : la vie s'attardait encore dans son enveloppe de chair, comme si elle redoutait le moment où elle aurait à marcher, seule, dans la vallée de la mort. Il me semblait que je pouvais distinguer la sueur froide qui perlait à grosses gouttes sur le front du mourant. Je pouvais voir chacun de ses muscles frémir. Ses yeux perdaient de leur éclat et se figeaient peu à peu dans le regard fixe et creux des cadavres. Je pouvais entendre le faible gargouillis qu'émettait sa gorge. Un moment encore… puis la chaîne de l'existence fut rompue – et un de ses maillons tomba dans l'éternité.

Je fis demi-tour et déambulai avec indolence vers le centre de Jérusalem. Non loin de moi s'élevaient les hautes tourelles du Temple. Son toit doré, qui reflétait les rayons du soleil, était aussi étincelant que le soleil lui-même. Un sentiment de fierté m'envahissait peu à peu, tandis que je contemplais les champs immenses et les hautes montagnes qui entouraient la ville, cet orgueil du monde oriental. Sur ma droite s'élevait le mont des Oliviers, recouvert de vignes et de vergers. Au-delà, aussi loin qu'il était possible de voir, c'était un empilement de montagnes. Sur ma gauche s'étendait la magnifique plaine de Judée. Et en voyant le rapide ruisseau Cédron se frayer un chemin à travers les prairies jusqu'au lac tout là-bas, je me disais qu'il s'agissait d'une claire métaphore de l'existence humaine. Je pouvais entendre le chant joyeux d'une belle jeune fille qui glanait des épis au milieu des blés lointains, ainsi que le sifflet strident de la flûte d'un berger qui, répercuté d'écho en écho, rappelait à son bercail l'agneau errant. Une beauté parfaite, inouïe, semblait avoir pris possession de la nature animée.

Mais « un changement survint dans l'esprit de mon rêve[3] » ; je sentis un froid soudain m'envahir. Instinctivement, je me tournai vers le soleil, et vis une main qui lentement le recouvrait d'un voile de crêpe. Je cherchai les étoiles : plus aucune ne brillait, car la même main les avait enveloppées dans le même signe de deuil. La lumière argentée de la lune n'était pas encore apparue sur les vagues lentes de la mer Morte qui psalmodiaient le rauque requiem des villes de la plaine. Elle dissimulait son visage, comme si elle redoutait de voir ce qui était en train de se dérouler sur terre. J'entendis comme un faible gémissement, tandis que l'esprit des ténèbres déployait ses ailes sur un monde abasourdi.

Un désespoir indicible m'envahit alors. Je sentais le torrent de la vie refluer lentement vers sa source, tandis que grandissait en moi la pensée terrifiante que le jour du châtiment était venu.

Soudain, je me trouvai devant le Temple. Son voile, qui avait toujours maintenu ses secrets à l'abri du regard des impies, était maintenant déchiré. Je jetai un œil à l'intérieur : debout devant l'autel, le prêtre offrait les sacrifices expiatoires. Le feu, où devaient être incinérés les membres mutilés de la victime, illumina quelque temps les murs les plus distants, puis il s'éteignit et fut absorbé dans les ténèbres. Le prêtre se retourna, pour le raviver aux flammes des chandeliers, mais elles aussi avaient cessé de brûler. Tout était immobile, comme dans un tombeau.

Je fis demi-tour et me précipitai dans les rues. Elles étaient vides. Aucun bruit ne venait rompre le silence, à l'exception des hurlements d'un chien sauvage qui se délectait de cadavres à moitié carbonisés dans la vallée du Hinnom[4]. Je vis une faible lumière qui provenait d'une fenêtre distante et me dirigeai vers elle. La porte était ouverte. Je regardai à l'intérieur. Une veuve était en train de préparer les dernières bouchées qu'elle avait pu rassembler pour nourrir son bébé agonisant. Elle avait allumé un petit feu. Et je vis avec quelle profonde affliction elle contemplait la flamme disparaître, et avec elle tous ses espoirs.

Les ténèbres recouvraient l'univers. La nature gémissait, car son semblable était mort[5]. La terre avait revêtu les habits du chagrin, et les cieux un voile de lamentations. J'errais à présent en proie à une vive inquiétude, sans savoir où je me dirigeais, ni dans quel but.

Soudain, à l'est, apparut une lueur. Une colonne lumineuse traversa les ténèbres, comme un faisceau éclaire en profondeur jusqu'aux recoins les plus sombres d'un puits. Elle illumina l'opaque obscurité qui m'entourait : il y avait une ouverture dans l'immense voûte céleste. Les yeux écarquillés, je me détournai vers elle.

Loin dans les profondeurs de l'espace, à une distance qui n'aurait pu être évaluée que par « une ligne fuyante, parallèle à l'éternité[6] », mais une ligne qui serait demeurée toujours parfaitement claire et distincte, apparut celui dont je m'étais moqué en le revêtant des habits pourpres de la royauté[7]. Il était à présent assis sur son trône, revêtu de la robe du Roi des Rois. Mais ce n'était pas un trône de liesse et de blancheur : les cieux étaient emplis de lamentations et, tandis que tous les anges s'agenouillaient devant lui, je vis que la couronne d'immortelle amarante qui encerclait son front s'était changée en couronne de cyprès[8].

Je regardai autour de moi pour voir jusqu'où je m'étais aventuré : je me trouvais dans le cimetière des rois d'Israël. Avec effroi je me rendis compte que les mottes qui couvraient les ossements décomposés de quelque tyran s'étaient mises à bouger. Alors que je cherchai du regard où avait été déposé le dernier roi dans tout le faste et la splendeur de sa mort, un monument orné de sculptures commença à trembler. Bientôt il fut renversé, et des tréfonds de la tombe sortit son occupant[9]. C'était une silhouette hideuse, inhumaine, telle que Dante, dans ses plus fantastiques visions, ne sut en imaginer. J'étais incapable de bouger, pétrifié de terreur. La chose s'approcha. Je voyais les vers se tordre parmi les mèches emmêlées qui couvraient en partie le crâne en décomposition. Les os se frottaient les uns contre les autres et leurs articulations cliquetaient, car la chair avait totalement disparu. J'écoutais leur horrible musique pendant qu'avançait cette forme menaçante, comme une caricature de la mort. Elle vint vers moi. En passant, elle souffla sur mon visage les miasmes humides et froids du tombeau – et, saisi d'un frisson convulsif, je m'éveillai.

METZENGERSTEIN[10]

« Pestis eram vivus, moriens tua mors ero ».

MARTIN LUTHER[11].

L'horreur et la fatalité ont régné à toutes les époques. Dans ce cas, pourquoi donner une date à l'histoire que je m'apprête à raconter ? Je m'en abstiendrai. En outre, j'ai d'autres raisons de la taire. Qu'il suffise de dire qu'à l'époque dont je parle, il existait au cœur de la Hongrie une croyance bien établie, quoique secrète, dans les doctrines de la métempsycose. Je ne ferai aucun commentaire sur les doctrines elles-mêmes – autrement dit sur le fait qu'elles soient erronées ou probables. J'affirme cependant qu'une bonne part de notre incrédulité (comme le fait remarquer La Bruyère au sujet de tous nos malheurs), *vient de ne pouvoir être seuls**[12].

Mais il y avait des éléments dans la superstition hongroise qui confinaient fortement à l'absurdité. Sur le fond, les Hongrois se distinguaient des autorités orientales. Par exemple : « l'âme », disaient-ils (je cite les propos d'un Parisien intelligent et brillant) « *ne demeure qu'une seule fois dans un corps*

* En français dans le texte, comme tous les mots ou expressions en italiques suivis d'un astérisque (quand cela a été nécessaire, nous avons rectifié l'orthographe ou la syntaxe.).

*sensible – au reste, ce qu'on croit être un cheval, un chien, un homme, n'est que la ressemblance peu tangible de ces animaux**.»

Les familles Berlifitzing et Metzengerstein[13] étaient en froid depuis des siècles. Jamais, par le passé, on ne vit deux maisons aussi illustres réciproquement aigries par une si mortelle hostilité. L'origine de cette inimitié semble devoir se trouver dans les paroles d'une ancienne prophétie: «Un grand nom connaîtra un déclin effroyable, quand, tel le cavalier sur son cheval, la mortalité des Metzengerstein triomphera de l'immortalité des Berlifitzing.»

Certes, les mots n'avaient guère de sens, voire aucun – mais des causes plus triviales ont donné naissance (il n'y a pas si longtemps de cela) à des conséquences tout aussi fertiles en événements. En outre, les deux domaines, qui étaient contigus, avaient longtemps exercé une influence rivale dans les affaires d'un gouvernement industrieux. Qui plus est, les proches voisins sont rarement amis, et les habitants du château Berlifitzing pouvaient regarder, depuis leurs contreforts surélevés, à travers les fenêtres mêmes du château Metzengerstein; enfin, la magnificence plus que féodale qu'on y découvrait ainsi n'était guère de nature à calmer le tempérament irritable des Berlifitzing, moins anciens et moins riches. Comment s'étonner alors que, tout stupides qu'ils étaient, les mots de cette prédiction aient réussi à faire naître et prospérer la discorde chez ces deux familles, déjà prédisposées aux querelles par une jalousie héréditaire? Les termes de la prophétie impliquaient, si tant est qu'ils aient impliqué quoi que ce soit, le triomphe ultime de la plus puissante des deux maisons – et bien entendu, du côté de la plus faible et de la moins influente, on s'en souvenait avec amertume et animosité.

Wilhelm, comte Berlifitzing, bien qu'il fût de haute extraction, était à l'époque de ce récit un vieil infirme radoteur qui n'avait de remarquable que son antipathie personnelle, invétérée et disproportionnée, pour la famille de son rival, et une passion tellement folle pour les chevaux et pour la chasse que ni la décrépitude physique, ni le grand âge, ni l'incapacité mentale ne l'empêchaient de participer chaque jour aux périls de cette pratique.

En revanche, Frederick, baron Metzengerstein, n'avait pas encore atteint la majorité. Son père, le ministre G***, était mort jeune. Sa mère, dame Marie, l'avait suivi peu après. À cette époque, Frederick était dans sa dix-huitième année. Dans une ville, dix-huit années ne constituent pas une longue période – dans un endroit isolé, aussi magnifique que cette vieille principauté, les vibrations du pendule ont une signification plus profonde.

À la suite de circonstances particulières liées à l'administration de son père, le jeune baron, à la disparition de ce dernier, entra immédiatement en possession de son immense domaine. On n'avait jamais vu par le passé un tel patrimoine détenu par un noble de Hongrie. Ses châteaux étaient innombrables – et le plus majestueux et le plus vaste était le château Metzengerstein. La délimitation de ses terres n'avait jamais été clairement définie, mais son parc principal comprenait un circuit de cinquante miles.

La succession d'un propriétaire aussi jeune, dont le caractère était bien connu et dont la fortune n'avait pas d'équivalent, laissait peu de place aux spéculations quant à la probable ligne de conduite qu'il viendrait à adopter. Et de fait, en l'espace de trois jours, le comportement de l'héritier outrepassa les excès d'Hérode[14] et dépassa de loin les attentes de ses zélateurs les plus enthousiastes. Des débauches éhontées, des perfidies flagrantes, des atrocités inouïes eurent tôt fait de convaincre ses vassaux tremblants que ni soumission servile de leur part ni scrupules de conscience de la sienne ne leur garantiraient désormais une protection contre les serres impitoyables et assoiffées de sang d'un petit Caligula[15]. La nuit du quatrième jour, on s'aperçut que les écuries du château Berlifitzing étaient en flammes, et le voisinage fut unanime pour ajouter le crime incendiaire à la liste déjà effroyable des forfaits et des abominations du baron.

Pourtant au milieu du tumulte déclenché par cet événement, le jeune gentilhomme était assis, apparemment en pleine méditation, dans un vaste appartement dépouillé au dernier étage du palais familial des Metzengerstein. La tapisserie riche, quoique fanée, qui pendait en se balançant mélancoliquement sur les murs, représentait les formes vagues et majestueuses d'un millier d'illustres ancêtres. Ici, des prêtres richement vêtus d'hermines et des dignitaires pontificaux siégeaient familièrement avec l'autocrate et le souverain, opposaient un *veto* aux désirs d'un roi temporel ou bien contenaient, avec le *fiat* de la suprématie papale, le sceptre rebelle du Prince du Mal. Là, l'expression vigoureuse des sombres et imposantes statures des Princes Metzengerstein – leurs destriers musculeux piétinant la carcasse des ennemis tombés à terre – ébranlait les nerfs les plus solides ; ailleurs, les images des dames d'antan, voluptueuses et blanches comme des cygnes, flottaient au loin dans les méandres d'une danse surnaturelle, aux accents d'une mélodie imaginaire.

Mais tandis que le Baron écoutait ou feignait d'écouter le vacarme croissant dans les écuries du Château Berlifitzing, ou bien songeait peut-être à quelque nouvelle impudence plus résolue encore, ses yeux se fixèrent machinalement sur l'image d'un énorme cheval d'une couleur irréelle, représenté sur la tapisserie, et appartenant à un ancêtre sarrasin de la famille de son rival. Le cheval, qui se trouvait lui-même au premier plan du tableau, se tenait aussi immobile qu'une statue, tandis que derrière lui son cavalier déconfit périssait sous la dague d'un Metzengerstein.

Une expression diabolique se dessina sur les lèvres de Frederick quand il réalisa dans quelle direction son regard s'était porté malgré lui. Mais il ne détourna pas les yeux. Au contraire, il ne parvenait absolument pas à contenir l'accablante anxiété qui semblait s'être abattue sur ses sens comme un linceul. Il avait toutes les peines du monde à concilier ses sensations oniriques et incohérentes avec la certitude qu'il était éveillé. Plus il contemplait, plus le charme l'absorbait – plus il lui paraissait impossible de s'arracher à la fascination de cette tapisserie. Mais le tumulte du dehors ayant soudain redoublé de violence, au prix d'un effort impérieux et désespéré, il détourna son attention vers le rougeoiement éblouissant projeté par les écuries en flammes sur les fenêtres de ses appartements.

Ce geste, cependant, ne fut que passager, car son regard revint mécaniquement vers le mur. À sa grande surprise et pour son plus grand effroi, la tête du gigantesque étalon avait, pendant ce laps de temps, changé de position. Le cou de l'animal qui, juste avant, était incliné comme mû par la compassion sur le corps prostré de son seigneur, était désormais tendu de tout son long en direction du Baron. Les yeux, invisibles l'instant d'avant, avaient désormais pris une expression énergique et humaine, brillaient d'un éclat rouge incandescent et inhabituel, et les lèvres dilatées du cheval visiblement enragé laissaient voir ses dents sépulcrales et répugnantes.

Stupéfié par la terreur, le jeune seigneur regagna la porte en titubant. Quand il l'ouvrit, un éclair de lumière rouge envahit la pièce et projeta son ombre aux contours nets et précis sur la tapisserie tremblotante, et il tressaillit en voyant que cette ombre, alors qu'il chancelait un instant sur le perron, prenait la position exacte et remplissait entièrement les contours de l'implacable et triomphant meurtrier du Berlifitzing sarrasin.

Afin d'alléger le sentiment d'oppression qui l'assaillait, le Baron se précipita dehors. À la porte principale du Château, il rencontra trois écuyers. Avec beaucoup de difficultés et au péril imminent de leurs vies, ils refrénaient les bonds convulsifs d'un gigantesque cheval à la robe incandescente.

– À qui est ce cheval ? Où l'avez-vous trouvé ? demanda le jeune homme d'une voix rauque et dolente en reconnaissant immédiatement que le mystérieux destrier dans la chambre à la tapisserie était l'exacte réplique de l'animal furieux qu'il avait sous les yeux.

– Il vous appartient, Sire, lui répondit l'un des écuyers, du moins, aucun autre propriétaire ne l'a réclamé. Nous venons juste de le capturer, alors qu'il s'enfuyait, tout fumant et écumant de rage, des écuries en flammes du Château Berlifitzing. Nous avons supposé qu'il appartenait au haras de chevaux étrangers du vieux Comte, et l'avons ramené alors qu'il semblait complètement perdu. Mais les palefreniers nient toute prétention sur l'animal, ce qui ne laisse pas d'être étrange, étant donné que les traces qu'il porte indiquent de manière évidente qu'il a réchappé de peu au feu...

– De plus, les lettres W. V. B. sont très nettement marquées au fer sur son front[16], interrompit un deuxième écuyer. Au début, nous avons supposé que c'étaient les initiales de Wilhelm Von Berlifitzing.

– Extrêmement curieux ! déclara le jeune Baron, l'air songeur, comme absent à ce qu'il disait. Il s'agit, comme vous le dites, d'un cheval extraordinaire – un cheval prodigieux ! Bien qu'il soit, comme vous l'avez noté fort justement, d'un caractère ombrageux et intraitable. Néanmoins, considérons qu'il m'appartient, ajouta-t-il, après un silence, peut-être qu'un cavalier comme Frederick de Metzengerstein pourra dompter le diable jailli des écuries des Berliftzing.

– Je crains que vous ne vous trompiez, monseigneur : le cheval, comme je crois vous l'avoir dit, ne vient *pas* des écuries du Comte. Si tel avait été le cas, nous savons trop bien quel est notre devoir et nous ne l'aurions pas amené en présence d'un noble représentant de votre lignée.

– C'est vrai ! lâcha sèchement le Baron, et au même moment, un page de la chambre à coucher arriva du Château, tout échauffé, à vive allure. Il chuchota à l'oreille de son maître le récit de la disparition miraculeuse et soudaine d'un petit pan de la tapisserie dans une pièce qu'il désigna – tout en donnant force détails minutieux et circonstanciés, mais tout cela ayant été communiqué à voix basse, rien n'en transpira qui pût satisfaire la curiosité à l'affût des écuyers.

Au cours de cet entretien, le jeune Frederick parut troublé, en proie à diverses émotions. Néanmoins, il retrouva bientôt une contenance et une expression de malignité décidée se lut sur son visage, quand il donna l'ordre péremptoire qu'une certaine pièce soit immédiatement verrouillée et que la clef lui soit remise sur-le-champ.

– Avez-vous appris la mort malheureuse de ce vieux chasseur de Berlifitzing ? demanda l'un de ses vassaux au Baron, alors que, après l'intervention du page, l'étalon impressionnant et mystérieux que le gentilhomme avait adopté se cabrait et bondissait en redoublant de fureur sur la longue allée qui menait du Château aux écuries de Metzengerstein.

– Non ! répondit le Baron, en se tournant brusquement vers celui qui venait de parler, mort ! Dis-tu ?

– Aussi vrai que je vous le dis, monseigneur, et j'imagine que pour un membre de votre famille, cette information n'est pas mal venue ?

Un sourire rapide jaillit sur le beau visage du Baron.

– Comment est-il mort ?

– Alors qu'il ne ménageait pas ses efforts pour sauver la partie préférée de son haras de chasse, il a péri misérablement dans les flammes.

– Vrai-ment ! s'exclama le Baron, comme impressionné lentement et posément par la véracité d'une idée exaltante.

– Vraiment, répéta le vassal.

– Quelle horreur ! déclara le jeune homme, calmement, avant de rentrer paisiblement dans le Château.

À compter de ce jour, un changement très net se manifesta dans la conduite extérieure du jeune Baron débauché, Frederick Von Metzengerstein. De fait, son comportement décevait toutes les attentes et n'allait guère dans le sens des projets que formaient nombre de mères, tandis que ses habitudes et ses manières témoignaient moins que jamais de marques de sympathie pour les membres de l'aristocratie voisine. On ne le voyait jamais au-delà des limites de son domaine et, dans son propre milieu, il n'avait absolument aucun compagnon – à moins que cet extraordinaire cheval impétueux, à la robe incandescente, qu'il montait sans relâche depuis ce jour-là, pût prétendre par quelque mystère au titre d'ami.

Cependant, de nombreuses invitations en provenance du voisinage continuèrent de lui parvenir pendant une longue période. « Le Baron honorera-t-il nos festivals de sa présence ? Le Baron prendra-t-il part à nos parties de chasses ? » – « Metzengerstein ne chasse pas. – Metzengerstein ne viendra pas », telles étaient ses réponses hautaines et laconiques.

Une noblesse impérieuse ne saurait endurer ces offenses répétées. Les invitations se firent moins cordiales – et moins fréquentes. Au bout de quelque temps, elles cessèrent totalement. On entendit même la veuve du malheureux Comte Berlifitzing formuler le souhait « que le Baron demeurât chez lui quand il aurait souhaité ne pas y être, puisqu'il dédaignait la compagnie de ses pairs ; et qu'il montât à cheval quand il ne le souhaitait pas, puisqu'il leur préférait la société d'un cheval ». De toute évidence, il s'agissait là de l'explosion totalement stupide d'une pique héréditaire, et cela prouvait simplement que nos propos risquent de devenir singulièrement absurdes quand nous entendons faire montre d'une énergie inhabituelle.

Les personnes charitables attribuaient néanmoins le changement d'attitude du jeune gentilhomme au chagrin naturel d'un fils à la suite de la perte prématurée de ses parents, en oubliant, cependant, son comportement atroce et imprudent durant la courte période qui suivit immédiatement ce deuil. De fait, d'aucuns suggérèrent qu'il avait une idée trop élevée de son importance et de sa dignité. D'autres, parmi lesquels il convient de mentionner le médecin de famille, n'hésitaient pas à parler de mélancolie morbide et d'une maladie héréditaire, tandis que de sombres allusions, d'une nature plus équivoque, circulaient parmi la foule.

En réalité, l'attachement pervers du Baron pour sa monture de fraîche date – attachement qui semblait gagner en force à chaque manifestation des penchants féroces et démoniaques de la bête – finit par devenir, aux yeux de tout homme raisonnable, une ferveur hideuse et anormale. À la lumière éblouissante de midi comme aux heures mortes de la nuit, dans la maladie ou la santé[17], dans le calme ou la tempête, le jeune Metzengerstein semblait rivé à la selle de ce cheval colossal, dont les audaces intraitables s'accordaient si bien avec son esprit.

De plus, il y avait des circonstances qui, rapprochées des événements récents, conféraient un caractère surnaturel et prodigieux à la manie du cavalier et aux capacités de l'étalon. L'espace qu'il franchissait d'un seul bond avait été mesuré avec précision, et il s'était avéré qu'il dépassait de loin les attentes les plus insensées des esprits les plus imaginatifs. En outre, le Baron n'avait pas donné de *nom* particulier à l'animal, bien que les autres bêtes de son haras en eussent toutes reçu un bien distinctif. Son écurie fut également aménagée à distance des autres, et pour ce qui était des soins et des autres besoins, nul autre que le propriétaire en personne ne s'était jamais risqué à s'en acquitter, ni même à pénétrer dans l'enclos de cette écurie particulière. Il convient de noter également que même si les trois palefreniers qui avaient capturé le cheval alors qu'il fuyait l'incendie de Berlifitzing avaient réussi à arrêter sa course au moyen d'une bride métallique à nœud coulant, aucun des trois ne pouvait affirmer avec certitude qu'il avait, que ce fût au cours de ce combat dangereux ou bien par la suite, vraiment posé la main sur le corps de la bête. Les preuves d'une intelligence particulière dans la conduite d'un noble cheval plein de fougue ne sont pas toujours capables de susciter une extrême attention, mais il y avait là certaines circonstances qui pouvaient forcer les esprits les plus sceptiques et les plus flegmatiques ; on disait qu'il y avait eu des fois où l'animal avait fait reculer d'effroi la foule curieuse devant la portée profonde et impressionnante de sa terrible marque – qu'il y avait eu des fois où le jeune Metzengerstein avait blêmi et s'était dérobé devant l'expression fulgurante et inquisitrice de son regard sérieux et quasi humain.

Toujours est-il que dans toute la suite du Baron, on ne trouvait personne qui doutât de l'intensité de l'affection extraordinaire que le jeune gentilhomme nourrissait pour les qualités fougueuses de son cheval ; du moins personne, à l'exception d'un petit page insignifiant et difforme, sur lequel tout le monde tombait et dont les opinions étaient les moins importantes possibles. Si tant est que ses idées méritent qu'on les mentionne, il avait l'insolence d'affirmer que son maître ne s'était jamais mis en selle sans être parcouru d'un tremblement inexplicable et presque imperceptible, et qu'à chaque fois qu'il rentrait de sa longue promenade quotidienne, une expression de malignité triomphante tordait tous les muscles de son visage.

Par une nuit de tempête, Metzengerstein, se réveillant d'un profond sommeil, descendit de sa chambre comme un fou, et, montant en selle en grande hâte, s'élança dans le dédale de la forêt. Un événement aussi anodin n'attira pas l'attention, mais ses domestiques attendirent son retour avec force anxiété quand, après quelques heures d'absence, on s'aperçut que les prodigieux et magnifiques remparts du Château Metzengerstein craquaient et vacillaient sur leurs fondations, sous l'effet de la masse dense et livide d'un feu échappant à tout contrôle.

Tandis que les flammes, quand on les vit pour la première fois, avaient déjà fait des progrès si effroyables que tous les efforts pour sauver ne fût-ce qu'une partie des bâtiments étaient manifestement inutiles, les habitants sidérés du voisinage se tenaient oisivement tout autour, frappés d'un étonnement silencieux et apathique. Mais un objet nouveau et effroyable capta bientôt l'attention de la foule et démontra l'immense supériorité de l'excitation que la vue d'une agonie humaine suscite dans les sentiments d'une foule, par rapport aux spectacles les plus épouvantables de la matière inanimée.

Sur la longue allée de vieux chênes, qui menait de la forêt à l'entrée principale du château Metzengerstein, on vit un destrier portant un cavalier tête nue et la tenue en désordre, bondir avec une impétuosité surclassant le Démon même de la Tempête[18].

De toute évidence, le cavalier ne parvenait pas à contrôler cette course. L'angoisse qui se lisait sur son visage, les efforts convulsifs de tout son être témoignaient d'une lutte surhumaine, mais aucun bruit, à l'exception d'un unique cri, ne s'échappa de ses lèvres lacérées, qu'il ne cessait de mordre, en proie à une intense terreur. L'instant d'après, le choc des sabots retentit de façon vive et stridente par-dessus le grondement des flammes et les mugissements du vent – un instant encore, et franchissant d'un seul bon le portail et les douves, l'animal s'élança avec son cavalier sur les escaliers branlants du palais, avant de disparaître dans le tourbillon du feu chaotique.

La furie de l'orage s'apaisa immédiatement et un calme mortel lui succéda de mauvaise grâce. Une flamme blanche enveloppait encore le bâtiment tel un linceul, et, ruisselant au loin dans l'atmosphère paisible, dardait une lueur surnaturelle tandis que des volutes de fumée s'accumulaient en un pesant nuage au-dessus des bâtiments, qui prit distinctement la forme d'un gigantesque… *cheval.*

LE *DUC** DE L'OMELETTE[19]

Et d'arriver d'emblée dans
un climat plus frais.
COWPER[20].

Keats[21] a succombé à une critique. Qui donc est mort de l'*Andromaque*[22] ? Âmes indignes ! – De L'Omelette a péri à cause d'un ortolan. *L'histoire en est brève**. Viens à mon aide, Esprit d'Apicius[23] !

Une cage en or apporta le petit errant ailé, énamouré, attendri, indolent, du Pérou, son pays, jusqu'à la *Chaussée d'Antin**. De sa propriétaire royale, la Bellissima, jusqu'au Duc de L'Omelette, six Pairs de l'Empire convoyèrent l'heureux oiseau.

Ce soir-là, le Duc devait souper seul. Dans l'intimité de son bureau, il était allongé languissamment sur cette ottomane pour laquelle il avait sacrifié sa loyauté en enchérissant sur son roi – la célèbre ottomane de Cadêt[24].

Il enfouit son visage dans le coussin. L'horloge sonne ! Incapable de refréner ses sentiments, Sa Grâce avale une olive. À ce moment-là, la porte s'entrouvre au son d'une douce musique, et voilà que le plus délicat des oiseaux se trouve devant le plus épris des hommes ! Mais quel désarroi indicible vient projeter une ombre sur le visage du Duc ?

– *Horreur! – chien! – Baptiste! – l'oiseau! ah, bon Dieu! Cet oiseau modeste que tu as déshabillé de ses plumes, et que tu as servi sans papier★!* Il est inutile d'en dire davantage: le Duc expira au paroxysme du dégoût.

*

* *

– Ah! ah! ah! dit Sa Grâce le troisième jour après son décès.

– Eh! eh! eh! rétorqua faiblement le Diable, s'approchant avec des airs de *hauteur★*.

– Bon sang, vous n'êtes quand même pas sérieux, répliqua De L'Omelette. J'ai péché – *c'est vrai★* – mais mon bon monsieur, songez-y! – vous n'avez pas vraiment l'intention de mettre de si... si... barbares menaces à exécution?

– Et pourquoi *pas*? dit Sa Majesté – allez, monsieur, déshabillez-vous!

– Me déshabiller, vraiment! La belle affaire! Non, monsieur, je ne me déshabillerai *pas*. Qui donc êtes-vous, je vous prie, pour que moi, Duc de L'Omelette, Prince de Foie-Gras, qui viens juste d'atteindre la majorité, auteur de la *Mazurkiade* et Membre de l'Académie, je retire à votre demande les pantalons les plus doux jamais confectionnés par Bourdon, la plus charmante *robe de chambre★* jamais assemblée par Rombert – sans parler des papillotes qu'il me faudrait retirer de mes cheveux, ni évoquer ce qu'il me coûterait d'ôter mes gants?

– Qui suis-je? – ah, vraiment! Je suis Baal-Zebub, Prince de la Mouche[25]. Je viens tout juste de te prendre dans un cercueil en rosier serti d'ivoire. Tu étais bien curieusement parfumé et étiqueté comme pour une facture. C'est Bélial[26] – mon Inspecteur des Cimetières – qui t'a envoyé. Les pantalons, dont tu dis qu'ils ont été confectionnés par Bourdon, sont une excellente paire de caleçons en lin, et ta *robe de chambre** est un linceul de belle dimension.

– Monsieur ! rétorqua le Duc, je ne saurai me laisser insulter impunément ! Monsieur ! Je saisirai la première occasion de venger cet affront ! Monsieur ! Vous entendrez parler de moi ! D'ici là, *au revoir** ! – et le Duc s'apprêtait à prendre congé de l'Apparition satanique en saluant, quand il fut stoppé net et reconduit par un personnage qui attendait. Sur ces entrefaites, Sa Grâce se frotta les yeux, bâilla, haussa les épaules et se mira. Satisfait de son apparence, il jeta un coup d'œil à la volée à son environnement.

L'appartement était superbe. De L'Omelette alla même jusqu'à dire qu'il était *bien comme il faut**. Ce n'était pas sa longueur ni sa largeur, mais sa hauteur qui était, ah ! effroyable ! Il n'y avait pas de plafond – absolument aucun – mais une épaisse masse nuageuse rougeoyante qui tourbillonnait. Alors qu'elle avait les yeux levés au ciel, la tête de Sa Grâce lui tourna. Tout là-haut pendait une chaîne d'un métal rouge sang inconnu[27] – dont la partie supérieure, comme la ville de Boston, se trouvait *parmi les nues**[28]. À son extrémité inférieure se balançait une immense torchère. Le Duc crut qu'il s'agissait d'un rubis, mais elle diffusait une lumière si intense, si immobile, si épouvantable, que la Perse n'avait jamais pu en adorer, ni le Guèbre[29] en imaginer, ni le Musulman en rêver de semblable quand, drogué à l'opium, il regagna en titubant son lit de pavots, le dos allongé sur les fleurs et le visage tourné vers le Dieu Apollon. Le Duc marmonna un léger juron, résolument approbateur.

Les angles de la chambre s'arrondissaient en niches. Trois d'entre elles étaient occupées par des statues de proportions gigantesques. Leur beauté était grecque, leur difformité égyptienne, leur *tout ensemble** français. Dans la quatrième niche, la statue était voilée; elle n'était *pas* colossale. Mais on apercevait une cheville effilée, un pied chaussé d'une sandale. De L'Omelette porta la main à son cœur, ferma les yeux, les leva, découvrit Sa Majesté Satanique – et rougit.

Mais les peintures! Cypris! Astarté! Astoreth[30]! – il y en avait un millier, identiques! Et Raphaël[31] les avait vues! Oui, Raphaël était venu là; car n'a-t-il pas peint le ...[32]? Et par conséquent, n'était-il pas damné? Les peintures! – les peintures! Ô luxe! Ô amour! – qui donc, contemplant ces beautés interdites, remarquera les motifs délicats des cadres dorés qui saupoudraient les murs d'hyacinthe et de porphyre comme autant d'étoiles?

Mais le cœur du duc défaille. Contrairement à ce que l'on pourrait supposer, ce n'est pas la magnificence qui lui donne le vertige, ni les arômes extatiques de ces innombrables encensoirs qui le grisent. *C'est vrai que de toutes ces choses il a pensé beaucoup – mais**! Le duc de L'Omelette est frappé d'effroi, car au milieu du macabre panorama qu'offre une seule fenêtre sans rideau brille le plus horrible de tous les feux!

*Le pauvre Duc**! Il ne peut s'empêcher d'imaginer que les mélodies glorieuses, voluptueuses et éternelles qui envahissaient cette salle, filtrées et transmuées en passant par l'alchimie des carreaux de la fenêtre enchantée, étaient les plaintes et les hurlements des désespérés et des damnés! Et là aussi! là! Sur l'ottomane! Qui était-ce donc? Lui, le *petit-maître** – non, la déité – assise comme sculptée dans le marbre, *et qui sourit**, avec son teint pâle, *si amèrement**?

*Mais il faut agir** – autrement dit, un Français ne défaille pas totalement. En outre, Sa Grâce détestait les scènes. L'Omelette se reprend. Il y avait des fleurets sur une table – ainsi que des estocs. Le duc avait étudié auprès de B***; *il avait tué ses six hommes**. Désormais, *il peut s'échapper**. Il mesure deux estocs et, avec une grâce inimitable, laisse le choix à Sa Majesté. *Horreur** *!* Sa Majesté ne pratique pas l'escrime !

*Mais il joue** *!* – quelle heureuse idée ! – Sa Grâce avait toujours une excellente mémoire. Il s'était plongé dans le *diable* de l'abbé Gaultier[33]. Il y est dit « *que le Diable n'ose pas refuser un jeu d'écarté**[34] ».

Mais les chances – les chances ! vraiment... désespérées, mais guère plus désespérées que le duc. En outre, n'était-il pas dans le secret ? N'avait-il pas parcouru le père Le Brun ? N'était-il pas membre du club Vingt-un ? « *Si je perds**, se dit-il, *je serai deux fois perdu** – je serai deux fois damné – *voilà tout** *!* (À ce moment-là, Sa Grâce haussa les épaules.) *Si je gagne, je reviendrai à mes ortolans – que les cartes soient préparées** *!* »

Sa Grâce était aux petits soins – Sa Majesté en confiance. Un spectateur aurait pensé qu'il s'agissait de François et Charles[35]. Sa Grâce pensait à son jeu ; Sa Majesté ne pensait pas ; il battait les cartes. Le duc coupa.

Les cartes sont distribuées. L'atout est tourné – c'est... c'est... le roi ! Non... c'était la reine. Sa Majesté maudit ses vêtements masculins. L'Omelette mit une main sur son cœur.

Ils jouent. Le duc compte. Il a perdu la main. Sa Majesté compte lourdement, sourit et boit un peu de vin. Le duc laisse tomber une carte.

« *C'est à vous à faire** », dit Sa Majesté, en coupant. Sa Grâce s'inclina, distribua les cartes et se leva de table *en présentant le roi**.

Sa Majesté parut chagrinée.

Si Alexandre n'avait pas été Alexandre, il aurait aimé être Diogène[36] ; et le duc assura son adversaire, en prenant congé, « *que s'il n'eût été L'Omelette il n'aurait point d'objection d'être le diable** ».

UNE HISTOIRE À JÉRUSALEM[37]

Intensos rigidam in frontem
ascendere canos
Passus erat ——
LUCAIN, *De Catone.*[38]

—— *un fâcheux hirsute*[39].
Traduction.

– Dépêchons-nous de gagner l'enceinte, dit Abel-Phittim à Buzi-Ben-Levi et Siméon le Pharisien[40], le dixième jour du mois Thammuz[41] en l'an du monde trois mille neuf cent quarante et un[42] – dépêchons-nous de gagner la porte de Benjamin, qui se trouve dans la cité de David[43] et les remparts qui dominent le camp des incirconcis, car le soleil se lève, c'est donc la dernière heure de la quatrième veille, et les idolâtres, pour tenir la promesse de Pompée[44], devraient nous attendre avec les agneaux pour les sacrifices[45].

Siméon, Abel-Phittim et Buzi-Ben-Levi étaient les Gizbarim, ou sous-collecteurs des offrandes, dans la cité sacrée de Jérusalem.

– En vérité, répondit le Pharisien, dépêchons-nous : car cette générosité chez les païens est inhabituelle, et la versatilité a toujours été un attribut des adorateurs de Baal[46].

– Qu'ils soient versatiles et traîtres est aussi vrai que le

Pentateuque[47], ajouta Buzi-Ben-Levi, mais uniquement à l'égard du peuple d'Adonaï[48]. Quand a-t-on vu les Ammonites[49] manquer à leurs propres intérêts ? Je ne trouve pas que ce soit faire assaut de générosité que de nous octroyer des agneaux pour l'autel du Seigneur contre trente shekels[50] d'argent par tête de bétail !

– Cependant, tu oublies, Ben-Levi, répond Abel-Phittim, que le Romain Pompée, qui est en train d'assiéger en impie la cité du Très-Haut, n'a aucune garantie que nous destinions les agneaux que nous avons achetés à l'autel pour la nourriture du corps plutôt que pour celle de l'esprit.

– Alors là, par les cinq coins de ma barbe[51] ! hurla le pharisien, qui appartenait à la secte dite des frappeurs[52] (ce petit noyau de saints dont la manière de se *frapper* et de se lacérer les pieds sur les pavés fut longtemps une écharde[53] et un reproche pour les dévots moins zélés, un obstacle[54] pour les marcheurs moins éclairés), par les cinq coins de cette barbe qu'en tant que prêtre il m'est interdit de raser ! n'avons-nous vécu que pour voir le jour où un parvenu de Rome, blasphémateur et idolâtre, nous accusera de destiner aux appétits charnels les éléments les plus saints et les plus consacrés ? N'avons-nous vécu que pour voir le jour où…

– Ne nous interrogeons pas sur les motifs du Philistin[55], l'interrompit Abel-Phittim, car aujourd'hui, pour la première fois, nous allons profiter de son avarice ou de sa générosité ; mais dépêchons-nous plutôt de regagner les remparts, de crainte que les offrandes ne viennent à manquer pour cet autel dont les pluies du ciel ne peuvent éteindre le feu et dont nulle tempête ne peut détourner les colonnes de fumée.

Cette partie de la ville vers laquelle se hâtaient désormais nos honorables Gizbarim et qui portait le nom de son architecte, le roi David, était considérée comme le district le plus solidement fortifié de Jérusalem, parce qu'il était situé sur la haute colline escarpée de Sion[56]. À cet endroit, une tranchée large et profonde, formant un retranchement, était défendue par un mur d'une grande solidité érigé sur sa bordure interne. Ce mur était orné, à espaces réguliers, de tours carrées en marbre blanc, la plus basse mesurant soixante coudées[57], la plus haute cent vingt. Mais aux abords de la porte de Benjamin, le mur ne se dressait plus près du fossé. Au contraire, entre le niveau de la tranchée et la base du rempart s'élevait à la perpendiculaire une falaise de deux cent cinquante coudées, formant une partie du vertigineux mont Moriyya[58]. De sorte que, quand Siméon et ses associés arrivèrent au sommet de la tour appelée Adoni-Bezek[59] – la plus haute de toutes les tours ceignant Jérusalem et le lieu habituel des pourparlers avec l'armée assiégeante –, ils dominaient le camp de l'ennemi depuis une hauteur dépassant de plusieurs pieds[60] celle de la pyramide de Chéops et davantage encore celle du temple de Bélus[61].

– En vérité, soupira le pharisien pris de vertige en jetant un œil sur le précipice, les incirconcis sont pareils aux grains de sable sur la plage[62], aux sauterelles dans le désert[63] ! La vallée du Roi est devenue la vallée d'Adummin[64].

– Et pourtant, ajouta Ben-Levi, tu ne peux pas me désigner un Philistin – non, pas un seul, d'aleph jusqu'à tav[65], du désert jusqu'aux fortifications – qui semble plus grand que la lettre yod[66] !

– Descendez le panier avec les shekels d'argent ! hurla à cet instant un soldat romain, d'une voix revêche et enrouée qui semblait sortir du domaine de Pluton. Descendez le panier avec la monnaie maudite dont un Romain ne prononce pas le nom sans se briser la mâchoire ! Est-ce ainsi que vous témoignez votre gratitude à notre maître Pompée qui, dans sa magnanimité, a jugé bon de prêter l'oreille à vos importunités idolâtres ? Le dieu Phœbus[67], qui est un vrai dieu, a lancé son char depuis une heure, et n'étiez-vous pas censés vous trouver sur les remparts au lever du soleil? *Ædepol*[68] ! croyez-vous que nous, les conquérants du monde, n'ayons rien de mieux à faire que d'attendre près de l'enceinte de chaque chenil pour trafiquer avec les chiens de la terre? Descendez-le! vous ai-je dit – et vérifiez que votre camelote brille de tout son éclat et fasse le bon poids!

– *El Elohim*[69] *!* éructa le pharisien, pendant que les accents discordants du centurion remontaient le précipice à-pic avant de venir mourir contre le temple, El Elohim! – *qui* est le Dieu Phœbus? – *qu'*invoque le blasphémateur? Toi, Buzi-Ben-Levi, qui connais bien les lois des Gentils[70] et as séjourné parmi ceux qui pataugent avec les Téraphim[71] ! – est-ce de Nergal que parle l'idolâtre? ou d'Ashima? de Nibchaz? de Tharthak? d'Adrammélec? d'Anammélec? de Succoth Benoth? de Dagôn? de Belial, de Baal-Perith? de Baal-Peor? ou bien de Baal-Zébub[72]?

– En vérité, ce n'est aucun de ceux-là... mais fais attention, ne laisse pas la corde filer trop vite entre tes doigts, car si le panier en osier venait à s'accrocher à cette saillie rocheuse, les choses sacrées du sanctuaire seraient lamentablement disséminées.

À l'aide d'un mécanisme grossier, le panier lourdement chargé était à présent descendu prudemment au milieu de la foule, et du pinacle vertigineux on pouvait voir les Romains affluer confusément autour de lui; mais en raison de l'immense hauteur et de l'épais brouillard, ils ne pouvaient voir distinctement ce qu'ils étaient en train de faire.

Une demi-heure avait déjà passé.

– Nous allons être en retard, soupira le Pharisien qui, au terme de ce temps écoulé, scrutait l'abîme, nous allons être en retard! Les Katholim[73] nous démettront de nos fonctions.

– Plus jamais, répondit Abel-Phittim, plus jamais nous

ne nous repaîtrons de la graisse du pays[74], plus jamais nos barbes ne sentiront l'encens, nos reins ne seront ceints du fin lin provenant du Temple.

– Raca[75] ! jura Ben-Levi. Raca ! entendent-ils nous spolier du prix d'achat ? ou bien Saint Moïse ! sont-ils en train de peser les shekels du tabernacle ?

– Ils viennent enfin de donner le signal, s'écria le Pharisien, ils ont enfin donné le signal ! tire, Abel-Phittim ! Et toi aussi, Buzi-Ben-Levi, tire ! – car, en vérité, soit les Philistins s'accrochent au panier, soit le Seigneur a fait appel à leur cœur pour qu'ils y mettent une bête de bon poids !

Et les Gizbarim tiraient, tandis que leur faix se balançait lourdement dans la brume toujours plus épaisse.

*

* *

– Maudit soit-il ! – au bout d'une heure, un objet commença d'apparaître indistinctement au bout de la corde – maudit soit-il ! Telle est l'exclamation qui s'échappa des lèvres de Ben-Levi.

– Maudit soit-il ! Quelle honte ! C'est un bélier qui vient des halliers d'Engaddi[76] et qui est aussi fruste que la vallée de Josaphat[77] !

– C'est le premier-né du troupeau[78], déclara Abel-Phittim, je le sais au bêlement de ses lèvres et à la courbure innocente de ses pattes. Ses yeux sont encore plus beaux que les joyaux du Pectoral[79] et sa chair est pareille au miel d'Hébron.

– C'est un veau engraissé sur les pâtures de Bashân[80], dit le Pharisien, les païens se sont merveilleusement bien comportés avec nous ! Unissons nos voix dans un psaume ! Rendons grâce avec la trompette et le psaltérion, avec la harpe et le chalumeau, avec le sistre et la saquebute[81] !

Ce n'est que quand le panier arrive à quelques pieds des Gizbarim, qu'un grognement sourd leur révèle qu'il s'agissait d'un *porc* d'une taille peu commune.

– El Emanu[82] ! s'écria lentement le trio, les yeux levés au ciel, en relâchant leur prise, le goret livré à lui-même dégringolant au milieu des Philistins, El Emanu ! Dieu soit avec nous ! – *c'est la chair dont il ne faut pas dire le nom* !

LE SOUFFLE PERDU[83]
HISTOIRE QUI N'EST NI POUR LE *BLACKWOOD*[84] NI POUR AILLEURS

Ô ne respire pas, etc.
Mélodies de Moore.[85]

La malchance la plus tenace doit finir par céder au courage inlassable de la philosophie – tout comme la ville la plus opiniâtre doit céder à la vigilance incessante d'un ennemi. Salmanazar[86], comme nous pouvons le lire dans les Saintes Écritures, a campé trois années durant devant Samarie[87] ; et pourtant, elle est tombée. Sardanapale[88] – voir Diodore[89] – s'est maintenu sept années dans Ninive[90] ; mais en vain. Troie a péri à la fin du second lustre[91] ; et Ashdod[92], comme le proclame Aristée[93] sur son honneur, a fini par ouvrir ses portes à Psammétique[94], après les avoir barricadées pendant le cinquième d'un siècle.

*
* *

«Tu n'es qu'une misérable ! Une mégère ! Une harpie !, ai-je dit à ma femme le lendemain matin de notre mariage, «tu n'es qu'une sorcière ! une vipère ! Une rosse ! – tu es le cloaque de l'iniquité ! La quintessence irascible de tout ce qui est abominable ! tu... tu...», et me mettant sur la pointe des pieds, l'attrapant à la gorge et collant ma bouche contre son oreille, je me préparais à lui lancer une nouvelle épithète d'opprobre plus tranchée qui ne manquerait pas, une fois proférée, de la convaincre de son insignifiance, quand, à ma grande surprise et pour mon plus grand effroi, je me suis aperçu que *j'avais perdu mon souffle.*

Des phrases comme «je suis à bout de souffle», «j'en ai eu le souffle coupé», etc., sont assez souvent répétées dans la conversation ordinaire, mais il ne m'était jamais venu à l'esprit que le terrible accident dont je parle puisse, *bona fide*[95], réellement se produire ! Imaginez un peu – si tant est que vous ayez un tour d'esprit porté à la fantaisie – imaginez donc, dis-je, mon étonnement, ma consternation, mon désespoir !

Cependant, il y a un bon génie qui ne m'a jamais totalement abandonné. Quand je m'emporte, je conserve toujours un sens des convenances, *et le chemin des passions me conduit** – comme le dit Lord Edouard dans *La Nouvelle Héloïse – à la philosophie véritable**[96].

Bien que j'aie été incapable de déterminer, dans un premier temps, la véritable ampleur du malheur qui m'avait frappé, je décidai à tout hasard de le cacher à mon épouse, jusqu'à ce qu'une nouvelle expérience me révèle l'étendue de l'incroyable calamité qui s'était abattue sur moi. Modifiant en un instant l'expression de mon visage qui, de bouffi et déformé, adopta un air des plus bénins et enjôleurs, je donnai à ma mie une petite tape affectueuse sur une joue, un baiser sur l'autre, et, sans dire un seul mot (quelle rage ! j'en étais bien incapable), je la laissai tout ébaubie de ma drôlerie et quittai la pièce d'une pirouette en *pas de zéphyr**[97].

Et me voici donc rencogné, sain et sauf, dans mon *boudoir** privé, exemple effroyable des mauvaises conséquences de l'irascibilité ; vivant, avec les attributs des morts ; mort, avec les propensions des vivants ; une anomalie sur la face de la terre ; très calme, et pourtant à bout de souffle.

Oui, à bout de souffle ! Je suis sérieux quand j'affirme que mon souffle avait entièrement disparu. Même si ma vie avait été en jeu, j'aurais été incapable de faire bouger une plume avec ou de ternir le poli d'un miroir. Cruel destin ! – et pourtant, il y eut un certain soulagement au premier paroxysme du chagrin qui m'avait envahi. Je m'aperçus, à l'essai, que ma capacité d'élocution, dont j'avais conclu qu'elle avait été totalement détruite en raison de mon incapacité à poursuivre la conversation avec mon épouse, n'était en réalité qu'en partie empêchée, et je découvris que, si, au cours de cette crise si particulière, j'avais baissé le ton de ma voix pour qu'elle se fasse profonde et gutturale, j'aurais pu continuer de lui faire part de mes sentiments ; ce timbre de voix (le timbre guttural) ne dépendant pas, me rendis-je compte, du flux de la respiration, mais d'une action spasmodique des muscles de la gorge.

Me jetant sur une chaise, je restai un certain temps absorbé dans mes méditations. Certes, mes réflexions n'avaient rien de consolant. Mille imaginations vagues et lacrymatoires s'emparèrent de mon âme – et il n'est pas jusqu'à l'idée du suicide qui ne m'ait traversé l'esprit ; mais c'est un trait de la perversité de la nature humaine que de rejeter ce qui est évident et à portée de main au profit de ce qui est éloigné et équivoque. Ainsi frémis-je à l'idée de me tuer, voyant dans cet acte la pire des atrocités, tandis que le chat tigré ronronnait énergiquement sur le tapis et que même l'épagneul respirait bruyamment sous la table, chacun se targuant de la force de ses poumons et tournant ostensiblement en dérision ma propre incapacité pulmonaire.

Oppressé par le tumulte de vagues craintes et espérances, je finis par entendre le pas de ma femme qui descendait l'escalier. Désormais sûr de son absence, je retournai, le cœur palpitant, sur la scène de ma débâcle.

Prenant soin de verrouiller la porte de l'intérieur, j'entrepris de vigoureuses recherches. Il était possible, me disais-je, que je retrouve l'objet perdu caché dans quelque recoin obscur, ou bien tapi dans une armoire ou un tiroir. Il pourrait avoir une forme vaporeuse – voire tangible. La plupart des philosophes, sur nombre de points de philosophie, sont encore fort peu philosophiques. Cependant, William Godwin dit dans son *Mandeville* que « les choses invisibles sont les seules réalités[98] » et, tout le monde en conviendra, cela s'applique dans le cas présent. J'aimerais que le lecteur judicieux y réfléchisse à deux fois avant d'accuser ce genre d'assertions de contenir une dose exagérée d'absurdité. Souvenons-nous qu'Anaxagore[99] affirmait que la neige est noire et depuis, je me suis aperçu que c'était bel et bien le cas.

Je poursuivis mes recherches pendant longtemps, avec sérieux, mais je n'obtins comme pitoyable récompense de mes efforts et de ma persévérance qu'un lot de fausses dents, deux paires de hanches, un œil et une liasse de *billets doux** de Mr. Vendebout à ma femme. Je pourrais fort bien remarquer ici que cette confirmation de la partialité de ma moitié à l'égard de Mr V. ne me causa guère d'émoi. Que Mrs. Soufflecourt ait admiré quelqu'un d'aussi dissemblable de moi était un mal naturel et nécessaire. Je suis, c'est bien connu, d'apparence robuste et corpulente, et dans le même temps d'une nature quelque peu étriquée. Pas étonnant que le côté fin comme une lame et la haute taille devenue proverbiale de mon ami aient trouvé logiquement grâce aux yeux de Mrs. Soufflecourt. Mais revenons-en à notre sujet.

Mes efforts, comme je l'ai déjà dit, s'étaient avérés vains. Les armoires, tiroirs et recoins avaient été passés au peigne fin les uns après les autres, sans résultat. Cependant, à un moment, je crus avoir mis la main sur ce que je cherchais quand, en fouillant un nécessaire de toilettes, je brisai par accident une bouteille d'Essence d'Archanges par Grandjean[100] – agréable parfum que je me permets au passage de recommander.

Le cœur lourd, je retournai dans mon *boudoir**, afin de réfléchir au moyen d'éluder la sagacité de mon épouse, jusqu'à ce que j'aie pris mes dispositions pour quitter le pays – car j'avais d'ores et déjà pris cette décision. Sous un ciel étranger, inconnu, je pourrais, avec quelque probabilité de réussir, m'efforcer de cacher ma malheureuse calamité – une calamité idéale, plus encore que la mendicité, pour vous aliéner l'affection de la foule et attirer sur le pauvre hère l'indignation bien méritée des vertueux et heureux de ce monde. Je n'hésitai pas longtemps. Étant d'un naturel vif, je me remis en mémoire toute la tragédie de *Metamora*[101]. Par chance, je me souvins que dans les intonations de ce drame, du moins dans la partie dévolue au héros, le timbre de la voix dont je me trouvais dépourvu n'était absolument pas nécessaire, et que la profondeur gutturale était censée régner monotonement tout du long.

Je m'exerçai quelque temps au bord d'un marais très fréquenté – sans pour autant songer au même procédé que Démosthène[102], mais en suivant consciencieusement un dessein qui m'appartenait en propre. Ainsi armé de pied en cap, je décidai de faire croire à ma femme que j'étais pris d'une soudaine passion pour la scène. J'y réussis à merveille, et je me trouvai libre de répondre à toute question ou suggestion en débitant de mon ton le plus coassant et le plus sépulcral une tirade de la tragédie – n'importe quel passage, ne tardai-je pas à remarquer pour mon plus grand plaisir, pouvant s'appliquer également à n'importe quel sujet particulier. Que l'on n'aille pas supposer, cependant, qu'en déclamant ces extraits, j'aie manqué de décocher des regards en coin, de montrer toutes mes dents, de jouer des genoux, de traîner des pieds ou d'avoir recours à telle ou telle de ces grâces inénarrables que l'on considère désormais à bon droit comme les caractéristiques d'un acteur populaire. Certes, on envisagea de me passer une camisole de force – mais, Dieu soit loué ! On ne me soupçonna jamais d'avoir perdu mon souffle.

Ayant enfin mis mes affaires en ordre, je pris place de bon matin dans la diligence pour —, en laissant entendre à mes relations qu'une affaire de la plus haute importance exigeait immédiatement ma présence dans cette ville.

La voiture était pleine à craquer, mais dans le vague demi-jour, il était impossible de distinguer les traits de mes compagnons. Faute d'y opposer une résistance efficace, je souffris d'être placé entre deux messieurs aux dimensions colossales, tandis qu'un troisième, encore plus imposant, s'excusant de la liberté qu'il s'apprêtait à prendre, se jeta de tout son long sur mon corps et aussitôt endormi, noya tous mes appels à l'aide gutturaux dans un ronflement qui eût fait rougir les mugissements du taureau de Phalaris[103]. Fort heureusement, l'état de mes facultés respiratoires me mettait entièrement à l'abri d'une suffocation accidentelle.

Cependant, le jour poignant plus distinctement alors que nous approchions des environs de la ville, mon tourmenteur, relevant et rajustant le col de sa chemise, me remercia de manière fort amicale pour la civilité. Voyant que je restais immobile (tous mes membres étaient disloqués et ma tête était tordue sur le côté), il commença à s'inquiéter et, réveillant le reste des passagers, il leur déclara sur un ton résolu qu'à son avis on leur avait refilé, pendant la nuit, un homme mort à la place d'un compagnon de route vivant et responsable ; et pour appuyer la véracité de son hypothèse, il m'assena un coup sur l'œil droit.

Sur ce, tous (ils étaient neuf au total) crurent de leur devoir de me tirer l'oreille les uns après les autres. Un jeune praticien ayant également appliqué un miroir de poche contre ma bouche et constaté que je n'avais pas de souffle, on déclara que l'assertion de mon persécuteur était fondée et toute la compagnie exprima sa détermination à ne pas endurer docilement à l'avenir une telle supercherie et, pour l'heure, de ne plus poursuivre la route avec ce cadavre.

Par conséquent, je fus jeté dehors devant l'enseigne du *Corbeau*[104] (taverne près de laquelle se trouvait passer la diligence) sans autre accident que d'avoir les deux bras cassés par la roue arrière gauche du véhicule. Je dois en outre rendre justice au cocher en ajoutant qu'il n'a pas omis de me lancer la plus grosse de mes malles qui, en me tombant malheureusement sur la tête, me fractura le crâne de façon à la fois intéressante et singulière.

Le tenancier du *Corbeau*, un homme hospitalier, constatant que ma malle contenait de quoi l'indemniser des menus tracas que j'étais susceptible de lui attirer, envoya chercher sur-le-champ un chirurgien de sa connaissance et me confia à ses soins contre une facture et un reçu de dix dollars.

L'acheteur m'emporta dans ses appartements et commença immédiatement à me disséquer. Mais après m'avoir coupé les oreilles, il découvrit des signes d'animation. Il sonna la cloche et envoya chercher un voisin apothicaire pour le consulter dans l'urgence. Craignant que ses soupçons concernant mon existence ne s'avèrent exacts, il me fit entre-temps une incision à l'estomac et en retira plusieurs viscères pour les disséquer à part.

L'apothicaire était d'avis que j'étais bel et bien mort. Je tentai de réfuter cet avis, en donnant des coups de pied, en remuant de toutes mes forces et en me contorsionnant comme un beau diable – car les opérations du chirurgien m'avaient, dans une certaine mesure, remis en possession de mes facultés. Mais tout cela fut attribué aux effets d'une batterie galvanique[105] neuve, avec laquelle l'apothicaire, un homme vraiment à la pointe du progrès, se livrait à maintes curieuses expériences auxquelles, en raison de la part personnelle que j'y prenais, je ne pouvais m'empêcher de me sentir profondément intéressé. Cependant, cela fut pour moi une source de mortification de voir que, malgré mes nombreuses tentatives pour engager la conversation, j'étais à ce point dans l'incapacité de parler que je ne parvenais même pas à ouvrir la bouche, et encore moins à rétorquer aux théories ingénieuses mais fantasques qu'en d'autres circonstances ma fine connaissance de la pathologie hippocratique[106] m'aurait permis de réfuter sur-le-champ.

Incapables d'arriver à une conclusion, les praticiens me renvoyèrent à un examen ultérieur. On me conduisit dans une soupente où, après que l'épouse du chirurgien m'eut affublé d'un caleçon et de bas, ce dernier m'attacha les mains et me noua les mâchoires avec un mouchoir de poche, avant de verrouiller la porte pour s'empresser d'aller dîner – m'abandonnant, seul, au silence et à la méditation.

Je découvris alors, pour mon plus grand bonheur, que j'aurais pu parler si ma bouche n'avait pas été attachée par ce mouchoir. Me consolant avec cette réflexion, je répétai mentalement quelques passages de l'*Omniprésence de la déité*[107], comme j'ai coutume de le faire avant de sombrer dans le sommeil, quand deux chats, l'air vorace et hargneux, passant par un trou dans le mur, bondirent en poussant des vocalises *à la Catalani*[*108], avant d'atterrir sur mon visage, l'un en face de l'autre, et de se livrer à un différend inconvenant pour la dérisoire question de mon nez.

Mais, de même que la perte de ses oreilles s'est avérée être le moyen pour le Mage ou Mige-Gush[109] de Perse de monter sur le trône, et de même qu'avoir le nez tranché a permis à Zopyre[110] de s'emparer de Babylone, l'ablation de quelques grammes de ma personne fut le salut de mon corps tout entier. Réveillé par la douleur et bouillonnant d'indignation, je fis voler en éclats liens et bandages, d'un seul effort. Traversant la pièce à grands pas, je jetai un regard contempteur aux belligérants et, ouvrant la fenêtre à guillotine pour leur plus grand effroi et leur plus grand désappointement, je m'y précipitai avec dextérité.

W——[111], le bandit de grand chemin avec lequel j'ai une singulière ressemblance, passait à ce moment-là, allant de la prison municipale à l'échafaud dressé dans le faubourg pour son exécution. Sa grande infirmité et sa longue maladie lui avaient valu le privilège de ne pas être menotté et, revêtu de son costume de gibet de potence – très similaire au mien – il était couché de tout son long au fond de la charrette du bourreau (qui se trouvait être sous les fenêtres du chirurgien au moment où j'avais pris la poudre d'escampette), sans autre garde que le cocher, qui était endormi, et deux recrues du sixième régiment d'infanterie, qui étaient ivres.

La guigne voulut que j'atterrisse sur mes pieds à l'intérieur du véhicule. W——, qui était un homme avisé, comprit que c'était sa chance. Se redressant immédiatement, il bondit hors de la charrette et disparut à l'angle d'une rue, en un clin d'œil. Les recrues, réveillées par ce remue-ménage, ne pouvaient pas comprendre exactement la nature de la transaction. Mais en voyant un homme, contrefaçon précise du félon, qui se tenait debout dans la charrette sous leurs yeux, ils furent d'avis que le vaurien (autrement dit W——) s'apprêtait à se faire la belle, selon leurs propres termes, et après en avoir parlé entre eux, ils burent un coup, avant de m'assommer avec la crosse de leurs mousquets.

Il ne nous fallut pas longtemps pour arriver à notre destination. Bien entendu, rien ne pouvait être dit pour ma défense. Ma destinée inéluctable était d'être pendu. Je m'y résignai donc, partagé entre la bêtise et l'acrimonie. Bien que n'étant guère cynique, j'étais malheureux comme un chien[112]. Cependant, le bourreau avait ajusté le nœud coulant autour de mon cou. La trappe s'ouvrit.

Je m'abstiendrai de décrire mes sentiments sur la potence, bien qu'en l'occurrence, je puisse sans nul doute parler en connaissance de cause et que l'on n'ait rien dit de juste sur ce sujet. En fait, pour écrire sur ce sujet, il est nécessaire d'avoir été pendu[113]. Chaque auteur devrait se limiter à ce qu'il connaît par expérience. C'est ainsi que Marc Antoine[114] a composé un traité sur l'ivrognerie.

Cependant, je peux juste mentionner que je n'étais pas mort. Mon corps *était* bel et bien suspendu, mais mon souffle ne l'était pas, puisque je n'en avais pas, et n'était la nodosité sous mon oreille droite (qui m'avait tout l'air d'être un bouton d'épaulette sur la tunique d'un soldat), j'ose dire que je n'aurais éprouvé que fort peu de désagrément. Quant à la saccade donnée à mon cou quand la trappe s'ouvrit, elle ne servit ni plus ni moins qu'à corriger la torsion que m'avait infligée le gros monsieur dans la diligence.

Mais pour de bonnes raisons, je fis de mon mieux pour donner à la foule le prix de son dérangement. On dit que mes convulsions furent extraordinaires. Il eût été difficile de surclasser mes spasmes. La populace *bissait*. Plusieurs messieurs s'évanouirent et un grand nombre de dames furent reconduites chez elles, prises d'hystérie. Pinxit profita de l'occasion pour retoucher, d'après une esquisse prise sur le vif, son admirable tableau *Marsyas écorché vif*[115].

Quand j'eus suffisamment amusé la galerie, on estima qu'il convenait de descendre mon corps de la potence – d'autant qu'entre-temps, le véritable coupable avait été reconnu et repris, ce que, par malheur, j'ignorais.

Bien entendu, on me témoigna force sympathie et personne ne réclamant mon corps, on ordonna que je sois enterré dans une fosse commune.

On m'y déposa après le délai convenable. Le fossoyeur s'en repartit et je me retrouvai seul. Un vers du *Mécontent* de Marston :

La Mort est bonne fille et garde sa maison ouverte[116] –

m'apparut, sur le moment, comme un mensonge palpable.

Cependant, je brisai le couvercle de mon cercueil, et en sortis. L'endroit était effroyablement lugubre et détrempé ; je fus saisi par l'*ennui**. Pour m'amuser, j'avançai en tâtonnant au milieu des nombreux cercueils bien rangés tout autour. Je les descendais l'un après l'autre et, après en avoir cassé le couvercle, je m'affairais à spéculer sur le mortel qu'ils abritaient.

– Ça, ai-je soliloqué, en tombant sur un cadavre bouffi, boursouflé et replet, ça, sans aucun doute, c'était, dans tous les sens du terme, un homme malheureux – malchanceux. Son terrible lot fut de ne pas marcher, mais de se dandiner – de passer dans la vie non pas comme un être humain, mais comme un éléphant – non pas comme un homme, mais comme un rhinocéros.

« Ses tentatives pour avancer ont été de purs avortements et ses efforts circumgiratoires[117] un échec patent. Quand il faisait un pas en avant, son malheur voulait qu'il en fît deux sur la droite et trois sur la gauche. Ses études se sont confinées à la poésie de Crabbe[118]. Il ne peut avoir la moindre idée de cette merveille qu'est une *pirouette**. Pour lui, un *pas de papillon**[119] a été un concept abstrait. Il n'a jamais gravi le sommet d'une colline. Il n'a jamais vu du haut d'un clocher les fastes d'une métropole. La chaleur a été son ennemi mortel. Pendant la canicule, il avait une vie de chien[120]. Il rêvait alors de flammes et de suffocations, de montagnes au-dessus d'autres montagnes, de Pélion dominant Ossa[121]. Il avait le souffle court – en un mot comme en cent, il avait le souffle court ! Il trouvait que c'était extravagant de jouer des instruments à vent. C'était l'inventeur des éventails automatiques, des manches à air et des ventilateurs. Il a été le mécène de Du Pont, le fabricant de soufflets[122], et il est mort misérablement en tentant de fumer un cigare. C'est un cas pour lequel je ressens un grand intérêt – un destin auquel je compatis sincèrement.

« Mais voici, dis-je, voici – et je tirai méchamment une forme décharnée, grande et curieuse de son réceptacle, dont l'apparence singulière me frappa parce qu'elle avait quelque chose de péniblement familier –, voici un pauvre hère qui n'est digne d'aucune commisération sur terre.

Après avoir parlé ainsi et afin d'avoir une vision plus nette de mon sujet, j'appliquai mon pouce et mon index contre son nez, lui fis adopter une position assise à même le sol, et le tins ainsi à bout de bras, tout en poursuivant mon soliloque.

– Digne, répétai-je, d'aucune commisération sur terre. Qui songerait vraiment à éprouver de la compassion pour une ombre ? En outre, n'a-t-il pas eu sa part des bénédictions des mortels ? Il a été à l'origine de grands monuments : des tours à plomb, des paratonnerres et des peupliers lombards. Son traité *Ombres et pénombres* l'a immortalisé. Il a publié, avec une habileté remarquée, la dernière édition de l'*Encyclopédie des os* de South[123]. Il est allé de bonne heure à l'université et a étudié la pneumatique. Il est ensuite rentré chez lui, a parlé éternellement et joué du cor d'harmonie. Il avait une préférence pour les cornemuses. Le capitaine Barclay[124], qui allait plus vite que le temps, n'aurait pas pu aller plus vite que *lui*.

Heurtebise[125] et Secondsouffle étaient ses écrivains préférés – son artiste préféré étant Phiz[126]. Il est mort glorieusement en inhalant du gaz – *levique flatu corrumpitur*, comme la *fama pudicitiæ* d'Hiéronyme[127]. C'était indubitablement un...

– Comment *pouvez*-vous ? Comment... *pouvez*-vous ? m'interrompit l'objet de mes blâmes, en haletant et en déchirant, dans un effort désespéré, le bandage entourant sa mâchoire, comment *pouvez*-vous, Mr. Soufflecourt, vous montrer d'une cruauté aussi infernale en me pinçant le nez ainsi ? N'avez-vous donc pas vu comment ils m'ont attaché la bouche ? Et vous *devriez* savoir – si tant est que vous sachiez quoi que ce soit – que je dispose d'un trop-plein de souffle ! Mais si vous ne le savez *pas*, asseyez-vous et vous verrez. Dans ma situation, c'est vraiment un grand soulagement que de pouvoir ouvrir la bouche, de pouvoir discourir, de pouvoir communiquer avec une personne comme vous, qui ne se croit pas obligée d'interrompre à tout bout de champ le fil de votre discours. Les interruptions sont ennuyeuses et devraient indéniablement être abolies – vous ne croyez pas ?... Ne répondez pas, je vous prie : cela suffit qu'une seule personne parle à la fois. J'en aurai fini d'ici peu et vous pourrez alors commencer... Comment diable, monsieur, avez-vous atterri dans cet endroit ? – pas un mot, je vous en conjure... été ici moi-même depuis un certain temps... un terrible accident ! – je suppose que vous en avez entendu parler – un horrible malheur !... en passant sous vos fenêtres, il y a peu de temps, à peu près à l'époque où vous vous étiez pris de passion pour le théâtre – quel malheur ! – avez-vous entendu parler d'« attraper le souffle de quelqu'un », hein ? – tenez votre langue, vous dis-je ! J'ai attrapé le souffle de quelqu'un d'autre ! J'en avais toujours eu trop du mien, je suis tombé sur Babil au coin de la rue, il ne m'a pas laissé placer un mot, même pas pu glisser une syllabe – frappé, par conséquent, par une crise d'épilepsie – Babil a pris la poudre d'escampette... au diable les imbéciles ! On m'a ramassé pour mort et mis dans cet endroit... ils ont fait du joli ! – j'ai entendu tout ce que vous disiez sur mon compte – ce n'est que mensonges – horrible ! stupéfiant ! scandaleux ! hideux ! incompréhensible ! et cetera, et cetera, et cetera, et cetera...

Il est impossible d'imaginer mon étonnement devant un discours aussi inattendu ni la joie avec laquelle je me convainquis progressivement que le souffle fort heureusement attrapé par ce monsieur (en lequel je n'ai pas tardé à reconnaître mon voisin Vendebout) était, en fait, exactement celui que j'avais malencontreusement perdu dans la conversation avec mon épouse. Le temps, le lieu et les circonstances ne laissaient aucun doute. Pour autant, je ne lâchai pas immédiatement ma prise sur l'appendice nasal de Mr. V. – du moins pas durant la longue période au cours de laquelle l'inventeur des peupliers lombards continua à me faire la faveur de ses explications.

À cet égard, j'étais animé par cette prudence habituelle qui a toujours été mon trait de caractère dominant. Je me disais que de nombreux obstacles pouvaient encore se dresser sur le chemin pour recouvrer son souffle, et que seul un effort extrême de ma part me rendrait capable de les surmonter. Nombre de personnes, estimai-je, sont enclines à évaluer les biens qu'elles possèdent – quand bien même ils sont de peu de valeur, inutiles ou pénibles pour leur propriétaire – en fonction du rapport direct avec les avantages qu'en tirerait autrui s'il venait à s'en emparer, ou bien elles-mêmes si elles y renonçaient. Est-ce que cela ne pourrait pas être le cas pour Mr. Vendebout ? En me montrant pressé de recouvrer le souffle dont il désirait tant se débarrasser à présent, ne risquais-je pas de prêter le flanc à son avarice ? Il est bien des scélérats en ce monde, me rappelai-je dans un soupir, qui n'auront aucun scrupule à abuser des avantages, y compris chez un voisin, et (comme le dit Épictète[128]) c'est précisément au moment où les hommes souhaitent le plus se défaire du fardeau de leurs propres malheurs qu'ils se sentent le moins désireux de les soulager chez autrui.

Sur des considérations semblables et en maintenant ma prise sur le nez de Mr. V., je jugeai bon de tourner ma réplique.

– Monstre ! commençai-je sur un ton extrêmement indigné, monstre et idiot à double vent ! Est-ce *toi*, qu'il a plu au ciel de maudire d'une double respiration pour tes iniquités, est-ce *toi*, dis-je, qui oses t'adresser à moi dans les termes familiers d'une vieille connaissance ? – « Je mens », en vérité ! et « que je tienne ma langue », pour sûr ! – voilà une bien belle conversation, en effet, pour un monsieur qui n'a qu'un seul souffle ! Et cela, qui plus est, quand il est en mon pouvoir de soulager le malheur dont tu souffres si justement, de t'ôter le superflu de ta respiration malheureuse.

Comme Brutus, j'attendis une réponse[129]... dont, comme une tornade, Mr. Vendebout m'assourdit immédiatement. Les protestations succédaient aux protestations, les excuses aux excuses. Il n'y avait pas une seule condition à laquelle il refusa de souscrire, et pas une dont je manquai de tirer un plein avantage.

Les préliminaires enfin conclus, mon ami me confia mon souffle, contre lequel, après l'avoir soigneusement examiné, je lui remis par la suite un reçu.

Je suis conscient que beaucoup me blâmeront de parler si hâtivement d'une transaction aussi impalpable. On estimera que j'aurais dû entrer davantage dans les détails d'un événement qui – et c'est bien vrai – pourrait projeter un éclairage nouveau sur une branche hautement intéressante de la philosophie physique.

Je suis désolé de ne pouvoir répondre à tout cela. La seule réponse que je puisse me permettre, c'est une allusion. C'était dans des *circonstances*... mais, après mûre réflexion, j'estime qu'il est plus sûr d'en dire le moins possible sur une affaire aussi délicate – *si délicates*, je répète, et impliquant à l'époque les intérêts d'une tierce personne dont je n'ai aucune envie, pour l'heure, d'encourir le méphitique ressentiment.

Après avoir conclu le nécessaire arrangement, nous ne fûmes pas longs à nous enfuir des oubliettes du sépulcre. La force unie de nos voix ressuscitées fut bientôt suffisamment perceptible. Ciseaux, le rédacteur en chef whig[130], réédita un traité sur « la nature et l'origine des bruits souterrains ». Une réponse, une réplique, une réfutation et une justification suivirent dans les colonnes d'une gazette démocratique. Ce ne fut qu'à l'ouverture du caveau pour trancher la controverse que l'apparition de Mr. Vendebout et de moi-même prouva que tout le monde était décidément dans le faux.

Je ne puis conclure ces détails sur quelques passages fort singuliers d'une vie suffisamment riches en événements sans rappeler de nouveau à l'attention du lecteur les mérites de cette philosophie inconsidérée qui constitue un bouclier sûr et disponible contre ces coups de lance du malheur qui ne peuvent être ni vus, ni ressentis, ni parfaitement compris. C'est dans l'esprit de cette sagesse que, chez les anciens Hébreux, on croyait que les portes du Ciel s'ouvriraient inévitablement au pécheur ou au saint qui, avec de bons poumons et une foi absolue, vociférait le mot « *Amen*[131] ! ». C'est dans l'esprit de cette sagesse que, lorsqu'une grande peste fit rage à Athènes et que tout avait été tenté en vain pour la chasser, Épiménide, d'après ce que rapporte Laërce, dans le second ouvrage de ce philosophe, conseilla l'érection d'un autel et d'un temple « au vrai Dieu[132] ».

Lyttleton Barry[133]

BON-BON[134]

Quand un bon vin meuble mon estomac,
Je suis plus savant que Balzac –
Plus sage que Pibrac ;
Mon bras seul faisant l'attaque
De la nation Cosaque,
La mettroit au sac ;
De Charon je passerois le lac,
En dormant dans son bac ;
J'irois au fier Éac,
Sans que mon cœur fît tic ni tac,
*Présenter du tabac**.

Vaudeville français[135].

Que Pierre Bon-Bon ait été un *restaurateur** aux talents exceptionnels, j'imagine que quiconque a fréquenté, sous le règne de ––, le petit *Café** dans le *cul-de-sac** Le Febvre à Rouen, ne se sentirait pas le droit de le contester. Que Pierre Bon-Bon ait été, à un degré égal, versé dans la philosophie de cette époque est, je suppose, encore plus indéniable. Ses *pâtés à la fois**[136] étaient sans aucun doute parfaits, mais quelle plume saura rendre justice à ses essais *sur la Nature**, ses réflexions *sur l'Âme*, ses observations *sur l'Esprit** ? Si ses *omelettes**, ses *fricandeaux** étaient inestimables, quel *littérateur** de cette époque n'aurait pas donné le double de ce qu'il aurait donné pour tout le méli-mélo de toutes les *Idées** de tous les autres *savants** pour une « *Idée de Bon-Bon** » ? Bon-Bon avait pillé des bibliothèques que personne d'autre n'avait pillées, lu plus qu'aucun autre ne pourrait se le figurer, compris davantage qu'aucun autre n'aurait imaginé pouvoir comprendre, et pourtant, au temps où il était célèbre, il ne manquait pas d'auteurs à Rouen pour affirmer « que ses *dicta*[137] ne montraient ni la pureté de l'Académie, ni la profondeur du Lycée[138] » – et bien que, notez-le au passage, ses doctrines n'eussent généralement pas été comprises, il ne s'ensuivait pas qu'elles étaient difficiles à comprendre. Je pense que c'est parce qu'elles allaient de soi que nombre de personnes ONT ÉTÉ amenées à les considérer comme abstruses. C'est à Bon-Bon – mais n'allons pas plus loin – c'est à Bon-Bon que Kant lui-même doit la plus grande part de sa métaphysique. Le premier n'était en rien un platonicien, ni à strictement parler un aristotélicien – il ne perdait pas non plus, comme le moderne Leibnitz, ces précieuses heures qui peuvent être employées à inventer une *fricassée** ou, *facili gradu*[139], à analyser une sensation, en tentatives frivoles pour réconcilier les huiles et les eaux obstinées du débat éthique. Pas le moins du monde. Bon-Bon était ionique[140] – Bon-Bon était également italique. Il raisonnait *a priori* ; il raisonnait aussi *a posteriori*. Ses idées étaient innées – ou autres. Il croyait en Georges de Trébizonde[141] ; il croyait en Bessarion[142]. Bon-Bon était en premier chef un… bon-boniste.

J'ai parlé du philosophe en sa qualité de *restaurateur**. Cependant, je ne voudrais pas qu'un de mes amis aille s'imaginer que, en remplissant cette partie de ses charges héréditaires, notre héros n'en estimait pas la dignité et l'importance à leur juste valeur. Loin s'en faut. Il était impossible de dire de quelle branche de sa profession il tirait la plus grande fierté. Selon lui, les facultés de l'intelligence entretenaient un lien étroit avec les capacités de l'estomac. En fait, je ne suis pas sûr qu'il ait été en complet désaccord avec les Chinois qui soutiennent que l'âme se trouve dans l'abdomen[143]. Toujours est-il que les Grecs avaient raison, pensait-il, qui utilisaient le même mot pour désigner l'esprit et le diaphragme[144]. Je n'entends pas par-là l'accuser implicitement de gloutonnerie ou de toute autre charge au préjudice du métaphysicien. Si Bon-Bon avait ses points faibles – et quel grand homme n'en a pas un millier ? – si Pierre Bon-Bon, dis-je, avait ses points faibles, ils étaient fort peu importants – c'était, en effet, des défauts qui, chez d'autres tempéraments, auraient souvent été considérés davantage comme des vertus. À propos de ses points *foibles**, je n'en aurais même pas parlé dans cette histoire, n'était l'importance considérable – l'extrême *alto relievo*[145] – que l'un d'entre eux avait prise dans l'organisation générale de son caractère : il ne laissait jamais échapper une occasion de conclure un marché.

Non pas qu'il ait été avare – que nenni. Il n'était absolument pas nécessaire pour le philosophe que le marché tourne à son avantage. Pourvu qu'il puisse en faire un – quels qu'en soient la nature, les termes ou les circonstances – on pouvait voir pendant des jours s'afficher un sourire triomphant sur son visage et un clin d'œil de connivence pour prouver sa sagacité.

À n'importe quelle époque, il n'aurait guère été surprenant qu'un trait d'humeur aussi particulier que celui que je viens juste d'évoquer n'ait attiré l'attention et engendrédes remarques. À l'époque de notre récit, si cette particularité n'avait *pas* suscité quelques observations, il y aurait vraiment eu de quoi s'en étonner. On n'a pas tardé à raconter que, dans toutes les occasions de ce genre, le sourire de Bon-Bon avait tendance à être très différent du simple rictus avec lequel il riait de ses propres plaisanteries ou accueillait une connaissance. On a fait des allusions de nature à attiser la curiosité ; on a raconté des histoires de marchés périlleux conclus en toute hâte et dont il avait eu tout le loisir de se repentir, et l'on a cité des exemples de facultés inexplicables, de vagues aspirations et de penchants surnaturels inspirés par l'auteur du mal universel pour des buts connus de lui seul.

Le philosophe avait d'autres faiblesses – mais elles ne valent guère d'être examinées sérieusement. Par exemple, il est peu d'hommes d'une profondeur extraordinaire chez qui on ne trouve pas un penchant pour la dive bouteille. Que ce penchant soit une cause stimulante ou plutôt une preuve valide de cette profondeur, difficile à dire. Pour autant que je sache, Bon-Bon ne pensait pas que le sujet méritât un examen minutieux – ni moi, d'ailleurs. Cependant, dans l'indulgence qu'il montrait pour une propension en vérité si classique, il ne faut pas s'imaginer que le *restaurateur** ait perdu de vue ce discernement intuitif qui devait caractériser à la fois ses *essais** et ses *omelettes**. Dans ses moments de solitude, le *vin de Bourgogne** avait son heure attitrée et il y avait des moments pour les côtes-du-rhône. Avec lui, le sauternes était au médoc ce que Catulle[146] était à Homère. Il jouait avec un syllogisme en sirotant du saint-péray, mais démêlait un argument sur du clos-vougeot et mettait à bas une théorie dans un torrent de chambertin[147]. Tout aurait été bien si le même sens aigu des convenances l'avait accompagné dans la propension au marchandage à laquelle j'ai fait allusion plus haut – mais ce n'était absolument pas le cas. En fait, pour être exacti, *ce* trait de caractère chez le philosophe Bon-Bon *commençait* à la longue à prendre une nature d'une étrange intensité et de mysticisme, et semblait profondément teinté de la *diablerie** de ses chères études allemandes.

Pénétrer dans le petit *café** dans le *cul-de-sac** Le Febvre c'était, à l'époque de notre histoire, pénétrer dans le *sanctum*[148] d'un homme de génie. Bon-Bon était un homme de génie. Il n'y avait pas un *sous-cuisinier** à Rouen, qui n'aurait pu vous dire que Bon-Bon était un homme de génie. Même son chat le savait et s'abstenait d'agiter la queue en présence de l'homme de génie. Son grand épagneul était au courant de la chose et, à l'approche de son maître, trahissait son sentiment d'infériorité par une componction du maintien, un abaissement des oreilles et un affaissement de la mâchoire inférieure pas tout à fait indignes d'un chien. Cependant, il est vrai qu'une grande part de ce respect habituel aurait pu être attribuée à l'apparence personnelle du métaphysicien. Force m'est de dire qu'un extérieur distingué fera de l'effet même sur une bête, et je reconnais bien volontiers que l'aspect extérieur du *restaurateur** était bien fait pour impressionner l'imagination du quadrupède. Il existe une atmosphère de majesté particulière qui nimbe le petit grand homme – si je puis me permettre une expression si équivoque – que le simple volume physique se montrera incapable de créer à lui seul à chaque instant. Mais si Bon-Bon ne mesurait que quatre-vingt-dix centimètres et si sa tête était excessivement petite, il n'en était pas moins impossible de voir la rotondité de son estomac sans éprouver un sentiment de magnificence confinant presque au sublime. Dans sa taille, hommes et chiens ont dû voir le type même de son savoir – dans son immensité, l'habitat idoine pour son âme immortelle.

Je pourrais – si bon me semblait – m'étendre sur l'habillement et d'autres détails extérieurs du métaphysicien. Je pourrais insinuer que les cheveux de notre héros étaient ras, peignés et lissés sur son front et surmontés par un bonnet de flanelle blanche de forme conique avec des glands – que son justaucorps couleur vert feuille n'était pas à la mode de ceux que portaient le commun des *restaurateurs** de l'époque – que les manches étaient un peu plus remplies que ne le permettait le costume de vigueur – que les manchettes étaient retournées, non pas selon l'usage en cette période barbare, avec une étoffe de la même qualité et de la même couleur que l'habit, mais en arborant avec force fantaisie le velours bariolé de Gênes – que ses pantoufles étaient d'une pourpre rutilante, curieusement filigranées, et auraient pu être fabriquées au Japon, n'étaient la pointe exquise des orteils et les teintes brillantes des bordures et des broderies – que ses hauts-de-chausse étaient faits dans une matière jaune proche du satin appelée *aimable** – que son manteau bleu ciel, dont la forme le faisait ressembler à un peignoir, richement garni de motifs cramoisis, flottait cavalièrement sur ses épaules comme une brume matinale – et que son *tout ensemble** a inspiré ces mots remarquables à Benevenuta, l'*Improvisatrice** de Florence : « Il était difficile de dire si Pierre Bon-Bon était vraiment un oiseau du Paradis ou bien un véritable Paradis de la perfection ». – Je pourrais, dis-je, disserter sur tout cela si bon me semblait – mais je m'en abstiens : les détails personnels peuvent être laissés aux lecteurs auteurs de romans historiques – ils sont moralement indignes du prosaïsme.

J'ai dit que « pénétrer dans le *café** du *cul-de-sac** Le Febvre, c'était pénétrer dans le *sanctum* d'un homme de génie », mais seul un homme de génie pouvait juger comme il se doit des mérites du *sanctum*. Une enseigne, constituée d'un immense *in-folio*, se balançait devant l'entrée. Sur un côté du volume était peinte une bouteille, sur l'autre un *pâté**. Sur le dos, on pouvait voir en grandes lettres *Œuvres de Bon-Bon**. Ainsi, la double occupation du propriétaire était-elle délicatement suggérée.

Quand on en franchissait le seuil, tout l'intérieur du bâtiment s'offrait au regard. Une longue pièce basse de plafond, de construction ancienne, constituait en tout et pour tout le *café**. Dans un coin de l'appartement se trouvait le lit du métaphysicien. Une rangée de rideaux, ainsi qu'un baldaquin *à la grecque*, lui donnait un air à la fois classique et confortable. Dans le coin situé diagonalement à l'opposé apparaissaient, en bonne entente familiale, les accessoires de cuisine et la *bibliothèque**. Un plat de polémiques se trouvait pacifiquement sur le buffet. À cet endroit gisait un plein four des tout derniers traités d'éthique, là une bouilloire de *mélanges** in-12. Des volumes de moralité allemande s'entendaient comme larrons en foire avec le gril ; on pouvait dénicher une fourchette à rôtir le pain à côté d'Eusèbe[149] ; Platon était couché à son aise près de la poêle à frire, et des manuscrits contemporains étaient alignés sur la broche.

À d'autres égards, on pouvait dire que le *café de Bon-Bon** ne différait guère des *restaurants** ordinaires de l'époque. Une immense cheminée bâillait en face de la porte. À droite de l'âtre, une armoire ouverte étalait une formidable armée de bouteilles étiquetées.

C'est là, aux alentours de minuit, un soir, au cours du rude hiver de –, que Pierre Bon-Bon – après avoir prêté l'oreille quelque temps aux commentaires de ses voisins sur sa manie singulière – que Pierre Bon-Bon, dis-je, les ayant tous mis à la porte de sa maison, verrouilla celle-ci derrière eux en poussant un juron et regagna d'humeur guère pacifique le confort d'un fauteuil en cuir et d'un feu de fagots flamboyant.

C'était une de ces terribles nuits que l'on ne rencontre qu'une ou deux fois par siècle. Il neigeait furieusement et la maison chancelait en son centre sous les assauts du vent qui, en s'engouffrant par les lézardes dans le mur et en se précipitant avec impétuosité par la cheminée, secouaient effroyablement les rideaux du lit du philosophe et désorganisait l'économie de ses récipients à *pâté** et de ses papiers. L'imposante enseigne en forme d'in-folio qui se balançait à l'extérieur, exposée à la fureur de la tempête, craquait lugubrement et des gémissements s'échappaient de ses étançons en chêne robuste.

Ce n'est pas d'une humeur placide, dis-je, que le métaphysicien tira son fauteuil à sa place ordinaire près de l'âtre. Bien des détails de nature mystérieuse étaient venus, durant la journée, troubler la sérénité de ses méditations. En tentant *des œufs à la princesse**, il avait malencontreusement commis une *omelette à la reine**[150]; la découverte d'un principe d'éthique avait été frustrée en renversant un ragoût; enfin, le pire était qu'il avait été contrarié dans l'une de ces admirables transactions qu'il avait toujours éprouvé du plaisir à mener à leur terme. Mais à l'irritation de son esprit due à ces inexplicables vicissitudes ne manquait pas de se mêler un peu de cette anxiété nerveuse que la fureur d'une nuit mouvementée est si prompte à faire naître. Sifflant le grand épagneul noir dont nous avons parlé ci-dessus pour qu'il vienne auprès de lui, et s'installant, en proie à l'agitation, dans son fauteuil, il ne put s'empêcher de jeter un œil déjà las et nerveux à ces recoins éloignés de son logis dont les lueurs rouges du feu elles-mêmes ne parvenaient à dissiper qu'en partie les ombres inexorables. Après avoir terminé un examen dont le but précis lui était peut-être inintelligible, il tira près de son siège une petite table recouverte de livres et de papiers, et ne tarda pas à se plonger dans les retouches d'un manuscrit volumineux, destiné à la publication le lendemain.

Il était ainsi affairé depuis quelques minutes quand une voix geignarde murmura soudain dans l'appartement: «Je ne suis pas pressé, *Monsieur** Bon-Bon».

– Diable! s'exclama notre héros, bondissant sur ses pieds, renversant la table et jetant autour de lui un regard de surprise.

– Bien vrai! répondit calmement la voix.

– Bien vrai ! – qu'est-ce qui est bien vrai ? – comment êtes-vous arrivé ici ?, vociféra le métaphysicien, tandis que son œil tombait sur quelque chose allongé de tout son long sur le lit.

– Je disais, répondit l'intrus, sans prêter attention aux interrogations, je disais que j'ai tout mon temps – que l'affaire pour laquelle j'ai pris la liberté de vous rendre visite n'est pas d'une importance extrême – en bref, que je peux fort bien attendre que vous ayez fini votre Exposé.

– Mon Exposé ! – allons bon ! – comment êtes-*vous* au courant ? – comment avez-*vous* compris que j'écrivais un Exposé ? – Dieu du ciel !

– Chut ! rétorqua le personnage, d'un ton légèrement strident et, se levant d'un coup du lit, il fit un seul pas vers notre héros, tandis qu'une lampe métallique qui pendait au-dessus de leurs têtes se balançait convulsivement en reculant à son approche.

L'étonnement du philosophe ne l'empêcha pas de se livrer à un examen scrupuleux de la tenue et de l'apparence de l'étranger. Les contours de sa silhouette, excessivement maigres, mais bien au-dessus de la taille ordinaire, se dessinaient minutieusement et distinctement grâce à un costume élimé de tissu noir qui collait à la peau, mais dont la coupe ressemblait par ailleurs beaucoup au style du siècle précédent. Ces habits étaient de toute évidence destinés à une personne plus petite que leur actuel propriétaire. Ses chevilles et ses poignets dépassaient de plusieurs centimètres. Mais sur ses chaussures, une paire de boucles très brillantes venait faire mentir l'extrême pauvreté que suggéraient les autres composantes de sa tenue. Sa tête était nue et totalement chauve, à l'exception de la nuque, d'où pendait une *queue** d'une longueur impressionnante. Une paire de lunettes vertes, avec des verres sur le côté, protégeait ses yeux de l'influence de la lumière et, dans le même temps, empêchait notre héros de dire avec certitude quelles étaient leur couleur ou leur forme. Pas l'ombre d'une trace de chemise sur toute sa personne, mais une cravate blanche, d'apparence crasseuse, nouée avec une extrême précision autour de la gorge et dont les extrémités, pendant formellement côte à côte, lui donnaient (bien que j'ose dire que ce n'était pas intentionnel) des airs d'ecclésiaste. En fait, de nombreux autres éléments, tant dans son apparence que dans son comportement, auraient fort bien pu alimenter une conception de cette nature. Il portait, sur l'oreille gauche, à la mode d'un clerc moderne, un instrument ressemblant au *stylus*[151] des anciens. Dans une poche pectorale de son manteau apparaissait bien en vue un petit volume noir attaché par des fermoirs en acier. Ce livre, que ce soit ou non accidentel, était tourné vers l'extérieur afin d'y lire les mots *Rituel catholique** en lettres blanches sur le dos. Toute sa physionomie était singulièrement saturnienne[152] – voire d'une pâleur cadavérique. Le front était haut et profondément creusé par les rides de la contemplation. Les commissures de la bouche pendaient vers le bas dans une expression d'humilité des plus soumises. Il avait aussi une façon de joindre les mains tandis qu'il marchait vers notre héros – en poussant un profond soupir – et un aspect général de sainteté si absolue qui ne pouvaient manquer d'exercer une influence sans équivoque. Toute trace de colère se dissipa sur le visage du métaphysicien lorsque, après s'être livré à un examen satisfaisant de la personne de son visiteur, il lui serra cordialement la main et le conduisit vers un siège.

Ce serait cependant se tromper radicalement que d'attribuer ce changement instantané de sentiment chez le philosophe à l'une de ces causes qui seraient censées naturellement avoir eu une influence. En effet, Pierre Bon-Bon, d'après ce que j'ai pu comprendre de sa tournure d'esprit, était de tous les hommes celui qui était le moins disposé à s'en laisser imposer par quelque trait spécieux que ce soit du maintien extérieur. Il était impossible que le véritable caractère du personnage qui venait ainsi d'abuser de son hospitalité ait échappé à un observateur si affûté des hommes et des choses. Pour ne pas en dire plus, la forme des pieds de son visiteur était suffisamment remarquable – il maintenait légèrement posé sur sa tête un chapeau exagérément grand – la partie arrière de ses hauts-de-chausses était renflée et tremblait – et la vibration de la queue de son manteau était un fait palpable. Qu'on juge alors avec quel sentiment de satisfaction notre héros s'était ainsi trouvé projeté en compagnie d'une personne pour laquelle il avait, de tout temps, nourri le respect le plus catégorique. Cependant, il était trop diplomate pour laisser échapper quoi que ce fût qui trahît ses soupçons quant à la situation réelle des affaires. Le rôle qui lui incombait n'était pas de se montrer trop conscient de l'insigne honneur dont il jouissait de façon inattendue, mais, en engageant son hôte dans la conversation, d'obtenir quelques idées éthiques importantes qui pourraient, en trouvant une place dans la publication qu'il avait en tête, éclairer le genre humain et, dans le même temps, le rendre immortel – idées que, devrais-je ajouter, le grand âge de son visiteur et sa compétence bien connue dans les sciences morales le rendaient on ne peut plus capable de lui donner.

Mû par ces vues éclairées, notre héros pria l'homme de s'asseoir, profita de l'occasion pour jeter quelques fagots dans le feu et plaça sur la table à présent remise sur pied quelques bouteilles de *mousseux**. Ayant rapidement terminé ces opérations, il tira son fauteuil *vis-à-vis** de celui de son compagnon et attendit que ce dernier lance la conversation. Mais même les plans les plus habilement mûris sont souvent contrariés au début de leur exécution, et le *restaurateur** se retrouva réduit au silence dès les premiers mots du discours de son visiteur.

«Je vois que vous me connaissez, Bon-Bon, dit-il, ha! ha! ha! – hé! hé! hé! – hi! hi! hi! – ho! ho! ho! – hu! hu! hu!», et le diable, renonçant d'un coup à la componction de son maintien, ouvrit une large bouche d'une oreille à l'autre, exhibant une rangée de dents crénelées ressemblant à des crocs. Puis, rejetant la tête en arrière, il partit d'un long rire bruyant, mauvais et grondant, tandis que le chien noir, assis sur son derrière, se joignait à pleine gorge au chœur, et que le chat tigré, prenant la tangente, faisait le gros dos et poussait un cri strident dans le recoin le plus éloigné de l'appartement.

Mais pas notre philosophe: c'était trop un homme du monde pour rire comme le chien ou trahir par des cris stridents une nervosité inconvenante comme celle du chat. Il faut reconnaître qu'il fut un peu étonné de voir les lettres blanches qui formaient les mots *Rituel catholique** sur le livre dans la poche de son invité changer instantanément de couleur et de sens, et en l'espace de quelques secondes, à la place du titre original, flamboyer en caractères rouges les mots *Registre des Condamnés**. Cette circonstance déconcertante, quand Bon-Bon répondit à la remarque de son visiteur, donna à ses manières un tour embarrassé qui, sans doute, serait passé inaperçu autrement.

– Ma foi, monsieur, dit le philosophe, ma foi, monsieur, pour parler sincèrement… je crois que vous êtes… ma parole… le d… le di… autrement dit, je crois… j'imagine… j'*ai* une vague… une *très* vague idée… de l'honneur insigne…

– Oh! – ah! – oui! – fort bien!, l'interrompit Sa Majesté, n'en dites pas davantage: je vois ce qu'il en est. Et à ces mots, retirant ses lunettes vertes, il en essuya soigneusement les verres avec la manche de son manteau avant de les remettre dans sa poche.

Si Bon-Bon avait été étonné par l'incident du livre, sa stupeur redoubla devant le spectacle qui s'offrit alors à lui. En levant les yeux, avec un fort sentiment de curiosité pour vérifier la couleur de ceux de son hôte, il s'aperçut qu'ils n'étaient ni noirs, comme il l'avait pensé, ni gris, comme on aurait pu l'imaginer, ni même noisette ou bleus, ni jaunes ni rouges d'ailleurs, ni violets, ni blancs, ni verts, ni d'aucune couleur existant dans le ciel, sur terre ou dans l'eau. En bref, non seulement Pierre Bon-Bon vit que Sa Majesté n'avait pas d'yeux du tout, mais il ne put découvrir le moindre indice de leur existence à une époque antérieure – car l'espace où les yeux auraient naturellement dû se trouver était, je dois le dire, simplement un morceau uni de chair morte.

Le métaphysicien n'était pas d'un naturel à s'abstenir de pousser ses investigations quant aux sources d'un phénomène aussi étrange, et la réponse de Sa Majesté fut à la fois prompte, digne et satisfaisante.

« Des yeux ! Mon cher Bon-Bon, des yeux ! Dites-vous ? – oh ! – ah ! – je vois ! Les imprimés ridicules qui circulent vous ont donné une fausse idée de mon apparence personnelle, hein ? Des yeux ! – bien vrai. Les yeux, Pierre Bon-Bon, sont très bien là où ils doivent être – à savoir sur la tête, diriez-vous ? C'est juste : sur la tête d'un ver. Pour *vous* également les instruments d'optique sont indispensables, mais je vous convaincrai que ma vision est plus pénétrante que la vôtre. Il y a un chat dans le coin – un joli chat – regardez-le, observez-le bien. À présent, Bon-Bon, voyez-vous les pensées – les pensées, dis-je – les idées, les réflexions, qui sont engendrées dans son péricrâne ? Vous y êtes maintenant, non ? Il pense que nous admirons la longueur de sa queue et la profondeur de son esprit. Il vient juste de conclure que je suis le plus distingué des ecclésiastes et que vous êtes le plus superficiel des métaphysiciens. Ainsi, vous voyez bien que je ne suis pas totalement aveugle, mais, pour quelqu'un de ma profession, les yeux dont vous parlez ne seraient qu'une simple gêne, risquant à tout moment d'être crevés par une fourchette à rôtir ou une broche. Je reconnais que pour vous ces instruments optiques sont indispensables. Tâchez, Bon-Bon, de les bien utiliser – *ma* vision, c'est l'âme.

Là-dessus l'étranger se servit du vin posé sur la table et, versant une rasade pour Bon-Bon, il lui demanda de la boire sans scrupule et de faire comme chez lui.

– Un livre intelligent que le vôtre, Pierre, reprit Sa Majesté en tapotant familièrement notre ami sur l'épaule tandis que celui-ci reposait son verre après avoir exécuté à la lettre l'injonction de son visiteur. Un livre intelligent que le vôtre, sur mon honneur. C'est une œuvre selon mon cœur. Cependant, je crois que l'on pourrait améliorer votre façon de traiter le sujet, et nombre de vos idées me rappellent Aristote. Ce philosophe était l'une de mes plus intimes connaissances. Je l'aimais autant pour son terrible mauvais caractère que pour son don de faire des bourdes. Il n'y a qu'une seule vérité solide dans tout ce qu'il a écrit; et encore, c'est moi qui la lui ai suggérée par pure compassion pour son absurdité. Je suppose, Pierre Bon-Bon, que vous savez très bien à quelle divine vérité morale je fais allusion?

– Je ne saurais dire...

– Vraiment! Eh bien, c'est moi qui ai dit à Aristote qu'en éternuant les hommes expulsaient les idées superflues par l'appendice nasal[153].

– Ce qui est – hic! – indubitablement le cas, dit le métaphysicien, en se versant une autre rasade de *mousseux**, et en tendant sa tabatière aux doigts de son visiteur.

– Il y avait aussi Platon, continua Sa Majesté, en déclinant modestement la tabatière et le compliment qui allait de pair, il y avait également Platon, pour qui, à un moment, j'ai ressenti toute l'affection d'un ami. Vous avez connu Platon, Bon-Bon ? – Ah non, je vous demande mille pardons. Il m'a croisé à Athènes, un jour, dans le Parthénon, et m'a dit qu'il désespérait de trouver une idée. Je l'ai invité à consigner que « ό νούς άστιν άϋλος[154] ». Il m'a dit qu'il le ferait, et il est rentré chez lui, tandis que je me dirigeais vers les pyramides. Mais j'ai eu des remords d'avoir énoncé une vérité, même si c'était pour aider un ami, et retournant en toute hâte à Athènes j'arrivai derrière le siège du philosophe au moment où il rédigeait le mot « άϋλος ». Donnant une chiquenaude au lambda avec mon doigt, je l'ai renversé sens dessus dessous. Ainsi, la phrase se lit désormais comme suit : « ό νούς άστιν αϋγος[155] », et constitue, comme vous le voyez, la doctrine fondamentale de sa métaphysique[156].

– Êtes-vous jamais allé à Rome ? demanda le *restaurateur**, tandis qu'il finissait sa deuxième bouteille de *mousseux** et tirait du buffet une plus grande provision de chambertin.

– Une seule fois, *monsieur** Bon-Bon, une seule fois. Il y eut une époque, dit le diable, comme s'il récitait un passage d'un livre, il y eut une époque où s'était instaurée une anarchie de cinq ans, durant lesquels la république, privée de tous ses fonctionnaires, n'avait d'autre magistrature que les tribuns du peuple, et ces derniers n'étaient légalement investis d'aucune once de pouvoir exécutif – à cette époque, *Monsieur** Bon-Bon – à cette époque *seulement* j'étais à Rome et, par conséquent, je n'avais pas la moindre connaissance terrestre de sa philosophie[157].

– Que pensez-vous... que pensez-vous... hic !... d'Épicure ?

– Qu'est-ce que je pense de *qui* ? demanda le diable, étonné ; vous n'entendez pas, j'en suis sûr, trouver quoi que ce soit à redire au sujet d'Épicure ! Ce que je pense d'Épicure !

Vous voulez parler de moi, monsieur? – *je suis* Épicure! Je suis le même philosophe qui a écrit chacun des trois cents traités évoqués par Diogène Laërce[158].

– Mensonge! s'exclama le métaphysicien, car le vin lui était un peu monté à la tête.

– Très bien! – très bien, monsieur! – vraiment très bien, monsieur! dit Sa Majesté, apparemment très flattée.

– Mensonge! répéta dogmatiquement le *restaurateur*, c'est un... hic!... un mensonge!

– Bien, bien, faites à votre idée!, dit le diable, d'un air conciliant, et Bon-Bon, ayant rivé le clou à Sa Majesté sur un point, estima qu'il était de son devoir de terminer une deuxième bouteille de chambertin.

– Comme je le disais, reprit le visiteur, comme je le faisais observer à l'instant, il y a quelques idées *outrées** dans votre livre, *Monsieur** Bon-Bon. Par exemple, qu'entendez-vous par toutes ces fariboles sur l'âme? Je vous le demande, monsieur, qu'*est*-ce que l'âme [159]?

– L'â... hic!... l'âme, répondit le métaphysicien, en se reportant à son manuscrit, est indubitablement...

– Non, monsieur!

– Indiscutablement...

– Non, monsieur!

– Indéniablement...

– Non, monsieur!

– De toute évidence...

– Non, monsieur!

– Incontestablement...

– Non, monsieur!

– Hic!...

– Non, monsieur!

– Et sans conteste, un...

– Non, monsieur, l'âme n'est rien de tout cela! (À ces

mots, le philosophe, le regard assassin, saisit l'occasion de finir, sur-le-champ, sa troisième bouteille de chambertin).

– Alors... hic!... dites-moi un peu, monsieur... ce que... ce que c'est?

– Elle n'est ni ici ni là, *Monsieur** Bon-Bon, répondit Sa Majesté, songeuse. J'ai goûté... je veux dire que j'ai connu quelques âmes très mauvaises et quelques-unes aussi... assez bonnes. À ce moment-là, il fit claquer ses lèvres et, ayant laissé retomber inconsciemment sa main sur le volume qui se trouvait dans sa poche, il fut pris d'une violente crise d'éternuement.

Il continua :

– Il y a eu l'âme de Cratinos[160] : passable ; d'Aristophane : savoureuse ; de Platon : exquise – pas *votre* Platon, mais le poète comique Platon[161] : votre Platon aurait retourné l'estomac de Cerbère – pouah ! Puis, laissez-moi réfléchir ! il y a eu Naevius, Andronicus, Plaute et Térence. Puis il y a eu Lucilius, Catulle, Nason et Quintus Flaccus[162] – ce cher Quinty ! comme je l'appelais quand il chantait un *seculare*[163] pour m'amuser, tandis que je le faisais rôtir, par simple plaisanterie, sur une fourche. Mais ils manquent de *saveur*, ces Romains ! Un Grec bien dodu en vaut une douzaine et en outre, il se *conservera*, ce qui n'est pas le cas d'un Quirite[164]. – Goûtons votre sauternes.

Bon-Bon avait décidé à ce moment-là de s'en tenir au *nil admirari*[165] et s'employait à apporter les bouteilles en question. Il avait cependant conscience d'un bruit étrange dans la pièce, comme d'une queue qui remue. Bien que ce fût extrêmement indécent de la part de Sa Majesté, le philosophe fit comme si de rien n'était, se contentant de donner un coup de pied au chien et de lui demander de se tenir tranquille. Le visiteur poursuivit :

– J'ai trouvé qu'Horace avait pratiquement le même goût

qu'Aristote – vous savez, je raffole de la variété. Je n'aurais pas su faire la différence entre Térence et Ménandre[166]. À ma grande surprise, Nason était un Nicandre déguisé. Virgile avec un fort accent de Théocrite. Martial me faisait penser à Archiloque – et Tite-Live était ni plus ni moins qu'un Polybe[167].

– Hic ! rétorqua Bon-Bon, et Sa Majesté d'enchaîner :

– Mais si j'*ai* bien un *penchant**, *Monsieur** Bon-Bon – si j'*ai* bien un *penchant*, c'est pour un philosophe. Mais laissez-moi vous dire, mon bon monsieur, il n'appartient pas au premier dia… je veux dire au premier *gentleman* venu de savoir comment *choisir* un philosophe. Les longs ne sont *pas* bons, et les meilleurs, s'ils ne sont pas soigneusement décortiqués, risquent d'être un peu rances à cause du fiel !

– Décortiqués !

– Je veux dire retirés de leur carcasse.

– Que pensez-vous d'un… hic !… médecin ?

– Ne m'en parlez *pas* ! – pouah ! pouah ! (Sa Majesté eut un violent haut-le-cœur). Je n'en ai jamais goûté qu'un seul… ce pendard d'Hippocrate ! – il sentait l'*asa foetida*[168] – pouah ! pouah ! pouah ! – attrapé un mauvais rhume en le lavant dans le Styx – et après cela, il m'a quand même refilé le choléra-morbus[169].

– Le… hic !… misérable ! éructa Bon-Bon, l'av… hic !… l'avorton de pilulier ! – et le philosophe de verser une larme.

– Après tout, poursuivit le visiteur, après tout, si un dia… si un *gentleman* souhaite *vivre*, il lui faut avoir plusieurs cordes à son arc, et chez nous, un visage grassouillet est une preuve de diplomatie.

– Comment cela ?

– Eh bien, nous manquons parfois excessivement de provisions. Vous devez savoir que, dans un climat aussi suffocant que le nôtre, il est souvent impossible de garder un esprit vivant plus de deux à trois heures et qu'après la mort, à moins d'être immédiatement mariné (et un esprit mariné n'est *pas* bon), il... sent – vous comprenez, hein ? Il faut toujours craindre la putréfaction quand les âmes nous sont confiées par la voie habituelle.

– Hic ! hic !... Dieu du ciel ! comment *faites*-vous ?

La lampe métallique se mit alors à balancer avec une violence redoublée et le diable se leva à moitié de son siège – mais en laissant échapper un léger soupir, il reprit contenance, se contentant de dire à notre héros, à voix basse : « Je vous le dis, Pierre Bon-Bon, nous ne *voulons* plus entendre jurer ».

L'hôte avala une autre rasade, pour laisser voir qu'il comprenait et acquiesçait parfaitement, et le visiteur reprit :

– Eh bien, il y a *plusieurs* façons de procéder. La plupart d'entre nous meurent de faim ; d'autres s'accommodent de la saumure ; pour ma part, j'achète mes esprits *vivente corpore*[170], et je trouve que, dans ces conditions, ils se conservent fort bien.

– Mais le corps ! – hic ! – le corps !!!

– Le corps, le corps... eh bien, qu'est-ce qu'il y a avec le corps ? – oh ! ah ! je vois. Eh bien, mon bon monsieur, le corps n'est pas *du tout* affecté par la transaction. J'ai fait d'innombrables achats de ce genre par le passé et les parties n'en ont jamais éprouvé le moindre inconvénient. Il y a eu Caïn, Nimrod, Néron, Caligula, Denys, Pisistrate[171], et... et un millier d'autres, qui n'ont jamais su ce que c'était que d'avoir une âme durant la dernière partie de leur vie ; et pourtant, mon bon monsieur, ces hommes ont été les fleurons de la société. – Eh bien, pourquoi aujourd'hui n'y a-t-il pas A—, que vous connaissez aussi bien que moi ? N'est-*il* pas en possession de toutes ses facultés, mentales et physiques ? Qui écrit une épigramme plus pénétrante ? Qui raisonne avec plus d'esprit ? Qui… mais attendez ! J'ai son accord dans mon calepin.

À ces mots, il sortit un portefeuille en cuir rouge et en tira un certain nombre de papiers. Sur certains d'entre eux, Bon-Bon aperçut les lettres *Machi… Maza… Robesp*[172]… avec les mots *Caligula, George, Elizabeth*[173]. Sa Majesté choisit une bande étroite de parchemin et lut à voix haute les mots suivants :

« En considération de certains talents intellectuels qu'il n'est pas nécessaire de spécifier, eten outre de mille *louis d'or**, moi, âgé d'un an et un mois, cède au porteur de cet accord tous mes droits, titres et servitudes sur l'ombre appelée mon âme. » (Signé) A……[174] (Ici, Sa Majesté a répété un nom que je ne me sens pas autorisé à indiquer de façon moins équivoque).

« Un gars intelligent que celui-là, enchaîna-t-il, mais comme vous, *Monsieur** Bon-Bon, il s'est mépris sur l'âme. L'âme une ombre, vraiment ! L'âme une ombre ! Ha ! ha ! ha ! – hé ! hé ! hé ! – hu ! hu ! hu ! Imaginez un peu une ombre fricassée[175] !

– Imaginez *un peu* – hic ! – une ombre fricassée ! s'exclama notre héros, dont les facultés commençaient à s'illuminer davantage par la profondeur du discours de Sa Majesté. Imaginez un peu une hic !… ombre fricassée !! Bon sang, que je sois damné ! – hic ! – humpf ! si *je* suis – hic ! – nigaud à ce point ! *Mon* âme, Monsieur – humpf !

– *Votre* âme, *Monsieur** Bon-Bon ?

– Oui, monsieur – hic ! – *mon* âme n'est…

– Quoi, monsieur ?

– *Pas* une ombre, que je sois damné !

– Voulez-vous dire que…

– Oui, monsieur, *mon* âme est… hic ! – humpf ! – oui, monsieur.

– N'auriez-vous pas l'intention d'affirmer…

– *Mon* âme est… hic ! – particulièrement qualifiée pour… hic !… une…

– Quoi, monsieur ?

– Cuisson à l'étuvée.

– Ah !

– *Soufflée*★.

– Eh ?

– *Fricassée*★.

–Vraiment !

– *Ragoût*★ et *fricandeau*★ – et tenez, mon brave ! Je vous la cède – hic ! – un marché. À ce moment-là, le philosophe donna une claque sur le dos de Sa Majesté.

– Je n'aurais pas imaginé une chose pareille, déclara calmement ce dernier, en se levant de son siège au même moment. Le métaphysicien écarquilla les yeux.

– Suis pourvu pour le moment, dit Sa Majesté.

– Hic ! – hein ? s'écria le philosophe.

– Pas de fonds à disposition.

– Quoi ?

– En outre, ce serait très indélicat de ma part…

– Monsieur !

– De profiter de…

– Hic !

– L'écœurante et malséante situation dans laquelle vous vous trouvez.

À ces mots, le visiteur s'inclina et se retira – difficile de dire précisément de quelle façon – mais dans l'effort bien calculé que fit le métaphysicien pour lancer une bouteille à la tête du « gredin », la fine chaîne qui pendait au plafond se rompit et Bon-Bon s'écroula au sol sous le poids de la lampe.

MANUSCRIT TROUVÉ DANS UNE BOUTEILLE[176]

Qui n'a plus qu'un moment à vivre
N'a plus rien à dissimuler.

QUINAULT, *Atys*[177].

De mon pays comme de ma famille, je n'ai pas grand-chose à dire. Quelques injustices et de longues années m'ont éloigné de l'un et rendu étranger à l'autre. L'aisance de ma condition me permit de bénéficier d'une éducation hors du commun, et mon esprit rationnel me rendit capable de classifier avec méthode tout le savoir diligemment accumulé lors d'études précoces. Par-dessus tout, les moralistes allemands me procurèrent de grandes joies ; non pas en raison d'une admiration inconsidérée pour leur folie communicative, mais pour la facilité avec laquelle ma pensée rigoureuse me permettait de déceler leurs égarements. On m'a souvent reproché l'aridité de mon esprit ; mon manque d'imagination m'a été imputé comme un crime, et j'ai toujours été connu pour le pyrrhonisme[178] de mes opinions. Je crains qu'en vérité un goût prononcé pour le physicalisme[179] n'ait imprégné mon esprit d'une erreur commune à notre époque – à savoir l'habitude de me référer aux principes de cette science, y compris dans des cas peu susceptibles de s'y appliquer. En outre, personne n'est moins que moi sujet à se laisser entraîner hors des strictes limites de la vérité par les feux follets de la superstition.

J'ai estimé que ce préambule était nécessaire, afin que l'incroyable histoire que j'ai à raconter ne soit pas considérée comme le délire d'une grossière imagination, mais comme l'expérience vécue de quelqu'un pour qui les rêveries de la fantaisie ont toujours été lettre morte et nullité.

Après plusieurs années passées à l'étranger, j'embarquai en 18... au port de Batavia[180], dans la riche et populeuse île de Java, pour un voyage vers l'archipel des îles de la Sonde. Je n'étais qu'un simple passager – n'ayant comme d'autre raison de me trouver là qu'une sorte d'agitation nerveuse qui me tourmentait comme un diable.

Notre vaisseau était un beau navire d'environ quatre cents tonneaux, doublé en cuivre et construit à Bombay, en tek de Malabar. Il était chargé de coton et d'huile des îles Laquedive[181]. Il y avait aussi à bord de la fibre de coco, de la mélasse, du beurre clarifié, des noix de coco, et quelques caisses d'opium. Comme l'arrimage avait été maladroitement effectué, le navire gîtait.

Nous appareillâmes sous un léger souffle de vent, et dûmes longer pendant plusieurs jours la côte orientale de Java, sans autre événement pour tromper la monotonie de notre route que la rencontre occasionnelle de ces petites gourabes[182] de l'archipel où nous nous trouvions confinés.

Un soir, en me penchant par-dessus la dunette, je remarquai un nuage insolite, isolé, vers le nord-ouest. Il était singulier, tant par sa couleur que par le fait qu'il s'agissait du premier que nous voyions depuis notre départ de Batavia. Je l'observai attentivement jusqu'au coucher du soleil, où il s'étendit soudain vers l'est et vers l'ouest, encerclant l'horizon d'une fine bande de vapeur qui prit l'aspect d'une longue et basse ligne de côte. Peu après, mon attention fut attirée par le disque rouge foncé de la lune et par le caractère particulier de la mer. Celle-ci subissait de rapides changements, et son eau paraissait inhabituellement transparente. Bien qu'il me fût possible d'en distinguer clairement le fond, je mesurai, en jetant la sonde, que le navire allait pourtant sur quinze brasses[183]. L'air devenait intolérablement chaud ; il se chargeait de vapeurs torsadées semblables à celles que produit un fer chauffé. Lorsque, à la nuit tombée, tout souffle de vent disparut, le calme devint plus complet qu'il n'est possible de le concevoir. La flamme d'une bougie se consumait à la poupe sans même trembler, et un long cheveu tenu entre le pouce et l'index aurait pu pendre à la verticale sans osciller le moins du monde. Néanmoins, comme le capitaine disait qu'il ne percevait aucun signe de danger et que nous dérivions vers le rivage, il commanda de carguer les voiles et de laisser filer l'ancre. Aucun tour de quart ne fut décidé, et l'équipage, principalement constitué de Malais, s'étendit délibérément sur le pont.

Je descendis vers les cabines – non sans un clair et mauvais pressentiment. En vérité, tous ces éléments me faisaient redouter un coup de simoun[184]. Je fis part de mes craintes au capitaine, mais il ne prêta aucune attention à mes propos, et ne daigna même pas y répondre. Mon inquiétude, cependant, m'empêcha de m'endormir, et vers minuit, je montai sur le pont. Comme je posais le pied sur la dernière marche de l'échelle d'accès, je fus surpris par un bourdonnement sourd, un peu semblable à celui que produirait le tour rapide d'une roue de moulin – mais avant que je puisse en déterminer l'origine, je m'avisai que le navire tremblait en son centre. L'instant d'après, une puissante vague d'écume nous coucha sur le flanc et, s'abattant sur nous de tous les côtés à la fois, balaya tout le pont de la poupe à la proue.

Ce fut l'extrême violence du coup de vent qui permit en

grande partie la sauvegarde du navire. Il était totalement recouvert d'eau mais, comme ses mâts étaient passés par-dessus bord, au bout d'une minute, il se redressa lourdement et, vacillant quelques instants sous la force énorme de la tempête, parvint finalement à tenir droit.

Par quel miracle avais-je échappé à la mort, je ne saurais le dire. Assommé par la violence du choc je me retrouvai, une fois revenu à moi, coincé entre l'étambot[185] et le gouvernail. Je me redressai avec grande difficulté et, jetant autour de moi un coup d'œil ahuri, je fus tout d'abord frappé par l'idée que nous nous trouvions au milieu de brisants, tant était terrifiant, au-delà de tout ce que l'on pouvait imaginer, le tourbillon écumant de l'océan au sein duquel nous étions engloutis. Au bout d'un moment, j'entendis la voix d'un vieux Suédois qui avait embarqué avec nous lorsque nous avions quitté le port. Je l'appelai de toutes mes forces, et il me rejoignit bientôt à l'arrière en chancelant. Nous nous rendîmes vite compte que nous étions les seuls survivants de la catastrophe : tous ceux qui se trouvaient sur le pont, à l'exception de nous deux, avaient passé par-dessus bord – le capitaine et les matelots quant à eux avaient sans nul doute péri pendant leur sommeil, car les cabines avaient été inondées. Sans aide d'aucune sorte, nous ne pouvions espérer assurer la sécurité du navire, et tous nos efforts furent d'abord paralysés par la certitude que nous étions sur le point de sombrer.

Bien entendu, dès le premier souffle de l'ouragan, notre câble avait été brisé comme une simple ficelle, sans quoi nous aurions été instantanément engloutis. Nous filions sur la mer à une vitesse effrayante, et les eaux s'ouvraient largement devant nous[186]. La charpente de notre poupe avait été complètement brisée et, dans presque tous les domaines, nous avions subi des dommages considérables ; mais à notre grande joie, nous constatâmes que les pompes n'étaient pas engorgées et que notre cargaison n'avait guère bougé. Le plus gros de la tempête était déjà passé, et nous n'avions plus grand-chose à craindre de la violence du vent; cependant nous attendions avec grand désarroi qu'il cesse totalement, convaincus que, vu les dégâts que nous avions subis, nous ne survivrions pas à la houle énorme qui s'ensuivrait.

Mais il s'avéra que cette appréhension parfaitement justifiée ne serait pas vérifiée de sitôt: en effet, pendant cinq jours et cinq nuits d'affilée – durant lesquels notre unique subsistance fut une petite quantité de mélasse extraite à grand-peine du gaillard d'avant –, notre épave fila à une vitesse indescriptible sous l'effet des rafales de vent successives qui, sans toutefois égaler la violence du simoun, étaient malgré tout plus effroyables que toutes les tempêtes que j'avais essuyées jusque-là. Pendant les quatre premiers jours notre trajet fut, à peu de variations près, sud-est-quart-sud – nous nous dirigions donc probablement vers les côtes de la Nouvelle-Hollande[187]. Au cinquième jour, le froid fut intense, bien que le vent eût tourné d'un quart plus au nord. Le soleil se leva dans un éclat jaune maladif et se hissa péniblement de quelques degrés au-dessus de l'horizon, sans émettre de lumière franche. Bien qu'il n'y eût aucun nuage visible, le vent se mit à forcir et à souffler par intermittence avec fureur. Aux alentours de midi, du moins autant que nous pouvions en juger, notre attention fut à nouveau sollicitée par l'aspect du soleil. Il n'émanait de lui aucune lumière à proprement parler, mais une lueur triste et terne, sans reflet, comme si tous ses rayons étaient polarisés. Juste avant de sombrer dans la mer gonflée, son feu central disparut soudain, comme éteint promptement par une inexplicable puissance. Il n'était plus qu'un anneau faible et argenté lorsqu'il se précipita dans l'insondable océan.

Nous attendîmes en vain la venue du sixième jour, qui

pour moi n'est pas encore arrivé – et n'arriva jamais pour le Suédois. Nous fûmes dès lors cernés de ténèbres si épaisses que nous n'aurions pu discerner un objet à vingt pas. Une nuit éternelle nous enveloppait, que n'atténuait pas la brillance phosphorique de la mer à laquelle, sous les tropiques, nous nous étions habitués. Nous remarquâmes aussi que, bien que la tempête continuât à faire rage sans relâche, nous n'observions plus l'aspect usuel des brisants ni de l'écume qui nous avaient accompagnés jusque-là. Tout autour de nous ce n'était qu'horreur, ténèbres épaisses et un étouffant désert noir d'ébène. Une terreur superstitieuse gagnait progressivement l'esprit du vieux Suédois; j'étais quant à moi plongé dans une muette stupeur. Nous négligions de prendre soin du navire – la chose aurait été plus qu'inutile – et, nous attachant de notre mieux à ce qui restait du mât de misaine[188], nous promenions amèrement nos regards sur l'étendue de l'océan. Nous n'avions aucun moyen de mesurer le temps et ne pouvions rien conjecturer de notre situation. Nous savions bien néanmoins que nous nous étions engagés plus loin vers le sud que n'importe quel navigateur avant nous, et nous étonnions fort de ne rencontrer aucun des habituels obstacles de glace. En attendant, chaque instant menaçait d'être le dernier – chaque lame, haute comme une montagne, se précipitait pour nous ensevelir. La houle dépassait tout ce que j'avais imaginé, et c'est un miracle si nous n'avons pas été instantanément engloutis. Mon compagnon évoquait la légèreté de notre cargaison et me rappelait les excellentes qualités du navire; pourtant, je ne pouvais m'empêcher d'éprouver un désespoir absolu et me préparais sombrement à une mort que rien ne me semblait pouvoir retarder au-delà d'une heure tant, à chaque nœud que filait le navire, la houle de cette mer noire, prodigieuse, devenait plus lugubrement terrifiante. Parfois nous suffoquions plus haut que le vol de l'albatros; d'autres fois, nous étions saisis de vertige par la rapidité de notre descente vers un enfer liquide où l'air stagnait, et où aucun son ne venait troubler le sommeil du Kraken[189].

Nous étions au fond d'un de ces gouffres lorsque le cri soudain de mon compagnon retentit affreusement dans la nuit. « Regardez ! Regardez ! » hurlait-il à mes oreilles, « Dieu tout-puissant ! Regardez ! Regardez ![190] » Comme il parlait, j'aperçus l'éclat triste et terne d'une lumière rouge qui, flottant sur les rebords du vaste gouffre où nous étions plongés, jetait sur notre pont un reflet intermittent. En levant les yeux, je vis un spectacle qui me glaça le sang. Juste au-dessus de nous, à une hauteur prodigieuse, à l'extrémité de la crête du précipice, planait un navire gigantesque, de quatre mille tonneaux peut-être. Bien qu'il fût juché au sommet d'une vague cent fois plus haute que lui, sa taille apparente excédait de beaucoup celle de n'importe quel navire de ligne, ou de la Compagnie des Indes orientales. Son énorme coque était d'un noir terne et intense, que ne rehaussaient pas même les ornements habituels des navires. Une seule rangée de canons en cuivre jaillissait de ses sabords, et sur leur surface polie se reflétaient les feux d'innombrables fanaux qui se balançaient dans le gréement. Mais ce qui nous étonnait et nous terrorisait le plus, c'était qu'il avançait avec aisance toutes voiles dehors, au beau milieu de cette mer surnaturelle et de cette épouvantable tempête. Nous ne vîmes en premier lieu que sa proue, car il s'élevait lentement du gouffre horrible et noir derrière lui. Pendant un instant terrifiant, il s'immobilisa au sommet de la cime vertigineuse, comme s'il contemplait de là-haut sa propre gloire, puis il trembla, vacilla – et chuta.

Je ne sais d'où me vint le sang-froid soudain dont je fis preuve alors. Je me dirigeai en titubant aussi loin que je pus vers l'arrière du navire, et attendis fermement que la catastrophe survienne. Notre propre navire avait fini par cesser de lutter et coulait par la proue. Le choc de la masse qui se précipitait sur nous l'atteignit donc dans cette partie de la charpente qui était déjà sous l'eau, et eut pour résultat inévitable de me projeter violemment dans le gréement du vaisseau étranger.

Pendant ma chute, le navire se souleva, demeura comme en suspension, puis poursuivit sa route. C'est la confusion qui s'ensuivit, supposai-je alors, qui me permit de passer inaperçu aux yeux de l'équipage. Je parvins sans trop de peine à atteindre sans être vu la principale écoutille, qui était entrouverte, et trouvai bientôt une occasion de me cacher dans la soute. Je ne saurais vraiment dire pourquoi j'agis ainsi. Sans doute un vif effroi mêlé de crainte m'avait-il saisi à la vue des marins de ce navire, et avais-je alors décidé de me dissimuler à leurs yeux. Je n'étais pas disposé à accorder ma confiance à des hommes qui, à en juger par un rapide coup d'œil, témoignaient d'un je-ne-sais-quoi d'étrange qui m'inspirait doute et appréhension. C'est pourquoi je jugeai plus approprié de trouver une cachette dans la soute. J'y parvins en déplaçant quelques bardis, de manière à me ménager un abri convenable entre les énormes membrures du navire.

J'avais à peine terminé qu'un bruit de pas dans la soute me contraignit à l'utiliser. Un homme passa devant ma cachette d'une démarche faible et hésitante. Je ne pouvais voir son visage, mais j'eus le loisir d'observer son aspect général : c'était celui d'un homme âgé et diminué ; ses genoux vacillaient sous le poids des années, et tout son corps tremblait. Marmonnant d'une voix basse et rauque des mots que je ne pouvais comprendre, il fouillait à tâtons dans un coin où s'amassaient d'étranges instruments et des cartes marines en lambeaux. Son allure était un singulier mélange de la tristesse du grand âge et de la solennelle dignité d'un dieu. Finalement il retourna sur le pont, et je ne le vis plus.

*

*   *

Un sentiment que je ne saurais nommer a pris possession de mon esprit – un sentiment qui ne souffre aucune analyse, pour lequel les leçons du passé ne sont d'aucune utilité, et auquel l'avenir non plus, je le crains, ne saurait fournir aucune clé. Pour un esprit comme le mien, ce dernier point est une malédiction. Je ne pourrai jamais – *je sais* que je ne pourrai jamais – mesurer mon expérience à la lumière de mes idées. Il n'est cependant pas étonnant que ces idées soient indéfinissables, puisqu'elles puisent à des sources si complètement neuves. Une nouvelle sensibilité – une nouvelle entité s'est greffée sur mon esprit.

*

*   *

Cela fait bien longtemps que j'ai foulé pour la première fois le pont de ce navire terrifiant, et tous les chemins de ma destinée sont, me semble-t-il, en train de se rassembler et de se concentrer en un point unique. Les marins passent à côté de moi sans me remarquer, plongés tout entiers dans des méditations que je ne puis deviner. Me cacher serait ridicule, car ils ne me voient pas. Il y a un instant, je suis passé juste sous les yeux du second. Peu de temps auparavant, je me suis aventuré jusque dans la cabine du capitaine, où j'ai pris le matériel nécessaire pour écrire ces lignes et tout ce qui précède. Je continuerai de temps en temps à tenir ce Journal.

Certes il est possible que je ne puisse trouver le moyen de le faire parvenir au monde ; mais j'essaierai jusqu'au bout. Au dernier moment, j'enfermerai le manuscrit dans une bouteille que je jetterai à la mer.

*

* *

Un incident s'est produit, qui m'a donné à nouveau matière à réflexion. De telles choses peuvent-elles être le fruit du hasard ? Je m'étais aventuré sur le pont où, sans qu'on me remarque le moins du monde, je m'étais étendu sur un tas d'échelons de cordage et de vieilles voiles au fond d'un canot. Tandis que je réfléchissais à la singularité de mon sort, je barbouillai sans y penser avec une brosse à goudron le revers d'une bonnette soigneusement pliée qui se trouvait posée à côté de moi, sur un tonneau. La bonnette est à présent suspendue à la vergue, et le tracé hasardeux de la brosse dessine les lettres du mot DÉCOUVERTE.

J'ai fait récemment diverses observations sur la structure du bateau. Quoique bien armé, il ne s'agit pas, me semble-t-il, d'un navire de guerre. Son gréement, sa charpente, son équipement, tout va à l'encontre de cette hypothèse. Ce qu'il n'est pas, je le perçois aisément – mais ce qu'il est, je crains de ne pouvoir être à même de le dire. Je ne sais pas comment c'est possible, mais en examinant la forme étrange de ses espars[191], sa taille prodigieuse, ses innombrables collections de toiles, sa proue simple et austère et sa poupe à l'ancienne, il arrive qu'une sensation de familiarité me traverse brièvement l'esprit, et que vienne se mêler aux ombres indistinctes de la mémoire le souvenir inexplicable de vieilles chroniques étrangères et d'époques depuis longtemps révolues.

*

* *

J'ai examiné la charpente du navire. Elle est faite d'un matériau qui m'est inconnu. Il y a dans le bois quelque chose de particulier qui le rend, me semble-t-il, impropre à l'usage auquel il est destiné. Je veux parler de son extrême porosité, et ce, indépendamment des dégâts causés par les vers, qui sont la conséquence de la navigation sur ces mers, et de la pourriture due à son grand âge. Cela semblera peut-être étrange, mais ce bois aurait toutes les caractéristiques du chêne digité[192] – si tant est que le chêne digité puisse être dilaté artificiellement.

En lisant la phrase ci-dessus me revient en mémoire la curieuse sentence d'un vieux loup de mer hollandais. « C'est véridique, avait-il coutume de dire lorsqu'on exprimait un léger doute quant à la véracité de ses propos, aussi véridique qu'il existe une mer où les navires eux-mêmes grossissent comme le corps vivant des marins. »

*

* *

Il y a une heure environ, j'ai pris mon courage à deux mains et me suis propulsé au-devant d'un groupe d'hommes d'équipage. Ils ne m'ont prêté aucune attention et, alors même que je me tenais au milieu d'eux, ils semblaient n'avoir aucune conscience de ma présence. Comme celui que j'avais vu la première fois dans la soute, tous portaient les stigmates du grand âge. Leurs genoux faibles chancelaient ; leurs épaules étaient pliées en deux sous le poids de leur décrépitude ; leurs peaux flétries frémissaient dans le vent ;

leurs voix étaient sourdes, tremblantes et brisées ; leurs yeux larmoyaient de vieillesse ; et la tempête agitait en tous sens leurs cheveux gris. Sur le pont tout autour d'eux étaient éparpillés divers instruments scientifiques, tous obsolètes et désuets.

*

*   *

J'ai parlé tout à l'heure d'une bonnette qu'on avait installée. Depuis lors le bateau, puissamment poussé par le vent, a poursuivi sa course terrifiante plein sud, toutes voiles tendues, depuis le haut des mâts jusqu'aux bômes[193], et plongeant à tout moment ses vergues de perroquet[194] dans le plus épouvantable enfer liquide qu'il soit possible de concevoir. Je viens de quitter le pont, où il m'est impossible de tenir debout, alors que l'équipage, lui, semble à peine incommodé. C'est pour moi un miracle inouï que notre énorme masse ne soit pas engloutie promptement, et à jamais. Nous sommes sans doute condamnés à errer indéfiniment au-dessus de l'Éternité sans jamais devoir plonger dans l'abîme. Nous planons avec la rapide aisance des mouettes sur des vagues mille fois plus effrayantes qu'aucune que j'aie jamais vues. D'énormes masses d'eau s'élèvent au-dessus de nous comme des démons des abysses, mais des démons qui seraient simplement menaçants, incapables de détruire. J'aurais tendance à attribuer la persistance de cette bonne étoile à la seule cause naturelle explicable : je suppose que le navire est soumis à l'influence d'un puissant courant, ou d'un violent remous sous-marin.

*

*   *

J'ai vu le capitaine face à face, et dans sa propre cabine – mais, ainsi que je m'y attendais, il ne m'a même pas remarqué. Bien que son apparence ne fût, au premier coup d'œil, ni plus ni moins que celle d'un homme ordinaire, il reste qu'à le regarder ainsi j'ai été saisi d'un sentiment de terreur respectueuse mêlée de stupeur et d'admiration. Il est à peu près de ma taille, c'est-à-dire cinq pieds huit pouces[195]. Son corps est dense et ramassé, quoiqu'il ne semble pas particulièrement robuste par ailleurs. Mais c'est la singularité de son expression, la profonde, terrible et saisissante preuve de son grand âge, si absolu, si démesuré, qui a provoqué en moi un sentiment indicible. Son front, quoique peu ridé, semble frappé du sceau de myriades d'années. Ses cheveux gris sont les témoins du passé, et ses yeux, plus gris encore, les sibylles de l'avenir. Le plancher de la cabine était tout entier recouvert d'étranges in-folio à fermoirs de fer, d'instruments de mesure moisis, et d'anciennes cartes depuis longtemps obsolètes. La tête appuyée sur ses mains, il examinait avec attention, l'œil ardent et inquiet, un papier que je pris pour un ordre de mission – qui en tout cas portait une signature royale. Il marmonnait pour lui-même, comme l'avait fait le premier marin que j'avais vu dans la soute, quelques syllabes sourdes et renfrognées dans une langue étrangère, et bien qu'il se trouvât tout à côté de moi, il me semblait que sa voix atteignait mes oreilles après avoir parcouru une distance d'un mile.

*

* *

Le navire avec tout ce qu'il contient est imprégné de l'esprit des siècles passés. Les membres de l'équipage glissent çà et là comme des fantômes des anciens temps. Leurs regards sont impatients et inquiets ; et quand, devant moi, leurs doigts traversent la lueur blafarde des lampes-tempête, j'éprouve un sentiment qui m'est inconnu, quoique j'aie été toute ma vie amateur d'antiquités et me sois abreuvé aux ombres des colonnes déchues de Baalbek, de Tadmor et de Persépolis[196], si bien que mon âme elle-même est devenue une ruine.

*
* *

Quand je regarde autour de moi, j'ai honte de mes premières inquiétudes. Si j'ai tremblé devant le souffle puissant qui nous a accompagnés jusqu'ici, ne devrais-je pas être suprêmement effrayé à l'idée de combattre le vent et l'océan, pour lesquels les mots qui d'ordinaire servent à les désigner, « tornade » et « simoun », semblent aussi insignifiants que peu appropriés ? Tout autour du navire s'étendent les ténèbres d'une nuit éternelle et le chaos d'une eau sans écume. Mais, à une lieue environ de chaque côté, on peut apercevoir, indistinctement et par intermittence, d'énormes murailles de glace qui se dressent vers le ciel désolé, et qui font penser aux frontières du monde connu.

*
* *

Ainsi que je l'imaginais, le navire se trouve pris dans un courant – si l'on peut nommer ainsi un torrent qui, criant et hurlant au milieu des glaces, se précipite vers le sud dans un bruit de tonnerre, à la vitesse vertigineuse d'une cataracte.

Concevoir l'horreur de mes sensations est, je suppose, totalement impossible. Mais la curiosité de pénétrer les mystères de ces terribles régions domine même mon désespoir, et me réconcilie avec l'aspect le plus hideux de la mort. Il est évident que nous nous précipitons vers quelque excitante découverte, quelque secret jamais révélé dont le prix à payer est notre destruction. Peut-être ce courant nous entraîne-t-il vers le pôle Sud lui-même[197]. Il faut avouer que cette hypothèse, toute surprenante qu'elle soit, semble cependant la plus probable.

*

*   *

Les hommes d'équipage arpentent le pont d'un pas hésitant et inquiet. Mais sur leurs visages se lit davantage l'ardeur de l'espérance que l'apathie du désespoir.

Cependant, nous sommes toujours sous vent arrière et, comme nous portons une lourde charge de toiles, le navire s'élève parfois tout entier au-dessus des flots. – Oh, sainte horreur ! la glace s'ouvre soudain sur la droite, puis sur la gauche, et nous tournoyons vertigineusement, en immenses cercles concentriques autour d'un gigantesque amphithéâtre dont le sommet des murailles se perd dans les ténèbres au loin. Mais il ne me reste que peu de temps pour m'interroger sur ma destinée – les cercles rétrécissent rapidement – nous plongeons follement dans l'étreinte du tourbillon – et, pris dans le grondement, le mugissement et la déflagration de l'océan et de la tempête, le navire tremble et – oh mon Dieu ! – plonge dans l'abîme.

Note – Le « Manuscrit trouvé dans une bouteille » fut d'abord publié en 1831[198]*, et ce n'est que plusieurs années plus tard que je m'avisai de l'existence des cartes de Mercator, où l'on voit l'océan se précipiter, par quatre ouvertures, dans le golfe polaire (au nord), et s'engloutir dans les entrailles de la terre. Le pôle lui-même y est représenté comme une roche noire d'une hauteur prodigieuse*[199].

LE RENDEZ-VOUS[200]

Reste là à m'attendre ! Je ne manquerai
Pas de te retrouver dans ce vallon creux

Inscription funéraire de Henry King,
évêque de Chichester,
pour la mort de son épouse.[201]

Homme mystérieux et voué au malheur ! Déconcerté par l'éclat de ta propre imagination et retombé dans les flammes de ta propre jeunesse[202] ! Je revois à nouveau ton image ! Une fois de plus ta forme s'est dressée devant moi ! – non pas, oh, non pas tel que tu es dans la vallée froide et l'ombre[203], mais bien tel que tu *devrais être* – dilapidant une vie de méditation somptueuse dans cette cité de vagues visions, ta propre Venise, un Élysée[204] de la mer bien-aimée des étoiles, dont les grandes fenêtres des palais palladiens[205] dominent avec un sentiment amer et profond les secrets de ses eaux silencieuses. Oui ! Je le répète : tel que tu *devrais être*. Il y a assurément d'autres mondes que celui-ci – d'autres pensées que celles de la foule – d'autres spéculations que celles du sophiste. Qui donc trouvera à redire à ta conduite ? Qui te blâmera pour tes heures visionnaires ou bien dénoncera ces occupations comme une perte de temps, quand elles ne furent que le trop-plein de ton éternelle énergie ?

C'est à Venise, sous l'arche couverte qu'on appelle là-bas le *Ponte dei Sospiri*[206], que j'ai rencontré pour la troisième ou quatrième fois la personne dont je parle. Ce n'est que dans un souvenir confus que je m'en remémore les circonstances. Et pourtant, je me rappelle – ah ! Comment pourrais-je oublier ? – l'heure insondable de minuit, le Pont des Soupirs, la beauté de la femme et le Génie de la Romance qui arpentait l'étroit canal.

C'était une nuit d'une obscurité inhabituelle. La grande horloge de la Piazza avait sonné la cinquième heure du soir italien. La place du Campanile était silencieuse et déserte, et les lumières dans le vieux Palais ducal s'éteignaient. De la Piazzetta, je rentrais chez moi, en empruntant le Grand Canal. Mais alors que ma gondole arrivait en face de l'entrée du canal Saint-Marc, une voix féminine provenant d'un de ses recoins jaillit soudain dans la nuit, en un long cri sauvage, hystérique et continu. Surpris par ce bruit, je bondis sur mes pieds, tandis que le gondolier, laissant échapper son unique rame, la perdait dans l'obscurité de poix sans la moindre chance de la retrouver – si bien que nous fûmes livrés au courant qui, à cet endroit, passe du plus grand au plus petit canal. Tel un immense condor aux plumes noires, nous dérivions lentement vers le Pont des Soupirs, quand un millier de flambeaux brillant aux fenêtres et au pied des escaliers du Palais ducal transformèrent d'un seul coup ces profondes ténèbres en une clarté livide et surnaturelle.

Un enfant, s'échappant des bras de sa mère, était tombé d'une des fenêtres supérieures de l'imposant édifice dans le canal sombre et profond. Les eaux calmes s'étaient refermées placidement sur leur victime, et bien que ma gondole ait été seule en vue, nombre de solides nageurs, déjà dans les flots, cherchaient en vain à la surface le trésor qui ne devait se trouver, hélas ! que dans l'abîme. Sur les grandes dalles de marbre noir à l'entrée du palais, quelques marches au-dessus de l'eau, se tenait une silhouette que tous les témoins de la scène n'ont jamais pu oublier. C'était la Marchesa Aphrodite – l'adoration de tout Venise, la plus gaie de toutes, la plus charmante quand toutes n'étaient que belles – mais aussi la jeune épouse de ce vieil intrigant de Mentoni[207] et la mère de ce bel enfant, son premier et unique enfant qui à présent, au fond des eaux ténébreuses, songeait le cœur amer à ses douces caresses, et épuisait sa petite vie dans ses efforts pour appeler son nom.

Elle se tenait seule. Ses petits pieds nus et argentés chatoyaient sur le miroir noir de marbre au-dessous d'elle. Ses cheveux, encore à moitié dénoués pour la nuit après qu'elle se fut apprêtée pour le bal, s'emmêlaient et s'enroulaient sous une cascade de diamants autour de sa tête classique, en boucles semblables à celles de la jeune jacinthe[208]. Une draperie d'un blanc de neige, pareille à de la gaze, semblait presque être la seule chose à recouvrir ses formes délicates ; mais le fond de l'air à minuit, en plein été, était chaud, lourd et immobile, et pas le moindre mouvement dans la forme identique à une statue ne venait remuer les plis de cet habit vaporeux qui pendait autour d'elle comme le marbre lourd pend autour de Niobé[209]. Pourtant – c'est étrange à dire – ses grands yeux brillants ne regardaient pas cette tombe où était enseveli son plus vif espoir, mais ils étaient rivés dans une direction totalement différente. La prison de la Vieille République est, je crois, le bâtiment le plus imposant de tout Venise – mais comment cette dame pouvait-elle le regarder si fixement, quand son propre enfant suffoquait à ses pieds ? Cette niche sombre et ténébreuse bée directement en face de la fenêtre de sa chambre – que *pouvait*-il donc y avoir dans ses ombres – dans son architecture – dans ses corniches solennelles couronnées de lierre – qui n'ait déjà étonné la Marchesa di Mentoni un millier de fois par le passé? Absurde! Qui ne se souvient que, dans pareil moment, l'œil, tel un miroir ayant volé en éclats, multiplie les images de son chagrin et voit dans d'innombrables endroits au loin ce malheur qui est à portée de main[210]?

À plusieurs marches au-dessus de la Marchesa et sous la voûte du pont se tenait, en grand apparat, la silhouette de satyre de Mentoni en personne. De temps à autre, il pinçait une guitare et semblait *ennuyé** à mourir, tout en donnant par intervalles des ordres pour retrouver son enfant. Stupéfait et pantois, je n'avais aucune possibilité de bouger de la position debout que j'avais adoptée quand j'avais entendu le hurlement pour la première fois, et je devais offrir une apparence spectrale sinistre aux yeux du groupe en émoi, tandis que, le visage blême et les membres roides, je flottais au milieu d'eux dans cette gondole funèbre.

Tous les efforts furent vains. Nombre de ceux qui avaient effectué les recherches avec le plus d'énergie relâchaient leurs efforts et s'abandonnaient à un sombre chagrin. Ils semblaient n'avoir guère d'espoir pour l'enfant (encore moins que pour la mère!), mais c'est alors que, de l'intérieur de cette niche obscure qui a déjà été évoquée comme formant une partie de la vieille prison républicaine et faisant face à la croisée de la marchesa, une silhouette, emmitouflée dans un manteau, apparut en pleine lumière et, s'arrêtant un moment au bord de la descente vertigineuse, plongea la tête la première dans le canal. Tandis que, l'instant d'après, il se tenait avec l'enfant encore vivant et respirant entre ses bras sur les dalles de marbre à côté de la marchesa, son manteau, lourd d'eau ruisselante, se détacha et, retombant en plis à ses pieds, découvrit aux spectateurs médusés la personne gracieuse d'un très jeune homme, dont le nom résonnait dans la majeure partie de l'Europe[211].

Le sauveur ne prononça pas un mot. Mais la marchesa ! Elle va maintenant recueillir son enfant – elle va le presser contre son cœur – elle va s'accrocher à lui et l'étouffer de caresses. Hélas ! les bras *d'un autre* l'ont pris à l'étranger... les bras *d'un autre* l'ont pris et emporté, à son insu, dans le palais ! Et la marchesa ! ses lèvres... ses belles lèvres – tremblent : des larmes se forment dans ses yeux... ces yeux qui, comme l'acanthe de Pline, sont « doux et presque liquides[212] ». Oui ! des larmes se forment dans ses yeux – et voyez ! la femme tout entière a frémi en son for intérieur et la statue a repris vie ! La pâleur du visage marmoréen, le gonflement de la poitrine marmoréenne, la pureté même des pieds marmoréens : nous les voyons soudain noyés par un flot de rougeur incontrôlable, et un léger frisson parcourt sa frêle silhouette, comme une douce brise napolitaine sur les lis d'argent chatoyant dans l'herbe.

Pourquoi cette dame *a-t-elle* rougi ? Il n'y a pas de réponse – si ce n'est que, ayant quitté, dans la hâte et l'effroi d'un cœur de mère, l'intimité de son propre *boudoir**, elle a négligé de glisser ses pieds menus dans leurs pantoufles et totalement oublié de jeter sur ses épaules vénitiennes cette draperie dont il sied de les recouvrir. Quelle autre raison pourrait-elle avoir de rougir ainsi ? Pour le regard de ces yeux éperdus et implorants ? Pour le tumulte inhabituel de cette poitrine qui palpite ? Pour la pression convulsive de cette main qui tremble ? Cette main qui est retombée accidentellement, au moment où Mentoni pénétrait dans le palais, sur celle de l'étranger. Quelle autre raison pourrait-il y avoir au ton bas, singulièrement bas, de ces mots sans queue ni tête que la dame a prononcés en toute hâte pour lui dire adieu ? « Tu as gagné, a-t-elle dit, à moins que les murmures de l'eau ne m'aient trompée, tu as gagné ; une heure après le coucher du soleil, nous nous retrouverons, qu'il en soit ainsi ! »

*

* *

Le tumulte était retombé, les lumières s'étaient éteintes à l'intérieur du palais, et l'étranger, que je reconnaissais à présent, se tenait seul sur les dalles. Il était en proie à une agitation inconcevable et cherchait du regard une gondole. Je ne pouvais faire moins que de lui proposer la mienne, et il accepta mon offre. Après nous être procuré une nouvelle rame à l'embarcadère, nous nous rendîmes ensemble à sa résidence, tandis qu'il retrouvait rapidement son sang-froid et parlait de notre vague relation d'autrefois dans des termes de grande cordialité apparente.

Il est des sujets sur lesquels je prends plaisir à me montrer scrupuleusement précis. La personne de l'étranger – appelons-le par ce titre, lui qui était encore un étranger pour tout le monde – la personne de l'étranger constitue l'un d'entre eux. Sa taille était plutôt en dessous qu'au-dessus de la moyenne, bien qu'il y ait eu des moments d'intense passion où son corps *se dilatait* réellement et venait démentir cette assertion. La symétrie légère, presque ténue, de son visage annonçait davantage cette rapidité dans l'action dont il avait témoigné au pont des Soupirs que la force herculéenne dont on l'avait vu faire montre sans le moindre effort dans des circonstances plus périlleuses. Avec la bouche et le menton d'une divinité – des yeux singuliers, farouches, larges, tendres, dont les nuances variaient du pur noisette au jais intense et chatoyant – et une profusion de cheveux noirs bouclés, d'où un front d'une taille inhabituelle brillait par intervalles d'une blancheur d'ivoire, je n'avais jamais vu de traits plus classiquement réguliers que les siens, à l'exception, peut-être, de ceux du buste en marbre de l'empereur

Commode[213]. Pourtant, sa physionomie était de celles que tous les hommes ont vues à une période de leurs vies sans jamais les revoir par la suite. Elle n'avait aucune expression particulière, aucune expression dominante bien établie pour se graver dans la mémoire : une physionomie vue et aussitôt oubliée – mais oubliée avec un vague désir incessant de se la remémorer. Non pas que l'esprit de chaque passion rapide manquât, à tout instant, de projeter distinctement son propre reflet sur le miroir de ce visage, mais ce miroir, comme tout miroir, ne conservait aucune trace de la passion quand celle-ci avait disparu.

Au moment de prendre congé le soir de notre aventure, il me pria, d'une façon que je jugeai pressante, de venir lui rendre visite le lendemain matin *très* tôt. Peu après le lever du soleil, je me retrouvai par conséquent à son palazzo, l'un de ces immenses édifices à la pompe lugubre, mais fantastique, qui dominent les eaux du Grand Canal aux abords du Rialto. On me mena par un large escalier en colimaçon recouvert de mosaïques dans un appartement dont la splendeur à nulle autre pareille me sauta aux yeux par la porte ouverte, son luxe m'aveuglant et me donnant le tournis.

Je savais que mon hôte était riche. On parlait de sa fortune dans des termes que je m'étais même permis de taxer d'exagération ridicule. Mais en regardant autour de moi, je ne parvenais pas à me convaincre que la richesse d'un homme en Europe ait pu fournir la magnificence princière qui brillait de mille feux autour de moi.

Bien que, comme je l'ai dit, le soleil fût levé, la pièce était encore éclairée *a giorno*. J'ai jugé à ce détail, ainsi qu'aux traits épuisés du visage de mon ami, qu'il n'était pas allé se coucher de toute la nuit précédente. L'architecture et les ornements de la chambre avaient de toute évidence pour dessein d'éblouir et de surprendre. On avait accordé peu d'attention au décorum, que l'on appelle techniquement l'*harmonie*, ni à ce qui fait couleur locale. L'œil allait d'un objet à l'autre sans se reposer sur aucun – ni les *grotesques** des peintres grecs, ni les sculptures de la meilleure époque italienne, ni les immenses gravures de l'Égypte rudimentaire. De riches draperies, de toutes parts dans la pièce, tremblaient aux vibrations d'une faible musique mélancolique, dont la provenance devait rester inconnue. Les sens étaient oppressés par un mélange de parfums incompatibles s'exhalant d'étranges encensoirs convolutés où flamboyaient et tremblotaient d'innombrables langues de feu violettes et aux reflets d'émeraude. Les rayons du soleil qui venait de se lever se répandaient sur l'ensemble à travers les fenêtres formées d'un seul panneau de verre de couleur cramoisie. Ricochant çà et là en un millier de reflets provenant des rideaux qui tombaient des corniches comme autant de cataractes d'argent fondu, les rayons de la gloire naturelle finissaient par se mélanger à la lumière artificielle et bouillonnaient en masses adoucies sur un tapis tissé d'or chinois[214] d'apparence liquide.

«Ah! ah! ah! – ah! ah! ah!» s'exclama en riant le maître des lieux tout en me conduisant à un siège au moment où je pénétrais dans la pièce, et se jetant lui-même en arrière de tout son long sur une ottomane. «Je vois, dit-il, en se rendant compte que je ne parvenais pas à me réconcilier immédiatement avec la *bienséance** d'un accueil si singulier, je vois que vous êtes étonné par mon appartement – mes statues, mes tableaux, l'originalité de ma conception de l'architecture et du capitonnage – absolument grisé, n'est-ce pas? par ma magnificence. Mais pardonnez-moi, mon cher monsieur (sa voix baissa d'un ton pour exprimer un pur esprit de cordialité), pardonnez ce rire peu charitable. Vous sembliez *tellement* étonné. En outre, certaines choses sont si ridicules qu'on *doit* en rire ou bien mourir. Mourir de rire doit être la plus glorieuse de toutes les morts ! *Sir* Thomas More[215] – un homme tout à fait remarquable, ce *sir* Thomas More – *sir* Thomas More est mort de rire, vous vous en souvenez[216]. Dans les *Absurdités* de Ravisius Textor[217], il y a également une longue liste de personnages qui ont connu la même mort magnifique. Savez-vous, cependant, poursuivit-il, songeur, qu'à Sparte (aujourd'hui Palæochon), à Sparte, dis-je, à l'ouest de la citadelle, au milieu d'un chaos de ruines à peine visibles, il y a une sorte de *socle** sur lequel les lettres suivantes sont encore lisibles : ΛΑΣΜ. Elles sont indubitablement une partie du mot ΓΕΛΑΣΜΑ[218]. Or, à Sparte, il y avait un millier de temples et de sanctuaires dédiés à un millier de divinités différentes. Il est extrêmement curieux que l'autel du Rire ait survécu à tous les autres[219] ! Mais dans le cas présent, reprit-il en changeant curieusement de ton et de manière, je n'ai pas le droit de m'amuser à vos dépens. Vous aviez de quoi être étonné. L'Europe ne peut produire quelque chose d'aussi beau que mon petit cabinet royal. Mes autres appartements ne sont absolument pas du même ordre, de simples *ultras*[220] de l'insipidité à la mode. C'est mieux que la mode – non ? Pourtant, il suffirait de le faire voir pour qu'il fasse fureur – du moins chez ceux qui pourraient se l'offrir au prix de leur patrimoine tout entier. J'ai cependant pris mes précautions contre une telle profanation. À une exception près, vous êtes le seul être humain, outre mon *valet** et moi-même, à avoir été admis dans les mystères de cette enceinte impériale, depuis qu'elle a été arrangée telle que vous la voyez !

Je m'inclinai pour lui exprimer ma reconnaissance : car le sentiment écrasant de splendeur, les parfums, la musique ainsi que l'excentricité inattendue de son accueil et de ses manières m'empêchaient d'exprimer par des mots combien j'appréciais ce que je pouvais interpréter comme un compliment.

– Voici, reprit-il, en se levant et prenant appui sur mon bras pour arpenter l'appartement[221], voici des toiles allant des Grecs à Cimabue[222], et de Cimabue jusqu'à aujourd'hui. Beaucoup sont choisies, comme vous pouvez le voir, avec peu d'égards pour l'opinion de la *Virtù*[223]. Cependant, ce sont toutes des tapisseries qui conviennent pour une chambre comme celle-ci. Voici également quelques *chefs-d'œuvre** d'un grand inconnu – et ici des esquisses inachevées réalisées par des hommes célèbres à leur époque, dont la perspicacité des académies n'a livré les noms qu'au silence et à moi[224]. Que pensez-vous, me demanda-t-il en se tournant brusquement, que pensez-vous de cette Madonna della Pietà ?

– C'est celle de Guido[225] ! m'écriai-je avec tout l'enthousiasme de ma nature, car je venais de contempler attentivement sa suprême beauté. C'est celle de Guido ! – comment avez-vous *pu* vous la procurer ? – Elle est indéniablement à la peinture ce que la Vénus est à la sculpture.

– Ah ! dit-il, songeur, la Vénus – la belle Vénus ? La Vénus des Médicis[226] ? Celle avec la tête minuscule et les cheveux dorés ? Une partie du bras gauche (Il baissa le ton de sa voix, au point d'être difficilement audible), et tout le bras droit sont des restaurations, et dans la coquetterie du bras droit réside, je crois, la quintessence de toute l'affectation. Parlez-*moi* de Canova[227] ! L'Apollon est lui aussi une copie[228] – aucun doute possible – aveugle et pauvre fou que je suis, qui ne peut voir l'inspiration tant vantée de l'Apollon ! Je ne puis m'empêcher – ayez pitié de moi ! – je ne puis m'empêcher de préférer l'Antinoüs[229]. N'était-ce pas Socrate qui disait que le statuaire trouvait sa statue dans le bloc de marbre[230] ? Auquel cas Michel-Ange était rien moins qu'original avec ces vers :

Non ha l'ottimo artista alcun concetto
Che un marmo solo in se non circunscriva.[231]

On a remarqué, ou bien on aurait dû remarquer, que dans les manières d'un véritable gentilhomme, nous sommes toujours conscients d'une différence avec le port du manant, sans être d'emblée capables de déterminer précisément en quoi consiste cette différence. En admettant que cette remarque puisse s'appliquer avec toute sa force au maintien extérieur de mon ami, je sentais que, dans cette matinée riche en événements, elle s'appliquait encore davantage à son tempérament moral et à son caractère. Je ne saurais mieux définir cette singularité d'esprit qui semblait le distinguer de tous les autres êtres humains, qu'en parlant d'une *habitude* de réflexion intense et continue, gagnant jusqu'à ses actions les plus triviales – s'introduisant même dans ses moments de badinage – et s'entrelaçant même à ses explosions d'allégresse – comme des vipères qui sortent en se contorsionnant des yeux des masques grimaçant sur les corniches des temples de Persépolis[232].

Je ne pouvais m'empêcher, cependant, d'observer à plusieurs reprises, à travers le son de sa voix où la légèreté le partageait à la solennité avec laquelle il devisait rapidement de sujets sans importance, un certain émoi, un degré d'*onction* nerveuse dans l'action et le discours – une émotivité inquiète dans ses manières qui m'apparaissaient inexplicables à chaque instant, et à certaines occasions m'alarmaient même au plus haut point. Souvent aussi, s'interrompant au milieu d'une phrase dont il avait apparemment oublié le début, il semblait écouter avec la plus grande attention, comme s'il attendait un visiteur d'un moment à l'autre, ou bien entendait des bruits qui n'existaient probablement que dans sa seule imagination.

C'est au cours de l'une de ces rêveries, ou de ces pauses d'apparente distraction que, en tournant une page de la belle tragédie *L'Orfeo* (la première véritable tragédie italienne) du poète et érudit Poliziano[233], qui se trouvait près de moi sur une ottomane, je découvris un passage souligné au crayon. C'était un passage situé à la fin du troisième acte – un passage qui vous remuait le cœur au plus haut point – un passage que, bien qu'entaché d'immoralité, aucun homme ne lira sans être parcouru du frisson d'une émotion nouvelle – aucune femme sans pousser un soupir. Toute la page était tachée de larmes fraîches et, sur le feuillet opposé, se trouvaient les vers anglais suivants, écrits par une main si différente de l'écriture particulière de mon ami, que j'eus quelques difficultés à la reconnaître[234].

Tu étais tout pour moi, mon amour,
Tout ce vers quoi mon âme languissait –
Une île verte en mer, mon amour,
Une fontaine, un sanctuaire
Couronnés de fruits et de fleurs légendaires;
Et toutes les fleurs m'appartenaient.

Ah! rêve trop brillant pour durer!
Ah! Espoir étoilé, qui ne s'est levé
Que pour vite s'assombrir!
Une voix crie de l'Avenir:
"En avant!" – mais sur le Passé
(Sombre abîme!) plane mon esprit
Muet – immobile – médusé!

Car hélas! hélas! pour moi soudain
La lumière de la vie a blêmi.
"Plus jamais – jamais – jamais",

(Tel est le langage solennel que tient
La mer au sable sur la rive),
Ne fleurira l'arbre foudroyé,
Ni ne s'élancera l'aigle blessé !

Toutes mes heures à présent sont troublées ;
Et tous mes songes chaque nuit
M'emportent où ton œil ténébreux luit,
Là où brillent tes petits pas légers
Dans des danses aériennes
Au bord de rivières italiennes.

Hélas ! En ce jour lointain et maudit
Sur les flots ils t'ont emportée
Loin de l'Amour, vers la vieillesse titrée
Et un oreiller impie ! –
Loin de moi, et de notre climat brumeux,
Où pleure le saule argenté !

Que ces vers aient été écrits en anglais – une langue que je n'aurais pas cru connue de leur auteur – ne me surprit guère. J'étais bien trop conscient de l'étendue de ses connaissances et du plaisir singulier qu'il prenait à les cacher aux yeux de tous pour être étonné par pareille découverte ; mais je dois avouer que le lieu d'où ils étaient datés me laissa assez pantois. On avait d'abord été écrit *Londres*, avant de le raturer soigneusement – mais pas assez pour cacher le mot à un œil exercé. Je dis que cela m'a laissé assez pantois, car je me souviens fort bien que, lors d'une précédente conversation avec mon ami, je m'étais enquis précisément de savoir s'il avait rencontré la Marchesa di Mentoni à Londres (elle avait résidé dans cette ville quelques années avant son mariage), et sa réponse, si je ne me trompe pas, m'avait laissé entendre qu'il n'avait jamais visité la métropole britannique. Je pourrais aussi bien mentionner ici que j'ai entendu dire plus d'une fois (sans accorder, évidemment, le moindre crédit à une rumeur comportant tant d'improbabilités) que la personne dont je parle était *anglaise* non seulement de naissance, mais aussi par son éducation.

*

* *

« Il y a un tableau, dit-il, sans s'être aperçu que j'avais remarqué la tragédie, il y a encore un tableau que vous n'avez pas vu ». Et en écartant une draperie sur le côté, il découvrit un portrait en pied de la Marchesa Aphrodite.

L'art humain n'aurait pas pu mieux restituer les traits de sa beauté surhumaine. La même silhouette éthérée qui m'était apparue la veille au soir sur les marches du Palais ducal se tenait à nouveau devant moi. Mais dans l'expression du visage, qui était tout sourire radieux, se tapissait encore (anomalie incompréhensible !) cette nuance capricieuse de mélancolie toujours inséparable de la beauté parfaite. Son bras droit était replié sur sa poitrine. Du gauche, elle désignait un vase de forme curieuse. Un petit pied de fée, le seul visible, touchait à peine terre – et, à peine discernable dans l'atmosphère brillante qui semblait entourer et enchâsser son charme, flottait une paire d'ailes les plus délicates que l'on puisse imaginer. Mon regard alla du tableau au visage de mon ami, et les mots vigoureux du *Bussy d'Amboise* de Chapman ont instinctivement vibré sur mes lèvres :

Il se dresse
Là, comme une statue romaine ! Il restera debout
Jusqu'à ce que la Mort l'ait transformé en marbre ![235]

«Venez ! » finit-il par dire en se tournant vers une table d'argent massif richement émaillée, sur laquelle se trouvaient quelques gobelets aux couleurs fantastiques, avec deux grands vases étrusques ayant la même forme que le modèle extraordinaire qui se trouvait au premier plan du portrait, et remplis de ce que j'ai supposé être du johannisberger[236]. «Venez ! s'écria-t-il brusquement, buvons ! Il est tôt – mais buvons. Il est *vraiment* tôt », poursuivit-il, songeur, tandis qu'un chérubin muni d'un lourd marteau en or faisait résonner dans l'appartement la première heure après le lever du soleil. – « Il est *vraiment* tôt, mais quelle importance ? Buvons ! Faisons une offrande à ce soleil solennel que ces lampes et encensoirs de mauvais goût désirent tant estomper ! » Et après m'avoir invité à boire en son honneur, il avala d'un trait plusieurs gobelets de vin à la suite.

« Rêver, continua-t-il en reprenant le ton de sa conversation décousue, tout en levant l'un des magnifiques vases à la riche lumière, rêver a été l'occupation de ma vie. Je me suis donc arrangé, comme vous le voyez, un petit nid douillet. Au cœur de Venise, aurais-je pu en ériger un meilleur ? Vous apercevez autour de vous, c'est vrai, un fatras d'ornementations architecturales. La chasteté de l'Ionie[237] est offensée par des motifs antédiluviens et les sphinx d'Égypte sont allongés sur des tapis d'or. Mais l'effet n'est incongru que pour les esprits timorés. Les convenances de lieu et, particulièrement, de temps, sont les épouvantails qui terrifient l'humanité et l'empêchent de contempler la magnificence. Autrefois, j'étais moi-même un simple décorateur, mais cette sublimation de la folie a fini par me lasser. Tout ceci est désormais ce qui sied à mon dessein. Comme ces encensoirs arabesques, mon esprit se contorsionne dans le feu, et la splendeur de ce lieu me prépare aux visions plus intenses de ce pays des vrais rêves que je ne tarderai pas à rejoindre». Il se tut brusquement, courba la tête sur sa poitrine et parut écouter un bruit que je ne parvenais pas à entendre. Enfin, se redressant de tout son long, il leva les yeux et lâcha ces vers de l'Évêque de Chichester :

Reste là à m'attendre ! Je ne manquerai
Pas de te retrouver dans ce vallon creux.

L'instant d'après, cédant à la force du vin, il se jeta de tout son long sur une ottomane.

On entendait à présent un pas rapide dans les escaliers, suivi rapidement d'un coup sourd à la porte. Je m'empressai d'y aller pour éviter qu'on frappe une seconde fois, quand un page de la maison Mentoni fit irruption dans la pièce et balbutia, d'une voix étranglée par l'émotion, ces mots incohérents : « Ma maîtresse ! Ma maîtresse ! Empoisonnée ! Empoisonnée ! Ô belle... ô belle Aphrodite ! »

Dérouté, je me précipitai vers l'ottomane et m'efforçai de réveiller le dormeur pour lui apprendre la terrifiante nouvelle. Mais ses membres étaient rigides, ses lèvres livides, et ses yeux qui étincelaient un instant plus tôt étaient fixés dans *la mort*. Je reculai vers la table – ma main tomba sur un gobelet fendu et noirci – et la compréhension de l'entière et terrible vérité traversa soudain mon âme[238].

BÉRÉNICE[239]

Dicebant mihi sodales, si sepulchrum amicae visitarem, curas meas aliquantulum fore levatas[240].

Ebn Zaiat

La misère est multiple. La détresse sur terre prend toutes les formes possibles. Tel un arc-en-ciel, elle dépasse le vaste horizon, et ses nuances sont tout aussi variées – aussi distinctes également, quoique intimement mêlées.

« Tel un arc-en-ciel, elle dépasse le vaste horizon » ! Comment donc ai-je pu, à partir d'une si belle image, évoquer une forme de laideur ? À partir d'un symbole de paix[241], une métaphore de la douleur ? Mais de même qu'en matière d'éthique, le mal est la conséquence du bien, le chagrin naît en réalité de nos joies : soit le souvenir des temps heureux[242] nourrit l'angoisse du présent, soit les souffrances *qui sont* proviennent d'extases qui *ont peut-être été*.

Mon nom de baptême est Egeus[243]. Mon nom de famille, je ne le révélerai pas. Qu'on sache simplement qu'il n'existe, dans toute la région, aucun château plus chargé de gloire que ne l'est, depuis de longues années, mon sombre manoir ancestral. On a pu dire de notre famille qu'elle était une lignée de mystiques. Et il est vrai que plusieurs détails particulièrement frappants dans le cachet de notre maison seigneuriale – les fresques du grand salon, les tapisseries des dortoirs, les ciselures des arcs-boutants de la salle d'armes, mais surtout la galerie de peintures anciennes, le style de la bibliothèque, et enfin la nature si particulière du contenu de cette bibliothèque – pourraient largement suffire à confirmer ce point de vue.

Les souvenirs de mes premières années sont liés à cette salle – et à ses livres, dont je ne parlerai pas. C'est là que ma mère mourut. Là aussi que je naquis. Il serait néanmoins trop facile de prétendre que je n'avais pas vécu auparavant – que l'âme n'a pas une existence antérieure. Vous n'y croyez pas ? Inutile d'en discuter. J'en suis moi-même convaincu, et ne cherche à convaincre personne. Mais il y a des souvenirs de formes éthérées, de regards spirituels et intenses, de sons mélodieux mais tristes – des souvenirs que je ne peux nier. C'est une mémoire semblable à une ombre : vague, variable, imprécise, instable – semblable à une ombre aussi par mon incapacité à m'en débarrasser tant que luira le soleil de ma raison.

C'est dans cette pièce que je suis né. M'éveillant ainsi d'une longue nuit qui semblait être – mais qui n'était pas – le néant, je fus soudain plongé dans un monde absolument féerique, dans un palais de rêves, dans les contrées déroutantes de la pensée ascétique et de l'érudition. Il n'est donc pas étonnant que j'aie contemplé le monde alentour d'un œil étonné et ardent, ni que j'aie passé mon enfance à vagabonder dans les livres et toute ma jeunesse à rêvasser. Mais ce qui est étonnant, c'est que, alors que les années s'étaient écoulées et que je me trouvais encore, à la force de l'âge, dans le manoir de mes ancêtres – oui, ce qui est remarquable, c'est le sentiment de stagnation qui domina ce qui jusqu'ici formait l'essence même de ma vie, et la complète inversion des valeurs qui dès lors s'imposa dans la nature de mes pensées les plus ordinaires. Les réalités du monde me semblaient n'être plus que visions, tandis que les idées folles du domaine des rêves devenaient non seulement le matériau de mon existence quotidienne, mais à proprement parler mon existence tout entière, dans sa spécificité et son unicité.

*

* *

Bérénice et moi étions cousins, et nous grandîmes ensemble dans le manoir de mes parents. Mais nous ne grandîmes pas de la même manière : moi, de santé maladive et noyé dans ma mélancolie ; elle, agile, gracieuse et débordant d'énergie. Pour elle, les promenades sur la colline ; pour moi, les études enfermé dans le cloître. Moi, reclus à l'intérieur de moi-même, enchaîné corps et âme à la méditation la plus intense et la plus douloureuse ; elle, parcourant la vie avec insouciance, ignorant les ombres dressées sur son chemin, aussi bien que le vol silencieux des heures aux ailes noires. Bérénice ! – J'invoque son nom – Bérénice ! Et depuis les ruines grises de ma mémoire se dressent à ce mot mille souvenirs tumultueux. Ah ! Combien son image est vivante à présent devant moi, comme dans les jours anciens de sa joie et de sa radieuse légèreté ! Oh ! Beauté magnifique et pourtant si étrange ! Oh ! Sylphe dans les jardins d'Arnheim[244] ! Oh ! Naïade[245] dans ses fontaines ! Et puis – et puis tout n'est plus que mystère et terreur, un récit qui ne devrait pas être conté. Un mal, un mal terrible et soudain s'abattit sur elle avec la force du simoun[246]. Alors même que je la contemplais, un vent de métamorphose la balaya tout entière, envahissant son esprit, son comportement et son caractère et, de la manière la plus terrible et la plus subtile, perturbant jusqu'à son physique et son identité. Hélas ! Le bourreau était venu et reparti ! Et la victime ? Où était-elle ? Je ne la connaissais plus – ou du moins ne la reconnaissais plus en tant que Bérénice...

Parmi la longue série de maladies ayant suivi le premier et fatal assaut qui, tant au physique qu'au moral, avait opéré chez ma cousine une si terrible transformation, une des plus pénibles et des plus bouleversantes fut une sorte d'épilepsie qui régulièrement s'achevait en transe – une transe cataleptique qui ressemblait à la mort, et dont elle s'éveillait la plupart du temps de manière abrupte et soudaine. Dans le même temps, ma propre maladie – car on m'a dit que je ne devais pas la désigner autrement – progressait à grands pas, jusqu'à prendre le caractère d'une obsession monomaniaque, aussi nouvelle qu'extraordinaire, gagnant en vigueur d'heure en heure et de minute en minute, et finissant par exercer sur moi une totale et incompréhensible domination. Cette obsession, si je dois la nommer ainsi, consistait en une hypersensibilité maladive de ces facultés de l'esprit que la métaphysique regroupe sous le terme de *faculté d'attention*. Il est fort probable qu'on ne me comprendra pas très bien. Mais je crains vraiment qu'il ne me soit impossible de transmettre au commun des lecteurs une idée convaincante de cette si nerveuse *intensité d'intérêt* avec laquelle, dans mon cas, la puissance de ma concentration (pour éviter les termes techniques) s'appliquait et finissait par s'abîmer dans la contemplation des objets les plus ordinaires.

Demeurer de longues heures songeur, mon attention fixée sur un détail insignifiant dans la marge ou la typographie d'un livre ; rester absorbé, pendant la plus grande partie d'une journée d'été, dans l'examen d'une ombre bizarre s'allongeant obliquement sur le sol ou la tapisserie ; passer une nuit entière à observer la flamme droite d'une lampe ou les braises d'un feu de cheminée ; rêvasser des journées entières à partir du parfum d'une fleur ; répéter de manière monotone un mot des plus communs jusqu'à ce que ses sonorités, à force d'être répétées, n'aient plus la moindre signification ; perdre toute notion du mouvement ou d'une quelconque sensation physique par l'inactivité, totale et obstinément prolongée, du corps : telles étaient quelques-unes des plus communes et des plus inoffensives divagations provoquées par le trouble de mes facultés mentales, divagations qui ne sont sans doute pas exceptionnelles, mais qui résistent très certainement à l'explication et à l'analyse.

Pourtant, qu'on ne se méprenne pas. L'attention anormale, excessive, maladive, dont je faisais ainsi preuve à l'égard d'objets frivoles et banals, ne doit pas être confondue avec ce penchant à la rêverie commun à toute l'humanité, et plus particulièrement aux personnes dotées d'une puissante imagination. Elle n'était même pas, comme on pourrait le supposer de prime abord, un développement ou une exagération de ce penchant : elle en était fondamentalement distincte et différente. Dans le premier cas, l'homme rêveur ou imaginatif, intéressé par un objet généralement *non* frivole, perdra peu à peu cet objet de vue suite à la quantité d'associations d'idées et de déductions qu'il aura échafaudées, jusqu'à ce que, à l'issue d'une rêverie souvent extravagante, l'*incitamentum*[247], l'objet à l'origine de sa rêverie, ait totalement disparu de ses pensées et soit oublié. Dans mon cas, l'objet originel était *toujours frivole*, quoique revêtu d'une importance démesurée par le filtre de ma vision maladive. Je faisais peu de déductions, voire pas du tout ; et lorsqu'il m'arrivait d'en faire, elles revenaient obstinément à l'objet d'origine, comme attirées par son centre[248]. Ces méditations n'étaient *jamais* agréables. Et lorsqu'elles prenaient fin, leur cause première, loin d'avoir disparu, avait atteint ce niveau d'intérêt surnaturellement exagéré qui était la caractéristique première de mon mal. En un mot, les facultés de l'esprit les plus utilisées chez moi étaient, ainsi que je l'ai dit plus haut, celles de la *faculté d'attention*, tandis que chez le rêveur imaginatif il s'agit de celles de la *spéculation*.

Mes livres, à l'époque, s'ils n'allaient pas jusqu'à exacerber mon trouble, ne manquaient pas de participer, on l'aura compris, du fait de leur nature imaginative et spéculative, de la nature même de ce qui le caractérisait. Je me rappelle très bien, parmi quelques autres, le traité du noble Italien Caelius Secundus Curio *De amplitudine beatu regni Dei*[249], le grand ouvrage de saint Augustin *La Cité de Dieu*[250], et *De carne Christi*, de Tertullien, dont cette phrase paradoxale : « *Mortuus est Dei filius ; credibile est quia ineptum est ; et sepultus resurrexit ; certum est quia impossibile est*[251] », occupa tout mon temps pendant plusieurs semaines d'intenses et vaines investigations.

On pourrait donc penser que, son équilibre n'étant perturbé que par des choses insignifiantes, ma raison était assez semblable à ce rocher dont parle Ptolémée Héphaistion qui, au bord de l'océan, résistait fièrement à la violence des attaques humaines et à la fureur plus terrible encore des vagues et des vents, et qui tremblait seulement au toucher de la fleur nommée asphodèle[252]. En outre, il pourrait sembler évident à un esprit superficiel que l'altération produite dans la condition *mentale* de Bérénice par sa terrible maladie me permettait de m'adonner à cette méditation intense et anormale dont j'éprouve quelque peine à définir la nature. Mais ce n'était absolument pas le cas. Dans les intervalles de lucidité dont je disposais, son malheur me causait un réel chagrin, et j'étais fort affligé par le naufrage absolu de cette vie si douce et aimable. Je m'interrogeais fréquemment, amèrement, sur les moyens mystérieux par lesquels une métamorphose aussi étrange et soudaine avait pu se produire. Mais ces réflexions n'avaient rien à voir avec la nature de mon mal : n'importe qui dans la même situation les aurait sans doute formulées à l'identique. Mon trouble, selon son caractère propre, préférait se délecter des changements moins importants, mais plus saisissants, qui s'étaient produits dans le *physique* de Bérénice – dans l'effroyable et singulière déformation de son apparence.

Pendant les jours les plus glorieux de son incomparable beauté, il est clair que je n'étais pas amoureux d'elle. L'étrange anomalie de ma complexion a fait que pour moi les sentiments ne sont *jamais* venus du cœur, et que les passions ont *toujours* été celles de l'esprit. À travers la grisaille du petit matin, à midi dans l'ombre du treillis des forêts, et dans le silence de ma bibliothèque la nuit, elle virevoltait sous mes yeux, et je la voyais – non comme la Bérénice vivant et respirant, mais comme la Bérénice d'un rêve ; non comme une créature terrestre et charnelle, mais comme l'idée abstraite d'une telle créature ; non comme quelque chose à admirer, mais à analyser ; non comme un objet d'amour, mais comme le sujet d'incompréhensibles et incohérentes spéculations. Et voilà qu'*à présent* – à présent je frissonnais en sa présence et pâlissais à son approche. Pourtant, bien que déplorant amèrement la déchéance et la désolation de son état, je me souvenais qu'elle m'avait longtemps aimé, si bien qu'un jour funeste je lui parlai de mariage.

Le moment choisi pour les noces approchait. Un après-midi d'hiver, pendant une de ces journées anormalement chaudes, calmes et brumeuses qui sont les nourrices de la belle Alcyone[253], je m'assis dans le cabinet de lecture de la bibliothèque, me croyant seul. Or, levant les yeux, je vis Bérénice dressée devant moi.

Fut-ce ma propre imagination exaltée, l'influence

brumeuse de l'atmosphère, la lumière crépusculaire de la pièce ou les draperies grises qui entouraient sa silhouette qui rendirent ses formes si indistinctes ? Je ne saurais le dire. Elle ne prononça pas un mot. Quant à moi, pour rien au monde je n'aurais pu articuler une syllabe. Un frisson glacé me parcourut le dos. Une insupportable angoisse m'oppressa. Une curiosité dévorante pénétra mon esprit. Me calant en arrière dans mon fauteuil, je demeurai quelque temps immobile, le souffle court, les yeux fixés sur sa personne. Hélas ! elle avait tant maigri qu'aucun vestige de celle qu'elle avait été ne subsistait dans la moindre de ses formes. Alors mon regard fiévreux tomba sur son visage.

Elle avait le front haut, très pâle et singulièrement calme. Ses cheveux, naguère noir de jais, le recouvraient en partie, et ils ombrageaient les tempes creuses d'innombrables bouclettes à présent d'un blond éclatant, dont le caractère fantastique jurait avec la sombre mélancolie de son expression. Ses yeux étaient vides, sans éclat, et semblaient sans pupilles.

Je glissai involontairement de son regard vitreux à ses lèvres, fines et contractées. Elles s'ouvrirent. Et là, dans un sourire particulièrement appuyé, *les dents* de cette nouvelle Bérénice se révélèrent lentement à ma vue. Oh, mon dieu… il aurait mieux valu que je ne les voie jamais – ou que, les ayant vues, je meure sur-le-champ !

*

* *

Une porte se ferma. Cela me troubla et, regardant autour de moi, je me rendis compte que ma cousine venait de quitter la chambre. Mais l'horrible *spectre* blanc des dents n'avait malheureusement pas quitté la chambre dérangée de mon cerveau, et il n'en voulait plus sortir. Il n'y avait à leur surface aucune moucheture, aucune ombre sur leur émail, aucune imperfection sur leurs bords – il n'y avait que le souvenir brûlant de ce sourire si bref. Je les voyais même *à présent* plus clairement que je ne les avais vues *d'abord*. Ses dents ! Ses dents ! Elles étaient ici, et là, et partout, visibles et palpables face à moi : longues, étroites, et excessivement blanches, avec ces lèvres pâles contractées autour d'elles, comme au tout début de ce terrible sourire.

Alors s'installa la pleine furie de ma *monomanie*. Je luttai, en vain, contre son étrange et puissante influence. Parmi tous les objets du monde extérieur, je n'avais de pensées que pour ces dents. Elles m'obsédaient frénétiquement. Tous les autres sujets, tous les autres centres d'intérêt se trouvaient absorbés dans cette unique contemplation. Elles, elles seules, occupaient mon esprit, et elles, uniquement elles, dans leur exclusive spécificité, présidaient à mes pensées. Je les voyais partout en pleine lumière. Je les considérais sous tous leurs aspects. J'étudiais toutes leurs caractéristiques. Je m'attardais sur leurs particularités. Je m'interrogeais sur leur forme. Je réfléchissais à l'altération de leur nature. Je frissonnais en leur attribuant, en imagination, une faculté de sensations et de sensibilité, ainsi qu'une capacité d'expression morale, sans même le secours des lèvres. On a très bien dit de Mademoiselle Sallé « *que tous ses pas étaient des sentiments** »[254]. De Bérénice je croyais le plus sérieusement du monde *que toutes ses dents étaient des idées**.

*Des idées !** – ah, voilà bien la pensée stupide qui m'a perdu ! *Des idées !** – et c'est donc *pour cela* que je les convoitais avec tant de folie ! Je me persuadais que seul le fait de les posséder pourrait m'apporter la paix et me rendre à la raison.

Et ainsi la soirée descendit sur moi et m'enveloppa. Puis l'obscurité se fit, s'installa, et déclina. Le jour pointa à nouveau, et les brumes d'une deuxième nuit s'amoncelèrent autour de moi. Je demeurai assis immobile dans cette pièce isolée, toujours assis, toujours noyé dans mes pensées, et toujours l'image fantomatique des dents maintenait sur moi son emprise terrible, si bien qu'elle flottait parmi les lumières et les ombres changeantes de la chambre avec une éclatante et effroyable netteté.

Soudain ma rêverie fut interrompue par un cri d'horreur et d'épouvante, auquel succédèrent, quelques instants plus tard, des éclats de voix troublées, entremêlées de sourdes lamentations de douleur ou de chagrin. Je jaillis de mon fauteuil et, ouvrant en grand une des portes de la bibliothèque, je vis, debout dans l'antichambre, une servante en larmes, qui me dit que Bérénice était… morte ! Elle avait succombé à une crise d'épilepsie au petit matin, et maintenant, à l'approche de la nuit, la tombe était prête à l'accueillir : tous les préparatifs de l'enterrement étaient terminés.

*

* *

Je me retrouvai assis dans la bibliothèque, et à nouveau j'y étais seul. Il me semblait sortir à peine d'un rêve confus et agité. Je savais qu'il était à présent minuit, et j'avais pleinement conscience que Bérénice était enterrée depuis le coucher du soleil. Mais je n'avais pas de notion vraiment précise, ni même à peu près définie, de ce qui s'était déroulé pendant ce triste intervalle. Cependant, le simple fait d'y penser me remplissait d'horreur – une horreur encore plus horrible du fait de son incertitude, une terreur plus terrible encore du fait de son ambiguïté. C'était une page effrayante du registre de ma vie, une page écrite à partir de souvenirs obscurs, atroces et incompréhensibles. Je m'efforçai de les déchiffrer, mais en vain. De temps à autre pourtant, comme l'esprit d'un son enfui, le cri aigu et strident d'une voix féminine semblait retentir à mes oreilles. J'avais *fait* quelque chose – mais qu'était-ce donc ? Je me posais la question à haute voix, et les échos assourdis de la chambre répondaient en chuchotant : « *Mais qu'était-ce donc ?* »

Sur la table, à mes côtés, brûlait une lampe. Tout près d'elle se trouvait une petite boîte. Elle n'avait rien de particulier, et je l'avais souvent vue auparavant, car elle appartenait au médecin de famille. Mais comment était-elle arrivée *ici*, sur ma table ? Et pourquoi frissonnais-je en la regardant ? C'étaient là des choses sans importance. Mes yeux se posèrent alors sur les pages ouvertes d'un livre, où une phrase était soulignée. C'étaient les mots singuliers, mais très simples, du poète Ebn Zaiat : « *Dicebant mihi sodales, si sepulchrum amicae visitarem, curas meas aliquantulum fore levatas.*[255] » Pourquoi donc, alors que je parcourais ces lignes, mes cheveux se dressèrent-ils sur ma tête et mon sang se glaça-t-il dans mes veines ?

On frappa doucement à la porte de la bibliothèque et, pâle comme un mort, un domestique entra sur la pointe des pieds. Il semblait pétrifié de terreur, et s'adressa à moi d'une voix tremblante, basse et étranglée. Que disait-il ? J'entendais quelques bribes de phrases. Il parlait d'un cri horrible qui avait perturbé le silence de la nuit, de tous les domestiques qui s'étaient rassemblés pour chercher l'endroit d'où provenait le cri – puis sa voix devint distincte à faire frémir tandis qu'il murmurait quelque chose à propos d'une tombe profanée, d'un corps défiguré dans son linceul, mais un corps respirant toujours, palpitant toujours – *toujours vivant !*

Il désigna mes vêtements : ils étaient boueux et tachés de sang coagulé. Comme je ne prononçais pas un mot, il me prit doucement par la main : elle portait la trace de griffures d'ongles humains. Il dirigea mon attention vers un objet appuyé au mur. Je le regardai quelques instants : c'était une bêche. Poussant un cri, je bondis vers la table et saisis la boîte. Mais je ne pus en forcer la serrure et, à force d'être secouée, elle glissa de mes mains et tomba lourdement sur le sol, se brisant en menus morceaux. Et il s'en échappa, roulant avec un petit bruit de cliquetis, quelques instruments de chirurgie dentaire auxquels se trouvaient mêlées trente-deux petites choses blanches, semblables à de l'ivoire, qui s'éparpillèrent çà et là sur le sol.

MORELLA[256]

Αὐτὸ καθ' αὐτὸ μεθ' αὐτοῦ
μονοειδὲς ἀεὶ ὄν.
Cela, tel qu'en soi-même, et à jamais
immuable par nature.

PLATON, *Le Banquet.*[257]

J'éprouvais pour mon amie Morella une affection profonde, mais très particulière. J'avais fait sa connaissance par hasard il y a bien longtemps, et depuis notre première rencontre mon âme brûlait de feux qu'elle n'avait jamais connus. Mais ces feux n'étaient pas ceux d'Éros, et la conviction croissante que je ne pourrais jamais ni définir leur nature insolite, ni réguler leur passion ambiguë, tourmentait amèrement mon esprit. Cependant nous fîmes plus ample connaissance, et le destin nous unit devant l'autel. Jamais je n'ai parlé de passion, ni songé à l'amour. Elle, de son côté, fuyait la société, et comme elle n'était attachée qu'à moi, elle me rendit heureux. C'est un bonheur d'être émerveillé – c'est un bonheur de rêver.

L'érudition de Morella était profonde. Ses talents étaient hors du commun, je puis en témoigner – et la puissance de son esprit, considérable. Je le sentais si bien que, dans de nombreux domaines, je devins son élève. Très vite cependant je me rendis compte que, probablement en raison de son éducation à Presbourg[258], elle disposait devant moi bon nombre de ces écrits mystiques que l'on considère généralement comme de simples rebuts de la première littérature allemande. Pour je ne sais quelle raison ces livres-là constituaient son objet d'étude favori et constant – et si au fil du temps ils sont aussi devenus le mien, c'est sans doute dû à la simple, mais très efficace, influence de l'habitude et de l'exemple.

Aussi loin que je puisse en juger, dans tous ces domaines ma raison n'était aucunement impliquée. Mes convictions, ou alors je ne me connais plus moi-même, n'étaient en aucune façon inspirées par un quelconque idéal, et sauf erreur de ma part, rien du mysticisme de mes lectures n'aurait pu se deviner, ni dans mes actes, ni dans mes pensées. Persuadé de tout cela, je m'abandonnai sans réserve à la direction de ma femme et pénétrai avec ardeur la noire complexité de ses études. Et là… – et là, lorsque, penché sur des pages maudites, je sentais un esprit maudit qui s'embrasait en moi, Morella posait sa main froide sur la mienne, et ramassait dans les cendres d'une philosophie morte quelques mots sourds et singuliers dont l'étrange signification se gravait dans ma mémoire. Alors, des heures durant, je demeurais à ses côtés et me laissais bercer par la musique de sa voix – jusqu'à ce que, à la longue, cette mélodie se teinte d'effroi ; une ombre alors enveloppa mon âme et je pâlis, frémissant intérieurement à ces tonalités surnaturelles. Et ainsi le bonheur soudain se fondit dans l'horreur, et la beauté devint monstruosité, comme la vallée de Hinnom était devenue Géhenne[259].

Il n'est pas nécessaire de décrire la nature exacte de ces traités qui, issus des volumes que j'ai mentionnés, formèrent pendant très longtemps les seuls motifs de conversation, ou presque, entre Morella et moi. Les gens versés dans ce qu'on pourrait appeler la morale théologique les concevront aisément ; pour les autres, ils demeureraient pour le moins incompréhensibles. Le libre panthéisme de Fichte[260], la Παλιγγενεσια[261] modifiée des Pythagoriciens, et surtout les doctrines de l'*Identité* avancées par Schelling[262], étaient en règle générale les sujets de discussion les plus attrayants aux yeux de l'imaginative Morella. Cette identité qu'il appelle « personnelle », Mr. Locke[263] la définit, je crois, comme la permanence de l'être rationnel. Étant donné que par « personne » nous entendons une nature intelligente douée de raison, et qu'une conscience accompagne toujours la pensée, c'est cette conscience qui fait de nous ce que nous définissons par « nous-même » – nous distinguant par là-même des autres êtres pensants, et nous donnant notre identité personnelle. Mais le *principium individuationis*[264] – l'idée qu'au moment de la mort cette identité puisse être ou non perdue à jamais –, fut pour moi, de tout temps, un objet de réflexion d'un immense intérêt – moins pour le caractère passionnant et déconcertant de ses conséquences que pour l'attitude agitée et troublée de Morella lorsqu'elle en parlait.

Mais à présent était venu le temps où, en vérité, l'étrangeté de la nature de ma femme m'oppressait comme un mauvais sort. Je ne pouvais plus supporter le contact de ses doigts pâles, ni le ton grave de son langage mélodieux, ni l'éclat mélancolique de ses yeux. Elle se rendait compte de tout cela, mais ne me le reprochait pas ; elle semblait avoir conscience de ma faiblesse, ou de ma folie – qu'en souriant elle appelait ma Destinée. Elle semblait également avoir conscience de la cause de mon éloignement progressif – cause que pour ma part j'ignorais ; mais elle ne me donnait nul indice à son sujet, ni ne faisait allusion à sa nature. Cependant elle n'était qu'une femme, et dépérissait chaque jour davantage. Avec le temps, une tache pourpre apparut sur sa joue, et les veines bleutées de son front pâle se mirent à gonfler ; par moments, j'en ressentais de la pitié, mais je croisais alors la profondeur mélancolique de son regard, et mon âme se trouvait mal, défaillait du vertige de celui qui contemple tout en bas quelque abîme lugubre et sans fond.

Dirais-je alors que j'espérais constamment, ardemment, la mort de Morella ? Oui ; mais le fragile esprit demeura cramponné à son habitacle de chair pendant de nombreux jours, de longues semaines, de longs mois fastidieux – si bien que mes nerfs torturés finirent par prendre l'ascendant sur ma raison : cette attente me rendit furieux et, un démon au cœur, je me mis à maudire les jours, les heures et les minutes douloureuses qui semblaient s'allonger, s'étirer, tandis que sa faible vie déclinait comme les ombres dans le jour finissant.

Mais un soir d'automne où aucun souffle de vent ne venait troubler l'atmosphère, Morella m'appela à son chevet. Une brume indécise envahissait la terre, une chaude lueur se répandait sur les eaux, et il semblait, au milieu des riches couleurs d'octobre de la forêt, qu'un arc-en-ciel fût tombé du firmament.

– Voici venu le jour parmi les jours, dit-elle tandis que j'approchais, le jour parmi les jours où il faut vivre ou mourir. C'est un beau jour pour les fils de la terre et de la vie – ah, et plus beau encore pour les filles du ciel et de la mort !

Je l'embrassai sur le front, et elle poursuivit :

– Je vais mourir, et pourtant je vivrai.

– Morella !

– Jamais n'est arrivé le jour où tu aurais pu m'aimer – mais celle que dans sa vie tu abhorras, dans sa mort tu l'adoreras.

– Morella !

– Je le répète, je vais mourir. Mais j'emporte avec moi le gage de cette affection – ah, si ténue ! – que tu ressentis pour moi, Morella. Et quand mon esprit sera envolé, l'enfant, lui, vivra – ton enfant et le mien, celui de Morella. Mais les jours à venir seront pour toi jours de chagrin – ce chagrin qui est la plus tenace des impressions, comme le cyprès[265] est des arbres le plus persistant. Car le temps de ton bonheur est révolu ; et la joie ne se cueille pas deux fois dans une vie comme la rose de Paestum deux fois dans une année[266]. À l'avenir, il te sera interdit de jouer aux jeux de l'amour à la manière de l'homme de Téos[267] mais, dans l'ignorance du myrte et du pampre[268], tu porteras en tous lieux ton suaire, comme le font les Musulmans de La Mecque[269].

– Morella ! m'écriai-je, Morella ! D'où tiens-tu tout cela ? – mais elle détourna son visage sur l'oreiller, ses membres furent parcourus d'un faible tremblement, et elle mourut ainsi, sans un mot de plus.

Cependant, ainsi qu'elle l'avait prédit, son enfant – à qui elle avait donné naissance au moment de mourir, et qui ne respira qu'au moment où sa mère cessa de le faire – son enfant, une fille, vécut. Elle grandit étrangement en stature et en intelligence, à l'exacte ressemblance de celle qui n'était plus, et je l'aimai d'un amour plus fervent que je n'aurais jamais imaginé pouvoir en ressentir pour quiconque sur terre.

Mais très vite le ciel de cet amour pur s'assombrit, et la tristesse, l'horreur et le chagrin s'y amoncelèrent comme des nuages. J'ai dit que l'enfant avait étrangement grandi en stature et en intelligence. Étrange, en effet, fut l'accroissement rapide de sa taille – mais terribles, oui ! réellement terribles étaient les pensées tumultueuses qui m'assaillaient tandis que j'observais le développement de son intellect. Comment aurait-il pu en être autrement, quand je découvrais chaque jour dans les idées de l'enfant les capacités adultes et les aptitudes de la femme ? Quand les leçons tirées de l'expérience tombaient des lèvres de la petite enfance ? Et quand je voyais heure après heure briller dans son regard dense et méditatif la sagesse ou les passions de la maturité ? Quand, dis-je, tout cela finit par s'imposer à mes sens horrifiés – quand il me fut impossible de me le dissimuler plus longtemps, ni de le tenir à l'écart de tout ce qui en moi tremblait à cette idée, faut-il s'étonner que des soupçons terribles et inquiétants se soient insinués dans mon esprit, ou que mes pensées se soient anxieusement remémorées les contes étranges et les terrifiantes théories de la défunte Morella ? J'arrachai dès lors à la curiosité du monde un être que la destinée me contraignait à adorer, et, dans le rigoureux isolement de mon logis, j'observai avec une angoisse dévorante tout ce qui concernait ma bien-aimée.

Et tandis que défilaient les années, que jour après jour je contemplais son saint, son doux, son éloquent visage et examinais le mûrissement de ses formes, jour après jour, je découvrais de nouveaux éléments de ressemblance entre l'enfant et sa mère, la mélancolique et la morte. Et à chaque instant, ces ombres de similitude se faisaient plus nettes, plus précises et plus mystérieuses – et plus terrifiantes dans leur aspect. Que son sourire fût celui de sa mère, voilà qui était concevable. Mais par la suite cette *identité* si parfaite me fit frissonner : je pouvais supporter qu'elle eût les mêmes yeux que Morella, mais ils sondaient trop souvent les tréfonds de mon âme d'un regard qui révélait l'intense et déconcertante présence de Morella. Et dans le profil de son front élevé, dans les boucles soyeuses de ses cheveux, dans les doigts pâles qui y plongeaient, dans les intonations musicales de son discours, et surtout – surtout – dans les phrases et expressions de la morte sur les lèvres de la vivante que j'aimais, je trouvais de quoi nourrir d'horribles et dévorantes pensées – de quoi nourrir un ver qui jamais ne mourrait[270].

Ainsi passèrent deux lustres[271] de sa vie, et ma fille n'avait toujours pas de nom. « Mon enfant », « ma chérie » étaient les termes les plus fréquemment dictés par l'affection paternelle, et le sévère isolement de sa condition avait rendu impossible toute autre relation. Le nom de Morella était mort avec celle qui le portait. Jamais je n'ai parlé d'elle à sa fille – cela m'était impossible. En réalité, pendant la brève période de son existence, cette dernière n'avait reçu aucun signe du monde extérieur, sauf les rares qui avaient pu lui parvenir dans les limites étroites de sa réclusion. À la longue, cependant, la cérémonie du baptême apparut à mon esprit agité et troublé comme un possible remède aux terreurs de ma destinée. Mais devant les fonts baptismaux, j'hésitai sur le choix de son prénom. De nombreux se pressèrent à mes lèvres – des sages et des beaux, certains des temps anciens et d'autres d'aujourd'hui, des pays étrangers comme de mon pays, et de multiples appellations évoquant la douceur, le bonheur et la bonté. Qu'est-ce qui me poussa alors à convoquer la mémoire de la morte et enterrée ? Quel démon me força à murmurer ce nom dont le souvenir suffisait à faire refluer mon sang pourpre en torrent des tempes jusqu'au cœur ? Quel esprit malin prit la parole depuis les replis obscurs de mon âme lorsque, au milieu de ces allées sombres et dans le silence de la nuit, je chuchotai aux oreilles de l'homme de Dieu les syllabes : Mo-rel-la ? Quel démon, ou pire encore, fit se convulser les traits de mon enfant et les recouvrit des couleurs de la mort lorsque, à peine prononcé ce nom tout juste audible, elle leva ses yeux vitreux du sol au ciel et, retombant prostrée sur les dalles noires du caveau familial, elle répondit : « Je suis là ! »

Ces simples mots tombèrent froids, calmes et distincts au creux de mon oreille, et de là, comme du plomb fondu, sifflèrent et roulèrent jusque dans mon cerveau. Les années – les années peuvent passer, mais le souvenir de ce moment – jamais ! Je ne fus en réalité aucunement ignorant du myrte et du pampre – mais la ciguë et le cyprès[272] me couvrirent jour et nuit de leurs ombres. Je perdis toute notion du temps et de l'espace, et les étoiles de ma destinée disparurent dans les cieux ; dès lors la terre s'assombrit, et les figures qui la peuplaient passaient autour de moi comme ombres fugitives – et parmi elles, je ne voyais que Morella. Les vents du firmament ne soufflaient qu'un son à mes oreilles, et le clapotis des eaux murmurait à jamais – Morella. Mais elle mourut ; et de mes propres mains je la portai jusqu'à la tombe ; et je me mis à rire d'un rire long et amer lorsque dans l'ossuaire où je déposai la seconde je ne trouvai nulle trace de la première – Morella.

PARMI LES LIONS[273]

Et chacun se dressa émerveillé
Sur ses dix doigts de pied.

Satire de l'évêque Hall[274].

Je suis – je veux dire que *j'étais* – un grand homme. Mais je ne suis ni l'auteur des lettres de Junius, ni l'Homme au Masque de fer. Car mon nom, je crois, est Robert Jones, et je suis né quelque part dans la ville de Fum-Fudge[275].

Le premier geste dans ma vie fut de saisir mon nez à deux mains. Ma mère, voyant cela, me qualifia de génie. Mon père pleura de joie et m'offrit un traité de nosologie[276]. Je le maîtrisai à fond avant même de porter culotte.

Je commençai alors à envisager une carrière scientifique et compris rapidement que, pourvu qu'un homme disposât d'un nez suffisamment remarquable, il pouvait, sans rien faire d'autre que le suivre, intégrer la Grande Lionnerie. Mais mon attention ne se limita pas aux simples théories. Chaque matin, je tirais à deux reprises sur mon appendice nasal et avalais une demi-douzaine de petits verres.

Quand je parvins à ma majorité, mon père me demanda un jour de le suivre dans son bureau.

– Mon fils, dit-il lorsque nous fûmes assis, quel est le but ultime de ton existence[277] ?

– Mon père, répondis-je, c'est l'étude de la nosologie.

– Robert, demanda-t-il, et qu'est-ce donc que la nosologie ?

– Monsieur, dis-je, c'est la science des nez.

– Et peux-tu me dire ce que c'est exactement qu'un nez ?

– Le nez, mon père, répondis-je doucement, a été défini de diverses manières par environ un millier d'auteurs. (Je tirai ma montre de ma poche.) Il est presque midi à présent : nous aurons le temps de les passer tous en revue avant minuit. Pour commencer, donc : le nez, selon Bartholinus[278], est cette protubérance, cette bosse, cette excroissance, qui…

– Cela ira, Robert, m'interrompit le bon vieux gentleman. Je suis ébloui par l'étendue de ton savoir. Je le suis vraiment, je le jure. (Il ferma les yeux et posa la main sur son cœur.) Viens là ! (Il me prit par le bras.) Ton éducation peut à présent être considérée comme achevée. Il est grand temps que tu fasses ton entrée dans le monde – et tu ne peux mieux la réussir qu'en suivant tout simplement ton nez. Ainsi… ainsi… ainsi… (il me poussait à coups de pied en bas des escaliers jusqu'à la porte) ainsi sors de ma maison, et que Dieu te bénisse !

Comme je sentais en moi l'*afflatus*[279] divin, je considérai l'accident comme une chance qui m'était accordée, et résolus de me laisser guider par le conseil paternel. J'étais déterminé à suivre mon nez. Je tirai dessus un coup ou deux et écrivis sur-le-champ un traité de nosologie.

Tout Fum-Fudge entra en ébullition :

– Un génie prodigieux ! dit le *Quarterly*.

– Un magnifique physiologiste ! dit le *Westminster*.

– Un type hors du commun ! dit le *Foreign*.

– Un bel écrivain ! dit l'*Edinburgh*.

– Un penseur profond ! dit le *Dublin*.

– Un grand homme ! dit Bentley.

– Une âme divine ! dit Fraser.

– Un des nôtres ! dit Blackwood[280].

– Qui peut-il être ? dit Mrs. *Bas-Bleu** [281].

– Que peut-il être ? dit la grande Mlle *Bas-Bleu.*

– Où peut-il être ? dit la petite Mlle *Bas-Bleu.*

Mais je ne prêtais pas attention à ces gens-là. Je me dirigeai vers l'atelier d'un artiste.

La duchesse de Dieu-me-bénisse[282] posait assise pour son portrait. Le marquis de Tant-et-plus gardait son caniche. Le comte de Ceci-cela tripotait son flacon de sels. Et Son Altesse royale de Ne-me-touchez-pas était appuyée au dos de son fauteuil.

J'approchai de l'artiste et lui montrai mon nez.

– Oh ! qu'il est beau ! soupira Sa Grâce.

– Oh ! mon Dieu ! zozota le Marquis.

– Oh ! choquant ! grogna le comte.

– Oh ! abominable ! grommela Son Altesse royale.

– Combien en voulez-vous ? demanda l'artiste.

– De *son nez* ? s'écria Sa Grâce.

– Mille livres, dis-je en m'asseyant.

– Mille livres ? fit l'artiste, pensif.

– Mille livres, dis-je.

– Qu'il est beau ! dit-il, fasciné.

– Mille livres, dis-je.

– Pouvez-vous me le garantir ? demanda-t-il en tournant le nez vers la lumière.

– Absolument, dis-je, en le mouchant avec force.

– C'est *vraiment* l'original ? s'enquit-il en le touchant avec respect.

– Humph ! dis-je en le tordant de côté.

– *Aucune* copie n'en a été faite ? demanda-t-il en l'examinant à la loupe.

– Pas la moindre, dis-je en le redressant.

– *Admirable !* s'exclama-t-il, totalement subjugué par la beauté du mouvement.

– Mille livres, dis-je.

– *Mille* livres ? dit-il.

– Précisément, dis-je.

– Mille *livres* ? dit-il.

– Exactement, dis-je.

– Vous les aurez, dit-il. Quel bel exemple de *virtu*[283] ! »

Ainsi, il me signa immédiatement un chèque et réalisa une esquisse de mon nez.

Je louai une chambre dans Jermyn Street[284], et envoyai à Sa Majesté[285] la quatre-vingt-dix-neuvième édition de ma *Nosologie*, avec un portrait de mon appendice. Ce triste et petit débauché de Prince de Galles[286] m'invita à dîner.

Nous étions tous des Lions, et très *recherchés**.

Il y avait là un néoplatonicien. Il cita Porphyre, Jamblique, Plotin, Proclus, Hierocles, Maxime de Tyr et Syrianos[287].

Il y avait un tenant de la perfectibilité humaine. Il cita Turgot, Price, Priestley, Condorcet, De Staël et l'*Ambitious student in ill health*[288].

Il y avait Sir Paradoxe Positif. Il fit remarquer que tous les fous étaient philosophes et que tous les philosophes étaient fous[289].

Il y avait Aestheticus Ethix. Il parla de feu, d'unité et d'atomes, d'âme bipartite et préexistante, d'attirance et de répulsion, d'intelligence primitive et d'homéomérie[290].

Il y avait Théologos Théologie. Il parla d'Eusèbe et d'Arius, d'hérésie et du Concile de Nicée, de puseyisme et de consubstantialité, d'homoousisme et d'homoiousisme[291].

Il y avait Fricassée du *Rocher de Cancale**[292]. Il mentionna la langue *Muriton* en sauce rouge, le *velouté** de choux-fleurs, le veau *à la** Sainte-Ménehoult, la marinade *à la** Saint-Florentin et la gelée d'oranges *en mosaïques**[293]

Il y avait Bibulus O'Bumper[294]. Il dit un mot sur le Château-Latour et sur le Marcobrunner, sur le mousseux et le chambertin, sur le Richebourg et le Saint-Georges, sur le haut-brion, le Léoville et le Médoc, sur le barsac et le reignac, le graves, le sauterne, le château-lafite et le saint-péray. Il hocha la tête en mentionnant le clos-vougeot, et indiqua, les yeux fermés, la différence entre le sherry et l'amontillado[295].

Il y avait *il Signor* Tintontintino de Florence[296]. Il parla de Cimabue, du Cavalier d'Arpin, de Carpaccio et d'Argostino, de l'obscurité du Caravage, du charme d'Albani, des couleurs du Titien, des matrones de Rubens et des badinages de Jan Steen[297].

Il y avait le Président de l'Université de Fum-Fudge. Il était de l'avis que la lune était appelée Bendis en Thrace, Bastet en Égypte, Diane à Rome et Artémis en Grèce[298].

Il y avait un Grand Turc d'Istanbul. Il ne pouvait s'empêcher de croire que les anges étaient à la fois chevaux, coqs et taureaux[299], que quelqu'un, quelque part dans le sixième ciel, avait soixante-dix mille têtes, et que la Terre était supportée par une vache bleu ciel disposant d'une quantité incalculable de cornes vertes[300].

Il y avait Delphinus Polyglotte. Il nous apprit ce qu'il était advenu des quatre-vingt-trois tragédies perdues d'Eschyle, des cinquante-quatre oraisons d'Isée, des trois cent quatre-vingt-onze discours de Lysias, des cent quatre-vingts traités de Théophraste, des huit livres des sections coniques d'Apollonius, des hymnes et des dithyrambes de Pindare et des quarante-cinq tragédies d'Homère le Jeune[301].

Il y avait Ferdinand Fitz-Fossillus Feltspar. Il nous dit tout sur les feux souterrains et les formations tertiaires, sur les aériformes, les fluidiformes et les solidiformes, sur le quartz et le marne, le schiste et le schorl, le gypse et le trapp, le talc et le calcaire, la blende et la hornblende, l'ardoise de mica et le poudingue, la cyanite et la lépidolite, l'hématite et la trémolite, l'antimoine et la calcédoine, le manganèse[302] et tout ce qui vous plaira.

Et il y avait moi. Je parlai de moi – de moi, de moi, et de moi. De nosologie, de mon traité, et de moi. Je mettais mon nez en valeur, et je parlais de moi.

– Quel homme merveilleusement intelligent ! dit le Prince

– Superbe ! dirent ses invités.

Et le matin suivant, Sa Grâce de Dieu-me-bénisse m'honora d'une visite :

– Viendrez-vous à Almack[303], aimable créature ?

– Sur mon honneur, dis-je.

– Avec votre nez et tout ? demanda-t-elle.

– Sur ma vie, répliquai-je.

– Voici donc une invitation, mon cher. Puis-je annoncer que vous serez bien là ?

– Chère duchesse, avec tout mon cœur.

– Pfff, non ! Avec tout votre nez, plutôt ?

– Il n'en manquera pas un morceau, cher amour, dis-je.

Je le tordis alors une ou deux fois, et me retrouvai bientôt chez Almack.

Les salons étaient pleins à craquer.

– Il arrive ! dit quelqu'un dans l'escalier.

– Il arrive ! dit quelqu'un d'autre un peu plus loin.

– Il arrive ! dit quelqu'un encore plus loin.

– Il est arrivé ! s'exclama la duchesse. Il est arrivé, le petit amour !

Et, m'empoignant fermement de ses deux mains, elle m'embrassa trois fois sur le nez.

– *Diavolo !* cria le comte Capricornutti.

– *Dios guarda* ! murmura don Stiletto.

– *Mille tonnerres** *!* s'écria le *prince de Grenouille**.

– *Tousand teufel*[304] *!* grommela l'électeur de Bluddennuff.

Cela ne me convenait pas. Je me mis en colère et me tournai vers Bluddennuff.

– Monsieur ! lui dis-je, vous êtes un babouin.

– Monsieur, répondit-il au bout d'un moment, *Donner und Blitzen*[305] !

Je n'en demandai pas plus. Nous échangeâmes nos cartes. À Chalk-Farm[306], le matin suivant, j'abattis son nez. Puis j'appelai mes amis.

– *Bête* !* dit le premier.

– Idiot ! dit le deuxième.

– Balourd ! dit le troisième.

– Crétin ! dit le quatrième.

– Niais ! dit le cinquième.

– Imbécile ! dit le sixième

– Va-t'en ! dit le septième.

Tout cela me mortifia, et je décidai d'appeler mon père.

– Père, lui demandai-je, quel est le but ultime de mon existence ?

– Mon fils, répondit-il, c'est toujours l'étude de la nosologie, mais en atteignant l'Électeur au nez, tu as dépassé les limites. Tu as un très beau nez, c'est vrai. Mais à présent Bluddennuff n'en a plus. Te voilà honni, tandis qu'il est devenu le héros du jour. Je t'accorde qu'à Fum-Fudge la valeur d'un lion est proportionnelle à la taille de son appendice nasal. Mais bon sang ! il n'y a pas de compétition possible avec un lion qui n'en a pas du tout.

L'HISTOIRE À NULLE AUTRE PAREILLE D'UN CERTAIN HANS PFAALL[307]

Avec un cœur aux fantaisies débridées,
Dont je suis le commandant,
Avec une lance de feu et un cheval d'air,
Dans les sauvages immensités je voyage.

Chanson de Tom O'Bedlam[308].

D'après les dernières nouvelles en provenance de Rotterdam, cette ville semble avoir atteint un niveau élevé d'échauffement philosophique. En fait, les phénomènes qui s'y sont produits, d'une nature totalement inattendue, entièrement nouvelle, en contradiction complète avec les opinions préconçues, ne me laissent pas douter un seul instant que sous peu toute l'Europe sera sens dessus dessous, toute la physique en fermentation, toute la raison et toute l'astronomie à couteaux tirés.

Il ressort que le —— du mois de —— (je ne me souviens pas précisément de la date), une immense foule, dans un but qui n'est pas expressément mentionné, s'était assemblée sur la grande place de la Bourse de l'honnête ville de Rotterdam. C'était une chaude journée – exceptionnellement chaude pour la saison – il n'y avait pratiquement pas un filet d'air, et la foule n'était pas fâchée d'être arrosée, de temps à autre, par des ondées amicales de courte durée, qui tombaient des grands amas de nuages blancs généreusement disséminés sur la voûte azur du firmament. Cependant, aux alentours de midi, on remarqua dans l'assemblée une légère, quoique notable agitation ; s'ensuivit le brouhaha de dix mille langues et, l'instant d'après, dix mille visages se levèrent vers les cieux, dix mille pipes tombèrent simultanément du coin de dix milles bouches et un cri, qu'on ne saurait comparer à autre chose qu'au grondement du Niagara, résonna longuement, bruyamment et furieusement dans toute la ville et les environs de Rotterdam.

L'origine de ce remue-ménage devint bientôt suffisamment claire. De derrière l'énorme masse d'un de ces amas de nuages parfaitement dessinés dont il a déjà été fait mention, on vit lentement émerger, dans une zone d'espace bleu, un objet étrange, hétérogène, mais apparemment solide, d'une forme si curieuse, d'un assemblage si fantasque que l'armée de solides bourgeois qui restaient plantés là bouche bée en dessous ne pouvait aucunement comprendre ce dont il s'agissait, ni se lasser de l'admirer. Qu'est-ce que cela pouvait être ? Au nom de tous les diables de Rotterdam, qu'est-ce que cela pouvait augurer ? Personne ne le savait, personne ne pouvait l'imaginer, personne – pas même le bourgmestre *Mijnheer* Superbus von Underduk[309] – n'avait le moindre indice pour percer ce mystère ; si bien que, comme il n'y avait rien de plus raisonnable à faire, chaque homme remit soigneusement sa pipe dans le coin de la bouche et, tout en gardant un œil rivé sur le phénomène, tira des bouffées, fit une pause, se dandina et grommela significativement – puis se dandina à nouveau, grommela, fit une pause et, finalement… tira une autre bouffée.

Mais entre-temps, l'objet de tant de curiosité et la cause de tant de fumée descendit de plus en plus bas vers la belle ville. En quelques minutes, il arriva assez près pour pouvoir être distingué avec précision. Cela ressemblait... oui ! C'*était* bel et bien une sorte de ballon, mais on n'avait assurément jamais vu *pareil* ballon à Rotterdam auparavant. Car qui, je vous le demande, a jamais entendu parler d'un ballon entièrement fabriqué avec de vieux journaux. De toute évidence, personne en Hollande ; mais ici, sous le nez même des gens ou, plutôt, à une certaine distance *au-dessus* de leurs nez, se trouvait la chose en question et constituée, je le tiens de source sûre, de la matière précise dont on ne sache pas que quelqu'un l'ait jamais utilisée auparavant dans un but semblable. C'était un insigne affront au bon sens des bourgeois de Rotterdam. Quant à la forme du phénomène, elle était encore plus répréhensible. C'était peu ou prou un immense bonnet de fou à l'envers. Et cette similitude ne fut aucunement amoindrie quand, après l'avoir examiné de plus près, la foule vit un énorme gland pendant à son sommet et, sur le bord supérieur ou la base du cône, un cercle de petits instruments, ressemblants à des clarines de moutons, qui carillonnaient sans interruption sur l'air de Betty Martin[310]. Mais il y avait pire encore. – Attaché par des rubans bleus à l'extrémité de cette machine fantastique, était suspendu, en guise de nacelle, un énorme chapeau de castor écru, avec un bord excessivement large et une couronne hémisphérique pourvue d'une bande noire et d'une boucle d'argent. Ce qui ne laissait pas d'être assez curieux, cependant, c'est que de nombreux citoyens de Rotterdam étaient persuadés d'avoir déjà vu à plusieurs reprises le même chapeau et, de fait, toute l'assemblée semblait le regarder d'un œil familier, tandis que *Vrouw*[311] Grettel[312] Pfaall, en le voyant, poussa une exclamation de surprise enjouée et déclara que ce chapeau était identique à celui de son cher époux. Or, c'était un détail d'autant plus important à noter que Pfaall, avec trois compagnons, avait réellement disparu de Rotterdam environ cinq ans plus tôt, de façon très soudaine et inexplicable, et jusqu'au moment où se déroule ce récit, toutes les tentatives pour obtenir des renseignements les concernant avaient échoué. Certes, on avait découvert récemment des ossements, que l'on pensait humains, mélangés à une grande quantité de décombres d'aspect curieux, dans un endroit reculé à l'est de la ville, et d'aucuns allèrent jusqu'à imaginer qu'un effroyable meurtre y avait été perpétré et que les victimes étaient selon toute probabilité Hans Pfaall et ses associés. – Mais reprenons le cours de notre histoire.

Le ballon (car c'en était bel et bien un) était désormais descendu à une trentaine de mètres de la terre, offrant à la foule en dessous un aperçu suffisamment net de son occupant. C'était un individu très singulier, en vérité. Il ne pouvait guère faire plus de soixante centimètres, mais cette taille, si petite qu'elle fût, aurait été suffisante pour détruire son *equilibrium* et le faire passer par-dessus bord de sa minuscule nacelle, n'était l'intervention d'un rebord circulaire montant à hauteur de la poitrine et gréé aux cordes du ballon. Le corps du petit homme était d'une largeur disproportionnée, donnant à toute sa silhouette une rotondité des plus absurdes. Bien entendu, on ne pouvait absolument pas voir ses pieds. Ses mains étaient extrêmement grandes. Ses cheveux étaient gris et rassemblés en une *queue** sur la nuque. Son nez était prodigieusement long, rouge et crochu ; ses yeux ronds, brillants et perçants ; son menton et ses joues, bien que ridés par l'âge, étaient larges, bouffis et doubles ; mais impossible de trouver la moindre trace d'oreilles où que ce fût sur sa tête. Ce curieux petit bonhomme était vêtu d'un ample *surtout** de satin bleu ciel, avec des hauts-de-chausses serrés assortis, attachés par des boucles d'argent aux genoux. Son gilet était fait d'une matière jaune vif ; un bonnet de taffetas blanc était cavalièrement posé sur un côté de sa tête et, pour compléter son accoutrement, un mouchoir de soie rouge sang lui enveloppait la gorge et retombait, coquettement, sur sa poitrine en un fantastique nœud décoratif de dimensions suréminentes.

Ayant descendu, comme je l'ai dit, à une trentaine de mètres de la surface de la terre, le petit vieillard fut soudain pris d'une série de tremblements convulsifs et ne parut pas enclin à s'approcher davantage de la *terra firma*. Il jeta donc une quantité de sable provenant d'un sac en toile qu'il souleva à grand-peine, et resta stationnaire en un instant. Il se mit ensuite, avec précipitation et agitation, à extraire d'une poche latérale de son *surtout** un grand portefeuille en maroquin. Il le soupesa suspicieusement, puis le regarda avec un air d'extrême surprise, manifestement étonné par son poids. Il finit par l'ouvrir et en tira une immense lettre fermée par un sceau de cire rouge et nouée soigneusement d'une ganse rouge, qu'il fit tomber précisément aux pieds du bourgmestre Superbus Von Underduk. Son Excellence se pencha pour la ramasser. Mais l'aéronaute, toujours extrêmement troublé et n'ayant apparemment plus aucune affaire qui le retînt à Rotterdam, se mit alors à faire ses préparatifs de départ et, comme il était indispensable de décharger une certaine quantité de lest pour lui permettre de remonter, la demi-douzaine de sacs qu'il jeta, l'un après l'autre, sans prendre la peine de vider leur contenu, tombèrent tous fort malencontreusement sur le dos du bourgmestre et le firent rouler pas moins d'une demi-douzaine de fois à la face de tous les habitants de Rotterdam. Que l'on n'aille pas supposer pour autant que le grand Underduk ait toléré impunément cette impertinence de la part du petit vieillard. On raconte, au contraire, qu'au cours de chacune de sa demi-douzaine de circonvolutions, il ne lâcha pas moins d'une demi-douzaine de bouffées nettes et furieuses de sa pipe, à laquelle il s'accrochait pendant ce temps-là de toutes ses forces, et à laquelle il entendait s'accrocher (si Dieu le voulait) jusqu'à son dernier jour.

Entre-temps, le ballon s'était élevé comme une alouette. Montant très haut au-dessus de la ville, il finit par passer calmement derrière un nuage semblable à celui duquel il avait si bizarrement émergé, et fut ainsi perdu à jamais aux yeux étonnés des braves citoyens de Rotterdam. Toute l'attention était désormais tournée vers la lettre, dont la chute et les conséquences qui s'en étaient suivies s'étaient avérées si fatalement subversives pour la personne et la dignité personnelle de Son Excellence Von Underduk. Cependant, cet édile n'avait pas manqué, durant ses mouvements circumgiratoires[313], de prendre la peine de réfléchir à cette question épineuse : comment mettre en sécurité l'épître, qu'on avait vue, après inspection, tomber dans les mains les plus légitimes, puisqu'elle était de fait adressée à lui et au Professeur Rataplan[314], en leurs qualités officielles de Président et Vice-Président du Collège d'Astronomie de Rotterdam. Elle fut, par conséquent, ouverte par ces dignitaires sur-le-champ et s'avéra contenir la communication suivante, extraordinaire et pour autant très sérieuse :

À leurs Excellences Von Underduk et Rataplan, Président et Vice-Président du Collège d'État des Astronomes, dans la cité de Rotterdam.

Vos Excellences se souviennent peut-être d'un humble artisan, du nom de Hans Pfaall, réparateur de soufflets de son état qui, avec trois autres personnes, disparut de Rotterdam, il y a environ cinq ans, d'une manière que l'on a dû juger inexplicable. Toutefois, plaise à vos Excellences, c'est moi, l'auteur de cette communication, qui suis Hans Pfaall en personne. La plupart de mes concitoyens savent fort bien que, quarante années durant, j'ai continué d'occuper la petite bâtisse carrée en briques, à l'entrée de l'allée dite Sauerkraut, où je résidais à l'époque de ma disparition. Mes ancêtres y ont également résidé depuis des temps immémoriaux – eux comme moi ayant invariablement embrassé le métier respectable et, en vérité, lucratif de réparateur de soufflets[315] : car, pour dire la vérité, jusqu'à ces dernières années, où les esprits de tout le monde ont été mis en émoi par la politique, un honnête citoyen de Rotterdam n'eût pu désirer ou mériter meilleure profession que la mienne. Le crédit était bon, le travail ne manquait jamais et l'argent ni la bonne volonté ne venaient à faire défaut. Mais, comme je le disais, nous commençâmes bientôt à ressentir les effets de la liberté, des longs discours, du radicalisme et de toutes ces sortes de choses. Les gens qui étaient autrefois les meilleurs clients du monde n'avaient plus un seul instant pour penser à nous. C'est à peine s'ils en avaient assez pour lire des choses sur les révolutions et ne pas se laisser distancer par la marche de l'intelligence et l'esprit de l'époque. Si un feu avait besoin qu'on souffle dessus, on pouvait tout aussi bien le faire avec un journal, et à mesure que le gouvernement devenait plus faible, je ne doutais pas que le cuir et le fer gagneraient proportionnellement en résistance – car, en très peu de temps, il n'y eut plus un seul soufflet dans tout Rotterdam qui eût besoin d'être ravaudé ou nécessitât l'aide d'un marteau. C'était une situation qu'on ne pouvait tolérer. Je devins bientôt aussi pauvre qu'un rat et, ayant une femme et des enfants à nourrir, mon fardeau finit par devenir insupportable et je passai toutes mes heures à réfléchir sur la méthode la plus pratique pour mettre fin à mes jours. Pendant ce temps, mes créanciers ne me laissaient guère de loisir pour la contemplation. Ma maison était littéralement assiégée du matin au soir. Il y avait trois types en particulier, qui me tourmentaient plus qu'il n'était supportable, montant continuellement la garde devant ma porte et me menaçant de me poursuivre en justice. Je fis le serment de me venger amèrement de ces trois-là si par hasard j'avais la chance de mettre le grappin dessus, et je crois que rien d'autre au monde que le plaisir que j'en tirais par avance m'empêcha de mettre immédiatement à exécution mes projets de suicide en me faisant exploser la cervelle avec un tromblon. Je jugeais cependant préférable de dissimuler mon courroux et de leur faire assaut de promesses et de belles paroles jusqu'à ce que, par un heureux coup du sort, l'opportunité de me venger s'offre à moi.

Un jour, alors que j'avais réussi à leur fausser compagnie et que je me sentais plus découragé que d'habitude, je continuais d'errer sans but un long moment dans les rues les plus obscures, jusqu'à ce que je finisse par tomber sur le coin d'une échoppe de libraire. En voyant une chaise à disposition, destinée aux clients, je m'y jetai opiniâtrement et, sans trop savoir pourquoi, ouvris les pages du premier volume qui se trouvait à ma portée. Il s'agissait en l'occurrence d'un petit libelle traitant d'Astronomie spéculative écrit par le Professeur Encke[316] de Berlin ou par un Français dont le nom était en gros le même. J'avais un petit vernis de connaissance sur des sujets de cette nature et m'absorbai bientôt de plus en plus dans le contenu de cet ouvrage – en le relisant par deux fois avant de reprendre conscience de ce qui se passait autour de moi. À ce moment-là, il commençait à faire noir et je rentrai chez moi. Mais ce traité (en conjonction avec une découverte dans le domaine pneumatique, que m'avait communiquée, comme un secret important, un cousin de Nantz[317]) avait laissé une impression indélébile sur mon esprit et, tandis que je me baguenaudais dans les rues crépusculaires, je retournais minutieusement dans ma mémoire les raisonnements intrépides et parfois inintelligibles de l'auteur.

Certains passages en particulier avaient touché mon imagination de façon extraordinaire. Plus j'y réfléchissais, plus l'intérêt qui avait été éveillé en moi gagnait en intensité. La nature limitée de mon instruction en général et, plus particulièrement, mon ignorance de tout ce qui est lié à la philosophie naturelle, loin de me rendre méfiant quant à ma capacité à comprendre ce que j'avais lu, ou de m'inciter à remettre en question toutes les idées confuses que cette lecture avait fait surgir, servit simplement à stimuler davantage mon imagination ; et j'étais assez vain, ou peut-être assez raisonnable, pour me demander si ces idées rudimentaires qui, surgissant dans des esprits peu méthodiques, ont toute l'apparence de l'instinct ou de l'intuition, n'en possèdent pas souvent, de fait, la force, la réalité, et toutes les autres propriétés intrinsèques.

Il était tard quand j'arrivai chez moi, et j'allai immédiatement me coucher. Mais mon esprit était beaucoup trop occupé pour dormir, et je restai allongé toute la nuit abîmé dans la méditation. Levé tôt le lendemain matin, je me rendis en toute hâte à l'échoppe du libraire et consacrai le peu d'argent dont je disposais à l'achat de quelques volumes de Mécanique et d'Astronomie pratique. Les ayant rapportés chez moi sans les abîmer, je consacrai chaque moment de libre à les lire et j'acquis bientôt assez de compétences dans ces domaines pour juger bon de mettre à exécution un dessein que le diable, ou mon bon génie, m'avait inspiré. Au cours de cette période, je fis tout mon possible pour me concilier les trois créanciers qui m'avaient causé tant de tourments. En cela, j'avais finalement réussi – en partie en vendant suffisamment de meubles de ma maison pour satisfaire la moitié[318] de leurs réclamations et en partie en promettant de payer le solde une fois que j'aurais réalisé un petit projet que j'avais en tête, dont je leur parlai en sollicitant leurs services pour me prêter main-forte. Grâce à cela (car c'étaient des ignorants) je n'eus guère de mal à les gagner à ma cause.

Les choses s'étant ainsi arrangées, je m'employai, avec l'aide de mon épouse, dans le plus grand secret et avec force précaution, à disposer des biens qui me restaient et à emprunter, par petites sommes, sous différents prétextes et sans me soucier (j'ai honte de l'avouer) de la façon dont je les rembourserais par la suite, une quantité d'argent comptant non négligeable. Avec des ressources ainsi accrues, je me mis en mesure de me procurer, en plusieurs fois, de la percale, très belle, en pièces d'onze mètres chacune; de la ficelle; une bonne quantité de vernis de caoutchouc; un grand et profond panier d'osier, fabriqué sur commande; et plusieurs autres articles nécessaires à la construction et à l'équipement d'un ballon aux dimensions extraordinaires. Je chargeai mon épouse de le confectionner dès que possible et lui donnai toutes les informations nécessaires sur la façon de procéder. Dans le même temps, je fabriquai avec la ficelle un filet de dimensions suffisantes, le gréai d'un cerceau et des cordages nécessaires, et fis l'acquisition de nombreux instruments et matériaux pour réaliser des expériences dans les plus hautes régions de l'atmosphère supérieure. Je me débrouillai ensuite pour transporter de nuit, dans un endroit reculé à l'est de Rotterdam, cinq tonneaux cerclés de métal, contenant environ cent quatre-vingt-dix litres chacun, et un de taille plus grande; six tubes en étain, de huit centimètres de diamètre et trois mètres de long, de forme idoine; une certaine quantité d'une *substance métallique particulière ou semi-métal* que je ne nommerai pas et une douzaine de dame-jeanne contenant *un acide très commun.* Le gaz qui devait être formé à partir de ces matières est un gaz qui n'a encore jamais été produit par une autre personne que moi-même – ou du moins jamais utilisé dans un tel but. La seule chose que je puisse dire ici, c'est que c'est *un constituant de l'azote*, très longtemps considéré comme irréductible, et que sa densité est environ 37,4 fois *moindre que celle de l'hydrogène*. Il n'a aucun goût, mais n'est pas inodore ; il brûle, quand il est pur, avec une flamme verdâtre et est instantanément fatal à la vie animale. Je ne ferais pas tant de difficulté à en révéler tout le secret, n'était le fait qu'il appartient de droit (comme je l'ai laissé entendre plus haut) à un citoyen de Nantz, en France, par qui il m'a été communiqué sous condition. Le même individu me soumit, sans avoir la moindre idée de mes intentions, une méthode pour construire des ballons avec la membrane d'un certain animal, substance à travers laquelle il était pratiquement impossible au gaz de s'échapper. Cependant, j'avais trouvé que c'était beaucoup trop onéreux et je n'étais pas sûr, dans l'ensemble, que la percale enduite d'une couche de gomme de caoutchouc ne fît pas tout aussi bien l'affaire. Je mentionne ce détail parce que je crois qu'il est probable que l'individu en question puisse tenter, un de ces jours, une ascension en ballon avec le nouveau gaz et la matière dont j'ai parlé, et je n'entends pas le priver de l'honneur d'une invention fort originale.

Aux endroits respectifs que, selon mes intentions, devait occuper chacun des plus petits tonneaux pendant le gonflement du ballon, je creusai secrètement un petit trou, ceux-ci formant ainsi un cercle de sept mètres cinquante de diamètre. Au centre de ce cercle, emplacement désigné du grand tonneau, je creusai également un trou très profond. Dans chacun des cinq petits trous, je déposai une boîte en fer-blanc contenant cinquante livres de poudre à canon, et dans le plus grand un barillet qui en contenait cent cinquante. Je reliai le barillet et les boîtes comme il convenait avec des traînées couvertes et, ayant laissé dans l'une des boîtes l'extrémité d'environ un mètre vingt de mèche lente, je comblai le trou et posai le tonneau par-dessus, en laissant l'autre extrémité de la mèche dépasser d'environ deux centimètres, à peine visible. Je comblai ensuite les trous restants et installai les barriques dessus à la place qui leur était destinée.

Outre les articles énumérés ci-dessus, je transportai jusqu'au *dépôt**, et l'y cachai, une des améliorations apportées par Mr. Grimm[319] à l'appareil pour la condensation de l'air atmosphérique. Cependant, je trouvais que cette machine nécessitait d'importantes modifications avant de pouvoir être adaptée au but que j'avais l'intention de lui assigner. Mais au prix d'un travail laborieux et d'une persévérance opiniâtre, je finis par parvenir à une réussite complète dans tous mes préparatifs. Mon ballon fut bientôt terminé. Il pouvait contenir plus de quinze mille mètres cubes de gaz et, selon mes calculs, il me soulèverait facilement avec tout mon attirail – et même, si je le dirigeais correctement, avec cent soixante-quinze livres de lest supplémentaires. Il avait reçu trois couches de vernis et je constatai que la percale remplaçait parfaitement la soie, étant tout aussi solide et beaucoup moins chère.

Tout étant prêt désormais, j'exigeai de mon épouse qu'elle jurât de garder le secret sur toutes mes actions depuis le jour de ma première visite à l'échoppe du libraire puis, ayant promis pour ma part de revenir sitôt que les circonstances le permettraient, je lui donnai le peu d'argent qui me restait et lui fis mes adieux. En réalité, je n'avais aucune crainte à son sujet. Elle était ce que les gens appellent une bonne ménagère et pouvait se tirer d'affaire dans le monde sans mon aide. Je crois, pour dire la vérité, qu'elle m'a toujours considéré comme un fainéant – un simple bouche-trou[320] – bon à rien d'autre qu'à faire des projets en l'air – et qu'elle était plutôt contente de se débarrasser de moi. Je lui fis mes adieux par une nuit noire, et, prenant avec moi comme *aides de camp** les trois créanciers qui m'avaient causé tant d'ennuis, nous transportâmes le ballon, avec la nacelle et ses accessoires, par un chemin détourné, jusqu'à l'endroit où les autres articles avaient été déposés. Nous les y retrouvâmes tous en parfait état et je me mis immédiatement à la tâche.

On était le premier avril. La nuit, comme je l'ai déjà dit, était noire ; on ne voyait pas la moindre étoile, et une bruine, tombant par intervalles, nous incommodait beaucoup. Mais ma principale inquiétude concernait le ballon qui, en dépit de l'enduit qui le protégeait, commençait à s'alourdir avec l'humidité ; la poudre aussi risquait d'être endommagée. Je mis donc rapidement mes trois harceleurs au travail, leur faisant piler de la glace autour du tonneau central et remuer l'acide dans les autres. Mais ils ne cessaient de m'importuner avec leurs questions pour savoir ce que j'avais l'intention de faire de tout cet attirail, et exprimaient un fort mécontentement devant le terrible labeur auquel je les soumettais. Ils ne voyaient pas (disaient-ils) ce qu'il pouvait résulter de bon à être trempés jusqu'aux os, uniquement pour prendre part à d'aussi effroyables incantations. Je commençais à être inquiet et redoublai d'efforts, car je crois vraiment que ces idiots supposaient que j'avais contracté un pacte avec le diable et que ce que j'étais en train de faire ne présageait, en somme, rien de bon. J'avais donc très peur qu'ils me laissent en plan. Cependant, je m'efforçais de les apaiser en leur promettant de les payer jusqu'au dernier sou, sitôt que j'aurais mené à son terme la présente entreprise. Ils interprétèrent à leur façon ces paroles, s'imaginant, sans aucun doute, que, quoi qu'il advienne, j'entrerais en possession d'immenses quantités d'argent comptant ; et pourvu que je leur paie tout ce que je leur devais, voire un peu plus, en considération de leurs services, j'ose dire qu'ils se souciaient comme d'une guigne de ce qu'il pourrait advenir de mon âme ou de ma carcasse.

Au bout de quatre heures et demie, j'estimai que le ballon était suffisamment gonflé. J'y attachai donc la nacelle et y mis tout mon équipement : un télescope ; un baromètre, avec quelques modifications importantes ; un thermomètre ; un électromètre ; une boussole ; une aiguille magnétique ; une montre indiquant les secondes ; une cloche ; un porte-voix, etc., etc., etc., ainsi qu'un globe de verre, dans lequel le vide avait été fait, soigneusement fermé par un bouchon – sans oublier l'appareil condensateur, de la chaux vive, un bâton de cire à cacheter, une abondante provision d'eau et une grande quantité de vivres, telles que du *pemmican*[321], qui contient beaucoup de nutriments dans un volume comparativement petit. J'installai aussi en sécurité dans la nacelle un couple de pigeons et une chatte.

C'était désormais presque le point du jour et je jugeai qu'il était grand temps de prendre mon départ. Laissant tomber au sol, comme par accident, un cigare allumé, je profitai de l'occasion, en me penchant pour le ramasser, pour enflammer en cachette le bout de mèche lente, dont l'extrémité, ainsi que je l'ai déjà dit, dépassait un peu du bord inférieur de l'un des petits tonneaux. Cette manœuvre passa totalement inaperçue des trois créanciers et, bondissant dans la nacelle, je coupai immédiatement la seule corde qui me retenait à terre et fus content de voir que je m'élevais dans les airs avec une rapidité inconcevable, en emportant sans aucune difficulté cent soixante-quinze livres de lest de plomb, et en pouvant en emporter bien davantage. Quand je quittai la terre, le baromètre indiquait soixante-seize centimètres et le thermomètre 19° centigrades.

Mais à peine avais-je atteint une hauteur de quarante-cinq mètres que, grondant et mugissant derrière moi de la plus effroyable et la plus tonitruante des manières, un ouragan de feu, de gravier, de bois brûlant, de métal enflammé et de membres déchiquetés se déclencha, si bien que mon cœur défaillit et que je retombai au fond de la nacelle, tremblant de terreur. En effet, je m'apercevais à présent que j'avais beaucoup trop forcé la dose et qu'il me faudrait encore subir les principales conséquences du choc. De fait, en moins d'une seconde, je sentis tout le sang de mon corps refluer vers mes tempes et, immédiatement après, une secousse, que je n'oublierai jamais, éclata brusquement dans la nuit et sembla mettre en pièces le firmament lui-même. Quand je trouvai le temps d'y réfléchir par la suite, je ne manquai pas d'attribuer l'extrême violence de l'explosion, en ce qui me concernait, à sa véritable cause : ma position juste à la verticale de son épicentre. Mais à ce moment-là, je ne pensais qu'à sauver ma peau. Au début, le ballon s'effondra, puis il se dilata furieusement, avant de tourbillonner avec une vélocité qui donnait le tournis, et finalement, roulant et titubant comme un ivrogne, il me projeta par-dessus le bord de la nacelle, si bien que je me balançai à une hauteur terrifiante, la tête en bas et le visage tourné vers l'extérieur, au bout d'une corde fine d'environ un mètre de long qui pendait accidentellement par une crevasse près du fond d'osier et dans lequel, dans ma chute, mon pied gauche s'était providentiellement entortillé. Il est impossible – totalement impossible – de se faire une idée juste de l'horreur de ma situation. J'ouvrais convulsivement la bouche pour respirer – un frisson ressemblant à un accès de fièvre secouait tous les nerfs et les muscles de mon corps – je sentais mes yeux qui commençaient à sortir de leurs orbites – une horrible nausée m'envahit – et finalement, je m'évanouis et perdis totalement connaissance.

Il est impossible de dire combien de temps je restai dans cet état. Mais cela n'a sans doute pas duré longtemps, car quand je recouvrai en partie mes esprits, je vis que le jour s'était levé, que le ballon se trouvait à une hauteur prodigieuse au-dessus de l'immensité de l'océan, et qu'il n'y avait pas la moindre trace de terre en vue dans les limites du vaste horizon. Mais en reprenant ainsi mes esprits, mes sensations n'étaient absolument pas aussi endolories qu'on aurait pu s'y attendre. En réalité, il y avait beaucoup de folie dans le calme examen que je commençai à faire de ma situation. Je portai l'une après l'autre mes mains devant mes yeux, et me demandai ce qui avait bien pu faire enfler ainsi mes veines et noircir horriblement les ongles de mes doigts. J'examinai ensuite soigneusement ma tête, la secouant plusieurs fois et la tâtant avec une attention minutieuse, jusqu'à m'assurer que, contrairement à ce que j'avais vaguement redouté, elle n'était pas plus grande que mon ballon. Puis, machinalement, je tâtai les deux poches de mes hauts-de-chausse et, m'étant aperçu qu'il y manquait une plaquette de comprimés et un étui à cure-dents, je tentai d'expliquer leur disparition et, faute d'y parvenir, je ressentis un chagrin inexpressible. Il me sembla alors que j'éprouvais une grande douleur à l'articulation de ma cheville gauche, et une vague conscience de ma situation commença à se faire jour dans mon esprit. Mais, c'est étrange à dire ! Je ne fus ni étonné ni saisi d'effroi. Si je ressentais une quelconque émotion, c'était une sorte de satisfaction réjouissante à l'idée des trésors d'intelligence qu'il me faudrait montrer pour m'extirper de ce dilemme, et jamais un seul instant, je n'ai douté de mon salut ultime. Pendant quelques minutes, je m'abîmai dans une insondable méditation. Je me rappelle nettement avoir fréquemment pressé mes lèvres, mis mon index sur l'aile de mon nez et utilisé d'autres gesticulations et grimaces communes aux hommes qui, confortablement installés dans leurs fauteuils, méditent sur des sujets complexes ou importants. Quand j'estimai avoir suffisamment rassemblé mes idées, je mis mes mains derrière le dos, avec force précaution et lenteur, et détachai la grande boucle métallique qui appartenait à la ceinture de mon pantalon. Cette boucle avait trois dents qui, parce qu'elles étaient quelque peu rouillées, tournaient avec grande difficulté sur leur axe. Néanmoins, je parvins, non sans mal, à les amener à angle droit avec le corps de la boucle et fus content de constater qu'elles restaient fermement dans cette position. Tenant entre mes dents l'instrument ainsi obtenu, j'entrepris alors de détacher le nœud de ma cravate. Je dus me reposer plusieurs fois avant de réussir à accomplir cette manœuvre, mais je finis par y parvenir. À une extrémité de la cravate, j'attachai alors la boucle et nouai l'autre extrémité, pour plus de sécurité, bien serrée autour de mon poignet. Tirant alors mon corps vers le haut, avec un prodigieux déploiement de force musculaire, je parvins, au tout premier essai, à lancer la boucle par-dessus la nacelle et à l'enchevêtrer, comme je l'avais espéré, dans le rebord circulaire du panier d'osier.

Mon corps faisait désormais un angle d'environ quarante-cinq degrés avec le côté de la nacelle, mais il ne faut pas comprendre par-là que je me trouvais seulement à quarante-cinq degrés sous la perpendiculaire. Loin s'en faut : je me trouvai encore pratiquement au même niveau que l'horizon, car le changement de position auquel j'étais parvenu avait repoussé d'autant le fond de la nacelle et je me retrouvai, par conséquent, confronté à un péril des plus imminents. Il convient cependant de se souvenir que si, lorsque je suis tombé pour la première fois de la nacelle, j'avais eu le visage tourné vers le ballon et non de l'autre côté comme c'était bel et bien le cas – ou bien si, en second lieu, la corde par laquelle j'étais suspendu était passée par-dessus le rebord supérieur, au lieu d'une crevasse près du fond de la nacelle – on peut aisément concevoir que, dans chacun de ces cas supposés, j'aurais été incapable d'accomplir ce que je venais de faire, et que ces révélations auraient été totalement perdues pour la postérité. J'avais donc toutes les raisons d'être reconnaissant – bien que je fusse encore trop interdit pour être quoi que ce fût –, et je restai suspendu pendant peut-être un quart d'heure de cette manière extraordinaire, sans faire le moindre effort supplémentaire, dans un état singulièrement tranquille de joie imbécile. Mais ce sentiment ne manqua pas de s'estomper rapidement et l'horreur, la consternation et une sensation d'impuissance et de perte lui succédèrent. En fait, le sang, si longtemps accumulé dans les vaisseaux de ma tête et de ma gorge, et qui avait jusque-là soutenu mes esprits par le délire, avait à présent commencé à rebrousser chemin dans ses vaisseaux, et la clairvoyance qui venait ainsi s'ajouter à ma perception du danger servit simplement à me priver de tout sang-froid et de tout courage pour l'affronter. Mais cette faiblesse fut, par chance pour moi, de très courte durée. L'énergie du désespoir vint à ma rescousse à temps et, à grands renforts de cris et d'efforts frénétiques, je donnai à mon corps un coup sec vers le haut jusqu'à ce que, agrippant enfin avec une poigne pareille à un étau le bord tant désiré, je fasse passer mon corps par-dessus et retombe la tête la première, secoué de tremblements, à l'intérieur de la nacelle.

Il me fallut un certain temps pour reprendre suffisamment mes esprits et pouvoir m'occuper du ballon. Je l'examinai alors avec attention et découvris, à mon grand soulagement, qu'il n'avait subi aucun dommage. Tous mes appareils étaient intacts et, par chance, je n'avais perdu ni lest ni provisions. En fait, je les avais tous tellement bien sécurisés à leurs places qu'un tel accident était totalement inenvisageable. En regardant ma montre, je vis qu'il était six heures. Je montais encore rapidement et le baromètre indiquait à présent une altitude de six kilomètres. Juste en dessous de moi, dans l'océan, se trouvait un petit objet noir, de forme légèrement oblongue, qui avait la taille d'un domino et ressemblait à tous points de vue à l'une de ces pièces de jeu. En pointant mon télescope dessus, je vis clairement qu'il s'agissait d'un navire britannique de quatre-vingt-quatorze canons, louvoyant face au vent et tanguant lourdement dans la mer en faisant cap ouest-sud-ouest. Mis à part ce bâtiment, je ne vis rien d'autre que l'océan, le ciel et le soleil qui était levé depuis longtemps.

Il est grand temps à présent que j'explique à Vos Excellences l'objet de mon voyage. Vos Excellences se souviennent que ma situation désastreuse à Rotterdam avait fini par m'amener à prendre la décision de me suicider. Pourtant, je ne ressentais pas un profond dégoût pour la vie elle-même, mais j'étais harassé à n'en plus pouvoir par les malheurs liés à ma situation. Dans cet état d'esprit, désirant vivre encore, mais lassé de la vie, le traité que j'avais lu dans l'échoppe du libraire, renforcé par l'opportune découverte de mon cousin de Nantz, offrit une ressource à mon imagination. Je pris finalement une décision. Je résolus de disparaître, mais de vivre – de quitter le monde, mais de continuer d'exister – en bref, pour en finir avec les énigmes, je résolus, peu importe ce qu'il adviendrait, de me frayer un passage, si je le pouvais, *jusqu'à la lune*. Maintenant, pour qu'on n'aille pas me croire plus fou que je ne le suis vraiment, je m'en vais détailler, du mieux que je pourrai, les considérations qui m'amenèrent à croire qu'une entreprise de cette nature, bien qu'elle fût indubitablement difficile et pleine de danger, n'était absolument pas, pour un esprit intrépide, au-delà des limites du possible.

La première chose à prendre en compte était la distance réelle de la lune à la terre. Or, l'intervalle moyen ou médian entre les *centres* des deux planètes est 59,9643 fois celui du *radius* équatorial de la terre, soit environ pas plus de 381 400 kilomètres[322]. Je parle bien d'intervalle moyen ou médian – mais il faut garder à l'esprit que la forme de l'orbite de la lune étant une ellipse dont l'excentricité ne fait pas moins de 0,05484 fois le demi-axe majeur de l'ellipse elle-même, et le centre de la terre se trouvant dans son foyer, si je pouvais, d'une façon ou d'une autre, parvenir à rencontrer la lune à son périgée[323], la distance mentionnée ci-dessus se trouverait matériellement diminuée. Mais en écartant à présent cette possibilité, il était absolument certain, quoi qu'il advienne, que je devrais déduire le *radius* de la terre, soit 6 400 kilomètres, et le rayon de la lune, soit 1 740 kilomètres, en tout 8 140, des 381 400 kilomètres, laissant une distance réelle à franchir, dans des circonstances moyennes, de 373 260 kilomètres. Or, me fis-je la réflexion, ce n'était pas une distance vraiment extraordinaire. Voyager sur terre a été fait à maintes reprises à la vitesse de cent kilomètres par heure, et en réalité, on peut s'attendre à une vitesse beaucoup plus grande. Mais même à cette vitesse, il ne me faudrait pas plus de 161 jours pour atteindre la surface de la lune. Cependant, il y avait de nombreux détails qui m'amenaient à croire que ma vitesse moyenne de voyage pourrait de loin excéder les cent kilomètres par heure – ces considérations n'ayant pas manqué de faire forte impression sur mon esprit, je les développerai plus largement par la suite.

Le point suivant à examiner était beaucoup plus important. D'après les indications données par le baromètre, nous voyons que, dans les ascensions au-dessus de la surface de la terre nous avons, à une hauteur de trois cents mètres, laissé en dessous de nous environ un trentième de toute la masse d'air atmosphérique ; qu'à 3 230 mètres, nous atteignons à peu près un tiers, et qu'à 5 500 mètres, ce qui n'est pas très éloigné de l'altitude du Cotopaxi[324], nous avons dépassé la moitié de la masse physique ou, quoi qu'il en soit, la moitié de la masse *pondérable* d'air entourant notre globe. On a calculé également qu'à une altitude n'excédant pas le centième du diamètre de la terre – autrement dit ne dépassant pas les cent trente kilomètres – la raréfaction de l'air serait si excessive que la vie animale ne pourrait aucunement s'y maintenir et, qui plus est, que les moyens les plus délicats en notre possession pour affirmer la présence de l'atmosphère se montreraient inappropriés pour nous assurer de son existence. Mais je ne manquai pas de constater que ces derniers calculs étaient entièrement fondés sur notre connaissance expérimentale des propriétés de l'air et des lois mécaniques régulant sa dilatation et sa compression, dans ce que l'on pourrait appeler, comparativement parlant, *la proximité immédiate* de la terre elle-même ; et dans le même temps, on considère comme acquis que la vie animale est et doit être par essence *incapable de modification* à n'importe quelle distance inaccessible de la surface. Or, tout ce raisonnement, en se fondant sur ces *données*, doit bien entendu être simplement analogique. La plus grande hauteur jamais atteinte par l'homme fut de 2316 mètres, grâce à l'expédition aéronautique de *Messieurs** Gay-Lussac et Biot[325]. C'est une altitude modeste, même quand on la compare aux cent trente kilomètres en question, et je ne puis m'empêcher de penser que le sujet laissait de la place au doute et une grande latitude à la spéculation.

De fait, pour une ascension réalisée à une altitude donnée, la quantité pondérable d'air surmontée dans toute ascension *supplémentaire* n'est absolument pas proportionnelle à la hauteur additionnelle gravie (comme on peut clairement le constater avec ce qui a été énoncé ci-dessus), mais suit un *ratio* constamment décroissant. Il est donc évident que, aussi haut que nous puissions monter, nous ne pouvons, à proprement parler, parvenir à une limite au-delà de laquelle on ne trouve *aucune* atmosphère. Elle *doit exister*, arguais-je ; bien qu'elle *puisse* exister dans un état d'infinie raréfaction.

D'autre part, j'étais bien conscient que les arguments ne

manquaient pas pour prouver l'existence d'une limite réelle et définie à l'atmosphère, au-delà de laquelle, il n'y a absolument plus d'air. Mais un élément écarté par les tenants de cette limite me semblait être, non une réfutation solide de leur credo, mais un point qui méritait qu'on s'y intéresse de près. En comparant les intervalles entre les arrivées successives de la comète d'Encke[326] à son périhélie[327], après avoir tenu compte, de la manière la plus exacte, de toutes les perturbations dues aux attractions des planètes, il ressort que les périodes diminuent progressivement, autrement dit que l'axe principal de l'ellipse de la comète se raccourcit, lentement, mais avec une parfaite régularité. Or, c'est précisément ce qui devrait être le cas si nous supposons que la comète subit une résistance due à un *milieu éthéré extrêmement rare* envahissant les régions de son orbite. Car il est évident qu'un tel milieu doit, en retardant la vitesse de la comète, augmenter sa force centripète en diminuant sa force centrifuge. En d'autres termes, l'attraction du soleil devrait s'accroître constamment et la comète devrait se rapprocher à chaque révolution. En fait, il n'y a pas d'autre moyen de se rendre compte de la variation en question. Mieux encore : on observe que le véritable diamètre de la nébulosité de la même comète se contracte rapidement quand elle s'approche du soleil et se dilate avec la même rapidité quand elle repart vers son aphélie[328]. N'avais-je donc pas raison de supposer, avec Mr. Valz[329], que cette condensation de volume apparente a son origine dans la compression du même milieu éthéré dont j'ai parlé ci-dessus, et dont la densité est proportionnelle à sa proximité avec le soleil ? Le phénomène de forme lenticulaire, appelé également lumière zodiacale, était un sujet digne d'attention. Ce rayonnement, si apparent sous les tropiques et que l'on ne saurait prendre pour un quelconque éclat météorique, monte à l'oblique par rapport à l'horizon et suit généralement la direction de l'équateur solaire. Il m'apparaissait évidemment provenir d'une atmosphère rare s'étendant depuis le soleil, au-delà de l'orbite de Vénus au moins, et indéfiniment plus loin selon moi[330]. En effet, je ne pouvais supposer que ce milieu fût confiné au trajet de l'ellipse de la comète ou au voisinage immédiat du soleil. Il était facile, au contraire, de l'imaginer envahissant toutes les régions de notre système planétaire, condensé dans ce que nous appelons l'atmosphère autour des planètes elles-mêmes et peut-être modifié pour certaines d'entre elles par des considérations purement géologiques, autrement dit modifié ou varié dans ses proportions (ou sa nature absolue) par des matières volatilisées provenant de leurs orbes respectives.

Ayant adopté ce point de vue sur la question, je n'hésitai plus guère. En supposant que sur mon passage je rencontre une atmosphère *essentiellement* identique à celle autour de la surface de la terre, j'imaginais que, grâce à l'appareil très ingénieux de Mr. Grimm, je serais tout à fait capable de la condenser en quantité suffisante pour les besoins de la respiration. Cela écarterait le principal obstacle à un voyage vers la lune. J'avais en effet dépensé une certaine somme d'argent et n'avais pas ménagé ma peine pour adapter l'appareil au but que j'avais en tête, et j'avais confiance dans le succès de sa mise en œuvre, si je pouvais accomplir le voyage dans un espace de temps raisonnable. – Cela me ramène à la *vitesse* à laquelle il serait possible de voyager.

Il est vrai que les ballons, dans la première phase de leur ascension au-dessus de la terre, sont connus pour s'élever avec une vitesse comparativement modérée. Or, la force de l'élévation réside totalement dans la pesanteur de l'air atmosphérique par rapport à celle du gaz dans le ballon et, à première vue, il ne semble pas probable qu'à mesure que le ballon gagne en altitude et arrive successivement dans des *strates* atmosphériques de densités rapidement décroissantes – il ne semble pas du tout raisonnable, donc, que durant son élévation, la vitesse originelle s'accélère. D'autre part, je n'avais pas souvenir que, dans n'importe quel récit d'ascension, on ait constaté une *diminution* apparente de la vitesse absolue d'élévation, bien que cela eût dû être le cas, ne fût-ce qu'en raison de l'échappement du gaz à travers des ballons mal conçus et revêtus de rien de mieux que du vernis ordinaire. Il me semblait donc que l'effet d'un tel échappement suffisait à lui seul à contrebalancer l'effet de l'accélération atteinte à mesure que diminue la distance du ballon par rapport au centre de gravité. Je considérais à présent que, pourvu que je trouve dans mon passage le *milieu* que j'avais imaginé, et pourvu qu'il s'avère être dans son *essence* ce que nous appelons de l'air atmosphérique, l'état d'extrême raréfaction – par rapport à ma force ascensionnelle – dans lequel je le trouverais importait comparativement assez peu, car le gaz dans le ballon serait non seulement soumis à cette même raréfaction (auquel cas je n'avais qu'à en accepter un échappement proportionnel nécessaire pour éviter toute explosion) mais, *les choses étant ce qu'elles sont*, il continuerait, dans tous les cas, à être spécifiquement plus léger que n'importe quel composé d'azote et d'oxygène pur. Il y avait donc une chance – en fait, il y avait une forte probabilité – que, *à aucune phase de mon ascension, j'atteigne un point où les poids réunis de mon immense ballon, du gaz inconcevablement rare qu'il contient, de la nacelle et de son contenu soient égaux au poids de la masse de l'atmosphère ambiante déplacée* ; et l'on concevra aisément que c'était la seule et unique condition susceptible d'arrêter mon vol ascensionnel. Mais si jamais ce point était atteint, je pourrais me défaire du lest et des autres poids qui s'élevaient à près de 140 kilogrammes. Dans le même temps, la force de gravitation ne cesserait de décroître, proportionnellement aux carrés des distances et donc, avec une vitesse qui s'accélérerait prodigieusement, je devrais finir par arriver dans ces régions lointaines où la force de l'attraction terrestre se verrait substituée par celle de la lune.

Cependant, une autre difficulté me causait quelque inquiétude. On a observé que, dans les ascensions en ballon menées à une hauteur considérable, outre une douleur éprouvée à la respiration, on ressentait un grand malaise dans la tête et le corps, souvent accompagné de saignements de nez et d'autres symptômes assez alarmants, qui devenaient de plus en plus gênants à mesure qu'on gagne en altitude[331]. C'était une réflexion d'une nature quelque peu déconcertante. N'était-il pas probable que ces symptômes augmenteraient jusqu'à s'achever par la mort elle-même ? Je conclus finalement que non. Il fallait en rechercher l'origine dans la disparition progressive de la pression atmosphérique *habituelle* sur la surface du corps et la distension des vaisseaux sanguins superficiels qui en résultait – non dans une désorganisation complète du système animal, comme dans le cas de difficultés respiratoires, où la densité atmosphérique est *chimiquement insuffisante* pour le renouvellement régulier du sang dans un ventricule du cœur. Cette absence de renouvellement exceptée, je ne voyais pas, par conséquent, pour quelle autre raison la vie ne pourrait se maintenir même dans le *vide*, car l'expansion et la compression de la poitrine, appelées communément respiration, est une action purement musculaire et la *cause*, non l'*effet*, de la respiration. En un mot, je me figurais que, le corps s'habituant à l'absence de pression atmosphérique, ces sensations douloureuses diminueraient progressivement – et pour les supporter tant qu'elles continueraient, je faisais confiance à la solidité de fer de ma constitution.

Ainsi, plaise à Vos Excellences, j'ai détaillé certaines considérations, mais pas toutes loin s'en faut, qui m'amenèrent à caresser le projet d'un voyage lunaire. Je m'en vais à présent vous exposer le résultat d'une tentative de conception apparemment si audacieuse et, quoi qu'il en soit, à nulle autre pareille dans les annales de l'humanité.

Ayant pris de l'attitude – autrement dit six kilomètres – je jetai par-dessus la nacelle une quantité de plumes et constatai que je m'élevais encore avec une rapidité suffisante ; il n'y avait, par conséquent, pas besoin de me décharger de lest. J'en étais bien aise, car je souhaitais conserver avec moi autant de poids que j'en pourrais emporter, pour la raison évidente que je ne pouvais être *affirmatif* au sujet de la gravitation ou de la densité atmosphérique de la lune. Jusque-là, je ne souffrais d'aucune gêne physique, respirant avec une grande liberté et ne ressentant pas la moindre douleur à la tête. La chatte était couchée bien sagement sur mon manteau, que j'avais retiré et, observait les pigeons d'un air de *nonchalance**. Ces derniers étant attachés par la patte, pour les empêcher de s'échapper, étaient fort occupés à picorer quelques grains de riz essaimés pour eux au fond de la nacelle.

À six heures vingt, le baromètre indiquait une hauteur de 8 047 mètres, soit huit kilomètres à une fraction près. La perspective semblait illimitée. En fait, il est facile de calculer à partir de la trigonométrie sphérique l'étendue de surface terrestre que j'embrassais du regard. La surface convexe de tout segment d'une sphère est, pour la surface tout entière de la sphère en question, comme le sinus verse du segment du diamètre de la sphère. Or, dans mon cas, le sinus verse[332] – autrement dit l'*épaisseur* du segment sous moi – était à peu près égal à mon altitude ou à l'altitude du point de vue au-dessus de la surface. « Huit kilomètres pour treize mille » exprimerait la proportion de la surface de la terre que je voyais. En d'autres termes, je ne voyais pas moins d'un seize centième de toute la surface du globe. La mer paraissait aussi lisse qu'un miroir bien que, grâce au télescope, je puisse voir qu'elle était dans un état de violente agitation. Le navire n'était plus visible, ayant apparemment fait route vers l'est. Je commençais à présent à sentir, par intervalles, une sévère douleur à la tête, en particulier autour des oreilles – mais je respirais encore avec une liberté acceptable. La chatte et les pigeons ne semblaient éprouver aucune gêne.

À sept heures moins vingt, le ballon pénétra dans un long et épais nuage, qui me causa beaucoup de tracas, endommageant mon appareil condensateur et me trempant jusqu'aux os. C'était assurément une *rencontre** singulière, car je n'avais pas cru possible qu'un nuage de cette nature pût se maintenir à une telle altitude. Cependant, je jugeais préférable de me défaire de deux paquets de lest de deux kilogrammes et demi, gardant encore un poids de quatre-vingt kilogrammes. Ayant procédé ainsi, je m'élevai bientôt au-dessus de la difficulté et m'aperçus immédiatement que j'avais énormément gagné en vitesse ascensionnelle. Quelques secondes après que j'eus quitté le nuage, un vif éclair le traversa de part en part et l'embrasa sur toute son immense étendue, comme une masse de charbon enflammé. Il faut se rappeler que c'était en plein jour. Aucune imagination ne saurait dépeindre la sublimité à laquelle aurait atteint le même phénomène s'il s'était produit dans les ténèbres de la nuit. L'enfer lui-même aurait pu y trouver une image à sa convenance. Toujours est-il que mes cheveux se dressèrent sur ma tête, tandis que je regardais tout en bas dans les profondeurs béantes, laissant mon imagination plonger et se promener dans les étranges salles voûtées, les gouffres rougeoyants et les abîmes sinistres et rouges d'un effroyable et insondable feu. Je l'avais vraiment échappé belle. Si le ballon était resté un instant de plus dans le nuage – autrement dit si la gêne que je ressentais à être trempé ne m'avait décidé à me défaire d'un peu de lest – la conséquence aurait pu être, et aurait sans doute été, ma destruction. De tels périls, bien qu'on n'y prête guère attention, comptent peut-être parmi les plus grands que l'on puisse rencontrer en ballon. Mais à ce moment-là, je n'avais pas atteint une trop grande altitude pour ne plus être inquiet à ce sujet.

Je m'élevais désormais rapidement et vers sept heures, le baromètre indiquait une altitude de pas moins de quinze kilomètres. Je commençais à éprouver de grandes difficultés à respirer. Ma tête aussi était excessivement douloureuse et, ayant senti depuis quelque temps de l'humidité sur mes joues, je finis par m'apercevoir que c'était du sang, qui suintait assez vite de mes tympans. Mes yeux aussi me causaient beaucoup d'inquiétude. En passant la main dessus, j'eus l'impression qu'ils étaient inconsidérément exorbités ; et tous les objets dans la nacelle, même le ballon, m'apparaissaient déformés. Ces symptômes dépassaient ceux auxquels je m'étais attendu et me causèrent quelque alarme. Dans cette conjoncture, très imprudemment et sans réflexion, je jetai de la nacelle trois paquets de lest de cinq livres. L'accélération de la vitesse ascensionnelle ainsi obtenue m'entraîna trop rapidement et sans progression suffisante dans un *stratum* de l'atmosphère fortement raréfié, et le résultat manqua de s'avérer fatal pour mon expédition et moi-même. Je fus soudain pris d'un spasme qui dura plus de cinq minutes, et même quand celui-ci, dans une certaine mesure, cessa, je ne parvins à reprendre mon souffle qu'à de longs intervalles et en suffoquant – tout en saignant copieusement du nez et des oreilles, et même légèrement des yeux. Les pigeons semblaient extrêmement angoissés et luttaient pour s'échapper, tandis que la chatte miaulait piteusement et, la langue pendant de sa bouche, titubait de-ci de-là dans la nacelle comme sous l'influence d'un poison. Je découvrais à présent, mais trop tard, la grande imprudence dont je m'étais rendu coupable en déchargeant le lest, et j'étais en proie à une agitation excessive. Je ne m'attendais à rien de moins qu'à la mort, et à une mort en quelques minutes. Les souffrances physiques que j'endurais contribuaient également à me rendre incapable de faire le moindre effort pour sauver ma vie. En fait, il ne me restait que peu de capacité de réflexion, et la violence de la douleur à la tête semblait fortement redoubler. Je m'aperçus ainsi que mes sens n'allaient pas tarder à totalement m'abandonner, et j'avais déjà saisi une des cordes de la soupape dans l'idée de tenter une descente, quand le souvenir du tour que j'avais joué aux trois créanciers et les possibles conséquences pour moi, si je revenais, eut pour effet de m'en dissuader pour le moment. Je m'allongeai au fond de la nacelle et m'efforçai de rassembler mes facultés. J'y parvins si bien que je décidai d'expérimenter une saignée. Mais faute de lancette, je fus contraint de réaliser l'opération du mieux possible et parvins finalement à ouvrir une veine de mon bras gauche avec la lame de mon canif. Le sang avait à peine commencé à couler que je goûtai un soulagement sensible, et quand j'eus perdu environ la moitié d'une petite cuvette, la plupart des symptômes les plus dangereux m'avaient entièrement abandonné. Cependant, je ne jugeai pas opportun de tenter de me remettre immédiatement debout, mais, ayant noué mon bras du mieux que je pouvais, je restai encore allongé environ un quart d'heure. À la fin de ce laps de temps, je me relevai et m'aperçus que j'étais plus libéré de toute *douleur* que je ne l'avais été durant la dernière heure et quart de mon ascension. Toutefois, la difficulté à respirer n'avait que très légèrement diminué, et je réalisai qu'il serait bientôt absolument nécessaire de faire usage de mon condensateur. Entre-temps, en regardant la chatte, qui était à nouveau confortablement installée sur mon manteau, je m'aperçus, à mon immense surprise, qu'elle avait profité de mon indisposition pour donner le jour à une portée de trois petits chatons. C'était autant de passagers supplémentaires auxquels, pour ma part, je ne m'étais absolument pas attendu, mais je me réjouis de l'événement. Il m'offrait une chance de valider une hypothèse qui, plus qu'aucune autre, m'avait influencé pour tenter cette ascension. J'avais imaginé que l'endurance *habituelle* à la pression atmosphérique sur la surface de la terre était la cause, ou peu s'en fallait, de la douleur qui s'en prenait à l'existence animale à une certaine distance au-dessus de la surface. Si les chatons devaient subir un malaise *au même degré que leur mère*, force me serait de considérer que ma théorie était fausse, mais dans le cas contraire, je pourrais y voir une solide confirmation de mon idée.

Vers huit heures, j'avais bel et bien atteint une altitude de vingt-sept kilomètres au-dessus de la surface de la terre. Il me semblait ainsi évident que non seulement ma vitesse ascensionnelle augmentait, mais que cette augmentation eût été peu ou prou perceptible quand bien même je n'aurais pas jeté de lest par-dessus bord comme je l'avais fait. Les douleurs dans ma tête et mes oreilles revinrent par intervalles, avec violence, et je continuais de saigner du nez de temps à autre, mais dans l'ensemble, je souffrais beaucoup moins que ce à quoi j'aurais pu m'attendre. Cependant, je respirais à chaque instant avec davantage de difficulté, et chaque inhalation s'accompagnait d'un mouvement spasmodique pénible de la poitrine. Je déballai alors l'appareil condensateur et l'installai pour pouvoir l'utiliser immédiatement.

La vue de la terre, à ce moment de mon ascension, était vraiment belle. À l'ouest, au nord et au sud, aussi loin que je pouvais porter mon regard, se déployait une nappe océanique illimitée, apparemment lisse, qui prenait à chaque instant une teinte bleue de plus en plus foncée. À une grande distance à l'est, bien que parfaitement discernables, se déployaient les îles de Grande-Bretagne, toutes les côtes atlantiques de France et d'Espagne, avec une petite portion de la partie nord du continent africain. Impossible d'apercevoir la moindre trace d'édifice individuel, et les plus fières cités de l'humanité avaient totalement disparu de la surface de la terre.

Ce qui m'étonnait le plus, dans l'apparence des choses en dessous, c'était la trompeuse concavité de la surface du globe. Je m'étais attendu, un peu à la légère, à voir sa *convexité* réelle devenir évidente à mesure que je m'élevais, mais quelques instants de réflexion suffirent à expliquer cette contradiction. Une ligne abaissée perpendiculairement à ma position jusqu'à la terre aurait formé la perpendiculaire d'un triangle rectangle dont la base serait allée de l'angle droit à l'horizon et de l'hypoténuse de l'horizon à ma position. Mais mon altitude était faible, voire insignifiante, en comparaison de la vue qui s'offrait à mon regard. En d'autres termes, la base et l'hypoténuse du supposé triangle auraient été, dans mon cas, si longues, comparées à la perpendiculaire, que les deux premières auraient pratiquement pu être considérées comme des parallèles. De cette manière, l'horizon de l'aéronaute semble toujours être *sur le même plan* que la nacelle. Mais le point situé immédiatement en dessous de lui paraissant et étant à une grande distance de lui, il semble aussi, bien entendu, se trouver à une grande distance en dessous de l'horizon. D'où l'impression de concavité, et cette impression doit perdurer, jusqu'à ce que l'altitude par rapport à la perspective soit proportionnellement telle que l'apparent parallélisme de la base et de l'hypoténuse disparaisse.

À ce moment-là, les pigeons semblant souffrir énormément, je décidai de leur rendre leur liberté. Je commençai par en détacher un, un beau pigeon tacheté de gris, et le posai sur le rebord du panier en osier. Il parut extrêmement inquiet, regardant anxieusement autour de lui, agitant les ailes et poussant un bruyant roucoulement, mais je ne pus le persuader de s'élancer de la nacelle. Je finis par le soulever et le jeter à environ six mètres du ballon. Cependant, il ne fit aucune tentative pour redescendre, contrairement à ce à quoi je m'étais attendu, mais lutta de toutes ses forces pour revenir, en poussant dans le même temps des cris très stridents et perçants. Il finit par réussir à regagner son ancienne position sur le rebord du panier, mais à peine y était-il arrivé que sa tête retomba sur sa poitrine et qu'il s'écroula mort à l'intérieur de la nacelle. L'autre ne connut pas un sort si malheureux. Pour l'empêcher de suivre l'exemple de son compagnon en tentant un retour, je le jetai en bas de toutes mes forces et fus content de voir qu'il poursuivait sa descente, à grande vitesse, en utilisant ses ailes avec facilité et d'une manière parfaitement naturelle. En très peu de temps, il fut hors de vue et je ne doute pas un seul instant qu'il ne soit rentré sain et sauf. La minette, qui semblait avoir bien récupéré de sa maladie, se faisait à présent un festin de l'oiseau mort, avant d'aller dormir avec une apparente satisfaction. Ses chatons étaient bien vivants et ne manifestaient pas le moindre signe d'un quelconque malaise.

À huit heures et quart, n'étant plus capable de respirer sans ressentir une douleur insupportable, je commençai sur-le-champ à ajuster autour de la nacelle l'appareil appartenant au condensateur. Cet appareil nécessite quelques explications, et Vos Excellences voudront bien garder à l'esprit que mon but, en premier lieu, était de m'entourer entièrement, dans la nacelle, d'une barricade contre l'atmosphère hautement raréfiée dans laquelle je me trouvais, avec l'intention d'introduire à l'intérieur de cette barricade, au moyen de mon condensateur, une quantité de cette même atmosphère suffisamment condensée pour pouvoir respirer. Avec cette idée en tête, j'avais préparé un sac en caoutchouc très solide, parfaitement imperméable mais flexible. Toute la nacelle se trouvait en quelque sorte placée dans ce sac, qui était de dimensions suffisantes. Autrement dit, il (le sac) passait par-dessus tout le fond de la nacelle, en remontant sur les côtés et ainsi de suite, extérieurement, le long des cordes, jusqu'au bord supérieur, ou cerceau, où était attaché le filet. Une fois le sac ainsi remonté, la clôture totalement formée sur tous les côtés et au fond, il était nécessaire d'en attacher le haut ou l'ouverture en passant le tissu par-dessus le cerceau du filet – en d'autres termes, entre le filet et le cerceau. Mais si le filet était détaché du cerceau pour permettre ce passage, qu'est-ce qui soutiendrait la nacelle pendant ce temps ? Or, le filet n'était pas fixé au cerceau sur toute la longueur, mais il était attaché par une série de boucles mobiles ou de nœuds coulants. Je ne dénouai par conséquent que quelques-unes de ces boucles à la fois, en laissant la nacelle suspendue aux autres. Ayant ainsi inséré une portion du tissu formant la partie supérieure du sac, je rattachai les boucles, non pas au cerceau, car cela aurait été impossible puisque le tissu était désormais passé entre les deux, mais à une série de gros boutons fixés au tissu lui-même, à environ un mètre en dessous de l'ouverture du sac, les intervalles entre les boutons ayant été conçus pour correspondre aux intervalles entre les boucles. Une fois que ce fut fait, je détachai d'autres boucles du bord, introduisis une nouvelle portion de tissu et assujettis les boucles détachées à leurs boutons respectifs. En procédant ainsi, il devenait possible d'insérer toute la partie supérieure du sac entre le filet et le cerceau. Il est évident que le cerceau devait à présent retomber à l'intérieur de la nacelle, tandis que tout le poids de la nacelle elle-même, avec tout son contenu, serait simplement supporté par la force des boutons. À première vue, cela paraissait une garantie insuffisante, mais ce n'était absolument pas le cas, car les boutons étaient non seulement très solides, mais si proches les uns des autres que chacun d'eux supportait une portion très infime de tout le poids. En effet, si la nacelle et son contenu avaient été trois fois plus lourds, je n'en aurais pas ressenti la moindre inquiétude. Je remontai à présent le cerceau à l'intérieur de l'enveloppe en caoutchouc et l'étayai à peu près à son ancienne hauteur à l'aide de trois légères perches préparées pour l'occasion. C'était fait, bien entendu, pour que le sac reste distendu en haut et pour que la partie inférieure du filet conserve la position voulue. Tout ce qui restait à faire à présent, c'était d'attacher l'ouverture du sac ; ce fut réalisé en un tournemain en rassemblant les plis du tissu et en les entortillant hermétiquement sur l'intérieur au moyen d'une sorte de *tourniquet*[*333] stationnaire.

Sur les côtés de l'enveloppe ainsi ajustée autour de la nacelle avaient été insérés trois carreaux circulaires de verre clairs mais épais, à travers lesquels je pouvais voir sans difficulté autour de moi dans toutes les directions horizontales. Dans cette portion du tissu formant le fond se trouvait également une quatrième fenêtre, du même genre, donnant sur une petite ouverture dans le sol de la nacelle elle-même. Cela me permettait de voir perpendiculairement vers le bas, mais ayant constaté qu'il était impossible d'en installer une du même type au-dessus de la tête, en raison de la manière particulière de refermer l'ouverture à cet endroit et des plis du tissu qui en résultaient, je ne pouvais m'attendre à discerner le moindre objet situé directement dans mon zénith. Bien entendu, cela ne prêtait guère à conséquence, car si j'avais pu placer une fenêtre en haut, le ballon lui-même m'aurait empêché d'en faire un quelconque usage.

À environ trente centimètres en dessous de l'une des fenêtres latérales se trouvait une ouverture circulaire, de huit centimètres de diamètre, munie d'un rebord en cuivre adapté par l'intérieur à la spirale d'un écrou. Dans ce rebord était vissé le grand tube du condensateur, le corps de la machine se trouvant, bien entendu, à l'intérieur de la chambre en caoutchouc. À travers ce tube, une quantité de l'atmosphère rare circonvoisine était attirée au moyen d'un *vide* créé dans le corps de la machine, d'où elle était déversée, dans un état de condensation, pour se mélanger avec l'air fin déjà présent dans la chambre. Cette opération, répétée plusieurs fois, finissait par remplir la chambre d'une atmosphère propre à tous les besoins de la respiration. Mais dans un espace si confiné, elle devenait nécessairement, en peu de temps, viciée et impropre à tout usage en raison d'un contact fréquent avec les poumons. Elle était donc éjectée par une petite valve au fond de la nacelle – l'air dense retombant bien vite dans l'atmosphère plus fine en dessous. Pour éviter l'inconvénient de faire un *vide* total à un moment donné à l'intérieur de la chambre, cette purification n'était jamais réalisée d'un seul coup, mais de façon progressive – la valve n'étant ouverte que quelques secondes, avant d'être refermée, jusqu'à ce qu'un ou deux coups de la pompe du condensateur aient rempli la place de l'atmosphère éjectée. Dans l'intérêt de l'expérience, j'avais mis la chatte et les chatons dans un petit panier que j'avais suspendu à l'extérieur de la nacelle par un bouton du fond, près de la valve, à travers laquelle je pouvais les nourrir à tout moment si nécessaire. Je le fis en prenant quelques risques et, avant de refermer l'ouverture de la chambre, en atteignant le dessous de la nacelle avec l'une des perches mentionnées ci-dessus à laquelle un crochet avait été fixé. Sitôt que l'air dense fut admis dans la chambre, le cerceau et les perches devinrent inutiles ; l'expansion de l'atmosphère enclose distendait puissamment le caoutchouc.

Au moment où j'eus terminé ces manœuvres et rempli la

chambre comme expliqué, il était à peine neuf heures moins dix. Durant toute la période où je m'étais affairé ainsi, j'avais terriblement souffert des pires difficultés respiratoires, et je me repentais amèrement de la négligence, ou plutôt de la stupide imprudence, dont je m'étais rendu coupable en remettant au dernier moment une affaire aussi importante. Mais quand j'en eus enfin terminé, je ne tardai pas à recueillir les bienfaits de mon invention. Je respirais de nouveau avec une liberté et une facilité parfaites – et de fait, pourquoi n'en aurait-il pas été ainsi ? J'étais également agréablement surpris de me retrouver, dans une grande mesure, soulagé des violentes douleurs qui m'avaient jusque-là tourmenté. Une légère migraine, accompagnée d'une sensation de trop-plein ou de distension au niveau des poignets, des chevilles et de la gorge, était à peu près tout ce dont j'avais à présent à me plaindre. Ainsi, il semblait évident qu'une majeure partie du malaise lié à la disparition de la pression atmosphérique s'était concrètement *dissipé*, comme je m'y étais attendu, et qu'une bonne partie de la souffrance endurée au cours des deux dernières heures devait être totalement attribuée aux effets d'une respiration déficiente.

À neuf heures moins vingt – autrement dit peu de temps avant que je referme l'ouverture de la chambre –, le mercure avait atteint sa limite, ou était retombé dans le baromètre qui, comme je l'ai déjà mentionné, était de grandes dimensions. Il m'indiquait alors une altitude de 40 230 mètres, soit plus de quarante kilomètres, et je contemplais donc à ce moment-là une portion de surface terrestre atteignant pas moins d'un trois-cent vingtième de sa superficie totale. À neuf heures, j'avais à nouveau perdu de vue la terre à l'est, mais pas avant que je m'aperçoive que le ballon dérivait rapidement vers le nord-nord-ouest. L'océan en dessous de moi conservait encore sa concavité apparente, bien que mon champ de vision fût souvent interrompu par les masses de nuages qui flottaient de-ci de-là.

À neuf heures et demie, je tentai l'expérience de jeter une poignée de plumes à travers la valve. Elles ne flottèrent pas comme je m'y étais attendu, mais tombèrent à la perpendiculaire, comme un boulet, *en masse**, à une vitesse vertigineuse – disparaissant de ma vue en quelques secondes. Au début, je ne sus pas quoi faire de ce phénomène extraordinaire, n'étant pas capable de croire que ma vitesse d'ascension ait connu, tout à coup, une accélération aussi prodigieuse. Mais je réalisai bientôt que l'atmosphère était désormais beaucoup trop rare pour porter ne fût-ce que des plumes, qu'elles tombaient vraiment, comme elles semblaient le faire, à grande vitesse, et que j'avais été surpris par les vélocités combinées de leur chute et de ma propre ascension.

Vers dix heures, je m'aperçus que je n'avais pas grand-chose pour occuper mon attention immédiate. Les affaires suivaient leur cours sans encombre, et je croyais que le ballon montait à une vitesse augmentant à tout instant, bien que je n'eusse plus aucun moyen de vérifier la progression de cette accélération. Je n'éprouvais aucune peine ni malaise d'aucune sorte, et j'étais même dans un meilleur état d'esprit que je ne l'avais été depuis mon départ de Rotterdam ; tantôt m'employant à examiner l'état de mes divers appareils, tantôt à régénérer l'atmosphère à l'intérieur de la chambre. Je décidai de veiller à ce dernier point à intervalles réguliers de quarante minutes, davantage par souci de préserver ma santé que par la nécessité absolue d'un renouvellement aussi fréquent. Entre-temps, je ne pouvais m'empêcher de me perdre en conjectures. Ma fantaisie folâtrait dans les régions sauvages et oniriques de la lune. Mon imagination, ne se sentant pour une fois aucune entrave, flânait à l'envi au milieu des merveilles multiformes d'une terre ombragée et instable. Parfois c'étaient des forêts vénérables et chenues, des précipices rocailleux et des cascades tombant dans un grand vacarme au fond d'abîmes insondables[334]. Puis je débouchais soudain dans des solitudes silencieuses en plein jour, où aucun vent céleste n'avait jamais pénétré et où d'immenses prairies de pavots et de fleurs élancées ressemblant à des lis se déployaient à perte de vue, toutes éternellement silencieuses et immobiles[335]. Ensuite je voyageais longtemps dans une autre contrée qui n'était qu'un lac vague et obscur, avec une frontière de nuages. Mais des fantaisies de cette sorte n'étaient pas les seules à s'emparer de mon cerveau. Les horreurs d'une nature plus austère et plus effroyable venaient trop fréquemment s'imposer à mon esprit et ébranler les tréfonds de mon âme par la simple supposition de leur éventualité. Cependant, je ne pouvais souffrir que mes pensées s'attardent sur ces dernières spéculations, estimant judicieusement que les dangers réels et palpables du voyage suffisaient à mon attention tout entière.

À cinq heures de l'après-midi, étant occupé à régénérer l'atmosphère à l'intérieur de la chambre, j'en profitai pour observer la chatte et les chatons à travers la valve. La chatte semblait à nouveau beaucoup souffrir et je n'hésitai pas à attribuer principalement son malaise à une difficulté respiratoire, mais mon expérience avec les chatons avait eu un résultat très étrange. Bien entendu, je m'étais attendu à les voir exprimer une sensation de douleur, quoique à un degré moindre que leur mère, et cela aurait suffi à confirmer mon opinion concernant la résistance habituelle de la pression atmosphérique. Mais je n'étais pas préparé à les voir jouir manifestement, après un examen minutieux, d'une excellente santé, respirant avec une très grande facilité et une régularité parfaite, sans laisser apparaître le moindre signe d'une gêne quelconque. Je ne pouvais l'expliquer qu'en élargissant ma théorie et en supposant que l'atmosphère ambiante hautement raréfiée pouvait ne pas être, comme je l'avais considéré d'emblée, chimiquement insuffisante pour les besoins vitaux, et que quelqu'un né dans un tel *milieu* pouvait, éventuellement, ne pas s'apercevoir de la moindre gêne concernant son inhalation, alors qu'en l'emmenant dans les *strata* plus denses proches de la terre, il pourrait endurer des tortures d'une nature similaire à celles dont j'avais fait récemment l'expérience. Depuis, j'ai beaucoup regretté qu'un fâcheux accident, intervenu à ce moment-là, n'ait causé la perte de ma petite famille de chats et ne m'ait privé du moyen d'approfondir le sujet qu'une expérience continue aurait pu m'offrir. En passant la main à travers la valve, avec une tasse d'eau pour la vieille minette, la manche de ma chemise s'est prise dans la boucle qui soutenait le panier, et du coup, en un instant, l'a détaché du bouton. S'il s'était véritablement évanoui dans les airs, il n'aurait pas pu disparaître de ma vue d'une façon aussi brusque et instantanée. Concrètement, il n'a pas pu s'écouler un dixième de seconde entre le décrochage du panier et sa disparition complète avec tout son contenu. Mes meilleurs souhaits l'accompagnèrent à terre, mais, bien entendu, je n'avais aucun espoir que la chatte ou les chatons survivent pour raconter l'histoire de leur mésaventure.

À six heures, j'aperçus une grande portion de la surface visible de la terre à l'est prise dans une ombre épaisse, qui continuait d'avancer avec une grande rapidité jusqu'à ce que, à sept heures moins cinq, toute la surface dans mon champ de vision fût enveloppée dans les ténèbres de la nuit. Cependant, ce fut longtemps après que les rayons du soleil couchant cessèrent d'éclairer le ballon, et ce point de détail – même si, évidemment, je l'avais totalement anticipé – ne manqua pas de me procurer un immense plaisir. Il était évident que, le matin, je verrais l'astre solaire se lever plusieurs heures au moins avant les citoyens de Rotterdam, en dépit de leur situation beaucoup plus à l'est et donc, jour après jour, à mesure que je gagnerais en hauteur, je profiterais de la lumière du soleil pour une période de plus en plus longue. Je décidai à présent de tenir un journal de mon périple, en comptant en nombre de jours toutes les vingt-quatre heures, sans tenir compte des intervalles d'obscurité.

À dix heures, ayant sommeil, je décidai de me coucher pour le reste de la nuit, mais une difficulté surgit alors qui, aussi évidente qu'elle puisse paraître, avait échappé à mon attention jusqu'au moment même dont je parle à présent. Si j'allais dormir comme je me proposais de le faire, comment l'atmosphère de la chambre pourrait-elle, pendant ce temps, être régénérée ? La respirer plus d'une heure, au maximum, était impossible : même si on pouvait rallonger cette durée jusqu'à une heure et quart, on pouvait s'attendre aux conséquences les plus désastreuses. La prise en compte de ce dilemme me causa beaucoup d'inquiétude, et on aura du mal à croire qu'après tous les périls que j'avais traversés, je pris cette affaire sous un angle aussi sérieux, au point de renoncer à tout espoir d'accomplir mon ultime dessein et de décider finalement de la nécessité d'une descente. Mais cette hésitation ne fut que passagère. Je me fis la réflexion que l'homme est le plus parfait esclave de la coutume, et que nombre de points dans la routine de son existence ne sont considérés comme *essentiellement* importants *que* par tout ce qui a fait d'eux une habitude. Il était certain que je ne pourrais me passer de sommeil ; mais je pouvais aisément parvenir à ne ressentir aucune gêne, à être réveillé à intervalles d'une heure durant toute la période de mon repos. Il ne me fallait pas plus de cinq minutes pour régénérer complètement l'atmosphère – et la seule vraie difficulté était de trouver une méthode pour me réveiller au bon moment afin d'y procéder. Mais c'était un problème dont, je dois bien l'avouer, la solution me causait pas mal de tracas. J'avais évidemment entendu parler de l'étudiant qui, pour éviter de s'endormir sur ses livres, tenait une boule de cuivre dans une main : le bruit qu'elle faisait en tombant dans une bassine du même métal sur le sol à côté de sa chaise servait efficacement à le réveiller en sursaut si, à un moment ou un autre, il se laissait gagner par la somnolence. Cependant, mon propre cas était fort différent et ne me permettait pas d'imaginer une telle idée, car je ne souhaitais pas rester éveillé, mais être tiré de mon sommeil à intervalles réguliers. Finalement, je trouvai l'expédient suivant que, aussi simple qu'il puisse paraître, je saluai, au moment de sa découverte, comme une invention en tous points égale à celle du télescope, de la machine à vapeur ou même de l'art de l'imprimerie.

Il est nécessaire de préciser en préambule que le ballon, à l'altitude atteinte à présent, continuait sa course vers le haut en suivant sans dévier une ligne droite, et que la nacelle, par conséquent, suivait parfaitement dans le même axe, sans qu'il fût possible de détecter la moindre oscillation. Ce détail m'aida énormément dans le projet que j'étais désormais prêt à adopter. Ma provision d'eau avait été embarquée dans des barillets contenant vingt litres chacun et solidement arrimés à l'intérieur de la nacelle. Je détachai l'un d'eux et, prenant deux cordes, les attachai solidement au rebord du panier d'osier d'un côté à l'autre, en les mettant à trente centimètres de distance et parallèles, afin de former une sorte d'étagère sur laquelle je posai le barillet et le maintins dans une position horizontale. Environ vingt centimètres immédiatement sous ces cordes et à un mètre vingt du fond de la nacelle, je fixai une autre étagère – mais faite d'une planche fine, le seul morceau de bois de cette forme à ma disposition. Sur cette dernière étagère et exactement sous l'un des bords du barillet, je posai une petite cruche en terre. Je perçai ensuite un trou au fond du barillet au-dessus de la cruche et y fichai une bonde en bois tendre, taillée en forme conique ou fuselée. J'enfonçai ou retirai cette bonde, autant que possible, jusqu'à ce que, au bout de quelques expériences, elle arrive au degré exact d'étanchéité pour que l'eau, suintant par le trou et tombant dans la cruche en dessous, remplisse cette dernière à ras bord sur une période de soixante minutes. Bien entendu, ce point fut facilement et rapidement vérifié en observant la portion de la cruche remplie en un temps donné. Tout ceci ayant été arrangé, le reste du plan est évident. Mon lit était disposé sur le sol de la nacelle de façon à ce que ma tête, quand j'étais allongé, se trouve immédiatement sous le bec de la cruche. Il était évident qu'au bout d'une heure, la cruche, une fois pleine, serait contrainte de déborder, et de déborder par le bec, qui se trouvait légèrement en dessous du bord. Il était également évident que l'eau, tombant ainsi d'une hauteur de plus d'un mètre vingt, ne pouvait faire autrement que s'écouler sur mon visage et que cela aurait forcément pour conséquence de me réveiller instantanément et de me tirer même du sommeil le plus profond au monde.

Il était onze heures bien sonnées quand j'eus terminé cette installation et je me mis immédiatement au lit, pleinement confiant en l'efficacité de mon invention. Je ne fus pas déçu. Ponctuellement, toutes les soixante minutes, j'étais réveillé par mon fidèle chronomètre quand, ayant vidé la cruche par la bonde du barillet et m'étant occupé du condensateur, je regagnais mon lit. Ces interruptions régulières dans mon sommeil me causèrent même moins de désagrément que ce que j'avais craint, et quand je me levai enfin pour la journée, il était sept heures et le soleil se trouvait déjà bien haut au-dessus de ma ligne d'horizon.

3 avril. Je me suis aperçu que le ballon se trouvait bel et bien à une immense altitude, et que la convexité de la terre était à présent devenue manifeste et frappante. Sous moi dans l'océan se trouvait un amas de points noirs, qui étaient indubitablement des îles. Au-dessus de moi, le ciel était d'un noir de jais et les étoiles étaient brillamment visibles ; en fait, elles l'avaient été constamment depuis le premier jour de l'ascension. Au loin au nord, j'apercevais une fine ligne ou raie blanche, excessivement brillante, au bord de l'horizon, et je n'hésitai pas à supposer qu'il s'agissait du disque sud des glaces de la mer polaire. Ma curiosité était fortement attisée, car j'avais l'espoir de passer bien plus au nord et de pouvoir, à un moment, me retrouver situé directement au-dessus du Pôle lui-même. Je déplorais à présent que ma grande altitude m'empêchât, en l'occurrence, de me livrer à une observation aussi précise que je l'aurais souhaité. Cependant, on pouvait vérifier beaucoup de choses.

Rien d'extraordinaire par ailleurs ne se produisit durant la journée. Mon appareil continuait de fonctionner correctement et le ballon continuait de monter sans la moindre oscillation perceptible. Le froid était intense et m'obligeait à m'emmitoufler dans un pardessus. Quand l'obscurité tomba sur la terre, je me mis au lit, bien que pendant plusieurs heures encore, ce fût la lumière du jour autour de ma position immédiate. La clepsydre s'acquittait de sa tâche avec ponctualité et je dormis sainement jusqu'au lendemain matin, à l'exception de l'interruption périodique.

4 avril. Levé en bonne santé et de bonne humeur, j'ai été étonné par le changement singulier qui était intervenu dans l'aspect de la mer. Elle avait perdu, en grande partie, la teinte bleu foncé qu'elle avait arborée jusque-là, étant maintenant d'un blanc grisâtre et d'un éclat qui éblouissait le regard. La convexité de l'océan était devenue si évidente que la masse tout entière des eaux lointaines semblait s'écrouler la tête la première dans l'abîme de l'horizon, et je me surpris à écouter sur la pointe des pieds les échos de la puissante cataracte. Les îles n'étaient plus visibles ; impossible de dire si elles étaient passées sous l'horizon au sud-est ou bien si mon élévation croissante les avait laissées hors de vue. Je penchais, cependant, pour la seconde option. La bordure de glace au nord devenait de plus en plus apparente. Le froid n'était plus si intense. Rien d'important ne se produisit et je passai la journée à lire, car j'avais pris soin de me munir de livres.

5 avril. Contemplé le phénomène singulier du lever du soleil alors que presque toute la surface visible de la terre continuait d'être prise dans les ténèbres. Cependant, la lumière finit par s'étendre sur tout et je vis à nouveau la ligne de glace au nord. Elle était à présent très nette et avait une teinte bien plus sombre que les eaux de l'océan. Je m'en approchais de toute évidence, et à grande vitesse. Ai cru pouvoir encore distinguer une bande de terre à l'est et aussi une à l'ouest, mais sans pouvoir en être sûr. Temps maniable[336]. Rien d'important ne s'est produit durant la journée. Suis allé me coucher tôt.

6 avril. Été surpris de trouver la bordure de glace à une distance très minime, et une immense étendue de la même matière se déployant à l'horizon au nord. Il était évident que si le ballon maintenait sa course actuelle, il arriverait bientôt au-dessus de l'Océan de Glace, et j'avais à présent la quasi-certitude de finir par voir le Pôle. Durant toute la journée, je continuai de m'approcher de la glace. À la tombée de la nuit, les limites de mon horizon augmentèrent très soudainement et matériellement, ce qui était sans aucun doute dû au fait que la forme de la terre était celle d'un sphéroïde aplati aux pôles, et que j'arrivais au-dessus des régions aplaties au voisinage du cercle arctique. Quand l'obscurité finit par me recouvrir, je regagnai ma couche avec une grande anxiété, redoutant de passer au-dessus de l'objet d'une si grande curiosité, sans avoir l'opportunité de l'observer.

7 avril. Levé tôt et, à ma grande joie, contemplé enfin ce qui pouvait être supposé être sans hésitation le Pôle Nord lui-même. Il était là, sans l'ombre d'un doute, et immédiatement sous mes pieds ; mais hélas ! Je m'étais élevé maintenant à une distance si grande que l'on ne pouvait rien discerner avec précision. En effet, à en juger par la progression des nombres indiquant mes diverses altitudes, respectivement, à différentes périodes, entre six heures du matin le deux avril et neuf heures moins vingt, le même jour (moment auquel le baromètre est redescendu) il y avait tout lieu d'en déduire que le ballon avait atteint à présent, à quatre heures du matin le sept avril, une hauteur d'*au moins* 11 674 kilomètres au-dessus de la surface de la mer. Cette hauteur peut paraître immense, mais l'estimation qui a permis de la calculer donnait un résultat en toute probabilité bien inférieur à la vérité. Toujours est-il que je contemplais indubitablement tout le grand axe de la terre ; l'hémisphère nord tout entier se déployait sous moi comme une carte en projection orthogonale, et le grand cercle de l'équateur lui-même constituait la frontière de mon horizon. Cependant, Vos Excellences peuvent aisément imaginer que les régions inexplorées confinées jusqu'à présent à l'intérieur des limites du Cercle arctique[337], bien que situées directement sous moi, et donc embrassées du regard sans donner l'apparence en raccourci, étaient encore, en elles-mêmes, comparativement trop petites et à une trop grande distance du point de vue pour permettre un examen très précis. Néanmoins, ce que l'on pouvait voir était de nature singulière et passionnante. Au nord par rapport à cette énorme bordure mentionnée cidessus et que, avec une légère restriction, on peut appeler la limite des découvertes humaines dans ces régions, une nappe de glace intacte ou quasi-intacte continue de s'étendre. Dès les tout premiers degrés de sa progression, sa surface est très sensiblement aplatie, plus loin déprimée en un plan et finalement, devenant *quelque peu concave*, elle se termine, au Pôle lui-même, dans un centre circulaire, défini précisément, dont le diamètre apparent sous-tend par rapport au ballon un angle d'environ soixante-cinq secondes et dont la teinte crépusculaire, variant en intensité, est à chaque instant plus sombre qu'aucun autre endroit sur l'hémisphère visible, et de temps à autre virait au noir le plus absolu[338]. Au-delà, on ne pouvait pas distinguer grand-chose. Vers midi, le centre circulaire avait significativement diminué de circonférence, et à sept heures du soir, je l'avais entièrement perdu de vue; le ballon passa au-dessus du contrefort occidental de la glace et flotta rapidement en direction de l'équateur.

8 avril. Constaté une diminution sensible du diamètre apparent de la terre, ainsi qu'une altération perceptible de sa couleur et de son aspect général. Toute la surface visible participait alors à des degrés différents d'une teinte jaune pâle et avait acquis, dans certaines portions, un éclat même douloureux pour l'œil. Ma vue en bas était aussi considérablement gênée par la densité de l'atmosphère au voisinage de la surface chargée de nuages, entre les masses desquels je ne pouvais réussir que de temps à autre à avoir un aperçu de la terre elle-même. Cette difficulté de la vision directe m'avait plus ou moins gêné pendant les quarante-huit dernières heures, mais l'extrême altitude que j'avais atteinte rapprochait, pour ainsi dire, les corps de vapeur flottants, et l'inconvénient devenait, bien entendu, de plus en plus palpable à mesure que je m'élevais. Néanmoins, je pouvais aisément voir que le ballon planait à présent au-dessus de la chaîne de grands lacs du continent nord-américain et filait vers le sud, ce qui m'amènerait bientôt aux tropiques. Cette circonstance ne manqua pas de me procurer la plus entière satisfaction, et je la saluai comme un heureux présage de succès final. En fait, la direction que j'avais prise jusque-là m'avait rempli d'inquiétude, car il était évident que si j'avais continué de la suivre plus longtemps, il n'y aurait aucune possibilité pour que j'arrive sur la lune, dont l'orbite est inclinée sur l'écliptique[339] à seulement un petit angle de 5° 8' 48". Aussi étrange que cela puisse paraître, ce fut seulement à ce moment tardif que je commençai à comprendre la grossière erreur que j'avais commise en ne quittant pas la terre à un endroit situé *dans le plan de l'ellipse lunaire.*

9 avril. Aujourd'hui, le diamètre de la terre a fortement diminué et la couleur de la surface a pris une couleur jaune plus foncée d'heure en heure. Le ballon a suivi sa course vers le sud sans dévier; il est arrivé à neuf heures du soir sur le bord nord du Golfe du Mexique.

10 avril. J'ai été soudainement tiré de mon sommeil sur le coup de cinq heures du matin, par un bruyant craquement et un bruit terrifiant, que je n'ai pu expliquer en aucune manière. Il a été très bref mais, tant qu'il a duré, il ne ressemblait à rien au monde dont j'aie déjà fait l'expérience. Il est inutile de dire que je devins excessivement inquiet, ayant, en premier chef, attribué le bruit à l'explosion du ballon. Cependant, j'examinai mon appareil avec beaucoup d'attention et ne pus rien découvrir qui fût hors service. Ai passé une grande partie de la journée à réfléchir sur un événement aussi extraordinaire, mais n'ai absolument rien trouvé pour l'expliquer. Suis allé me coucher mécontent et dans un état de grande anxiété et de grande agitation.

11 avril. Constaté une diminution alarmante du diamètre apparent de la terre et une augmentation considérable, observable à présent pour la première fois, de celui de la lune elle-même, qui sera pleine dans quelques jours seulement.

Condenser à l'intérieur de la chambre suffisamment d'air atmosphérique pour les besoins vitaux exige à présent un long et pénible labeur.

12 avril. Une altération singulière est intervenue dans la direction du ballon et, bien que je m'y fusse pleinement attendu, elle me procura le plus grand plaisir. Étant parvenu, dans sa course antérieure, aux alentours du vingtième parallèle de latitude sud, il tourna soudainement, à angle aigu, vers l'est, et poursuivit ainsi toute la journée, en se tenant presque, sinon totalement, *dans le plan exact de l'ellipse lunaire.* Ce qu'il convient de noter, c'est qu'une vacillation très perceptible de la nacelle fut une conséquence de ce changement de route – une vacillation qui s'étala sur une durée de plusieurs heures, à un degré plus ou moins important.

13 avril. Ai encore été très alarmé par une répétition du bruyant craquement qui me terrifia le 10. Longuement réfléchi sur ce sujet, mais ai été incapable d'en tirer une conclusion satisfaisante. Forte diminution du diamètre apparent de la terre, qui sous-tendait à présent avec le ballon un angle d'un peu plus de vingt-cinq degrés. On ne pouvait absolument pas voir la lune, qui était pratiquement à mon zénith. Je poursuivis encore dans le plan de l'ellipse, mais fis peu de progrès vers l'est.

14 avril. Diminution extrêmement rapide du diamètre de la terre. Aujourd'hui je me suis laissé fortement impressionner par l'idée que le ballon remontait désormais réellement la ligne des apsides[340] vers le point de périgée – en d'autres termes, il suivait la course directe qui le mènerait immédiatement à la lune dans cette partie de son orbite où elle est le plus proche de la terre. La lune elle-même était directement au-dessus de ma tête et, par conséquent, cachée à ma vue. Grand et long labeur continu nécessaire pour la condensation de l'atmosphère.

15 avril. Désormais, on ne pouvait plus distinguer les contours des continents et des mers sur la terre. Vers midi, je pris conscience, pour la troisième fois, de ce bruit effrayant qui m'avait tellement surpris auparavant. Cette fois cependant, il se poursuivit pendant quelques instants et gagna en intensité à mesure qu'il continuait. Pour finir, alors que stupéfié et frappé d'effroi, j'attendais avec appréhension je ne sais quelle hideuse destruction, la nacelle vibra avec une violence excessive et une masse gigantesque et enflammée d'une matière que je ne pouvais distinguer s'abattit avec la voix d'un millier de coups de tonnerre, mugissant et retentissant près du ballon. Quand mes peurs et mon étonnement se furent un tant soit peu dissipés, je supposai sans trop de difficulté qu'il s'agissait d'un puissant fragment volcanique éjecté de ce monde dont j'approchais si rapidement et, en toute probabilité, une de ces substances singulières ramassées de temps à autre sur la terre et désignées par le terme d'aérolithes faute d'une meilleure appellation.

16 avril. Aujourd'hui, en regardant au-dessus de moi du mieux que je pouvais, à travers chacune des fenêtres latérales en alternance, j'aperçus, pour mon plus grand bonheur, une infime portion du disque lunaire qui saillait, pour ainsi dire, de toutes parts au-delà de l'immense circonférence du ballon. Mon agitation était extrême, car à présent je ne doutais guère d'atteindre bientôt le terme de mon périlleux voyage. En fait, le travail exigé maintenant par le condensateur avait augmenté à un degré oppressant et ne laissait guère de répit à mes efforts. Il n'était pratiquement plus question de dormir. Je devenais vraiment malade et tout mon être tremblait d'épuisement. Il était impossible pour la nature humaine de pouvoir supporter plus longtemps cet état de souffrance extrême. Durant l'intervalle, désormais bref, des ténèbres, un aérolithe passa à nouveau près de moi et la fréquence de ces phénomènes commença à me causer beaucoup d'appréhension.

17 avril. Ce matin a fait date dans mon voyage. On se souviendra que, le treize, la terre sous-tendait un angle de vingt-cinq degrés. Le quatorze, celui-ci avait fortement diminué ; le quinze, on observait une diminution encore plus rapide ; et en allant me coucher la nuit du seize, j'avais observé un angle n'excédant pas les sept degrés et quinze minutes. Quel ne fut donc pas mon étonnement, en me réveillant d'un sommeil bref et agité, ce matin du 17, de découvrir que la surface sous moi avait si soudainement et merveilleusement *augmenté* en volume que son diamètre apparent sous-tendait un angle de pas moins de trente-neuf degrés ! J'étais sidéré ! Aucun mot ne saurait rendre une idée précise de l'horreur et de l'étonnement absolus et extrêmes qui s'emparèrent de moi, me possédèrent et me submergèrent totalement. Mes genoux chancelaient sous moi – mes dents claquaient – mes cheveux se dressaient. « Donc, le ballon a vraiment explosé ! » Telles furent les premières idées tumultueuses qui se précipitèrent dans mon esprit : « Le ballon avait bel et bien explosé ! – Je tombais – tombais avec la vitesse la plus impétueuse, la plus incomparable ! À en juger d'après l'immense distance déjà si vite parcourue, il ne s'en faudrait pas plus de dix minutes, au maximum, pour que je touche la surface de la terre et me retrouve anéanti ! » Mais à la longue, la réflexion vint à mon secours. Je marquai une pause, pesai le pour et le contre et commençai à douter. C'était impossible. Il n'y avait aucune raison que je descende vite. En outre, même si de toute évidence je m'approchais de la surface qui se trouvait sous moi, c'était à une vitesse qui était sans aucune mesure avec la vélocité que je m'étais figurée au début. Cette réflexion contribua à calmer mon esprit perturbé et je parvins finalement à considérer le phénomène sous son point de vue réel.

En fait, l'étonnement avait dû tout bonnement me priver de mes sens, pour ne pas avoir vu la différence considérable, en apparence, entre la surface en dessous de moi et la surface de ma terre maternelle. Cette dernière se trouvait en réalité au-dessus de moi et était totalement cachée par le ballon, tandis que la lune – la lune elle-même dans toute sa gloire – était sous moi, à mes pieds.

La stupeur et la surprise nées dans mon esprit sous l'effet de ce changement extraordinaire dans la tournure des événements, constituaient peut-être, après tout, cette partie de l'aventure la moins susceptible d'être expliquée. Car le *bouleversement** en soi était non seulement naturel et inévitable, mais avait vraiment été prévu de longue date, comme une circonstance à laquelle je devais m'attendre si je parvenais à ce point exact de mon voyage où l'attraction de la planète se trouverait supplantée par celle de son satellite – ou, plus précisément, où la gravitation du ballon vers la terre serait moins forte que sa gravitation vers la lune. Certes je sortais d'un sommeil réparateur, avec tous mes sens encore confus, pour contempler un phénomène des plus déconcertants et auquel je m'étais attendu, mais pas à ce moment-là. La révolution elle-même devait, bien entendu, être intervenue de manière progressive et graduelle, et il n'était pas certain que, si j'avais été éveillé au moment où cela s'était produit, j'aurais pu me rendre compte d'une preuve *interne* d'une quelconque inversion – autrement dit par une gêne ou un dérangement, soit dans ma personne soit dans mon appareil.

Il est presque inutile de dire qu'en revenant à un juste sentiment de ma situation et en émergeant de la terreur qui avait absorbé toutes les facultés de mon âme, mon attention fut, en premier lieu, totalement dirigée vers la contemplation de l'apparence physique générale de la lune. Elle se trouvait en dessous de moi comme une carte – et bien qu'il me semblât qu'elle était encore à une distance assez considérable, les aspérités de sa surface se dessinaient devant mes yeux avec une netteté des plus frappantes et des plus inexplicables. L'absence complète d'océan ou de mer, et à dire vrai de tout lac, rivière ou étendue d'eau d'aucune sorte, me frappa, au premier coup d'œil, comme le trait le plus extraordinaire de sa condition géologique. Cependant, si étrange que ce soit à dire, je vis d'immenses régions planes d'un caractère résolument alluvial, bien que la plus grande partie de l'hémisphère en vue fût recouverte d'innombrables montagnes volcaniques, de forme conique et ayant l'apparence de protubérances plus artificielles que naturelles. Les plus hautes d'entre elles ne dépassaient pas les six kilomètres d'altitude perpendiculaire, mais une carte des régions volcaniques des Campi Phlegræi[341] donnerait à Vos Excellences une meilleure idée de leur surface générale que toute description indigne que je pourrais juger bon de tenter. La plupart d'entre elles étaient dans un état d'éruption évident et me firent effroyablement comprendre leur fureur et leur puissance, par les tonnerres répétés de ce qu'on appelait incorrectement des aérolithes, qui maintenant filaient dans les airs près du ballon à une fréquence de plus en plus effrayante.

18 avril. Aujourd'hui, j'ai constaté une énorme augmentation du volume apparent de la lune – et la vitesse évidemment accélérée de ma descente commença à me remplir d'inquiétudes. On se souviendra que, à la toute première étape de mes spéculations sur la possibilité d'un voyage jusqu'à la lune, l'existence, dans son voisinage, d'une atmosphère dont la densité était proportionnelle au volume de la planète, était largement entrée dans mes calculs ; ceci en dépit de maintes théories contraires et, pourrait-on ajouter, en dépit d'une incroyance générale dans l'existence d'une quelconque atmosphère lunaire. Mais en plus de ce que j'avais déjà préconisé à propos de la comète d'Encke et de la lumière zodiacale, j'avais été renforcé dans mon opinion par certaines observations de Mr. Schröter[342], de Lilienthal[343]. Il avait observé la lune, quand elle était âgée de deux jours et demi, le soir peu après le coucher de soleil, avant que sa partie obscure fût visible et avait continué de l'observer jusqu'à ce qu'elle devienne visible. Les deux cornes semblaient s'effiler en un vague prolongement très pointu, chacune montrant son extrémité la plus lointaine faiblement éclairée par les rayons solaires, avant qu'une partie de l'hémisphère obscur ne fût visible. Peu après, toute la partie sombre s'éclaira. Ce prolongement des cornes au-delà du demi-cercle, pensai-je, devait venir de la réfraction des rayons du soleil par l'atmosphère de la lune. Je calculai aussi que la hauteur de l'atmosphère (qui pouvait réfracter suffisamment de lumière dans son hémisphère obscur pour produire un crépuscule plus lumineux que la lumière réfléchie par la terre quand la lune se trouve à environ 32° de sa position lorsqu'elle est nouvelle), était à 1 356 pieds royaux[344] ; compte tenu de cela, je supposai que la plus grande hauteur capable de réfracter le rayonnement solaire était de 1 639 mètres. Mes idées sur ce sujet avaient aussi reçu une confirmation d'un passage du quatre-vingt-deuxième volume des *Transactions philosophiques*[345], dans lequel il est dit que, lors d'une occultation des satellites de Jupiter, le troisième disparut après avoir été indistinct environ 1 ou 2 secondes, et le quatrième devint indiscernable près de la branche[346].

Bien entendu, je m'étais entièrement appuyé sur la résistance ou, plus exactement, sur le support d'une atmosphère, existant dans un état de densité imaginée, pour la réussite de ma descente finale. S'il s'avérait, après tout, que je m'étais trompé, je n'avais par conséquent rien de mieux à faire que d'attendre comme *final* de mon aventure d'être réduit en poussière contre la surface déchiquetée du satellite. Et j'avais vraiment toutes les raisons d'être à présent terrifié. Ma distance de la lune était comparativement insignifiante, tandis que le travail nécessité par le condensateur ne diminuait pas le moins du monde, et je ne parvenais à découvrir aucun indice d'une quelconque rareté décroissante dans l'atmosphère.

19 avril. Ce matin, à ma grande joie, aux alentours de neuf heures, la surface de la lune étant effroyablement proche et mes inquiétudes étant à leur comble, la pompe de mon condensateur finit par donner des signes évidents d'un changement dans l'atmosphère. À dix heures, j'avais raison de croire que sa densité avait considérablement augmenté. Vers onze heures, très peu de travail était nécessaire pour l'appareil, et à midi, avec quelque hésitation, je me hasardai à dévisser le *tourniquet** quand, voyant qu'il n'y avait aucun inconvénient à le faire, j'ouvris finalement la chambre en caoutchouc et la dégréai du pourtour de la nacelle. Comme on pouvait s'y attendre, des spasmes et une violente migraine furent les conséquences immédiates d'une expérience aussi précipitée et périlleuse. Mais ces difficultés et d'autres liées à la respiration, n'étant absolument pas assez importantes pour mettre ma vie en danger, je décidai de les supporter du mieux que je pouvais, considérant qu'elles se mettraient momentanément en retrait quand j'approcherais des *strata* plus denses près de la lune. Cependant, cette approche était encore extrêmement impétueuse, et il devint bientôt certain, de façon inquiétante que, bien que je ne me fusse pas trompé quand je m'étais attendu à trouver une atmosphère d'une densité proportionnelle à la masse du satellite, j'avais eu tort de supposer que cette densité, même à la surface, serait le moins du monde capable de soutenir le grand poids contenu dans la nacelle de mon ballon. Cependant, cela aurait *dû* être le cas, exactement comme sur la surface de la terre, la gravité réelle des corps sur chaque planète étant censée être dans le rapport de la condensation atmosphérique. Mais ce *n'était pas* le cas, ma chute précipitée en témoignait suffisamment ; *pourquoi* il n'en était pas ainsi, cela ne pouvait s'expliquer qu'en tenant compte de ces possibles perturbations géologiques auxquelles j'ai précédemment fait allusion. Toujours est-il que j'étais à présent tout près de la planète et que je descendais avec une impétuosité des plus effroyables. Par conséquent, je ne perdis pas un seul instant, en jetant par-dessus bord mon lest, puis mes barillets d'eau, puis mon appareil condensateur et sa chambre en caoutchouc, et finalement tous les articles dans la nacelle. Mais tout cela ne servit à rien. Je tombais encore avec une terrible rapidité et j'étais désormais à moins de huit cents mètres de la surface. Alors, comme dernier recours, m'étant déjà débarrassé de mon manteau, mon chapeau et mes bottes, je détachai du ballon *la nacelle elle-même*, qui n'était pas d'un poids négligeable et, ainsi, m'accrochant des deux mains au filet, j'eus à peine le temps de remarquer que toute la contrée, aussi loin que pouvait porter mon regard, était jonchée de minuscules habitations, avant de tomber la tête la première au cœur même d'une ville d'aspect fantastique, au beau milieu d'une immense foule d'un vilain petit peuple, dont pas un seul individu ne prononça la moindre syllabe ou ne se donna la peine de me porter assistance, mais ils restaient plantés là, comme une bande d'idiots, grimaçant de manière ridicule et me dévisageant, mon ballon et moi, du coin de l'œil, les poings sur les hanches. Je me détournai d'eux avec mépris et, regardant au-dessus de moi la terre quittée si récemment et peut-être pour toujours, je la vis comme un immense bouclier terne en cuivre, d'environ deux degrés de diamètre, fixé de façon inamovible dans les cieux et embouté sur un de ses bords par un liseré en forme de croissant d'or des plus rutilants. On ne pouvait découvrir aucune trace de terre ou d'eau, et l'ensemble était moucheté de taches variables et ceinturé par les zones tropicale et équatoriale.

Ainsi, plaise à Vos Excellences, après une série de grandes angoisses, de dangers inouïs et d'évasions incomparables, j'étais enfin arrivé, au dix-neuvième jour après mon départ de Rotterdam, sain et sauf au terme d'un voyage indubitablement le plus extraordinaire, et le plus impressionnant jamais accompli, entrepris ou conçu par un habitant de la terre. Mais il restait à relater mes aventures. Et de fait, Vos Excellences peuvent bien imaginer que, après un séjour de cinq années sur une planète non seulement profondément intéressante par son caractère particulier, mais qui l'est doublement par son lien intime, en qualité de satellite, avec le monde habité par l'homme, je puisse avoir des renseignements pour l'oreille personnelle du Collège national d'Astronomes beaucoup plus importants que les détails, tout merveilleux qu'ils soient, du simple *voyage* qui s'est si heureusement conclu. Et c'est bel et bien le cas. J'ai beaucoup – vraiment beaucoup de choses que j'aurais le plus grand plaisir à communiquer. J'ai beaucoup de choses à dire sur le climat de la planète, ses surprenantes alternances de chaleur et de froid, cette lumière solaire implacable et brûlante pendant une quinzaine de jours, et encore plus sur la froideur polaire la quinzaine suivante, sur une translation continue d'humidité, par distillation comme celle qui se fait *in vacuo*[347], depuis le point situé en dessous du soleil jusqu'à celui qui en est le plus éloigné, sur une zone variable d'eau courante, sur les habitants eux-mêmes, leur manières, leurs coutumes et leurs institutions politiques, sur leur construction physique particulière, leur laideur, leur absence d'oreilles, ces appendices inutiles dans une atmosphère si particulièrement modifiée, sur leur ignorance conséquente de l'usage et des propriétés de la parole, sur la méthode d'intercommunication singulière qui la remplace, sur l'incompréhensible lien entre chaque individu particulier sur la lune avec un individu particulier sur terre – un lien analogue au lien entre les orbes de la planète et du satellite et qui en dépend, grâce auquel les vies et destinées des habitants de l'une sont entrelacées avec les vies et destinées des habitants de l'autre ; et par-dessus tout, plaise à Vos Excellences – par-dessus tout, sur ces sombres et hideux mystères qui se trouvent dans les régions extérieures de la lune – régions qui, en raison de la concordance presque miraculeuse de la rotation du satellite sur son axe avec sa révolution sidérale autour de la terre, ne se sont encore jamais tournées et, Dieu merci, ne se tourneront jamais pour se prêter à l'examen des télescopes humains. Je vous détaillerai tout cela volontiers, et bien, bien davantage encore. Mais pour être bref, j'exige ma récompense. J'aspire à rentrer dans ma famille et ma maison : et comme prix de toutes les communications ultérieures que je pourrais faire – en considération de la lumière que j'ai en mon pouvoir de jeter sur nombres de branches très importantes de la science physique et métaphysique – je dois solliciter, en faisant appel à l'influence de votre honorable corps, la clémence pour le crime dont je me suis rendu coupable en mettant à mort mes créanciers quand je suis parti de Rotterdam. Tel est l'objet du présent message. Son porteur, un habitant de la lune, dont j'ai obtenu qu'il soit mon messager sur terre, en lui donnant les instructions nécessaires, attendra le bon vouloir de Vos Excellences et reviendra vers moi avec le pardon en question, si tant est qu'il puisse y avoir un moyen de l'obtenir.

J'ai l'honneur d'être, etc., le très humble serviteur de Vos Excellences.

Hans Pfaall.

Ayant terminé la lecture de ce document vraiment hors du commun, on dit que le Professeur Rataplan laissa tomba sa pipe par terre tant sa surprise était extrême et que *Mijnheer* Superbus Von Underduk ayant retiré ses bésicles, les ayant essuyées et rangées dans sa poche, s'oublia et oublia toute dignité, au point de tourner trois fois sur ses talons dans la quintessence de l'étonnement et de l'admiration. Il n'y avait aucun doute en la matière – il fallait obtenir le pardon. Du moins le jura le Professeur Rataplan en prêtant rondement serment, et l'illustre Von Underduk se rangea finalement à cet avis, en prenant le bras de son confrère scientifique et en s'empressant de regagner son domicile sans dire un mot pour délibérer des mesures à adopter. Mais une fois arrivé devant la porte de la demeure du bourgmestre, le professeur se hasarda à suggérer que le messager ayant jugé bon de disparaître – nul doute mortellement effrayé par l'apparence sauvage des bourgeois de Rotterdam – le pardon ne serait pas d'une grande utilité, étant donné que seul un habitant de la lune pourrait entreprendre un voyage sur une distance aussi grande. Le bourgmestre acquiesça à la vérité de cette remarque et, donc, l'affaire fut close. Mais ce ne fut pas le cas des rumeurs et des spéculations. La lettre ayant été publiée, elle donna naissance à toute une variété de commérages et d'avis. Certaines personnes par trop sages se rendirent même ridicules en décriant toute cette histoire, qui n'était pour eux qu'un canular. Mais le terme de canular est, je crois, pour cette sorte de gens, un terme général désignant tous les sujets qui dépassent leur entendement. Pour ma part, je ne puis concevoir sur quels éléments ils ont fondé une telle accusation. Voyons un peu ce qu'ils disent :

Premièrement. Que certains plaisantins à Rotterdam

nourrissent des antipathies spéciales pour certains bourgmestres et astronomes.

Deuxièmement. Qu'un petit nain et illusionniste bizarre, dont les oreilles, pour quelque méfait, avaient été tranchées à ras de tête, est depuis plusieurs jours porté disparu de la ville voisine de Bruges.

Troisièmement. Que les journaux collés tout autour du petit ballon étaient des journaux de Hollande et, par conséquent, n'avaient pas pu être fabriqués sur la lune. C'étaient des papiers sales – très sales – et Gluck, l'imprimeur, jurerait sur sa Bible qu'ils avaient été imprimés à Rotterdam.

Quatrièmement. Que Hans Pfaall lui-même, ce vilain ivrogne, et les trois grands paresseux présentés comme ses créanciers avaient tous été vus, pas plus tard que deux ou trois jours auparavant, dans une taverne mal famée des faubourgs, tout juste rentrés, de l'argent plein les poches, d'un voyage en mer.

Dernièrement. Que c'est une opinion très généralement admise, ou qui devrait généralement l'être, que le Collège d'Astronomes dans la ville de Rotterdam, de même que tous les autres collèges dans toutes les autres parties du monde – sans parler des collèges et des astronomes en général – sont, en un mot comme en cent, en rien meilleurs, ni plus grands, ni plus sages qu'ils ne devraient l'être.

NOTE[348]. – À strictement parler, il n'existe que peu de ressemblance entre la bagatelle esquissée ci-dessus et la célèbre *Moon-Story* de Mr. Locke, mais dans la mesure où toutes deux relèvent du *canular* (bien que l'une soit sur le ton de la plaisanterie quand l'autre est résolument sérieuse) et où ces deux canulars portent sur le même sujet, la lune – en outre, dans la mesure où toutes deux tentent de les rendre plausibles avec des détails scientifiques – l'auteur de *Hans Pfaall* estime qu'il est nécessaire de dire, *pour se défendre*, que son propre *jeu d'esprit** a paru dans le *Southern Literary Messenger* environ trois semaines avant le début du récit de Mr. L. dans le *New York Sun*[349]. Imaginant une ressemblance qui, sans doute, n'existe pas, quelques journaux de New York ont reproduit *Hans Pfaall* et l'ont collationné avec *Moon-Hoax* afin de dépister l'auteur de l'une dans celui de l'autre.

Dans la mesure où il y a eu plus de personnes à se laisser duper par *Moon-Hoax* qu'elles seraient prêtes à le reconnaître, il peut être assez amusant de montrer pourquoi personne n'aurait dû se laisser tromper – d'indiquer ces détails de l'histoire qui auraient dû suffire à en établir sa véritable nature. En effet, quelque riche que se soit montrée l'imagination dans cette ingénieuse fiction, il lui manquait surtout cette force qu'une attention plus scrupuleuse aux faits et à l'analogie générale aurait pu lui apporter. Que le public se soit fourvoyé, ne fût-ce qu'un instant, prouve simplement la grossière ignorance pour ce qui, en général, touche les sujets de nature astronomique.

La distance de la lune à la terre est, en chiffres ronds, de 386 000 kilomètres. Si nous souhaitons affirmer de combien une lentille peut, en apparence, rapprocher le satellite (ou tout objet éloigné), il nous suffit, bien entendu, de diviser la distance par le grossissement ou, plus rigoureusement, par la force de pénétration dans l'espace dudit verre. Mr. L. attribue à sa lentille une puissance de 42 000 fois. Divisons les 386 000 (la véritable distance de la lune) par ce chiffre et nous obtenons une distance apparente de neuf kilomètres et deux dixièmes. Aucun animal ne pourrait voir aussi loin, et encore moins les détails minutieux décrits dans l'histoire. Mr. L. dit de John Herschel[350] qu'il aperçoit des fleurs (le *Papaver rhoeas*[351], etc.) et distingue même la couleur et la forme des yeux de petits oiseaux. Peu avant, également, il a lui-même fait remarquer que la lentille ne restituerait pas des objets perceptibles de moins de quarante-cinq centimètres de diamètre ; mais même cela, comme je l'ai déjà dit, c'est donner au verre une puissance beaucoup trop importante. On observera au passage qu'il est dit de ce verre prodigieux qu'il a été fabriqué à la verrerie de Messieurs Hartley et Grant, à Dumbarton[352] ; mais l'établissement des dits Messieurs H. et G. a cessé ses activités bien des années avant la publication du canular.

Sur la page 13 de l'édition du pamphlet, parlant d'« un voile de poils » au-dessus des yeux d'une espèce de bison, l'auteur dit : « Il est immédiatement venu au brillant esprit du Dr Herschel que c'était un moyen providentiel pour protéger les yeux de l'animal des grandes amplitudes de lumière et de ténèbres auxquelles tous les habitants de notre côté de la lune sont périodiquement soumis ». Mais ce ne saurait être tenu pour une observation très « brillante » du Docteur. Les habitants de notre côté de la lune ne connaissent, de toute évidence, jamais d'obscurité ; il ne peut donc y avoir aucune des « amplitudes » mentionnées. En l'absence du soleil, ils reçoivent une lumière de la terre équivalente à celle de treize lunes sans nuage.

Toute la topographie du récit, même quand elle professe être en accord avec la Carte de la lune de Blunt[353], est totalement en contradiction avec celle-ci, ou avec n'importe quelle autre carte de la lune, et même grossièrement en contradiction avec elle-même. Les points de la boussole se retrouvent eux aussi inextricablement emmêlés ; l'écrivain semble ignorer que, sur une carte lunaire, ils ne correspondent pas avec les points terrestres, l'est étant à gauche, etc.

Sans doute abusé par les vagues intitulés, *Mare Nubium*, *Mare Tranquillitatis*, *Mare Fœcunditatis*[354], etc., donnés aux taches sombres par d'anciens astronomes, Mr. L. est entré dans des détails concernant des océans et d'autres grandes étendues d'eau sur la lune, alors qu'il n'est pas de données astronomiques plus catégoriquement avérées que le fait que ces étendues n'existent pas. En examinant la délimitation entre la lumière et l'obscurité (dans le croissant ou la lune gibbeuse) où cette délimitation traverse telle ou telle de ces taches sombres, la ligne de division s'avère être accidentée et irrégulière, alors que si ces taches sombres étaient liquides, elle serait évidemment lisse et régulière.

La description des ailes de l'homme-chauve-souris[355], à la page 21, n'est qu'une copie littérale du récit par Peter Wilkins de ses hommes volants[356]. Ce seul fait aurait dû éveiller la suspicion et, à tout le moins, il aurait mérité qu'on prenne le temps de la réflexion.

À la page 23, nous avons ce qui suit : « Quelle prodigieuse influence doit avoir exercé notre globe treize fois plus gros sur ce satellite quand il n'était qu'un embryon dans la matrice du temps et le sujet passif d'affinités chimiques ! » C'est très beau, mais on aurait dû remarquer qu'aucun astronome n'aurait fait une telle observation, en particulier dans un Journal scientifique, car la Terre, entendue dans ce sens, n'est pas seulement treize fois, mais quarante-neuf fois *plus grande* que la lune. Une objection similaire vaut pour toutes les pages de la conclusion où, afin d'introduire quelques découvertes sur Saturne, le correspondant philosophique se lance dans une description d'écolier de cette planète – et ceci pour l'*Edinburgh Journal of Science* !

Mais il y a un point, en particulier, qui aurait dû trahir le caractère fictif de l'histoire. Imaginons qu'on ait vraiment détenu le pouvoir de voir des animaux à la surface de la lune : qu'est-ce qui aurait dû retenir *en premier lieu* l'attention d'un observateur sur terre ? Certainement pas leur forme, leur taille, ni aucune autre particularité de ce genre, mais bien plutôt leur *position* exceptionnelle. Ils auraient l'air de marcher avec les talons en l'air et la tête en bas, à la manière des mouches sur un plafond. Le *véritable* observateur aurait immédiatement laissé échapper un cri de surprise (quand bien même ses connaissances antérieures l'y eussent préparé) devant la singularité de leur position ; l'observateur *fictif* n'en a même pas parlé, mais il dit qu'il a vu tout le corps de ces créatures, quand on peut démontrer qu'il n'aurait pu voir que le diamètre de leurs têtes !

On pourrait aussi bien faire remarquer, en conclusion, que la taille et, en particulier, les capacités des hommes-chauves-souris (par exemple, leur capacité à voler dans une atmosphère si rare – si tant est, en effet, que la lune en ait une) – ainsi que la plupart des autres fantaisies concernant l'existence animale et végétale, sont généralement en contradiction avec le raisonnement analogique sur ces sujets, et que l'analogie, en l'occurrence, confinera souvent à la démonstration concluante. Il n'est sans doute pas vraiment nécessaire d'ajouter que toutes les suggestions attribuées à Brewster[357] et Herschel, au début de l'article, sur « une transfusion de lumière artificielle à travers l'objet focal de la vision », etc., etc., appartiennent à ce genre d'écrits figuratifs que l'on qualifie fort justement de galimatias.

Il existe une véritable limite bien définie à la découverte optique parmi les étoiles – une limite dont la nature n'a pas besoin d'être décrite pour être comprise. En effet, s'il suffisait juste de fabriquer de grandes lentilles, l'ingéniosité de l'homme finirait tôt ou tard par y parvenir et nous pourrions en obtenir de n'importe quelle taille voulue. Mais, malheureusement, la diminution de la lumière provenant de l'objet, par diffusion de ses rayons, est proportionnelle à l'augmentation de la taille dans les lentilles et, par conséquent, de la force de pénétration dans l'espace. Et il n'est pas de remède à ce mal qui soit dans les capacités humaines, car un objet n'est vu que grâce à cette seule lumière qui émane de lui, qu'elle soit directe ou réfléchie. Ainsi, la seule lumière *artificielle* que pourrait utiliser Mr. Locke serait une lumière artificielle capable de se projeter non pas sur l'« objet focal de la vision », mais sur le véritable objet à voir, à savoir : *sur la lune*. On a pu facilement calculer que, quand la lumière provenant d'une étoile devient si diffuse qu'elle est aussi faible que la lumière provenant de toutes les étoiles, par une nuit claire et sans lune, alors l'étoile n'est plus visible pour quelque but pratique que ce soit.

Le télescope du Comte de Rosse[358], construit récemment en Angleterre, a un *speculum*[359] avec une surface réfléchissante de 103,4 mètres carrés, le télescope de Herschel n'en ayant une que de 46. Le métal du télescope du Comte de Rosse fait 1,8 mètre de diamètre ; il fait 14 centimètres d'épaisseur aux bords et 13 au centre. Son poids est de 3 tonnes. La longueur focale est de 15 mètres.

J'ai lu récemment un petit livre singulier et assez ingénieux, dont la page de titre est la suivante : *L'homme dans la lvne, ou le Voyage Chimerique fait au Monde de la Lvne, nouuellement decouuert par Dominique Gonzales, Aduanturier Espagnol, autrement dit le Courier volant. Mis en notre langve par J.B.D. À Paris, cher François Piot, pres la Fontaine de Saint Benoist. Et chez J. Goignard, au premier pilier de la grand'salle du Palais, proche les Consultations**, MDCXLVIII[360], pp. 176.

L'écrivain affirme avoir traduit son livre de l'anglais d'un certain Mr. D'Avisson (Davidson ?) bien qu'il y ait une terrible ambiguïté dans cette affirmation. « *I'en ai eu** », dit-il, « *l'original de Monsieur D'Avisson, medecin des mieux versez qui soient aujourd'hui dans la conoissance des Belles Lettres, et sur tout de la Philosophie Naturelle. Je lui ai cette obligation entre les* *autres, de m'auoir non seulement mis en main ce Livre en anglois, mais encore le Manuscrit du Sieur Thomas D'Anan, gentilhomme Eccossois, recommandable pour sa vertu, sur la version duquel j'advoue que j'ay tiré le plan de la mienne** ».

Après quelques aventures insignifiantes, un peu à la manière de *Gil Blas*, et qui occupent les trente premières pages, l'auteur raconte que, étant malade durant un voyage en mer, l'équipage l'abandonna, avec un domestique noir, sur l'île de Sainte-Hélène. Pour augmenter ses chances de se procurer de la nourriture, les deux hommes se séparent et vivent aussi loin l'un de l'autre que possible. Cela donne naissance à un élevage d'oiseaux, pour servir de pigeons voyageurs entre eux. Petit à petit, ils leur apprennent à porter des objets ayant un certain poids – et ce poids est augmenté progressivement. Pour finir, on en vient à l'idée d'unir la force d'un grand nombre d'oiseaux, en vue de soulever l'auteur lui-même. Une machine est fabriquée dans ce but et nous en avons une description minutieuse, qui est significativement étayée par une gravure. Nous y voyons le *Signor* Gonzales, avec des manchettes piquées et une énorme perruque, assis à califourchon sur quelque chose qui ressemble fort à un manche à balai, et soulevé par une multitude de cygnes sauvages (*ganzas*) qui ont des cordes allant de leurs queues à la machine.

Le principal événement détaillé dans le récit du *Signor* dépend d'un fait très important, dans l'ignorance duquel le lecteur est maintenu pratiquement jusqu'à la fin du livre. Les *ganzas*, avec lesquels il est devenu si familier, n'étaient pas vraiment des habitants de Sainte-Hélène, mais de la lune. D'où, depuis des temps immémoriaux, ils ont pour habitude de migrer chaque année pour regagner un endroit sur terre. La saison venue, ils retournent bien entendu chez eux, et l'auteur, se trouvant, un jour, avoir besoin de leurs services pour un court voyage, est emmené dans les airs, sans qu'il s'y attende, et arrive au bout de peu de temps sur le satellite. Là, il s'aperçoit, entre autres choses bizarres, que les gens jouissent d'un bonheur extrême ; qu'ils n'ont pas de *loi* ; qu'ils meurent sans souffrir ; qu'ils mesurent de trois à neuf mètres ; qu'ils vivent cinq mille ans ; qu'ils ont un empereur appelé Irdonozur ; et qu'ils peuvent sauter dix-huit mètres de hauteur quand, échappant à l'influence de la gravité, ils s'envolent avec des éventails.

Je ne puis m'empêcher de donner un échantillon de la *philosophie* générale du volume.

« Je dois vous décrire à présent, dit le *signor* Gonzales, la nature de l'endroit où je me trouvais. Tous les nuages étaient sous mes pieds ou, si vous préférez, s'étendaient entre la terre et moi. Quant aux étoiles, *puisqu'il n'y avait pas de nuit là où j'étais, elles ont toujours eu la même apparence, pas brillantes, comme d'habitude, mais pâles et très semblables à la lune du matin.* Mais peu d'entre elles étaient visibles, et celles-ci étaient dix fois plus grosses (pour autant que je pouvais en juger) qu'elles apparaissaient aux habitants de la terre. La lune qui serait pleine dans deux jours était extrêmement grande.

« Je ne dois pas oublier ici que les étoiles ne se voyaient que sur ce côté du globe tourné vers la lune, et que plus elles en étaient proches, plus elles semblaient grandes. Je dois aussi vous informer que, par temps calme comme par orage, je me trouvais *toujours immédiatement entre la lune et la terre.* J'en étais convaincu pour deux raisons – parce que mes oiseaux volaient toujours en ligne droite et parce que chaque fois que nous tentions de nous reposer *nous étions insensiblement emportés autour du globe de la terre.* Car j'admets l'opinion de Copernic, qui affirme qu'elle ne cesse jamais de tourner *d'est en ouest*, non pas au-dessus des pôles de l'équinoxe, appelés communément pôles du monde, mais au-dessus de ceux du zodiaque, un sujet que je me propose de développer par la suite, quand j'aurai eu le loisir de me rafraîchir la mémoire en ce qui concerne l'astrologie que j'ai apprise à Salamanque quand j'étais jeune et que j'ai oubliée depuis.»

Malgré les bévues en italique, le livre n'en mérite pas moins qu'on s'y intéresse, en ce qu'il offre un spécimen naïf des notions astronomiques courantes de l'époque. L'une d'elles affirmait que la «force de gravitation» ne s'exerçait qu'à une faible distance de la surface de la terre et que, par conséquent, nous retrouvons notre voyageur «insensiblement emporté autour du globe», etc.

Il y a eu d'autres «voyages sur la lune», mais aucun qui soit d'un mérite supérieur à celui que je viens juste de mentionner. Celui de de Bergerac[361] est totalement absurde. Dans le troisième volume de l'*American Quarterly Review* se trouve une critique développée d'un certain *Voyage* du même genre – dans laquelle il est difficile de dire si l'auteur expose davantage la stupidité du livre ou bien sa propre ignorance absurde de l'astronomie. J'oublie le titre de l'ouvrage, mais les *moyens* du voyage sont encore plus déplorablement mal conçus que ne le sont les *ganzas* de notre ami le *signor* Gonzales. L'aventurier, en creusant la terre, découvre un métal particulier pour lequel la lune a une forte attraction et construit immédiatement une boîte qui, quand elle est détachée de ses liens terrestres, s'envole avec lui sur-le-champ vers le satellite. Le *Vol de Thomas O'Rourke* est un *jeu d'esprit** pas totalement méprisable et a été traduit en allemand. Thomas, le héros, était en fait le gardien de chasse d'un pair irlandais, dont les excentricités donnèrent naissance au récit. Le «vol» est fait à dos d'aigle, depuis Hungry Hill[362], une haute montagne au bout de la baie de Bantry.

Dans ces diverses *brochures**, le but est toujours satirique, le sujet étant une description des coutumes lunaires comparées aux nôtres. Dans aucune d'entre elles n'est fait un effort de *plausibilité* des détails du voyage lui-même. Les auteurs semblent, dans chaque cas, être totalement ignorants en matière d'astronomie. Dans *Hans Pfaall*, le but est original, en ce qu'il concerne une tentative de *vraisemblance*, dans l'application des principes scientifiques (pour autant que la nature fantasque du sujet le permette), au passage réel de la terre à la lune.

LE ROI PESTE
UNE HISTOIRE CONTENANT UNE ALLÉGORIE[363]

Les dieux supportent et autorisent
bien chez les rois
Les choses qu'ils abhorrent sur les
routes des vauriens.

BUCKHURST, *Ferrex et Porrex*[364]

Vers minuit, une nuit d'octobre, au cours du règne chevaleresque d'Édouard troisième du nom[365], deux marins appartenant à l'équipage du *Free and Easy*[366], un *schooner*[367] marchand faisant la navette entre Sluis[368] et la Tamise, alors à l'ancre dans ce fleuve, furent fort surpris de se retrouver assis à la buvette d'une taverne de la paroisse londonienne de St. Andrews – taverne qui avait pour enseigne le portrait d'un « Joyeux Mathurin ».

La salle, bien que mal conçue, noircie par la fumée, basse de plafond et conforme à tous points de vue au caractère général de ce genre d'endroit à l'époque, était néanmoins, de l'avis des groupes grotesques essaimés çà et là à l'intérieur, suffisamment bien adaptée à sa fonction.

Nos deux marins formaient, je crois, le plus intéressant de ces groupes, si ce n'est le plus voyant.

Celui qui paraissait être l'aîné, auquel son compagnon s'adressait en lui donnant cette appellation caractéristique de « Legs[369] », était en même temps le plus grand des deux. Il devait mesurer dans les deux mètres et la voussure habituelle de ses épaules semblait être la conséquence inévitable d'une stature aussi imposante. Sa taille superflue était cependant compensée par des carences à d'autres points de vue. Il était excessivement maigre et aurait pu, comme l'affirmait son acolyte, prendre la place d'un fanion en haut d'un mât quand il était ivre ou bien, quand il était sobre, servir de bout-dehors[370]. Mais ces plaisanteries, et d'autres du même acabit, n'avaient évidement eu aucun effet, à aucun moment, sur les muscles cachinatoires[371] du vieux loup de mer. Avec des pommettes saillantes, un grand nez aquilin, un menton fuyant, une mâchoire inférieure tombante et de gros yeux globuleux, l'expression de sa physionomie, bien qu'empreinte d'une sorte d'indifférence tenace pour les sujets et les choses en général, n'en était pas moins totalement solennelle et sérieuse au-delà de toute tentative d'imitation ou de description.

Le marin le plus jeune était, dans toute son apparence extérieure, l'inverse de son compagnon. Sa taille ne pouvait pas dépasser les un mètre vingt. Une paire de jambes arquées et trapues soutenait sa silhouette courtaude et lourdaude, tandis que ses bras singulièrement courts et épais, avec des poings rien moins qu'ordinaires à leur extrémité, se balançaient en pendillant sur les côtés comme les nageoires d'une tortue marine. Ses petits yeux pétillants, sans couleur particulière, étaient enfoncés dans la tête. Son nez restait enfoui dans la masse de chair qui enveloppait son visage rond, replet et pourpre, et sa lèvre supérieure épaisse reposait sur l'inférieure encore plus épaisse avec un air d'autosatisfaction complaisant, que venait largement renforcer l'habitude qu'avait leur propriétaire de les lécher de temps à autre. Il dévisageait évidemment son grand camarade de bord avec un sentiment où l'émerveillement le partageait à la raillerie, et le regardait parfois bien en face comme le rouge soleil couchant regarde les rochers escarpés de Ben Nevis[372].

Mais les pérégrinations du digne couple dans les différentes tavernes du voisinage pendant les premières heures de la nuit avaient été variées et riches en péripéties. Même les bourses les plus fournies ne durent pas toujours, et c'étaient les poches vides que nos amis s'étaient aventurés dans l'auberge présente.

Au moment précis, donc, où commence vraiment cette histoire, Legs et son comparse Hugh Tarpaulin[373] étaient assis, chacun les coudes appuyés sur la grande table en chêne au milieu de la salle, une main sur chaque joue. Ils lorgnaient, derrière une immense fiasque de « *humming-stuff*[374] » impayée, ces mots funestes : « Pas d'ardoise », qui étaient écrits au-dessus du perron sur cette roche dont ces mêmes mots prétendaient nier la présence, ce qui ne laissait pas de les surprendre et de les indigner. Non que le don de déchiffrer des caractères écrits – un don que la roture de l'époque considérait comme à peine moins cabalistique que l'art d'écrire – pût être mis sur le compte des deux disciples de la mer, mais il y avait, pour dire la vérité, une certaine torsion dans la formation des lettres, une indescriptible embardée sous le vent, qui présageaient, de l'avis des deux marins, une longue phase de mauvais grain et qui les décida d'emblée, pour reprendre les termes allégoriques de Legs lui-même, de « pomper l'eau de la cale, carguer toutes les voiles et filer le vent en poupe ».

Ayant par conséquent disposé de ce qui restait de bière et bouclé les agrafes de leurs courts pourpoints, ils prirent la poudre d'escampette dans la rue. Bien que Tarpaulin roulât par deux fois dans l'âtre en le prenant par erreur pour la porte, leur fuite connut finalement une issue heureuse – et à minuit et demi, nos héros se retrouvaient prêts à jouer des tours, en courant pour sauver leur peau dans une sombre allée dans la direction de l'Escalier de St. Andrew[375], poursuivis de près par la tenancière du «Joyeux Mathurin».

De nombreuses années avant et après l'époque de ce récit riche en rebondissements, dans toute l'Angleterre, mais plus particulièrement dans la métropole résonnait ce cri effroyable : «La peste !» La ville était en grande partie dépeuplée – et dans ces horribles régions, dans le voisinage de la Tamise, où dans les ruelles et venelles sombres, étroites et crasseuses, le Démon de la Maladie était supposé avoir vu le jour, on ne voyait se balader que la Crainte, la Terreur et la Superstition.

Par ordre du roi, ces quartiers étaient mis *au ban* et il était interdit à quiconque, sous peine de mort, de pénétrer dans leur lugubre solitude. Cependant, ni le décret du monarque, ni les immenses barrières érigées à l'entrée des rues, ni la perspective de cette mort repoussante qui, avec une certitude quasi absolue, s'abattait sur le malheureux qu'aucun péril ne pouvait détourner de l'aventure, n'empêchaient les demeures démeublées et inhabitées d'être dépouillées par la main de la rapine nocturne de tout article tels que les objets en fer, en cuivre ou en plomb, susceptibles de rapporter un quelconque profit.

Par-dessus tout, on constatait généralement, en hiver, lors de l'ouverture annuelle des barrières, que loquets, verrous et caves secrètes n'avaient guère protégé ces riches provisions de vins et de liqueurs que, vu les risques et les difficultés de transport, la plupart des nombreux marchands ayant une boutique dans le voisinage avaient consenti à confier, durant la période d'exil, à une sécurité aussi insuffisante.

Mais ils étaient peu nombreux dans la population épouvantée à attribuer ces agissements à l'opération de mains humaines. Les esprits de la peste, les gobelins de l'épidémie et les démons de la fièvre étaient les diablotins populaires du malheur; et l'on racontait à toute heure tellement d'histoires à glacer le sang que la masse tout entière des bâtiments proscrits fut, à la longue, enveloppée dans la terreur comme dans un linceul, et que le pillard lui-même était souvent effrayé par les horreurs que ses déprédations avaient causées en abandonnant toute l'immense enceinte du quartier interdit aux ténèbres, au silence, à la pestilence et à la mort.

C'est par l'une de ces terribles barrières susmentionnées indiquant la région qui se trouvait sous le ban de la Peste que Legs et le digne Hugh Tarpaulin, en dévalant une allée, trouvèrent leur course soudain arrêtée. Il était hors de question de rebrousser chemin et il n'y avait pas une minute à perdre, car leurs poursuivants étaient à leurs trousses. Pour des marins élevés à la dure, grimper sur la charpente grossièrement façonnée était un jeu d'enfants et, échauffés par la double excitation de l'exercice et de la liqueur, ils sautèrent sans hésiter dans la partie enclose et, reprenant leur course ivre à grands renforts de cris et de hurlements, ils s'égarèrent bientôt dans ses recoins méphitiques et inextricables.

S'ils n'avaient pas été saouls à en avoir perdu tout sens moral, leurs pas chancelants auraient été vraiment paralysés par l'horreur de leur situation. L'air était froid et brumeux. Les pavés déchaussés de leur assise gisaient dans le plus grand désordre au milieu de l'herbe haute et luxuriante, qui leur montait jusqu'aux pieds et aux chevilles. Des maisons effondrées bloquaient les rues. Les odeurs les plus fétides et empoisonnées dominaient – et à l'aide de cette lumière effroyable qui, même à minuit, n'émane pas moins d'une atmosphère vaporeuse et pestilentielle, on pouvait discerner dans les coupe-gorge et les ruelles, ou bien pourrissant dans les habitations sans fenêtre, la carcasse de maints voleurs nocturnes arrêtés par la main de la peste au moment même où ils perpétraient leurs forfaits.

Mais il n'était pas dans le pouvoir d'images, de sensations ou d'obstacles de cette nature d'arrêter la course d'hommes qui, d'un naturel vaillant, et en particulier cette nuit-là, débordant de courage et de «*humming-stuff!*» auraient roulé aussi droit que le leur aurait permis leur état, intrépidement, directement dans les mâchoires de la Mort. Le sinistre Legs allait de l'avant – toujours de l'avant, faisant résonner à l'envi la solennité désolée de l'écho de cris semblables au terrifiant hurlement de guerre des Indiens; et de l'avant, toujours de l'avant roulait le boulot Tarpaulin, s'accrochant au pourpoint de son camarade plus actif et surclassant largement les efforts les plus vigoureux de ce dernier en matière de vocalises, en poussant des mugissements de taureau *in basso* des tréfonds de ses poumons de stentor.

Évidemment, ils avaient atteint désormais le bastion de la peste. Leur route à chaque pas ou plongeon devenait plus nocive et plus horrible – les chemins plus étroits et plus difficiles. D'immenses pierres et poutres tombant de temps à autre des toits en ruines témoignaient, par leur chute lourde et lugubre, de l'impressionnante hauteur des maisons qui les entouraient, et tandis qu'il leur fallait redoubler d'efforts pour se frayer un passage à travers les fréquents tas de gravats, il n'était absolument pas rare que leur main tombât sur un squelette ou bien se posât sur un cadavre plus en chair.

Soudain, tandis que les marins trébuchaient contre l'entrée d'un grand édifice de sinistre apparence, un hurlement plus strident que d'ordinaire s'échappa de la gorge d'un Legs énervé, auquel répondit de l'intérieur une série de cris sauvages et démoniaques ressemblant à des rires. Pas le moins du monde intimidés par des bruits qui, de cette nature, à cette heure-là, dans cet endroit, auraient glacé le sang de cœurs moins irrévocablement échauffés, les deux ivrognes se précipitèrent la tête la première contre la porte, l'ouvrirent en grand et titubèrent au milieu de choses diverses en lâchant une bordée de malédictions.

La pièce dans laquelle ils se trouvaient s'avérait être l'échoppe d'un entrepreneur de pompes funèbres, mais une trappe ouverte, dans un coin du sol près de la porte, donnait sur une longue rangée de caves à vin dont les profondeurs, ainsi que le proclamait le bruit de bouteilles qui se brisaient, étaient bien pourvues de leur contenu approprié. Au milieu de la pièce se trouvait une table au centre de laquelle se dressait un énorme baquet de ce qui semblait être du punch. Des bouteilles de vins et spiritueux divers, ainsi que des cruches, des pichets et des fiasques de toute forme et de toute espèce, étaient éparpillés à profusion sur la planche. Autour, sur des tréteaux pour cercueil, siégeait une compagnie de six personnes. Je vais m'efforcer d'en décrire les membres l'un après l'autre.

Face à l'entrée, un peu surélevé par rapport à ses compagnons, était assis un personnage qui semblait être le président de la tablée. Il était grand et décharné, et Legs resta tout ébaubi de voir en lui une silhouette plus émaciée que la sienne. Son visage était jaune comme du safran –, mais il n'y avait aucun trait qui fût suffisamment marqué pour mériter une description détaillée, à l'exception d'un seul. Celui-ci consistait en un front si inhabituellement et hideusement haut, qu'il avait l'apparence d'un bonnet ou d'une couronne de chair superposée sur la tête naturelle. Sa bouche était plissée et creusée de fossettes dans une expression de sinistre affabilité, et ses yeux, comme ceux de tous ses commensaux à dire vrai, brillaient des vapeurs de l'ivresse. Cet homme était vêtu de la tête aux pieds d'un suaire de velours et de soie noire richement brodé, flottant négligemment autour de sa silhouette à la mode d'une cape espagnole. Sa tête était coiffée d'une multitude d'aigrettes, noires comme sur un corbillard, qu'il balançait de-ci de-là avec un air désinvolte et entendu, et de la main droite, il tenait un immense fémur humain avec lequel il venait visiblement d'asséner quelques coups à un membre de la compagnie pour lui réclamer une chanson.

Face à lui et le dos à la porte se tenait une femme d'un caractère non moins extraordinaire. Bien qu'elle fût à peu près aussi grande que la personne que je viens de décrire, elle ne pouvait prétendre se plaindre de sa maigreur surnaturelle. De toute évidence, elle en était au dernier stade de l'hydropisie[376] et sa silhouette ressemblait à celle de l'immense tonneau[377] de bière d'octobre qui se trouvait près d'elle, le haut enfoncé, dans un coin de la pièce. Son visage était excessivement rond, rouge et replet, et la même particularité (ou plutôt absence de particularité) que celle que j'ai mentionnée ci-dessus au sujet du président de la tablée caractérisait sa physionomie : seul un trait de son visage était suffisamment distinct pour nécessiter une description séparée ; en effet, le perspicace Tarpaulin observa immédiatement que la même remarque pouvait être faite pour chaque personne du groupe, chacun d'eux semblant avoir monopolisé une partie particulière de la physionomie. Chez la dame en question, la partie s'avérait être la bouche. Commençant à l'oreille droite, elle formait un gouffre terrifiant jusqu'à l'oreille gauche – les courts pendentifs qu'elle portait à chaque lobe tressautaient sans cesse dans l'ouverture. Elle s'efforçait néanmoins de garder la bouche fermée et d'avoir l'air digne, dans sa toilette consistant en un suaire amidonné et repassé de frais lui remontant jusqu'au menton, avec une collerette de crêpe en mousseline de coton.

À sa droite était assise une minuscule jeune femme, qu'elle semblait tenir sous sa tutelle. Chez cette délicate jeune créature, le tremblement des doigts affaiblis, la teinte livide des lèvres et la légère tache hectique qui colorait sa complexion de plomb, étaient autant de symptômes évidents d'une consomption galopante. Cependant, un air d'extrême *haut ton**[378] envahissait toute sa personne ; elle portait, de façon gracieuse et *dégagée**, un grand et beau linceul du plus beau lin indien ; ses cheveux pendaient en petites boucles sur son cou ; un doux sourire se dessinait sur sa bouche ; mais son nez, extrêmement long, fin, sinueux, flexible et pustuleux, pendait bien en dessous de sa lèvre inférieure, et en dépit de la façon délicate dont elle le faisait bouger de temps à autre d'un côté à l'autre avec sa langue, donnait à sa physionomie une expression quelque peu équivoque.

En face d'elle, à la gauche de la femme hydropique, était assis un petit vieillard bouffi, goutteux et asthmatique, dont les joues reposaient sur les épaules de leur propriétaire, comme deux énormes outres de vin d'Oporto[379]. Avec ses bras croisés et une jambe bandée posée sur la table, il semblait estimer avoir le droit à quelque considération. De toute évidence, il tirait beaucoup de fierté de chaque pouce de son apparence, mais prenait un plaisir encore plus particulier à attirer l'attention sur son *surtout* de couleur criarde. Pour tout dire, celui-ci ne devait pas lui avoir coûté bien cher et était taillé en sorte de lui aller à la perfection – étant confectionné avec l'une de ces housses de soie curieusement brodées appartenant à ces glorieux écussons qui, en Angleterre et ailleurs, sont habituellement suspendues, dans un endroit bien en vue, au-dessus des demeures de la défunte aristocratie.

À côté de lui et à la droite du président, se trouvait un monsieur en longues chausses blanches et en caleçon de coton. Sa silhouette était secouée de façon grotesque par une de ces crises de tics nerveux que Tarpaulin appelait « les horreurs ». Ses mâchoires, rasées de près, étaient solidement nouées par un bandage en mousseline, et ses bras attachés de la même manière aux poignets l'empêchaient de se servir trop librement des liqueurs sur la table ; une précaution rendue nécessaire, de l'avis de Legs, par le masque particulièrement abruti par l'alcool et imbibé de vin de son visage. Cependant, une paire d'oreilles prodigieuses, qu'il était sans doute impossible d'enfermer, se dressaient dans l'air ambiant de l'appartement et étaient secouées de temps à autre par un spasme, en entendant le bruit d'un bouchon que l'on faisait sauter.

Sixième et dernier convive, face à lui se trouvait un personnage à l'air singulièrement roide, qui, souffrant de paralysie, devait, pour parler sérieusement, se sentir très mal à l'aise dans ses habits peu confortables. Il était vêtu, à la différence des autres, d'un beau cercueil en ébène tout neuf. Le haut ou tête de son couvercle appuyait sur le crâne de celui qui le portait et l'entourait à la manière d'une capuche, donnant à tout son visage un air d'un intérêt indescriptible. Des emmanchures avaient été coupées sur les côtés, davantage par souci de commodité que d'élégance ; mais sa toilette n'en empêchait pas moins son propriétaire d'être assis bien droit comme ses associés, et tandis qu'il était incliné sur son tréteau, à un angle de quarante-cinq degrés, une paire d'énormes yeux exorbités roulaient leurs effroyables globes blancs vers le plafond, absolument émerveillés par leur propre énormité.

Devant chacun des convives se trouvait une portion de crâne, utilisée comme une coupe. Au-dessus de leurs têtes était suspendu un squelette humain, au moyen d'une corde attachée autour d'une des jambes et fixée à un anneau au plafond. L'autre jambe, que ne retenait pas un tel lien, jaillissait du corps à angles droits, en faisant pendiller et tournoyer toute la carcasse lâche et cliquetant au moindre caprice d'une rafale de vent occasionnelle qui se frayait un chemin dans la bâtisse. Dans le crâne de cette chose hideuse se trouvait du charbon enflammé, qui projetait une lumière vive, quoique intermittente, sur toute la scène, tandis que les cercueils et le reste du matériel que l'on trouvait dans la boutique d'un entrepreneur en pompes funèbres, étaient entassés en hautes piles tout autour de la pièce et contre les fenêtres, empêchant le moindre rayon de lumière de s'enfuir dans la rue.

À la vue de cette assemblée extraordinaire et de son attirail encore plus extraordinaire, nos deux marins ne se conduisirent pas avec tout le décorum auquel on aurait pu s'attendre. Legs, s'appuyant contre le mur près duquel il se trouvait, décrocha sa mâchoire inférieure encore plus bas que d'ordinaire et écarquilla les yeux ; tandis que Hugh Tarpaulin, penché afin d'avoir le nez au niveau de la table et la paume de chaque main déployée sur chaque genou, partit d'un long éclat de rire rugissant et tapageur, intempestif et immodéré.

Mais sans s'offenser d'un comportement d'une grossièreté aussi excessive, le grand président sourit fort gracieusement à l'adresse des intrus – leur fit un signe empreint de dignité de sa tête aux plumes noires – et, s'étant levé, prit l'un par un bras et le conduisit à un siège que les autres convives avaient entre-temps installé à son intention. Legs n'offrit pas la moindre résistance, et s'assit là où on le lui indiquait ; tandis que le galant Hugh, retirant le tréteau du cercueil de sa place en bout de table pour s'installer près de la petite femme phtisique dans son linceul, se laissa tomber à côté d'elle avec force allégresse et, se versant un crâne de vin rouge, le lampa pour souhaiter faire plus ample connaissance. Mais devant tant d'arrogance, le monsieur guindé dans le cercueil paraissait excessivement agacé, et cela aurait pu avoir de lourdes conséquences si le président, donnant un petit coup sur la table avec son gourdin, n'avait attiré l'attention de tous ceux qui étaient présents vers ce discours qu'il leur tint :

– Il est de notre devoir, en cette heureuse occasion…

– Tiens bon, là ! l'interrompit Legs, l'air très sérieux, tiens bon encore un peu, que je dis, et dis-nous qui diable vous êtes tous autant que vous êtes et ce que vous faites là, accoutrés comme d'immondes démons, à écluser l'excellent tord-boyaux[380] mis de côté pour l'hiver par mon honnête camarade de bord, Will Wimble[381], l'entrepreneur de pompes funèbres !

Devant cet impardonnable exemple de mauvaise éducation, tout le groupe du début s'était à moitié relevé et avait commencé à pousser la même suite rapide d'effroyables cris démoniaques qui avaient auparavant attiré l'attention des marins. Mais celui qui présidait la tablée fut le premier à retrouver une contenance et, finalement, se tournant vers Legs avec beaucoup de dignité, il reprit :

– C'est bien volontiers que nous satisferons toute curiosité raisonnable de la part d'hôtes aussi illustres, bien qu'ils n'aient pas été conviés. Sachez donc que, dans ce domaine, je suis le monarque et que je règne ici, sur cet empire unifié, sous le titre de « roi Peste le premier ».

« Cet appartement, que vous supposez être, de façon sans nul doute profane, la boutique de Will Wimble, l'entrepreneur de pompes funèbres – un homme que nous ne connaissons pas et dont l'appellation plébéienne n'a jamais heurté nos royales oreilles avant cette nuit –, cet appartement, dis-je, est la salle du trône de notre palais, dédiée aux conseils de notre royaume et aux autres desseins sacrés et supérieurs.

« La noble dame qui est assise en face est la reine Peste, notre sérénissime épouse. Les autres personnages exaltés que vous apercevez appartiennent tous à notre famille et portent l'insigne du sang royal sous les titres respectifs de « Sa Grâce l'archiduc Pest-Iféré » – « Sa Grâce le duc Pest-Ilentiel » – « Sa Grâce le duc Em-Peste » – et « Sa Sérénissime Altesse l'archiduchesse Ana-Peste[382] ».

« En ce qui concerne votre question sur les affaires au sujet desquelles nous siégeons ici en conseil, poursuivit-il, nous pourrions répondre que cela concerne et ne concerne *que* notre propre intérêt privé et royal, et ne revêt une quelconque importance que pour nous. Mais en considération de ces droits auxquels, en tant qu'hôtes et étrangers, vous pouvez prétendre, nous vous expliquerons en outre que nous sommes ici cette nuit, grâce à profondes recherches et de minutieuses investigations, prêts à examiner, analyser et déterminer de fond en comble l'esprit indéfinissable – les qualités et la nature incompréhensibles – de ces trésors inestimables que sont vins, bières et liqueurs de cette importante métropole : pour atteindre, ce faisant, davantage qu'à nos propres desseins, au véritable bien-être de ce souverain surnaturel qui règne sur nous tous, dont le domaine est illimité et dont le nom est « mort ».

– Dont le nom est Davy Jones ! lâcha Tarpaulin, en versant à la dame assise à côté de lui un crâne de liqueur en même temps qu'un second.

– Valet profane ! s'exclama le président, tournant désormais son attention vers le digne Hugh, misérable hère profane ! – nous avons dit qu'en considération de ces droits que, même dans ton immonde personne, nous n'avons nulle envie de violer nous avons condescendu à répondre à tes questions grossières et inopportunes. Néanmoins, pour votre intrusion impie dans notre conseil, nous croyons de notre devoir de vous mettre à l'amende, ton compagnon et toi, d'un gallon de *Black Strap*[383] chacun ; de l'engloutir à la prospérité de notre royaume, cul sec, et agenouillés ; ensuite de quoi vous serez libres sur-le-champ de poursuivre votre route ou bien de rester et être admis aux privilèges de notre table, selon votre bon plaisir respectif et individuel.

– Ce serait totalement impossible, rétorqua Legs, à qui les

présomptions et la dignité du roi peste le premier avaient de toute évidence inspiré des sentiments de respect, et qui s'était relevé et tenu à la table pour parler. Ce serait, n'en déplaise à Votre Majesté, totalement impossible d'arrimer dans ma cale ne serait-ce que le quart de cette liqueur que Votre Majesté vient juste de mentionner. Sans parler de tout ce qui a été embarqué dans la matinée en guise de ballast, et sans parler des différentes bières et liqueurs embarquées ce soir dans différents ports, j'ai, à présent, une pleine cargaison de *humming-stuff* de rentrée et dûment payée à l'enseigne du «Joyeux Mathurin». Plaise à Votre Majesté, par conséquent, de bien vouloir avoir la bonté de prendre la bonne volonté pour l'acte, car en aucune manière je ne puis ni ne veux avaler une goutte de plus – encore moins une goutte de cette infâme eau de fond de cale qui répond au salut de *Black Strap*.

– En voilà assez ! l'interrompit Tarpaulin, surpris non pas tant par la longueur du discours de son camarade que par la nature de son refus. En voilà assez[384], marin d'eau douce ! – et je te dis, Legs, d'arrêter tes palabres ! *Ma* coque est encore légère, bien que j'avoue que la tienne semble être un peu chargée par le haut ; quant à ta part de la cargaison, ma foi, au lieu de lever un grain, je trouverais de la place pour elle, mais…

– Cet arrangement, interrompit le président, n'est aucunement en accord avec les termes de l'amende ou de la sentence, qui est de nature médique[385] et ne saurait être commuée ou révoquée. Les conditions que nous avons imposées doivent être suivies à la lettre et sans un instant d'hésitation – le cas échéant, nous décrétons que vous serez attachés ensemble par le cou et les talons et dûment noyés en tant que rebelles dans votre muid de bière d'octobre !

– Une sentence ! – une sentence ! – une sentence juste et équitable[386] ! – un glorieux décret ! – une condamnation des plus dignes, honnêtes et sacrées! clama d'une seule voix la famille Peste au grand complet. Le roi plissa son front de ses rides innombrables; le petit vieillard goutteux haleta comme un soufflet; la femme au linceul secoua son nez de-ci de-là; le monsieur en caleçon de coton tendit l'oreille; celle au suaire ouvrit la bouche comme un poisson mourant; et celui au cercueil semblait roide et roulait des yeux.

– Ouh! ouh! ouh! gloussa Tarpaulin sans prêter attention à l'excitation générale. Ouh! ouh! ouh! – ouh! ouh! ouh! – ouh! ouh! ouh! – je disais, reprit-il, je disais quand monsieur le roi Peste a pointé son marlin que pour la question de deux ou trois gallons de *Black Strap* de plus ou de moins, c'était une broutille pour un solide navire comme moi, pas surchargé – mais quand il s'agit de boire à la santé du diable (que Dieu l'absolve) et de m'abaisser jusqu'à la moelle devant Sa Majesté mal disposée ici présente que je sais, aussi bien que je me sais pécheur, n'être personne d'autre au monde que Tim Hurlygurly[387], l'acteur de théâtre, ma foi! c'est une autre paire de manches, et qui dépasse absolument et totalement mon entendement.

Il ne fut pas autorisé à terminer son discours tranquillement. En entendant le nom de Tim Hurlygurly, toute l'assemblée bondit de ses sièges.

– Trahison! hurla Sa Majesté le roi peste le premier.

– Trahison! dit le petit homme goutteux.

– Trahison! s'écria l'archiduchesse Ana-Peste.

– Trahison! marmonna le monsieur aux mâchoires nouées.

– Trahison! grogna l'homme au cercueil.

– Trahison! trahison! cria Sa Majesté à la grande bouche et, saisissant par la partie postérieure de son pantalon le malheureux Tarpaulin, qui venait juste de commencer à se servir un crâne de liqueur, elle le souleva dans les airs et le laissa retomber dans l'énorme tonneau contenant sa bière chérie sans autre espèce de cérémonie. Se débattant quelques secondes comme une pomme dans un bol de grog, il finit par disparaître au milieu du tourbillon d'écume que, dans la liqueur déjà effervescente, sa lutte avait facilement réussi à créer.

Cependant, le grand marin n'assista pas docilement à la déconfiture de son compagnon. Poussant le roi Peste à travers la trappe ouverte, le vaillant Legs claqua la porte sur lui en lâchant un juron et se précipita au centre de la pièce. Là, arrachant le squelette qui se balançait au-dessus de la table, il le tira à lui avec tant d'énergie et de bonne volonté que, pendant que les derniers rayons de lumière s'estompaient à l'intérieur de l'appartement, il parvint à briser la cervelle du petit homme podagre. Puis, se ruant de toutes ses forces contre la fatale barrique pleine de bière d'octobre et de Hugh Tarpaulin, il la fit culbuter et rouler en un instant. Un déluge de liqueur se répandit, si violent, si impétueux, si débordant que la pièce fut inondée d'un mur à l'autre – la table chargée fut retournée, les tréteaux renversés, le baquet de punch jeté dans la cheminée et les dames firent une crise d'hystérie. Des piles d'articles funéraires pataugeaient un peu partout. Cruches, pichets et bonbonnes se mélangeaient confusément dans la *mêlée**, et les fiasques d'osier heurtaient désespérément les bouteilles de rebut. L'homme aux « horreurs » fut noyé sur place – le petit monsieur roide flottait dans son cercueil – et le victorieux Legs, saisissant par la taille la grasse dame dans son suaire, se rua avec elle dans la rue et fila tout droit jusqu'au *Free and Easy*, suivi sous bonne voile par le redoutable Hugh Tarpaulin qui, ayant éternué trois ou quatre fois, soufflait et haletait derrière lui avec l'archiduchesse Ana-Peste.

OMBRE – UNE PARABOLE[388]

Quand je marche dans la vallée de l'ombre

Psaume de David[389].

Vous qui me lisez, vous faites encore partie des vivants ; mais moi qui écris, j'aurai depuis longtemps rejoint le royaume des ombres. Car, en vérité, de bien étranges événements se seront produits, des choses secrètes auront été révélées, et plusieurs siècles auront passé avant que ces souvenirs puissent être connus des hommes[390]. Et lorsqu'ils le seront, certains n'y croiront pas, d'autres douteront, et il y en aura bien peu pour méditer sur les caractères que je grave ici avec un stylet de fer[391].

L'année avait été pleine de terreurs et de sentiments plus forts encore que la terreur, pour lesquels il n'existe aucun nom ici-bas. Car de nombreux signes et prodiges s'étaient produits, et de tous côtés, sur la terre comme sur les mers, s'étaient déployées les ailes noires de la peste. En outre, tous ceux qui étaient versés dans la science des étoiles étaient parfaitement au courant de l'aspect maladif de la voûte céleste. Et pour moi, le Grec Oinos, comme pour beaucoup d'autres, il était évident qu'était arrivé le temps de la conjonction de la sept cent quatre-vingt-quatorzième année au cours de laquelle, à son entrée dans le signe du Bélier, la planète

Jupiter rejoint l'anneau rouge de la terrible Saturne[392]. Je ne pense pas me tromper en affirmant que le caractère particulier des cieux s'imposait non seulement par ses manifestations physiques sur le globe terrestre, mais aussi dans les esprits, l'imagination et les réflexions des hommes.

Une nuit, dans une sombre cité nommée Ptolémaïs, derrière les murs d'un noble palais, nous étions sept, assis autour de quelques flacons de vin rouge de Chios[393]. La pièce où nous étions réunis n'avait pas d'autre entrée qu'une haute porte de cuivre d'une superbe exécution, façonnée par l'artisan Corinnos, et verrouillée de l'intérieur. En outre, dans cette chambre ténébreuse, des tentures noires cachaient à notre vue la lune, les étoiles lugubres et les rues dépeuplées – mais le pressentiment et le souvenir du Mal, eux, ne pouvaient nous être épargnés. Il y avait tout autour de nous des choses dont je ne puis rendre compte précisément – des choses matérielles, et d'autres spirituelles : une certaine lourdeur dans l'atmosphère, une sensation d'étouffement, d'anxiété, et surtout ce terrible état qu'éprouvent les personnes nerveuses lorsque leurs sens sont aiguisés et parfaitement éveillés, tandis que leurs pensées sont comme engourdies. Un poids mortel s'abattait sur nous. Il s'abattait sur nos membres, sur le mobilier de la salle, sur les coupes dans lesquelles nous buvions : tout était lourd et pesant – tout, sauf les flammes des sept lampes de fer qui éclairaient nos festivités[394]. S'élevant en longues bandes lumineuses, elles brûlaient ainsi, pâles et immobiles. Et dans le miroir que tendait leur reflet sur le plateau rond de la table d'ébène autour de laquelle nous étions assis, chacun de nous pouvait voir sa propre pâleur et l'éclat inquiet des yeux baissés de tous ses compagnons. Pourtant nous riions, et nous étions joyeux à notre façon – une façon plutôt hystérique. Nous chantions des chansons d'Anacréon, qui ne sont que folie[395], et buvions abondamment, même si la couleur du vin nous rappelait celle du sang. Car il y avait quelqu'un d'autre dans la pièce, en la personne du jeune Zoïlus[396]. Mort, gisant de tout son long dans son linceul, il était à la fois le génie et le démon de la scène. Hélas ! Il ne partageait aucunement notre gaieté, si ce n'est que son visage, déformé par la maladie, et ses yeux, dans lesquels la Mort n'avait éteint qu'à moitié les feux sombres de la peste, semblaient prendre autant d'intérêt à nos rires que les morts sont capables d'en prendre aux amusements de ceux qui sont sur le point de mourir. Quant à moi, Oinos, même si je sentais que les yeux du défunt s'étaient posés sur moi, je m'efforçais de ne pas remarquer l'amertume de leur expression et, fixant avec insistance les profondeurs du miroir d'ébène, je chantais d'une voix forte et sonore les chansons du fils de Teos[397].

Mais peu à peu mon chant faiblit et ses échos, roulant de loin en loin parmi les noires tentures de la chambre, devinrent faibles, puis indistincts, et enfin s'évanouirent.

Or, du milieu de ces draperies noires où le chant venait de disparaître se dressa une ombre sombre et mal définie – une ombre telle que la lune, lorsqu'elle est basse dans le ciel, pourrait en modeler à partir d'une silhouette humaine. Mais ce n'était pas l'ombre d'un homme, ni celle d'un dieu, ni celle de quoi que ce fût de connu. Elle frémit un moment parmi les draperies de la pièce, puis demeura enfin, visible aux yeux de tous, immobile à la surface des portes de cuivre. Elle était vague, sans forme précise, indéfinie. Ce n'était ni l'ombre d'un homme ni celle d'un dieu – ni celle d'un dieu grec, ni d'un dieu chaldéen, ni d'un dieu égyptien. Elle reposait sur les portes cuivrées, sous l'arche de leur entablement, où elle restait fixée, immobile et muette. Et le côté de la porte où reposait l'ombre se trouvait, si je m'en souviens bien, tout contre les pieds du jeune Zoilus dans son linceul.

Mais nous, les sept qui étions ici réunis, nous qui avions vu l'ombre émerger des tentures, nous n'osions pas la regarder franchement et nous baissions les yeux, perdant nos regards dans les profondeurs du miroir d'ébène. Et finalement ce fut moi, Oinos qui, prononçant ces quelques mots à voix basse, demandai à l'ombre qui elle était et d'où elle venait.

Et l'ombre répondit : « Mon nom est Ombre, et ma demeure se situe près des catacombes de Ptolémaïs, tout à côté des sombres plaines élyséennes, à la frontière du fétide canal de Charon. »

Alors, d'un même mouvement d'horreur, nous nous dressâmes tous les sept de nos sièges, terrifiés et tremblants : car la voix de l'ombre n'était pas celle d'une seule personne, mais d'une multitude d'êtres – et, modulant sa cadence syllabe après syllabe, elle faisait obscurément résonner dans nos crânes le timbre connu et familier de milliers d'amis disparus.

QUATRE BÊTES EN UNE[398]

L'homme-caméléopard[399]

Chacun a ses vertus.

CRÉBILLON, *Xerxès*[400]

Antiochos Epiphanes est la plupart du temps considéré comme le Gog du prophète Ezéchiel[401]. Pourtant, cet honneur devrait plutôt revenir à Cambyse, le fils de Cyrus[402] – d'autant que le caractère du monarque syrien n'a pas vraiment besoin d'embellissements fortuits : son accession au trône, ou plutôt sa souveraineté usurpée cent soixante-et-onze ans avant la venue du Christ[403], sa tentative de pillage du temple de Diane à Éphèse[404], son impitoyable hostilité envers les Juifs, sa violation du Saint des Saints et sa mort misérable à Taba[405] après onze années d'un règne tumultueux, sont autant de faits majeurs qui, d'une façon générale, ont davantage retenu l'attention des historiens de son temps que tous les exploits impies, ignobles, cruels, stupides et fantasques qui constituent le total de sa vie privée et de sa réputation.

*

* *

Supposons à présent, aimable lecteur, que nous soyons en l'an trois mille huit cent trente[406], et imaginons quelques instants que nous nous trouvions dans le lieu le plus extraordinaire où aient vécu des hommes : la remarquable cité d'Antioche. Certes il y eut, en Syrie et dans d'autres pays, seize villes de ce nom, sans compter celle à laquelle je fais ici allusion. Mais *la nôtre* est celle que l'on appelait Antiochia Epidaphné, du fait de sa proximité avec le petit village de Daphné, où s'élevait un temple consacré à cette divinité[407]. Construite (encore que ce point reste sujet à controverses) par Seleucus Nicator, le premier roi de ce pays après Alexandre le Grand, en mémoire de son père Antiochos, elle avait été immédiatement choisie comme capitale de la monarchie syrienne[408]. À l'apogée de l'Empire romain, elle était la résidence habituelle du préfet des provinces orientales, et de nombreux empereurs de la Cité reine (parmi lesquels on peut mentionner Verus et Valens[409]) y ont passé la majeure partie de leur temps. Mais je vois que nous sommes arrivés aux portes de la cité : grimpons sur ces remparts afin d'examiner la ville et ses alentours.

« Quelle est cette vaste et rapide rivière, parsemée d'innombrables cascades, qui roule à grand fracas à travers le chaos des montagnes pour terminer sa course dans celui des bâtiments ? »

Il s'agit de l'Oronte : c'est la seule étendue d'eau que l'on puisse voir d'ici – si l'on excepte la Méditerranée, qui s'étale comme un vaste miroir jusqu'à douze miles environ vers le sud. Tout le monde a vu la Méditerranée, mais sachez que peu nombreux sont ceux qui ont pu voir Antioche. Quand je dis « peu nombreux », j'entends ceux qui, comme vous et moi, ont bénéficié des bienfaits de l'éducation moderne. Aussi cessez donc de regarder la mer, et concentrez-vous plutôt sur la masse des maisons juste au-dessous de nous. Souvenez-vous que nous sommes en l'an trois mille huit cent trente. Si nous étions plus tard – si c'était par exemple l'an de grâce mille huit cent quarante-cinq –, nous serions privés de ce spectacle extraordinaire. Au dix-neuvième siècle, Antioche est – ou plutôt *sera* – dans un lamentable état de décrépitude. À ce moment-là, elle aura été totalement détruite à trois reprises par trois tremblements de terre successifs. À vrai dire, le peu qui subsistera de son aspect initial se trouvera dans un tel état de ruines et de désolation que le patriarche aura transféré sa résidence à Damas[410]. C'est bien. Je vois que vous suivez mon conseil et employez votre temps à inspecter les lieux – à

> ... assouvir vos yeux
> des souvenirs et des choses fameuses
> qui font la renommée de cette ville[411]

Pardon : j'avais oublié que Shakespeare ne s'épanouira pas avant mille sept cent cinquante ans. Mais l'aspect d'Epidaphné ne justifie-t-il pas que je l'aie qualifiée d'*extraordinaire* ?

– Elle est bien fortifiée. Et à cet égard, elle doit autant à la nature qu'à l'art.

Parfaitement exact.

– Il y a un nombre incroyable de palais majestueux. »

En effet.

– Et les temples, nombreux, magnifiques et somptueux, peuvent soutenir la comparaison avec les temples les plus vantés de l'Antiquité.

Je dois reconnaître tout cela. Il y a aussi, cependant, un très grand nombre de huttes en torchis et d'abominables taudis. Par ailleurs, nous ne pouvons que constater l'abondance d'immondices dans tous les caniveaux, et il ne fait aucun doute que, sans les puissantes fumées de l'encens idolâtre, la puanteur nous serait intolérable. Avez-vous déjà vu des rues aussi insupportablement étroites, ou des maisons si incroyablement hautes ? Quelle obscurité leurs ombres projettent au sol ! Heureusement que les lampes suspendues à ces interminables colonnades brûlent toute la journée, sans quoi règneraient ici les ténèbres de l'Égypte au temps de sa désolation[412].

– C'est un endroit vraiment étrange ! Quel est donc ce bâtiment si singulier, là-bas ? Regardez : il domine tous les autres, et s'étend vers l'est de ce que je prenais pour le palais royal !

C'est le nouveau Temple du Soleil, qu'en Syrie on adore sous le nom d'Elah Gabalah. Par la suite un célèbre empereur romain introduira son culte à Rome, et de là lui viendra son surnom d'Héliogabale[413]. J'imagine que vous aimeriez jeter un coup d'œil à la divinité du temple. Inutile de regarder vers le ciel : ce n'est pas là que vous trouverez Sa Majesté le Soleil – du moins pas la divinité adorée par les Syriens. Celle-ci, vous pourrez la voir à l'intérieur du bâtiment tout là-bas. On l'adore sous la forme d'un grand pilier de pierre dont le sommet se termine en une pyramide qui représente le Feu.

– Écoutez ! Regardez ! Qui sont donc ces êtres à moitié nus, aux visages peinturlurés, qui s'adressent à la populace en criant et en gesticulant ?

Quelques-uns sont des saltimbanques. Les autres font plutôt partie de la race des philosophes. La plus grande partie néanmoins, surtout ceux qui frappent la populace à coups de bâton, sont les principaux courtisans du palais qui, comme l'exige leur devoir, exécutent un petit spectacle comique composé par le roi.

– Mais que se passe-t-il ? Grands dieux ! La ville est envahie de bêtes sauvages ! Quel spectacle effrayant ! Quelle dangereuse bizarrerie !

Effrayant, si vous voulez ; mais pas le moins du monde dangereux. Chaque animal, si vous vous donnez la peine de bien observer, suit très paisiblement le pas de son maître. Certains sont bien entendu tenus en laisse, mais il s'agit essentiellement des espèces les plus faibles, ou les plus inoffensives. Les lions, les tigres et les léopards sont libres et sans entraves. Ils ont été dressés sans difficulté à remplir leur rôle actuel, qui est de servir de *valets de chambre** à leurs propriétaires. Il arrive, c'est vrai, que la nature ainsi réprimée réclame parfois ses droits – mais à Epidaphné, un homme d'armes dévoré ou un taureau sacré étranglé sont des événements beaucoup trop anodins pour qu'on les remarque vraiment.

– Mais quel est donc ce tumulte extraordinaire ? Même pour Antioche, en voilà du bruit ! Cela semble témoigner d'une agitation inhabituelle.

Oui, sans aucun doute. Le roi a dû ordonner quelque nouveau spectacle : peut-être des combats de gladiateurs à l'hippodrome, ou un massacre de prisonniers scythes, l'incendie de son nouveau palais, la destruction d'un temple parmi les plus beaux, ou bien encore un feu de joie de quelques Juifs. Le vacarme augmente. Des hurlements de rires s'élèvent jusqu'aux cieux. L'atmosphère devient cacophonique, entre les notes discordantes des instruments à vent et les affreuses clameurs d'un million de gosiers. Descendons donc nous amuser un peu, et voyons ce qui se passe ! Par ici – attention ! nous voici dans la rue principale, que l'on appelle rue de Timarchus[414]. La foule immense se dirige là, et il nous sera difficile de remonter le courant. Elle se répand dans l'allée d'Héraclide[415], qui part directement du palais – le roi fait donc probablement partie du nombre. Oui : j'entends les cris du héraut qui annonce sa venue dans la pompeuse phraséologie orientale. Nous pourrons l'apercevoir lorsqu'il passera par le temple d'Ashima[416]. Abritons-nous dans le vestibule du sanctuaire : il sera ici bientôt. Pendant ce temps, étudions un peu cette image. De quoi s'agit-il ? Oh, c'est la déesse Ashima en personne. Vous voyez bien qu'elle n'est ni un agneau, ni une chèvre, ni un satyre. Elle ne ressemble en rien au dieu Pan des Arcadiens. Pourtant tous ces caractères ont été attribués – pardon : *seront* attribués – à l'Ashima des Syriens par les érudits des âges futurs. Mettez vos lunettes, et dites-moi ce que c'est. Qu'est-ce ?

– Ça alors ! C'est un singe !

Exact : un babouin – mais en aucun cas une déesse. Son nom provient du grec *simia* – quels idiots, ces archéologues ! Mais regardez ! regardez ! Un gamin déguenillé galope tout là-bas. Où va-t-il ? Que dit-il ? À propos de quoi braille-t-il ainsi ? Oh ! il dit que le roi arrive triomphant, qu'il a revêtu son costume d'apparat, et qu'il vient juste de mettre à mort de sa propre main mille prisonniers israélites enchaînés ! Et pour cet exploit le petit va-nu-pieds le glorifie ! Écoutez ! Voici venir un groupe de gens tous identiquement vêtus. Ils ont composé un hymne latin à la gloire du roi, et le chantent en marchant :

Mille, mille, mille,
Mille, mille, mille,
Decollavimus, unus homo !
Mille, mille, mille, mille, decollavimus !
Mille, mille, mille !
Vivat qui mille mille occidit !
Tantum vini habet nemo
Quantum sanguinis effudit[417] *!*

Que nous pourrions paraphraser ainsi :

Mille, mille, mille,
Mille, mille, mille,
Nous en avons massacré mille avec un seul guerrier !

Mille, mille, mille, mille,
Chantons ces mille à jamais !
Hourra ! Souhaitons
Longue vie à notre roi,
Qui en abattit mille si aisément !
Hourra ! Crions tous ensemble
Qu'il nous a donné davantage
De barriques de sang
Que toute la Syrie peut nous fournir de vin !

– Entendez-vous cette fanfare de trompettes ?

Oui : le roi arrive ! Regardez ! Le peuple est éperdu d'admiration, tous lèvent les yeux vers le ciel en signe de respect[418] ! Il vient ! Il arrive ! Le voilà !

– Qui ? Où ? Le roi ? Je ne le vois pas – je ne le distingue même pas.

Alors c'est que vous êtes aveugle.

– C'est bien possible. Toujours est-il que je ne vois qu'une foule mouvante, agitée de fous et d'idiots occupés à se prosterner devant un gigantesque caméléopard dont ils essaient d'embrasser les sabots. Regardez ! La bête vient d'en assener un coup à une de ces racailles – bien fait ! Et à un autre – et à un autre, et un autre. Vraiment, je ne peux qu'admirer cet animal pour l'excellent usage qu'il fait de ses pattes.

De la racaille ? Mais ce sont les nobles et les citoyens libres d'Épidaphné ! Une bête, avez-vous dit ? Prenez garde à ce qu'on ne vous ait pas entendu. Ne voyez-vous pas que l'animal a un visage humain ? Mon cher ami, ce caméléopard n'est autre qu'Antiochos Epiphanes – Antiochos l'Illustre, roi de Syrie, et le plus puissant de tous les autocrates de l'Orient ! Il est vrai qu'on le surnomme parfois Antiochos Epimanes – Antiochos le Fou – mais c'est parce que tout le monde n'a pas la capacité d'apprécier ses mérites à leur juste valeur. Il est tout aussi vrai qu'il se trouve à présent dissimulé sous une peau de bête, et qu'il fait de son mieux pour jouer le rôle d'un caméléopard. Mais il le fait de manière à maintenir intacte sa royale dignité. D'ailleurs, le monarque est de très haute stature, et le costume, de ce fait, ne lui est ni malséant ni trop grand. Nous pouvons cependant supposer qu'il ne l'aurait pas revêtu si ce n'était pour une occasion très particulière – et vous conviendrez que le massacre de mille Juifs en est une. Avec quelle superbe dignité le monarque déambule sur ses quatre pattes ! Sa queue, vous le voyez, est maintenue en l'air par ses deux principales concubines, Ellinë et Argelaïs, et son apparence serait des plus engageantes, n'étaient ses yeux protubérants, qui semblent près de lui sortir de la tête, et l'étrange couleur de son visage, devenue indéfinissable en raison de la quantité de vin qu'il a engloutie[419]. Suivons-le jusqu'à l'hippodrome, là où il se dirige, et écoutons le chant de triomphe qu'il entonne :

Qui donc est roi sinon Epiphanes ?
Le savez-vous ? Le savez-vous ?
Qui donc est roi sinon Epiphanes ?
Bravo ! Bravo !
Il n'y a d'autre roi qu'Épiphanes,
Non, il n'y en a pas d'autre :
Donc détruisez les temples,
Et éteignez le Soleil[420] *!*

Voilà qui est bien chanté, et avec une belle énergie ! La populace l'acclame : « prince des poètes », « gloire de l'Orient », « délice de l'univers » et « le plus extraordinaire des caméléopards ». Ils lui réclament un *bis* et – entendez-vous ? – il se met à chanter à nouveau. Lorsqu'il arrivera à l'hippodrome, on lui remettra la couronne des poètes, comme un avant-goût de sa victoire aux prochains Jeux Olympiques.

« Mais, par Jupiter ! Que se passe-t-il dans la foule derrière nous ? »

Derrière nous, vous dites ? Oh, oh ! Je vois. Mon ami, vous avez bien fait de parler à temps. Courons nous mettre à l'abri le plus vite possible. Ici ! Cachons-nous sous l'arche de cet aqueduc, et je vous expliquerai l'origine de cette agitation. Il s'est passé ce que j'avais pressenti : l'aspect singulier de ce caméléopard à tête d'homme a, semble-t-il, heurté l'équilibre des relations entre maîtres et serviteurs qu'avaient acceptées les bêtes sauvages domestiquées en ville. Le résultat a été une mutinerie. Et, comme c'est toujours le cas en de pareilles circonstances, tous les efforts humains ne parviendront pas à contenir la foule. Plusieurs Syriens ont déjà été dévorés. Mais les patriotes à quatre pattes semblent avoir décidé de s'attaquer aussi au caméléopard. « Le Prince des Poètes », de ce fait, s'est dressé sur ses pattes arrière et court pour sauver sa vie. Ses courtisans l'ont laissé en plan, et ses concubines ont suivi leur exemple. « Délice de l'Univers », te voici dans une situation fort délicate ! « Gloire de l'Orient », tu es en grand danger de mastication ! Aussi, ne considère pas si piteusement ta queue : oui, elle va traîner dans la boue –, mais tu ne peux plus rien pour elle. Ne t'occupe donc pas, derrière toi, de son inévitable déchéance, mais arme-toi de courage, active tes jambes avec énergie, et file jusqu'à l'hippodrome. Souviens-toi que tu es Antiochos Epiphanes, Antiochos l'Illustre ! – et aussi « Le Prince des Poètes », « Gloire de l'Orient », « Délice de l'Univers » et « Le plus extraordinaire des Caméléopards » ! Oh grands dieux ! Quelle vélocité ! Quelle puissante célérité dans la fuite ! Cours, Prince ! Bravo, Epiphanes ! Bien joué, Caméléopard ! Glorieux Antiochos ! Il court ! Il bondit ! Il vole ! Comme le projectile d'une catapulte, il approche de l'hippodrome ! Il bondit ! Il crie ! Il y est ! Voilà qui est bien. Car si tu avais, ô « Gloire de l'Orient », mis une demi-seconde de plus pour atteindre les portes de l'amphithéâtre, il ne se serait trouvé dans Epidaphné aucun ourson qui n'eût grignoté ta carcasse. Partons à présent – oui, quittons les lieux ! Car nos oreilles trop contemporaines seront incapables de supporter l'énorme vacarme qui va commencer en l'honneur de la fuite du roi ! Écoutez ! Ça a déjà commencé. Regardez ! Toute la ville est sens dessus dessous.

– C'est sans aucun doute la ville la plus peuplée d'Orient ! Quel rassemblement incroyable ! Quel mélange de classes et d'âges ! Quelle multiplicité de peuples et de confessions ! Quelle variété de costumes ! Quelle Babel de langues ! Quels cris d'animaux ! Que d'instruments qui résonnent ! Quelle quantité de philosophes !

Allez, partons vite !

« Attendez un moment ! Je vois un immense remous dans l'hippodrome. Je vous en supplie, dites-moi : de quoi s'agit-il ? »

Ça ? Oh, rien ! Étant donné que les nobles et les citoyens libres d'Épidaphné sont, ainsi qu'ils l'ont déclaré, satisfaits de la valeur, de la loyauté, de la sagesse et de la divinité de leur roi, et comme ils ont, de plus, été les témoins de sa récente et surhumaine vélocité, ils considèrent à présent qu'il est de leur devoir de lui attribuer, en plus de la couronne des poètes, celle des coureurs à pied – une couronne qu'à l'évidence il obtiendra lors de la prochaine Olympiade, et qu'ils lui décernent donc à l'avance aujourd'hui [421].

MYSTIFICATION[422]

Pardieu, si ce sont là vos coups,
vos passados et vos montantes,
je n'en veux point!
NED KNOWLES[423].

Le Baron Ritzner von Jung[424] appartenait à une famille de la noblesse hongroise[425] dont chaque membre (du moins aussi loin que remontent certains registres) possédait un talent plus ou moins remarquable – la plupart d'entre eux par cette sorte de *grotesquerie**[426] dont Tieck[427], un descendant de la maison, a donné une vive illustration, bien que ce ne soit nullement la plus vive. Ma relation avec Ritzner a débuté dans le magnifique *Château** Jung, où une série de drôles d'aventures, qu'on ne peut rendre publiques, m'amena à séjourner durant les mois d'été de l'an 18... C'est là que je gagnai son estime, et là que, avec un peu plus de peine, j'eus un aperçu partiel de sa conformation mentale. Par la suite, cette vision se précisa au fur et à mesure que l'intimité qui l'avait d'abord permise devint plus étroite ; et quand, après trois années de séparation, nous nous retrouvâmes à G—n[428], je savais tout ce qu'il était nécessaire de savoir du caractère du Baron Ritzner von Jung.

Je me souviens de la curiosité que suscita son arrivée dans

l'enceinte de l'université, la nuit du vingt-cinq juin, et des conversations qui allaient bon train. Je me souviens encore plus nettement qu'alors que tous avaient déclaré, dès leur première rencontre, qu'il était « l'homme le plus extraordinaire au monde », personne ne fit la moindre tentative pour motiver cette opinion. Qu'il fût *unique** paraissait si indiscutable que l'on jugeait impertinent de chercher à savoir en quoi consistait cette unicité. Mais laissons cela de côté pour le moment, pour simplement faire remarquer que, dès l'instant où il posa le pied à l'intérieur de l'université, il commença à exercer sur les habitudes, les manières, les personnes, les dépenses et les penchants de toute la communauté qui l'entourait, une influence des plus étendues et des plus despotiques, et dans le même temps, des plus indéfinies et des plus inexplicables. Ainsi, la courte période de son séjour à l'université fait-elle date dans ses annales, et toutes les catégories de personnes qui y appartiennent, à elle ou à ses dépendances, l'ont baptisée : « la période très extraordinaire de la domination du Baron Ritzner von Jung ».

Dès son arrivée à G—n, il vint me trouver dans mes appartements. Il n'avait pas d'âge particulier à cette époque, je veux dire par là qu'il était impossible d'émettre la moindre hypothèse sur son âge à partir de ses caractéristiques personnelles. Il aurait aussi bien pu avoir quinze ans que cinquante – en réalité, il *avait* vingt-et-un ans et sept mois. Ce n'était absolument pas un bel homme – c'était plutôt le contraire. Le contour de son visage était assez anguleux et dur. Son front était haut et très pâle ; son nez retroussé ; ses yeux grands, battus, vitreux et inexpressifs. Il y avait davantage à dire sur sa bouche. Les lèvres étaient délicatement saillantes et reposaient l'une sur l'autre de telle façon qu'il était impossible de concevoir une combinaison de traits humains, même la plus complexe, qui exprimât si entièrement et si exclusivement l'idée de gravité, de solennité et de sérénité absolues.

On aura sans nul doute compris, d'après ce que j'ai déjà dit, que le Baron était l'une de ces anomalies humaines comme on en rencontre de temps à autre, qui font de la science de la *mystification* l'étude et l'affaire de leur vie. Une tournure d'esprit particulière l'avait mis instinctivement sur la voie de cette science, tandis que son apparence physique lui offrait des facilités inhabituelles pour mettre ses projets à exécution. Je crois fermement qu'aucun étudiant à G—n, durant cette fameuse époque bizarrement connue sous le nom d'époque de la domination du Baron Ritzner von Jung, ne pénétra vraiment le mystère qui entourait son personnage. Je crois vraiment que personne à l'université, à part moi, ne le soupçonna même d'être capable d'une plaisanterie, orale ou concrète : on aurait plutôt accusé le vieux bulldog au portail du jardin, le fantôme d'Héraclite[429] ou bien la perruque du Professeur Émérite de Théologie. Et pourtant, il était évident que la plus éminente et la plus impardonnable de toutes les plaisanteries, bizarreries et bouffonneries imaginables était fomentée, si ce n'est directement par lui, du moins clairement par son entremise ou sa complicité intermédiaire. La beauté, si je puis m'exprimer ainsi, de son art *mystifique*[*430], résidait dans cette habileté consommée (résultant d'une connaissance presque intuitive de la nature humaine et d'une maîtrise de soi des plus merveilleuses), grâce à laquelle il ne manquait jamais de laisser croire que les plaisanteries qu'il était occupé à mettre au point se produisaient malgré et à cause des efforts louables qu'il déployait pour les prévenir et préserver le bon ordre et la dignité de l'Alma Mater[431]. La mortification profonde, poignante et irrépressible qui, à chaque échec de ses efforts vertueux, se lisait sur chaque trait de son visage, ne laissait aucune place au doute quant à sa sincérité dans l'esprit de ses camarades, même les plus sceptiques. Il convient de noter également l'adresse avec laquelle il s'arrangeait pour faire passer le sentiment de grotesque du créateur à sa création – de sa personne même aux absurdités auxquelles il avait donné naissance. Jamais avant le cas dont je suis en train de parler, je n'ai vu celui qui se livre à la mystification échapper aux conséquences naturelles de ses manœuvres – autrement dit à ce que son caractère et sa personne ne se trouvent aussitôt frappés de ridicule. Baignant continuellement dans une atmosphère fantasque, mon ami semblait ne vivre que pour l'austérité de la société, et même les membres de sa propre maisonnée n'ont jamais associé un seul instant d'autres idées que la sévérité et la majesté au souvenir du Baron Ritzner von Jung.

À l'époque de son séjour à G—n, le démon du *dolce farniente* semblait vraiment planer comme un incube sur l'université. On n'y faisait rien, du moins, que manger, boire et s'amuser. Les chambres des étudiants se transformaient en autant de tavernes, et il n'y en avait pas de plus célèbre ou de plus fréquentée que celle du Baron. Nos beuveries y furent nombreuses, tapageuses, longues et jamais avares de péripéties.

Au cours de l'une d'entre elles, nous avions prolongé notre réunion pratiquement jusqu'au petit matin et avions bu une quantité inhabituelle de vin. La compagnie consistait en sept ou huit individus en sus du Baron et de moi-même. La plupart d'entre eux étaient de jeunes hommes riches, ayant beaucoup d'entregent, faisant la fierté de leur famille et tous imbus d'un sens de l'honneur exagéré. Ils abondaient dans les opinions allemandes les plus excessives en matière de *duello*. Quelques publications parisiennes récentes, appuyées par trois ou quatre rencontres désespérées et fatales qui avaient eu lieu à G—n, avaient donné à ces idées donquichottesques une vigueur et un élan nouveaux ; et la conversation, au cours de la majeure partie de la nuit, avait donc filé bon train sur ce sujet qui passionnait tout le monde à cette époque. Le Baron, qui était resté inhabituellement silencieux et distrait au début de la soirée, sembla enfin émerger de son apathie, prit les commandes de la conversation et s'attarda sur les bienfaits, et plus particulièrement sur les beautés, du code prescrit par l'étiquette dans les passes d'armes avec une ardeur, une éloquence, une force et une affabilité qui suscitèrent un très vif enthousiasme chez son auditoire et me laissèrent totalement pantois, moi qui le connaissais pour tourner en ridicule, *in petto*, ces points mêmes qu'il défendait, et pour afficher en particulier, à l'égard de toute la *fanfaronnade** de l'étiquette du duel, le mépris souverain qu'elle mérite.

Profitant d'une pause du baron dans son discours (dont mes lecteurs peuvent se faire une vague idée si je dis qu'il ressemblait au ton fervent, chantant, monotone, quoique musical, et sermonneur de Coleridge[432]), (...), je regardai autour de moi et devinai les symptômes d'un intérêt plus marqué dans la physionomie de l'un de ceux qui étaient présents. Cet homme, que j'appellerai Hermann, était un original à tous points de vue – sauf, peut-être, au détail près que c'était un parfait imbécile. Cependant, il s'efforçait, dans une coterie particulière de l'université, de se tailler une réputation de profonde pensée métaphysique et, je crois, d'un certain talent logique. En tant que duelliste, il avait acquis une grande renommée, même à G—n. J'oublie le nombre précis de victimes tombées face à lui, mais elles étaient nombreuses. C'était indéniablement un homme courageux. Mais ce dont il s'enorgueillissait le plus spécialement, c'était de sa connaissance étroite de l'étiquette du *duello* et de la *délicatesse* de son sens de l'honneur. C'était là le dada qu'il chevaucha jusqu'à sa mort. Pour Ritzner, toujours à l'affût du grotesque, ses singularités avaient depuis longtemps fourni matière à mystification. Mais je n'en étais pas conscient bien que, dans le cas présent, j'aie clairement vu que quelque chose relevant de la nature fantasque de mon ami était sur le *tapis** et qu'Hermann en était la cible particulière.

Comme le premier continuait son discours, ou plutôt son monologue, je sentais l'excitation monter petit à petit chez le second. Celui-ci finit par prendre la parole, pour émettre une objection au sujet d'un point sur lequel R. avait insisté et en donnant ses raisons de façon détaillée. Le Baron y rétorqua longuement (en conservant un ton exagérément passionné) et conclut, avec ce que je considérais comme du mauvais goût, par un sarcasme et un ricanement. Le dada d'Hermann prit alors le mors aux dents. Je pus m'en rendre compte au méli-mélo étudié et ergoteur de sa réplique. Je me souviens nettement de ses derniers mots : «Vos opinions, permettez-moi de vous le dire, Baron von Jung, bien que correctes dans l'ensemble, vous discréditent, en maints points délicats, vous et l'université dont vous faites partie. À bien des égards, elles sont même indignes d'une réfutation sérieuse. J'en dirais davantage, monsieur, n'était la peur de vous offenser (à ces mots, l'orateur sourit mielleusement) ; je dirais, monsieur, que vos opinions ne sont pas de celles que l'on est en droit d'attendre d'un *gentleman*».

Quand Hermann termina cette phrase équivoque, tous les regards se tournèrent vers le Baron. Il devint pâle, puis excessivement rouge et, faisant tomber son mouchoir de poche, se pencha pour le ramasser – quand j'entraperçus son visage, que personne d'autre ne pouvait voir à table. Il irradiait de celui-ci cette expression railleuse qui en constituait le caractère naturel, mais que je ne lui avais jamais vu prendre sauf quand nous étions totalement seuls et qu'il se laissait aller librement. L'instant d'après, il était debout, toisant Hermann, et assurément, je n'avais jamais vu auparavant un changement d'expression aussi complet dans une période aussi courte. L'espace d'un instant, je m'imaginais même que je m'étais mépris sur son compte et qu'il était fort sérieux. Il semblait refréner ses humeurs et son visage était d'une pâleur cadavérique. Il resta silencieux un bref moment, luttant apparemment pour maîtriser ses émotions. Semblant y être enfin parvenu, il prit une carafe qui se trouvait près de lui, et déclara, alors qu'il la serrait fermement : « Il y a tant à redire sur le langage que vous avez jugé bon d'utiliser à mon égard, *Mijnheer* Hermann, que je n'ai pas le temps et ne suis pas d'humeur à entrer dans les détails. Cependant, que mes opinions ne soient pas celles qu'on est en droit d'attendre d'un *gentleman* est une remarque si ouvertement blessante qu'elle ne me laisse qu'une seule ligne de conduite. Une certaine courtoisie est due, néanmoins, à la présence de cette compagnie et à vous-même qui, en cet instant, êtes mon hôte. Vous m'excuserez donc si, sur ces considérations, je m'écarte légèrement de l'usage qui prévaut entre *gentlemen* dans des cas similaires d'affront personnel. Vous me pardonnerez le léger effort que je m'apprête à solliciter de votre imagination, et vous efforcerez de considérer, l'espace d'un instant, le reflet de votre personne dans ce miroir comme le vivant *M ?nheer* Hermann en personne. Ceci fait, il n'y aura aucune difficulté d'aucune sorte. Je m'en vais vider cette carafe de vin sur votre image dans ce miroir et réparerai ainsi en esprit, sinon à la lettre exacte, l'insulte dont je vous fais grief, tout en évitant la nécessité de faire usage de violence sur votre personne réelle ».

À ces mots, il jeta la carafe pleine de vin contre le miroir accroché directement en face d'Hermann, frappant le reflet de sa personne avec une grande détermination et, bien entendu, brisant la glace en mille morceaux. Toute la compagnie bondit aussitôt sur ses pieds et prit congé, à l'exception de Ritzner et de moi-même. Alors qu'Hermann sortait, le Baron me murmura que je devrais le suivre et lui offrir mes services. J'y consentis, sans savoir précisément que faire dans une affaire si ridicule.

Le duelliste accepta mon aide de son air guindé et *ultra-recherché** et, prenant mon bras, me conduisit à sa chambre. J'eus beaucoup de mal à ne pas lui rire au nez tandis qu'il continuait de pérorer, avec la gravité la plus profonde, sur ce qu'il appelait « le caractère particulièrement raffiné » de l'affront qui lui avait été fait. Après une harangue épuisante dans son style ordinaire, il prit dans ses étagères plusieurs volumes moisis traitant du *duello* et m'entretint longuement de leurs contenus, les lisant à voix haute et les commentant avec sérieux au fil de sa lecture. Je me souviens juste du titre de certains de ces ouvrages. Il y avait l'*Ordonnance de Philippe le Bel sur le combat singulier*, le *Théâtre de l'Honneur* de Favyn et un traité *Sur la permission des Duels* d'Audiguier[433]. Il exhiba aussi, avec force pompe, les *Mémoires de Duels* de Brantôme[434], publiés à Cologne, en 1666, en caractère elzévir[435] – un volume en papier vélin précieux et unique, avec une belle marge et relié par Derome[436]. Mais il attira tout particulièrement mon attention, avec un air de sagacité mystérieuse, sur un épais in-octavo, écrit en latin barbare par un certain Hedelin, un Français, portant ce titre étrange : *Duellis Lex Scripta, et non ; aliterque*[437]. Il m'en lut un chapitre, l'un des plus étranges au monde, intitulé « *Injuriæ per applicationem, per constructionem, et per se*[438] », dont la moitié, affirmait-il, s'appliquait directement à son propre cas « particulièrement raffiné », bien que, en dépit de tous mes efforts, je n'aie pu en comprendre un traître mot. Ayant fini le chapitre, il referma le livre et me demanda ce que je jugeais nécessaire de faire. Je répondis que j'avais une entière confiance dans la délicatesse supérieure de ses sentiments et que je me rangerais à ce qu'il proposerait. Il parut flatté par cette réponse et s'assit pour écrire un billet au Baron, qui disait ceci :

Monsieur, – Mon ami, Mr. P***, vous remettra ce billet. J'estime qu'il m'appartient de demander, sitôt qu'il vous conviendra, une explication pour ce qui s'est produit ce soir dans vos appartements. Au cas où vous déclineriez cette requête, Mr. P*** aura le plaisir d'arranger, avec un ami que vous désignerez, les préliminaires d'une rencontre.

Avec mes sentiments de profond respect,

Votre très humble serviteur,

Johan Hermann

Au Baron Ritzner Von Jung,

18 août 18–.

Ne sachant que faire de mieux, je me rendis chez Ritzner avec cette missive. Il s'inclina quand je la lui présentai, puis, le visage grave, m'indiqua un siège d'un signe de la main. Ayant pris le temps de lire la provocation en duel, il écrivit la réponse suivante, que j'apportai à Hermann :

Monsieur,

Par le biais de notre ami commun, Mr. P***, j'ai reçu votre billet de ce soir. Après mûre réflexion, je reconnais pleinement que l'explication que vous suggérez est appropriée. Ceci étant admis, j'éprouve encore beaucoup de difficulté (en raison de la nature *particulièrement raffinée* de notre désaccord et de l'affront personnel commis par mes soins) à exprimer par des mots ce que j'ai à dire en guise d'excuse, afin de répondre à toutes les exigences minutieuses et toutes les nuances variables du cas. J'ai néanmoins une grande confiance dans l'extrême délicatesse de votre discernement sur toutes les matières relevant des règles de l'étiquette, dans lesquelles vous vous êtes si longtemps et si souverainement distingué. Partant, avec l'assurance parfaite d'être compris, je demande la permission, au lieu d'offrir l'expression de mes sentiments, de vous renvoyer aux opinions du *Sieur** Hedelin, tels qu'exprimés dans le neuvième paragraphe du chapitre «*Injuriæ per applicationem, per constructionem, et per se*» de son *Duelli Lex scripta et non; aliterque*. La qualité de votre discernement dans tous les sujets traités ici suffira, j'en suis certain, à vous convaincre *que vous renvoyer simplement* à ce passage admirable devrait satisfaire à votre demande d'explication, en votre qualité d'homme d'honneur.

Avec des sentiments de profond respect,

Votre serviteur très obéissant,

Von Jung

Herr Johann Hermann

18 août 18–.

Hermann commença la lecture de cette missive avec une expression renfrognée qui, cependant, se mua en un sourire de la plus risible autosatisfaction quand il tomba sur le passage sans queue ni tête sur les *Injuriæ per applicationem, per constructionem, et per se*. Ayant terminé sa lecture, il me pria, avec le sourire le plus affable possible, de m'asseoir, tandis qu'il consultait le traité en question. Parvenu au passage spécifié, il le lut avec grand soin pour lui-même, avant de refermer le livre et de souhaiter qu'en ma qualité de confident du Baron von Jung, je lui fasse part de la haute opinion qu'il avait de sa conduite chevaleresque, et qu'en ma qualité de second, je l'assure que l'explication fournie était de nature on ne peut plus complète, honorable et nettement satisfaisante.

Quelque peu surpris, je me retirai chez le Baron. Il parut

accueillir le message amical d'Hermann comme allant de soi et, après quelques mots de conversation générale, se rendit dans une pièce intérieure et en tira le traité éternel *Duelli Lex scripta, et non ; aliterque*. Il me tendit le volume et me demanda d'en parcourir un passage. Je m'exécutai, sans grand résultat, incapable d'en saisir la moindre parcelle de sens. Il prit alors le livre et m'en lut un chapitre à voix haute. À ma grande surprise, ce qu'il lut s'avéra être le récit effroyablement absurde d'un duel entre deux babouins. Il m'expliqua alors ce mystère, en montrant que le volume, tel qu'il apparaissait *prima facie*[439] était écrit sur le modèle des vers aberrants de Du Bartas[440], autrement dit que le langage était ingénieusement agencé pour présenter à l'oreille tous les signes extérieurs de l'intelligibilité et même de la profondeur, alors qu'en réalité, cela n'avait absolument aucun sens. La clef de tout cela se trouvait en sautant, en alternance, les deuxième et troisième mots, ce qui faisait apparaître une série d'absurdes plaisanteries sur un combat singulier tel qu'on le pratique à l'époque moderne.

Le Baron m'informa ensuite qu'il avait mis le traité à dessein sur le chemin d'Hermann deux ou trois semaines avant l'incident, et qu'il avait pris soin de s'assurer, d'après la teneur générale de sa conversation, qu'il l'avait étudié avec la plus grande attention et qu'il croyait dur comme fer que c'était une œuvre d'un mérite exceptionnel. Après l'avoir vérifié à demi-mot, il avait poursuivi. Hermann serait mort un millier de fois plutôt que de reconnaître son incapacité à comprendre quoi que ce soit qui ait jamais été écrit dans l'univers sur le *duello*.

Lyttleton Barry[441]

SILENCE – UNE FABLE[442]

'Ενδουσιν δ'ορεων κορυφαι τε
και φαραγγες
Πρωνες τε και χαραδραι

ALCMAN.[443]

Les cimes des montagnes
sommeillent ; vallées, rochers et grottes
sont silencieux.

« Écoute-*moi*, dit le Démon, en posant sa main sur ma tête. L'endroit dont je te parle est une sinistre région de Lybie, le long du fleuve Zaïre[444]. Et il n'y règne ni calme ni silence.

Les eaux du fleuve ont une couleur safran et malsaine ; elles ne coulent pas vers la mer, mais palpitent éternellement sous l'œil rouge du soleil dans un mouvement tumultueux et convulsif. Sur plusieurs miles de chaque côté du lit vaseux du fleuve se trouve un pâle désert de gigantesques nénuphars. Ils soupirent l'un vers l'autre dans cette solitude, tendent jusqu'aux cieux leurs longs cous affreux, et hochent de-ci de-là leurs têtes pérennes. Il en émane un vague murmure, pareil à des flots souterrains. Et ils soupirent l'un vers l'autre.

Mais il y a une frontière à leur royaume – la frontière de la sombre, horrible et altière forêt. Là, comme les vagues autour des Hébrides[445], le petit sous-bois est agité sans relâche. Mais il n'y a pas le moindre vent dans les cieux. Les grands arbres primitifs ondoient éternellement de-ci de-là dans un puissant fracas. De leurs hautes cimes, goutte à goutte, tombent d'éternelles rosées. À leurs pieds, d'étranges fleurs vénéneuses se contorsionnent dans leur sommeil agité. Et au-dessus, dans un bruissement retentissant, les nuages gris filent à jamais vers l'ouest, jusqu'à ce qu'ils dévalent, telle une cataracte, le mur incandescent de l'horizon. Mais il n'y a pas le moindre vent dans les cieux. Et près des rives du fleuve Zaïre, ne règnent ni calme ni silence.

C'était la nuit et il pleuvait ; et si en tombant, c'était bien de la pluie, elle était devenue sang. Je me trouvais dans le marécage au milieu des grands nénuphars, la pluie se déversait sur ma tête – et les nénuphars soupiraient les uns vers les autres dans la solennité de leur désolation.

Et tout à coup, la lune se leva dans la fine brume blafarde et elle était de couleur cramoisie. Mes yeux tombèrent sur un immense rocher gris qui se trouvait près de la rive du fleuve et qui était éclairé par la lumière de la lune. Le rocher était gris, spectral et imposant – le rocher était gris. Sur le dessus, des caractères étaient gravés dans la pierre ; je traversai le bourbier de nénuphars pour m'approcher du rivage, afin de pouvoir lire ce qui était écrit. Mais je ne parvins pas à les déchiffrer. Je regagnai le marécage, quand la lune se mit à briller d'un éclat plus rouge encore, et je me retournai pour regarder à nouveau le rocher et les caractères – et il était écrit : DÉSOLATION.

Je levai les yeux en l'air : un homme se tenait au sommet du rocher ; je me cachai au milieu des nénuphars pour épier ses faits et gestes. Il était grand et majestueux, enveloppé des épaules aux pieds dans une toge de la Rome antique. Les contours de sa silhouette étaient indistincts – mais il possédait les traits d'une divinité ; car le manteau de la nuit, de la brume, de la lune et de la rosée avait laissé à découvert les traits de son visage. Son front était fier et pensif, ses yeux trahissaient la préoccupation, et dans les quelques rides sur sa joue, je pouvais lire les fables du chagrin, de la lassitude, du dégoût de l'humanité et de l'aspiration à la solitude.

L'homme s'assit sur le rocher, appuya la tête sur sa main et contempla le spectacle de désolation. Il regarda les petits arbustes inquiets, puis les grands arbres primitifs, et plus haut encore, les cieux pleins de bruissements et la lune cramoisie. Et je me tenais tout près, à l'abri des nénuphars, et j'observais les faits et gestes de cet homme. Et il tremblait dans la solitude – mais la nuit avançait et il était assis sur le rocher.

L'homme détourna son attention des cieux et regarda le sinistre fleuve Zaïre, les eaux d'un jaune spectral et les pâles légions de nénuphars. Il écouta les soupirs des nénuphars et le murmure qui en montait. Et je me tenais tout près, dans ma cachette, et j'observais les faits et gestes de cet homme. Et il tremblait dans la solitude – mais la nuit avançait et il était assis sur le rocher.

Puis je m'avançai dans les renfoncements du marécage, m'éloignai en pataugeant au milieu du désert de nénuphars et j'appelai les hippopotames qui vivaient parmi les fougères dans les renfoncements du marécage. Les hippopotames entendirent mon appel et vinrent, avec le béhémoth[446], jusqu'au pied du rocher et ils poussèrent de bruyants et effroyables grondements sous la lune. Je me tenais tout près, dans ma cachette, et j'observais les faits et gestes de cet homme. Il tremblait dans la solitude – mais la nuit avançait et il était assis sur le rocher.

Puis je lâchai sur les éléments la malédiction du tumulte, et une effroyable tempête se rassembla dans les cieux où, l'instant d'avant, il n'y avait pas le moindre vent. Les cieux devinrent livides sous la violence de la tempête – la pluie battait la tête de l'homme – les eaux du fleuve enflèrent – le fleuve tourmenté n'était qu'écume – les nénuphars hurlaient dans leurs lits – la forêt s'effondrait sous le vent – le tonnerre roulait – la foudre tombait – et le rocher vacillait sur ses fondations. Et je me tenais tout près, dans ma cachette, et j'observais les faits et gestes de cet homme. Il tremblait dans la solitude – mais la nuit avançait et il était assis sur le rocher.

Alors je me mis en colère et lâchai la malédiction du *silence* sur le fleuve, les nénuphars, le vent, la forêt, les cieux, le tonnerre et les soupirs des nénuphars. Tous furent frappés de malédiction et *devinrent immobiles et muets*. La lune cessa d'avancer cahin-caha dans les cieux – le tonnerre expira – la foudre se tut – les nuages s'immobilisèrent – les eaux retrouvèrent leur niveau et y restèrent – les arbres cessèrent de se balancer – les nénuphars ne soupirèrent plus – et l'on n'entendit plus le moindre murmure monter, ni l'ombre d'un bruit dans tout l'immense désert infini. Je regardai les caractères sur le rocher et ils avaient changé – il était écrit SILENCE.

Mes yeux tombèrent sur le visage de l'homme, et son visage était pâle de terreur. En toute hâte, il décolla sa tête de sa main, se mit debout sur le rocher et écouta. Mais il n'y avait pas la moindre voix dans l'immense désert infini et les caractères sur le rocher formaient le mot SILENCE. Et l'homme frémit, se détourna et s'enfuit au loin, en toute hâte, si bien que je ne le vis plus.

*
* *

Il y a de beaux contes dans les volumes des Mages – dans les volumes mélancoliques aux reliures métalliques des Mages. Là, dis-je, se trouvent les histoires glorieuses des Cieux, de la Terre et de la puissante mer – et des Génies qui ont régné sur la mer, la terre et les cieux si hauts. Il y avait aussi beaucoup de sagesse dans les paroles prononcées par les Sibylles[447], et autrefois, on entendait des choses très sacrées dites par les sombres feuilles qui tremblaient autour de Dodone[448] – mais, de même qu'Allah est vivant, je considère que cette fable que le Démon m'a racontée quand il était assis à côté de moi à l'ombre de la tombe est la plus merveilleuse de toutes ! Et quand le Démon eut achevé son histoire, il tomba à la renverse à l'intérieur de la tombe et partit d'un grand rire. Mais je ne pouvais rire avec le Démon et il me maudit parce que je n'y parvenais pas. Et le lynx[449] qui demeure à jamais dans la tombe, en sortit, vint se coucher aux pieds du Démon et le regarda fermement dans les yeux.

LIGEIA[450]

Et au-dedans se trouve la volonté, qui ne meurt pas. Qui connaît les mystères de la volonté, son énergie ? Car Dieu n'est qu'une grande volonté qui imprègne toute chose par la nature de son intensité. L'homme ne s'incline face aux anges et ne cède complètement à la mort que par la faiblesse de sa pauvre volonté.

JOSEPH GLANVILL[451]

Je ne parviens pas à me rappeler, en vérité, comment, quand, ni même où exactement j'ai fait la connaissance de Lady Ligeia. De longues années se sont écoulées depuis, et de grandes souffrances ont affaibli ma mémoire. À moins que je ne puisse me rappeler cela *maintenant*, parce qu'en réalité, le charme de ma bien-aimée, sa rare érudition, son type de beauté, à la fois étrange et placide, et la captivante et pénétrante éloquence de ses propos harmonieux, se sont frayés en mon cœur un chemin si constant, si régulier et si discret que je n'en ai jamais eu pleinement conscience. Il me semble cependant que je l'ai rencontrée pour la première fois, et à de nombreuses reprises par la suite, dans une grande ville antique et délabrée, sur les bords du Rhin. Sa famille, elle m'en a certainement parlé, et je ne doute aucunement qu'elle soit d'une lignée très ancienne. Ligeia ! Ligeia ![452] Plongé dans des études dont la nature a, plus que toute autre chose, contribué à m'isoler du monde extérieur, c'est par la seule invocation de ce nom si doux – Ligeia – que je parviens à raviver en pensée l'image de celle qui n'est plus. Et maintenant, au moment même où j'écris, me revient en un éclair que je n'ai *jamais su* le nom de famille de celle qui fut mon amie et ma promise, qui devint mon compagnon d'études, et enfin l'épouse de mon cœur[453]. Était-ce en raison d'une requête enjouée de ma Ligeia, ou bien pour mettre à l'épreuve la force de mon affection, que je ne pris jamais la peine de me renseigner sur ce point ? Ou alors était-ce plutôt un caprice de ma part, une offrande follement romantique déposée sur l'autel de mon absolue dévotion ? Je ne me souviens que très confusément du fait en lui-même : il n'y a donc rien d'étonnant à ce que j'aie totalement oublié les circonstances qui furent à son origine ou qui y participèrent. En vérité, si la pâle *Ashtophet* aux ailes de brume de l'Égypte idolâtre présidait, ainsi qu'on le dit, aux mariages de mauvais augure, elle a très certainement présidé au mien.

Il y a cependant un sujet qui m'est cher, et sur lequel ma mémoire ne me fait pas défaut : c'est la *personne* même de Ligeia. Elle était de haute taille, assez mince, voire émaciée dans les derniers jours. J'aurais du mal à restituer ici la majesté et la paisible simplicité de son attitude, ou l'étonnante légèreté et la souplesse de son pas. Elle arrivait et repartait comme une ombre. Je ne m'avisais de son entrée dans mon cabinet de travail que par la chère musique de sa voix, douce et profonde, lorsqu'elle posait sa main délicate et marbrée sur mon épaule. Pour ce qui est de la beauté du visage, aucune jeune femme ne pouvait l'égaler. C'était l'éclat rayonnant d'un rêve d'opium, une vision aérienne, ravissante, plus étrangement divine que les fantaisies qui flottaient au-dessus des âmes engourdies des filles de Délos[454]. Pourtant, ses traits n'avaient pas la régularité de ces beautés classiques que nous avons appris à vénérer dans les ouvrages païens. « Il n'existe pas de beauté exquise, dit le Baron de Verulam, Francis Bacon, à propos des formes et de tous les types de beauté, qui n'ait quelque *étrangeté* dans ses proportions[455]. »

Cependant, même si je voyais bien que les traits de Ligeia ne relevaient pas des canons de la beauté classique, même si je me rendais bien compte que son charme était véritablement « exquis » et témoignait, en effet, d'une forme d'« étrangeté », je tentais en vain d'y déceler la moindre irrégularité qui aurait pu me permettre de définir ma propre conception de « l'étrange ». Je considérais le profil de son front pâle et noble : il était irréprochable – mais que ce mot est froid appliqué à une si divine majesté ! J'examinais sa peau rivalisant avec l'ivoire le plus pur ; l'imposante ampleur, le calme et la douce proéminence du dessus de ses tempes, et sa chevelure noir corbeau, brillante et luxuriante, naturellement bouclée, exprimant toute la force de l'épithète homérique : « hyacinthine[456] ». J'étudiais les contours gracieux de son nez : nulle part, sauf dans les délicats médaillons hébraïques, je n'avais contemplé une telle perfection. Il avait la même douceur superbement lissée, la même tendance discrète à l'aquilin, la même courbure harmonieuse des narines, qui témoignait d'un caractère indépendant. Je regardais sa bouche délicieuse. Là se manifestait le triomphe céleste de chaque détail : le tour magnifique de la lèvre supérieure, la douce et voluptueuse quiétude de la lèvre inférieure, leur couleur engageante, les fossettes rieuses, les dents réfléchissant de leur incroyable éclat les rayons de la lumière divine qui se manifestait dans son sourire, calme, serein et pourtant exultant et radieux…

Je scrutais la forme de son menton, et trouvais là encore l'ampleur et la sérénité, la majesté et la douceur, la plénitude et la spiritualité des Grecs – toutes les proportions que le dieu Apollon ne révéla qu'en songe à Cléomène, le fils de l'Athénien[457]. Et puis je plongeai mon regard dans les grands yeux de Ligeia.

En ce qui concerne les yeux, nous n'avons pas de modèles dans l'Antiquité lointaine. Peut-être était-ce dans les yeux de ma bien-aimée que résidait le mystère auquel Lord Verulam faisait allusion. Je crois bien qu'ils étaient plus larges que les yeux ordinaires des gens du commun, plus vastes encore que les grands yeux de gazelles des tribus de la vallée de Nourjahad[458]. Ce n'était pourtant que par intervalles, dans des moments d'intense excitation, que cette particularité se remarquait vraiment. Et dans ces moments-là sa beauté – du moins m'apparaissait-elle ainsi dans mon imagination passionnée – était celle d'une créature des mondes célestes ou de l'au-delà : la beauté des fabuleuses Houris des Turcs[459]. Ses prunelles, d'un noir des plus brillants, étaient couronnées de longs cils de jais. Ses sourcils, aux contours légèrement irréguliers, étaient de la même teinte. Mais « l'étrangeté » que je percevais dans ses yeux ne dépendait ni de leur forme, ni de leur éclat, ni de leur couleur : en réalité, elle devait être liée à leur *expression*. Ah ! Ce mot ne veut rien dire : nous nous abritons derrière ses sonorités et renforçons ainsi notre ignorance de tout ce qui est spirituel. L'expression des yeux de Ligeia ! Pendant combien d'heures ai-je médité là-dessus ! À combien de reprises, tout au long d'une nuit d'été, ai-je tenté d'en pénétrer le sens ! Qu'était donc ce qui gisait, encore plus profond que le puits de Démocrite[460], loin derrière les pupilles de ma bien-aimée ? *Qu'était-ce* donc ? J'étais hanté par l'idée de le découvrir. Ces yeux ! Ces pupilles larges, brillantes, divines ! Elles étaient pour moi comme les étoiles jumelles de Léda[461], et pour elles, j'étais devenu le plus passionné des astrologues.

Il n'existe, parmi toutes les incompréhensibles anomalies des sciences psychologiques, rien de plus passionnant que le cas de figure – ignoré dans les écoles, me semble-t-il – où, dans nos efforts pour nous rappeler quelque chose depuis longtemps oublié, nous nous trouvons à *la pointe extrême* du souvenir, sans pouvoir jamais, au bout du compte, le ramener vers nous. Ainsi, combien de fois, tandis que je scrutais intensément les yeux de Ligeia, ai-je senti que j'approchais de la connaissance pleine et entière de leur expression – je sentais que j'en approchais, mais je ne pouvais jamais la saisir, et elle finissait par s'évanouir. Et, par un mystère des plus étranges, je voyais alors se manifester dans les objets les plus communs tout un ensemble d'analogies s'y rattachant. Je veux dire qu'une fois que la beauté de Ligeia eut durablement imprégné mon esprit, s'y installant comme en un sanctuaire, je trouvai dans de nombreuses manifestations du monde matériel un sentiment analogue à celui que provoquaient en moi ses vastes et lumineuses pupilles. Pour autant, je ne saurais décrire ce sentiment, ni l'analyser, ni même le considérer avec précision. Je l'ai parfois retrouvé, je le répète, dans l'examen de la croissance rapide d'une vigne, dans la contemplation d'une phalène, d'un papillon, d'une chrysalide, d'un torrent d'eau vive. Je l'ai senti dans l'océan, dans la chute d'une météorite. J'ai pu l'éprouver à travers les regards de quelques personnes extrêmement âgées. Et il y a dans les cieux une ou deux étoiles (une en particulier, une étoile variable double, de magnitude six, que l'on trouve près de la grande étoile de la Lyre) qui, observées au télescope, ont provoqué en moi une sensation analogue[462]. J'en ai été rempli par certaines sonorités d'instruments à cordes, et souvent aussi par quelques pages de mes lectures. Parmi d'innombrables autres exemples, je me souviens très bien du passage d'un livre de Joseph Glanvill qui, peut-être simplement en raison de sa singularité, m'a toujours inspiré ce sentiment : « Et au-dedans se trouve la volonté, qui ne meurt pas. Qui connaît les mystères de la volonté, son énergie ? Car Dieu n'est qu'une grande volonté qui imprègne toute chose par la nature de son intensité. L'homme ne s'incline face aux anges et ne cède complètement à la mort que par la faiblesse de sa pauvre volonté[463]. »

Au fil du temps et des années, de plus amples réflexions m'ont permis d'établir, en effet, une lointaine relation entre ce passage du moraliste anglais et un aspect de la personnalité de Ligeia. Il y avait chez elle une *intensité* dans la pensée, l'action et le discours, qui était peut-être le résultat, ou du moins l'indice, de cette formidable volonté qui, pendant notre longue relation, ne se manifesta jamais d'une autre manière. De toutes les femmes que j'ai connues, c'est elle, Ligeia, en apparence si placide et si calme, qui était le plus violemment tourmentée par les cruels vautours de la passion. Et je ne pouvais mesurer une telle passion, si ce n'est par l'élargissement démesuré de ses yeux qui m'enchantait et m'effrayait à la fois, par la modulation, la netteté, le calme et la mélodie enchanteresse de sa voix sourde, et par la puissante énergie, que venait renforcer le contraste avec sa manière de parler, des paroles souvent étranges qu'elle prononçait.

J'ai évoqué l'érudition de Ligeia : elle était immense – je n'en ai jamais connu d'équivalente chez aucune femme. Elle maîtrisait parfaitement les langues classiques et, aussi loin que je puisse en juger selon mes propres connaissances sur ce point, je ne l'ai jamais prise en faute non plus sur les langues européennes modernes. Et d'ailleurs, sur n'importe lequel des sujets les plus admirés, simplement parce que les plus abscons, de la pompeuse érudition académique, ai-je *jamais* vu Ligeia en difficulté ? Avec quelle singularité, avec quelle force, ce point particulier de la nature de mon épouse s'est-il imposé à moi pendant les derniers temps ! J'ai dit que son savoir était tel que je n'en avais jamais connu chez aucune femme – mais où se trouve l'homme qui aurait traversé avec succès *tous* les vastes domaines des sciences morales, mathématiques et physiques ? Je ne voyais pas si clairement à l'époque ce qu'à présent, je perçois avec netteté : le savoir de Ligeia était immense et stupéfiant. J'avais cependant suffisamment conscience de son infinie supériorité pour me résigner à me laisser guider par elle, avec la confiance d'un petit enfant, à travers le monde chaotique des recherches métaphysiques auxquelles je me consacrais avec fébrilité durant les premières années de notre mariage. Quel sentiment de triomphe, quel délicieux enchantement, quels espoirs sublimes et éthérés ai-je alors ressentis, tandis qu'elle était penchée sur moi lors d'études si peu communes, si peu recherchées, et que je voyais s'élargir lentement devant moi cette délicieuse perspective, cette longue allée, belle et vierge, sur laquelle je pouvais m'aventurer profondément, jusqu'à atteindre le but d'une sagesse trop précieuse et divine pour n'être pas interdite !

Ainsi, avec quelle poignante douleur ai-je vu quelques années plus tard mes espoirs si bien fondés se munir d'ailes et s'envoler au loin[464] ! Sans Ligeia je n'étais plus qu'un enfant tâtonnant dans les ténèbres. Seules sa présence et ses lectures rendaient clairs et lumineux les nombreux mystères du transcendantalisme[465] dans lesquels nous étions versés. Privée de l'éclat radieux de ses yeux, cette littérature, naguère chatoyante et dorée, devenait plus terne que le plomb saturnien[466]. Et à présent ces yeux éclairaient de moins en moins souvent les pages que j'étudiais. Ligeia était tombée malade. Ses grands yeux étranges s'embrasaient d'un éclat bien trop vif. Ses doigts pâles adoptaient le teint cireux de la mort, et les veines bleutées de son grand front palpitaient avec force au gré des plus légères émotions.

Je vis qu'elle allait mourir. Je luttai mentalement, avec la force du désespoir, contre le sombre Azraël[467] – et le combat passionné de mon épouse fut, à mon grand étonnement, encore plus énergique que le mien. De nombreux aspects de sa nature grave et rigoureuse m'avaient convaincu que la mort, pour elle, viendrait sans son cortège de terreurs – mais ce ne fut pas le cas. Les mots sont impuissants à décrire la résistance acharnée qu'elle mit à lutter avec l'Ombre. Je gémissais de douleur face à ce pitoyable spectacle. J'aurais voulu la calmer, la raisonner, mais pour elle, tout entière tendue dans un puissant désir de vivre – de vivre, *uniquement* de vivre – la consolation et la raison étaient aussi inutiles qu'absurdes. Et pourtant, jusqu'au dernier moment, alors même que son intraitable esprit se tordait en convulsions, le calme affiché de son comportement ne fléchit jamais. Sa voix se fit plus douce, plus profonde – mais je ne voulus pas m'attarder sur le sens étrange de ces mots qu'elle prononçait avec calme. Mon esprit vacillait lorsque j'écoutais, fasciné, leur mélodie rien moins qu'humaine, les hypothèses et les espoirs qu'ils soulevaient, et qu'ignorait le monde des mortels.

Qu'elle m'aimât, je n'en pouvais douter. Et il était facile de comprendre que, dans un cœur comme le sien, l'amour n'était pas une passion ordinaire. Mais ce n'est qu'à travers la mort que je fus convaincu de la force de son attachement. Pendant de longues heures, tenant ma main, elle exposait face à moi le trop-plein d'un cœur dont la dévotion passionnée confinait à l'idolâtrie. En quoi avais-je mérité le bonheur de recueillir de telles confessions ? En quoi avais-je mérité le malheur d'être privé de ma bien-aimée dans l'heure qui suivit ? Sur ce point, je ne puis supporter de m'étendre davantage. Qu'on me permette simplement de dire que dans l'abandon total, plus que féminin, de Ligeia à un amour hélas immérité, si indignement accordé, j'ai fini par reconnaître une sorte de nostalgie du désir sauvage et fervent de cette vie qui à présent la fuyait si vite. C'est cette puissante nostalgie, cette ardente avidité du désir de vivre – *uniquement* de vivre – que je suis dans l'impossibilité de décrire, ne possédant pas de mots pour l'exprimer.

Au milieu de la nuit où elle mourut, elle m'attira près d'elle avec autorité et me demanda de répéter quelques vers qu'elle avait composés peu de temps auparavant. Je lui obéis. Les voici :

Voyez ! C'est une nuit de festivités
Dans les dernières années solitaires !
Une assemblée d'anges ailés, parés
De voiles et noyés de larmes amères
Est assise dans un théâtre pour voir
Une pièce où l'on craint, où l'on espère,
Tandis que l'orchestre égrène dans le soir
La musique des sphères.

Des mimes à l'image de Dieu
Marmonnent et murmurent tout bas,
Ils volettent çà et là,
Simples marionnettes qui viennent et vont,
Obéissant à de vastes choses sans corps
Qui déplacent la scène sur tous les fronts,
Remuant de leurs ailes de condor
Des chagrins mystérieux !

Ce drame bigarré, sois certain,
Nul ne l'oubliera !
Avec son fantôme à jamais pourchassé

Par une foule qui ne s'en saisit pas,
À l'intérieur d'un cercle qui sans cesse revient
Sur lui-même à son point de départ.
Et tous ces péchés, toute cette folie,
Toute cette horreur sont l'âme de l'intrigue.

Mais voyez, parmi les mimes affolés,
Une forme en rampant s'est glissée !
Une chose rouge sang qui avance et se tortille
Depuis la partie vide de la scène !
Elle se tord ! Elle se tord ! Mortellement saisis,
Les mimes lui servent de festin,
Et les séraphins sanglotent face aux crocs de la vermine
Tout inondés de sang humain.

Noir ! Noir absolu ! Plus une lumière !
Et sur chaque forme frémissante
S'abat le rideau, un voile mortuaire,
Avec la force d'une tempête violente.
Et les anges, tous blêmes et mornes,
Affirment en se levant, se dévoilant,
Que la pièce est une tragédie nommée « Homme »
Et que son héros est le Ver Conquérant[468].

« Ô Dieu ! hurla presque Ligeia, bondissant sur ses pieds et levant ses bras au ciel en un mouvement spasmodique, alors que je terminais la lecture de ces lignes. Ô Dieu ! ô Père divin ! ces choses-là doivent-elles se produire à coup sûr ? Ce conquérant ne sera-t-il pas pour une fois conquis ? Ne sommes-nous pas un élément et une parcelle de Ta divinité ? Qui connaît les mystères de la volonté, et toute sa vigueur ? L'homme ne s'incline face aux anges *et ne cède complètement à la mort* que par la faiblesse de sa pauvre volonté. »

Et là, comme épuisée par l'émotion, elle laissa retomber ses bras blancs, et retourna solennellement vers son lit de mort. Et tandis qu'elle exhalait ses derniers soupirs, se mêlèrent à eux quelques paroles faiblement murmurées. Je tendis l'oreille et distinguai, de nouveau, les mots de conclusion du passage de Glanvill : « L'homme ne s'incline face aux anges et ne cède complètement à la mort que par la faiblesse de sa pauvre volonté. »

Elle mourut. Et moi, dévasté, brisé de chagrin, je ne supportai pas plus longtemps la terrible solitude de mon logement dans cette ville sombre et délabrée des bords du Rhin. Je ne manquais pas de ce qu'on appelle communément la « richesse ». Ligeia m'en avait apporté beaucoup, infiniment plus que ce qui échoit d'ordinaire au commun des mortels. C'est ainsi qu'après quelques mois d'errance lasse et sans but je fis l'acquisition d'une abbaye que je remis en état – une abbaye dont je tairai le nom, quelque part dans une des régions les plus inhospitalières, les moins fréquentées de la douce Angleterre. La sombre et lugubre splendeur du bâtiment, l'aspect presque sauvage du domaine, les nombreux souvenirs, mélancoliques et ancestraux, qui se rattachaient à l'un comme à l'autre résonnaient à l'unisson du sentiment de total abandon qui m'avait conduit vers cette région lointaine et reculée. Je conservai à l'aspect extérieur de l'abbaye son délabrement verdoyant, et me mis, avec une obstination enfantine, et peut-être avec l'espoir secret d'apaiser ma tristesse, à déployer à l'intérieur une magnificence plus que royale. Depuis l'enfance j'avais développé un goût pour ces folies, et voilà qu'il revenait à moi dans l'égarement de la douleur. Je me rends compte à présent, hélas ! à quel point il aurait été possible de déceler les prémices d'une certaine démence dans les splendides tentures aux motifs fantastiques, dans les solennelles sculptures égyptiennes, dans les corniches et les meubles extravagants, dans les dessins chaotiques et fous des tapis piquetés d'or ! J'étais devenu un esclave de l'opium, et mes travaux, mes décisions, étaient sous l'influence de mes rêves. Mais je ne vais pas m'attarder sur le détail de ces absurdités. Je veux parler ici uniquement de cette chambre, cette chambre à jamais maudite, où dans un moment d'aliénation mentale j'ai conduit à l'autel et pris pour épouse – succédant ainsi à l'inoubliée Ligeia – la blonde Lady Rowena Trevanion de Tremaine aux yeux bleus[469].

Il n'y a aucune partie de l'architecture, aucun élément de la décoration de cette chambre nuptiale que je n'aie à présent sous les yeux. Où donc étaient les beaux esprits de l'altière famille de ma femme lorsque, uniquement mus par la soif de l'or, ils permirent à cette jeune fille, leur fille chérie, de franchir le seuil d'un logement si étrangement décoré ? J'ai dit que je me rappelais avec précision tous les détails de la chambre – j'ai pourtant une fâcheuse tendance à oublier les événements importants. Or il n'y avait dans cet étalage fantastique aucune organisation particulière, aucune composition qu'il fût possible de garder en mémoire. La chambre se trouvait dans une haute tourelle de l'abbaye fortifiée. Elle était vaste, et en forme de pentagone. Tout le côté sud du pentagone était occupé par l'unique fenêtre, qui consistait en un verre de Venise, fait d'un seul immense panneau couleur plomb, de sorte que les rayons du soleil – ou de la lune, indifféremment –, lui passant au travers, inondaient les objets à l'intérieur d'une lumière spectrale. Au-dessus de cette énorme fenêtre grimpait, tout le long des murs massifs de la tour, le treillis d'une vieille vigne. Le plafond, tout de chêne sombre, était extrêmement élevé, voûté et minutieusement taillé de bizarres et grotesques figures d'un style mi-gothique mi-druidique. Du centre exact de cette voûte mélancolique pendait, au bout d'une unique chaîne en or faite de longs maillons, un énorme encensoir de ce même métal, de style sarrasin, perforé de trous irréguliers et nombreux à travers lesquels on voyait se contorsionner, avec la vivacité d'un serpent, une succession continuelle de feux multicolores[470].

Il y avait quelques ottomanes et quelques candélabres dorés, de style oriental, placés en divers lieux, et puis le lit – le lit nuptial, de style indien, bas, sculpté dans de l'ébène massive, recouvert d'un baldaquin qui ressemblait à un drap funéraire. À chacun des angles de la chambre se dressait un immense sarcophage de granit noir provenant des tombes de la Vallée des Rois, non loin de Louxor[471], avec son antique couvercle décoré de sculptures immémoriales. Mais c'est dans les tentures ornant la pièce que l'on rencontrait le plus de fantaisie. Les murs, d'une hauteur gigantesque, si ce n'est disproportionnée, étaient tendus de haut en bas d'une lourde et massive tenture qui retombait en vastes plis – une tenture faite de la même matière utilisée pour recouvrir les ottomanes et le lit d'ébène, pour le tapis du parquet, le baldaquin et les somptueux rideaux qui dissimulaient partiellement la fenêtre. Il s'agissait d'un tissu d'or parmi les plus riches, constellé à intervalles irréguliers arabesques d'une trentaine de centimètres de diamètre qui inscrivaient sur le fond doré leurs motifs d'un noir de jais. Mais ces figures ne prenaient part au véritable dessin de l'arabesque globale que lorsqu'on les considérait d'un certain point de vue. Par un stratagème aujourd'hui assez commun, mais dont on retrouve la trace dans la plus lointaine antiquité, elles pouvaient changer d'aspect selon la position de l'observateur. Pour celui qui entrait dans la chambre, elles avaient l'air de simples bizarreries. Mais au fur et à mesure qu'il avançait, leur apparence se modifiait, et, pas après pas, alors que le visiteur se déplaçait dans la chambre, il se découvrait entouré d'une succession continue de formes horribles, directement issues des superstitions nordiques ou des rêveries coupables des moines. Leur effet fantasmagorique était fortement rehaussé par l'introduction artificielle d'un courant d'air fort et continu derrière les tentures, ce qui conférait à l'ensemble une affreuse et inquiétante animation.

C'est dans un tel lieu et dans une telle chambre nuptiale que j'ai passé, avec Lady de Tremaine, les heures impies du premier mois de notre mariage – et ce, sans trop d'inquiétude. Il ne m'échappait pas que ma femme redoutait mes violentes sautes d'humeur, qu'elle me fuyait et ne m'aimait que médiocrement, mais cela me procurait plus de plaisir qu'autre chose. Je la haïssais d'une haine plus digne d'un démon que d'un homme. Mes pensées retournaient sans cesse (et avec quels intenses regrets !) auprès de Ligeia, la bien-aimée, la vénérée, la belle, la défunte Ligeia. Je me délectais des souvenirs de sa pureté, de sa sagesse, de sa nature noble et aérienne, de son amour passionné, idolâtre. À présent, c'était mon esprit qui brûlait entièrement, pleinement, de feux plus ardents encore que les siens. Dans l'agitation de mes rêves d'opium (car j'étais continuellement sous l'emprise de cette drogue), je criais son nom dans le silence de la nuit, dans les combes creuses des vallons le jour, comme si la puissante volonté, la passion solennelle, l'ardeur dévorante de ma nostalgie pour la défunte, pouvaient la ramener sur le chemin qu'elle avait abandonné ici-bas – mais était-il *possible* que ce soit pour toujours ?

Au début du deuxième mois de notre mariage, Lady Rowena fut atteinte d'un mal soudain, dont elle ne se releva que très lentement. La fièvre qui la consumait rendait ses nuits pénibles. Dans l'état perturbé de son demi-sommeil, elle parlait de sons et de mouvements qui se produisaient ici et là dans la chambre de la tour, et je les attribuai au trouble de son esprit ou aux influences fantasmagoriques de la chambre elle-même. Finalement, elle entra en convalescence, et se rétablit.

Peu de temps après cependant, une deuxième attaque, plus violente encore que la première, la projeta à nouveau sur son lit de souffrances. À partir de ce moment-là, sa constitution, qui avait toujours été faible, ne parvint plus à récupérer. Son mal prit alors un caractère alarmant et fut soumis à des rechutes plus alarmantes encore, défiant à la fois le savoir et tous les efforts des médecins. Tandis que progressait ainsi sa maladie chronique, dont l'emprise sur sa constitution était apparemment si puissante qu'elle semblait ne pouvoir être éradiquée par des moyens humains, je ne pouvais m'empêcher de constater une progression similaire dans l'irritation nerveuse dont elle faisait preuve, et dans une excitabilité telle que les choses les plus banales lui étaient motifs de peur. Elle parlait à nouveau, mais plus souvent à présent, et avec plus de conviction, des bruits – des faibles bruits – et de ces mouvements étranges dans les tentures, qu'elle avait déjà mentionnés.

Une nuit, vers la fin du mois de septembre, elle attira mon attention sur ce pénible sujet avec plus d'énergie que d'habitude. Elle s'éveillait à peine d'un sommeil inquiet, et j'avais observé, avec un mélange d'anxiété et de vague terreur, les progrès de la maladie sur son visage émacié. Je m'assis à côté du lit d'ébène, sur l'une des ottomanes indiennes. Elle se redressa légèrement et se mit à parler, dans un chuchotement fiévreux, de bruits qu'elle *avait* entendus, mais que je ne pouvais entendre, de mouvements qu'elle *avait* vus, mais que je ne pouvais percevoir. Le vent soufflait avec force derrière les tentures, et je voulais lui démontrer (même si, je dois le dire, je n'y croyais pas *vraiment*) que ces souffles presque inarticulés et ces très légères variations des figures sur les murs n'étaient que les effets naturels du courant d'air ainsi créé. Mais une pâleur mortelle envahit son visage, signe que mes efforts pour la rassurer resteraient vains. Elle semblait sur le point de s'évanouir, et il n'y avait aucun domestique alentour. Je me souvins alors de l'endroit où se trouvait une carafe d'un vin léger que lui avaient prescrit ses médecins, et traversai rapidement la chambre pour me le procurer. Mais, alors que je passais sous la lumière de l'encensoir, deux choses particulièrement étonnantes attirèrent mon attention. J'eus la sensation qu'une présence invisible, quoique palpable, venait de me frôler ; et je vis sur le tapis doré, au centre exact de la lumière vive que projetait l'encensoir, une ombre – légère, indéfinie, d'un aspect angélique – telle qu'on pourrait imaginer l'ombre d'une ombre[472].

Mais j'étais sous l'effet excitant d'une dose exagérée d'opium, si bien que je ne m'y attardai pas ni n'en parlai à Rowena. Je trouvai le vin, traversai de nouveau la chambre et remplis un verre que je présentai aux lèvres de ma femme affaiblie. Comme elle s'était cependant un peu remise, elle prit elle-même le verre, tandis que je m'enfonçai dans le divan tout près de moi, sans la quitter des yeux. C'est alors que j'entendis distinctement un bruit de pas sur le tapis, tout près du lit. Et, une seconde plus tard, tandis que Rowena était en train de porter le verre à ses lèvres, je vis – à moins que je l'aie rêvé ? – tomber dans le verre, comme provenant d'une source invisible quelque part dans l'atmosphère de la chambre, trois ou quatre grosses gouttes d'un liquide brillant couleur rubis. Oui, je vis cela – mais pas Rowena. Elle avala le vin sans hésitation, et je m'abstins de lui parler de ce qui n'était peut-être, pensai-je alors, que la suggestion d'une imagination débridée, rendue plus morbide encore par les angoisses de ma femme, l'heure tardive et l'opium.

Je ne puis nier cependant que, immédiatement après la chute des gouttes couleur rubis, se produisit une rapide aggravation de l'état de ma femme – si bien que, la troisième nuit, les domestiques la préparaient pour la tombe, et que, la quatrième, j'étais assis tout seul à côté du suaire enveloppant son corps, dans cette chambre extravagante qui l'avait reçue comme épouse. D'étranges visions provoquées par l'opium voletaient çà et là devant moi comme des ombres. J'examinai d'un œil inquiet les sarcophages aux angles de la chambre, les figures mouvantes des tentures, et les contorsions des lumières multicolores dans l'encensoir suspendu. Alors que je cherchais à me rappeler les circonstances d'une nuit précédente, mes yeux tombèrent sur le point lumineux, juste sous l'encensoir, où j'avais vu les traces légères d'une ombre. Mais elle n'y était plus. Soulagé, je tournai mon regard vers la forme pâle et rigide allongée sur le lit. Je sentis alors fondre sur moi mille souvenirs de Ligeia – et me revint en mémoire, avec la force impétueuse d'un torrent, l'intolérable douleur que j'avais éprouvée lorsque je l'avais vue, *elle*, allongée ainsi dans son suaire. La nuit avançait. Et moi, le cœur empli du souvenir amer de mon unique et suprême amour, je restai là à contempler le corps de Rowena.

Il devait être minuit, ou peut-être plus tôt, ou plus tard – je n'avais pas de notion précise du temps –, lorsqu'un sanglot sourd, léger, mais très distinct, me tira en sursaut de ma rêverie. Je *sentis* qu'il provenait du lit d'ébène – du lit de mort. Je tendis l'oreille, en proie à une terreur superstitieuse – mais le bruit ne se répéta pas. Je scrutai attentivement le cadavre pour y déceler un quelconque mouvement – mais il n'y en avait aucun. Pourtant je ne pouvais m'être trompé : si faible fût-il, j'*avais* entendu ce bruit, mon esprit était parfaitement éveillé. Avec constance et opiniâtreté je ne quittai pas le corps des yeux. Plusieurs minutes s'écoulèrent sans que rien vienne éclaircir quelque peu le mystère. Mais à la longue il devint évident qu'une faible et très légère coloration, à peine perceptible, avait gagné les joues et les petites veines des paupières. Sous l'effet d'une horreur indicible, d'une espèce d'effroi pour lequel le langage des mortels ne dispose pas d'expression assez éloquente, je sentis s'arrêter les battements de mon cœur et mes membres se raidir sur place.

Un obscur sentiment du devoir me permit cependant de retrouver mes esprits. Je ne pouvais plus douter que nous nous étions quelque peu précipités dans les préparatifs funéraires : Rowena vivait encore. Il fallait immédiatement se mettre à l'œuvre pour la ranimer. Mais la tour était à l'écart de la partie de l'abbaye où se tenaient les domestiques : aucun n'était à portée de voix, et je n'avais aucun moyen de les convoquer à mes côtés sans quitter la chambre pendant plusieurs minutes – ce à quoi je ne voulais pas me risquer. Je demeurai donc seul à lutter ardemment pour rappeler l'esprit qui continuait à flotter alentour. Mais très vite il s'avéra qu'il y avait eu une rechute : la couleur des paupières et des joues s'était évanouie, laissant place à une blancheur livide, plus pâle encore que le marbre. Les lèvres étaient à la fois racornies et pincées dans l'expression horrible de la mort. Une moiteur répugnante et glaciale se répandit rapidement sur toute la surface du corps, et la rigidité cadavérique survint immédiatement. Je retombai en frissonnant sur l'ottomane d'où j'avais été si soudainement arraché, et m'abandonnai de nouveau à mes rêves éveillés, mes visions passionnées de Ligeia.

Une heure s'était ainsi écoulée lorsque j'entendis une nouvelle fois (était-ce possible ?) un vague bruit provenant du lit. J'écoutai, au comble de l'horreur. Le bruit recommença – c'était un soupir. Me précipitant sur le cadavre, je vis – je vis distinctement – ses lèvres qui tremblaient. Au bout d'une minute elles se relâchèrent, révélant la ligne brillante des dents nacrées. La stupéfaction rivalisait à présent en moi avec la terreur indicible qui jusqu'alors avait régné en maître. Je sentis que ma vue se brouillait, que ma raison s'égarait. Ce ne fut qu'après un violent effort que je parvins à trouver le courage de m'adonner à la tâche que le sens du devoir m'imposait de nouveau. Le front, la gorge et les joues étaient à présent un peu colorés : une chaleur perceptible avait imprégné le corps tout entier. Même le cœur battait d'un léger pouls. Elle *vivait.* Redoublant d'ardeur, je m'employai à la ramener à la vie : je lui frictionnai et lui lavai les tempes et les mains, usant de tous les procédés que l'expérience, sans le moindre savoir médical, pouvait me suggérer. Mais en vain. Soudain la couleur disparut, le pouls cessa, les lèvres reprirent leur expression cadavérique, et, un instant plus tard, le corps tout entier retrouvait le froid glacial, l'aspect livide, l'intense rigidité, les traits creusés et toutes les horribles caractéristiques de ce qui a passé plusieurs jours au tombeau.

De nouveau je m'abandonnai à mes visions de Ligeia, et de nouveau (est-il étonnant que je frissonne tandis que j'écris ces mots ?), *de nouveau* parvint à mes oreilles un faible sanglot provenant du lit. Mais à quoi bon décrire avec tant de détails les indicibles horreurs de cette nuit ? À quoi bon raconter comment, heure après heure, jusqu'à ce que l'aube grise soit prête à poindre, se répétait ce drame hideux de la résurrection – comment chaque terrifiante récidive se soldait par une mort plus complète, et apparemment plus irrémédiable, comment chaque agonie ressemblait à un combat avec un invisible adversaire, et comment chacun de ces combats avait pour conséquence je ne sais quelle étrange altération dans l'apparence globale du corps ? Qu'on me permette de conclure rapidement.

La majeure partie de cette nuit terrifiante s'était dissipée, et celle qui était morte remua de nouveau – avec plus d'énergie cette fois, bien que s'éveillant d'une mort plus saisissante encore, et plus irréparable. J'avais cessé depuis longtemps tout mouvement et tout effort, et demeurais assis, figé sur le divan, en proie à un violent tourbillon d'émotions dont la moins terrible peut-être, la moins dévorante, était un effroi absolu. Le cadavre, je le répète, remuait, avec plus d'énergie à présent. Les couleurs de la vie affluaient à son visage avec une inhabituelle vigueur, ses membres se relâchaient, et, n'étaient ses paupières qui demeuraient lourdement closes, et les bandelettes et draperies funéraires lui conféraient toujours un caractère sépulcral, j'aurais pu croire que Rowena s'était totalement libérée des chaînes de la Mort. Mais si, même alors, je ne pouvais y croire complètement, il me fut impossible d'en douter plus longtemps lorsque je vis, se dressant hors du lit, chancelante, les yeux fermés, comme égarée dans un rêve, la chose dans son suaire avancer pas à pas, solide et palpable, vers le milieu de la chambre.

Je ne tremblai pas. Je ne m'agitai pas. Une multitude de pensées inexprimables et folles, liées à l'apparence, la stature, l'attitude de la figure, s'étaient ruées simultanément dans mon esprit, me laissant comme paralysé, pétrifié. Je ne m'agitai pas – mais je contemplai l'apparition. Mes pensées étaient soumises à un désordre absolu, un inapaisable tumulte. Se pouvait-il, vraiment, que la *vivante* Rowena se trouvât là devant moi ? Se pouvait-il qu'il s'agît *vraiment* de Rowena – la blonde Lady Rowena Trevanion de Tremaine aux yeux bleus ? Pourquoi, *pourquoi* en douter ? Les bandelettes pendaient autour de sa bouche – est-ce que cela ne pouvait pas être la bouche de la vivante Lady de Tremaine ? Et les joues – elles étaient comme les roses du milieu de sa vie – oui, elles pouvaient très bien être les belles joues de la vivante Lady de Tremaine. Et le menton, avec ses fossettes, comme en pleine santé, ne pouvait-il pas être le sien ? Mais… *avait-elle donc grandi depuis sa maladie* ? Quelle inexprimable folie s'empara de moi à cette idée ? En un bond j'atteignis ses pieds. Elle eut un mouvement de recul lorsque je la touchai, et de sa tête tomba l'horrible linceul qui l'avait enveloppée. Se déploya alors, dans l'atmosphère électrique de la chambre, une masse énorme de longs cheveux en désordre, *plus noirs que les ailes de la nuit* ! Et là s'ouvrirent lentement *les yeux* de la figure qui se tenait devant moi.

« Les voici enfin ! » m'écriai-je. « Non, non, impossible de les confondre ! Ce sont bien les yeux si vastes, les yeux noirs et sauvages, de mon amour perdu – les yeux de Lady – de LADY LIGEIA ! »

COMMENT ÉCRIRE UN ARTICLE FAÇON *BLACKWOOD*[473]

Au nom du Prophète – des figues !!
Cri du colporteur de figues turc[474].

J'imagine que tout le monde a entendu parler de moi. Mon nom est *Signora* Psyche Zenobia. Voilà une chose dont je suis sûre. Il n'y a que mes ennemis qui m'appellent Suky Snobbs. Je tiens de source sûre que Suky n'est qu'une corruption vulgaire du mot Psyché, qui signifie « l'âme » en grec (c'est bien moi, je suis *toute* âme) et parfois « papillon », cette acception faisant indubitablement allusion à mon apparence dans ma nouvelle robe de satin cramoisi, avec le *mantelet** arabe bleu, la parure d'*agraffas*[475] vertes et les sept volants d'*auriculas*[476] orange. Quant à Snobbs… il suffit de me regarder pour réaliser instantanément que je ne m'appelle pas Snobbs. *Miss* Tabitha Turnip[477] a propagé cette rumeur par pure jalousie. Oui, Tabitha Turnip ! Oh ! La petite misérable ! Mais que pouvons-nous attendre d'un navet ? Je me demande si elle se souvient du vieil adage qui dit que « le sang de navet etc. »[478] (Note : le lui rappeler à la première occasion). (Autre note : la moucher). Où en étais-je ? Ah ! Je tiens de source sûre que Snobbs est une pure corruption de Zénobie et que cette dernière était une reine[479] – moi aussi, le Dr Moneypenny[480] m'appelle toujours la Reine des Cœurs

– que Zénobie, comme Psyché, est du bon grec, que mon père était « un Grec[481] » et que, par conséquent, j'ai un droit sur notre patronyme, qui est Zenobia et aucunement Snobbs. Il n'y a que Tabitha Turnip qui m'appelle Suky Snobbs. Je suis la *Signora* Psyché Zenobia.

Comme je l'ai dit plus haut, tout le monde a entendu parler de moi. Je suis cette *Signora* Psyche Zenobia, fort justement célèbre comme secrétaire correspondante de l'*Union Nouvelle Et Bienfaitrice Encourageant Les Louables Études Bibliographiques, Rationnelles, Orientalistes, Culturelles, Humanistes Englobant Toute Thématique Encyclopédique*. Le Dr Moneypenny a trouvé ce titre pour nous et dit qu'il l'a choisi parce que cela sonnait comme une pièce de rhum vide. (C'est parfois un homme vulgaire – mais il est profond). Nous avons tous signé avec les initiales de la société en dessous de notre nom, à la façon de la R.S.A. (Royal Society of Arts), la S.D.I.N.D. (Société pour la Diffusion Intellectuelle des Nouvelles Découvertes), etc., etc. Le Dr Moneypenny dit que le S est pour *stupide*, que D.I.N.D. s'écrit *dinde* (ce qui n'est pas le cas), et que S.D.I.N.D. veut dire *Stupide Dinde* et non la société de Lord Brougham[482] – mais le Dr Moneypenny est un homme si curieux que je ne sais jamais quand il dit la vérité. Quoi qu'il en soit, nous ajoutons toujours à nos noms les initiales U.N.E.B.E.L.L.E.B.R.O.C.H.E.T.T.E. – qui signifient Union Nouvelle Et Bienfaitrice Encourageant Les Louables Études Bibliographiques, Rationnelles, Orientalistes, Culturelles, Humanistes Englobant Toute Thématique Encyclopédique, une lettre pour chaque mot, ce qui est une nette amélioration par rapport à Lord Brougham. Le Dr Moneypenny soutiendra que nos initiales révèlent notre vrai caractère – mais sur ma vie, je ne réussis pas à voir ce qu'il entend par là.

Malgré les bons offices du Docteur et les efforts acharnés

de l'association pour se faire connaître, elle n'a pas rencontré un grand succès jusqu'à ce que je la rejoigne. La vérité est que ses membres usaient d'un ton trop désinvolte dans leurs discussions. Les journaux lus chaque samedi soir se signalaient moins par leur profondeur que par leur bouffonnerie. Ce n'était que *syllabub*[483] fouetté. On ne cherchait pas à connaître les causes premières[484], les premiers principes. Il n'y avait aucune recherche d'aucune sorte. On n'accordait pas la moindre attention à ce point important : l'« ordre des choses »[485]. En bref, il n'y avait pas de si beaux échos de cette nature. Tout n'était que trivial – très trivial ! Pas de profondeur, pas de lecture, pas de métaphysique – rien de ce que les érudits appellent la spiritualité et que les ignorants choisissent de stigmatiser comme *potin*. (Le Dr M. dit que j'ai oublié un *l* à Plotin[486] – mais je sais mieux que lui).

Quand j'ai rejoint la société, je me suis employée à y introduire un meilleur style de pensée et d'écriture, et tout le monde sait combien j'y ai réussi. Désormais, dans L.A.B.E.L .L.E.B.R.O.C.H.E.T.T.E., nous donnons d'aussi bons articles que ceux qu'on peut trouver, y compris dans le *Blackwood*. Je dis *Blackwood*, parce que je suis convaincue que les meilleurs écrits, sur chaque sujet, se retrouvent dans les pages de cette Revue si justement célèbre. Nous la prenons désormais comme modèle sur tous les sujets et du coup, nous y gagnons rapidement en notoriété. Et après tout, ce n'est pas chose difficile que de rédiger un article portant la patte de l'authentique *Blackwood*, pour peu qu'on sache comment s'y prendre. Bien entendu, je ne parle pas des articles politiques. Tout le monde sait comment *ils* sont fabriqués, depuis que le Dr Moneypenny l'a expliqué. Mr. Blackwood a une paire de ciseaux de tailleur et trois apprentis qui se tiennent à ses côtés pour recevoir ses ordres. L'un d'eux lui tend le *Times*, l'autre l'*Examiner* et le troisième un *Gulley's New Compendium of Slang-Whang*[A87]. Mr. B. se borne à découper et intercaler. C'est vite fait – rien que l'*Examiner*, le *Slang-Whang* et le *Times* – puis le *Times*, le *Slang-Whang* et l'*Examiner* – et ensuite le *Times*, l'*Examiner* et le *Slang-Whang*

Mais le principal mérite de la Revue réside dans ses miscellanées, et les meilleurs de ces articles sont rangés sous le titre de ce que le Dr Moneypenny appelle les *bizarreries** (quel qu'en puisse être le sens) et ce que les autres appellent les *articles à sensation*. C'est une sorte d'écrits que j'ai appris à apprécier depuis longtemps, bien que ce ne soit qu'après ma dernière visite à Mr. Blackwood (mandatée par la société) que je me suis rendue compte de la méthode précise de composition. Cette méthode est très simple, mais pas autant que la politique. Quand j'ai rendu visite à Mr. B. et que je lui ai fait connaître les souhaits de la société, il m'a accueillie avec force civilité, m'a fait entrer dans son bureau et m'a clairement expliqué tout le procédé.

« Ma chère madame », m'a-t-il dit, manifestement frappé par mon apparence majestueuse, car j'avais revêtu ma toilette de satin cramoisi, avec les *agraffas* vertes et les *auriculas* orange. « Ma *chère* madame, a-t-il dit, prenez place. Les choses se présentent ainsi : En premier lieu, votre auteur d'articles à sensation doit avoir une encre très noire et une très grosse plume, avec un bec très émoussé. Et écoutez-moi bien, *Miss* Psyché Zenobia ! » a-t-il poursuivi, après une pause, avec une énergie impressionnante et sur un ton solennel « écoutez-moi bien ! – *cette plume... ne doit... jamais être taillée* ! C'est là, madame, que réside le secret, l'âme de la sensation. Je prends sur moi de dire qu'aucun individu, quelque grand que soit son génie, n'a jamais écrit un bon article – comprenez-moi bien – avec une bonne plume. Vous pouvez être sûre que lorsqu'un manuscrit est lisible, c'est qu'il ne vaut pas la peine d'être lu. C'est un principe majeur de notre foi, si vous n'y adhérez pas d'emblée, c'est la fin de notre conversation».

Il a marqué une pause. Mais bien entendu, ayant nulle envie de mettre un terme à notre discussion, j'ai consenti à une proposition aussi évidente et dont j'avais suffisamment reconnu la vérité depuis bien longtemps. Il a paru satisfait et a repris ses instructions.

«Il peut sembler odieux de ma part, *Miss* Psyché Zenobia, de vous renvoyer à un article ou à une série d'articles en guise de modèle ou d'étude; cependant, je puis tout aussi bien attirer votre attention sur quelques cas. Laissez-moi voir un peu. Il y a eu *Le Mort Vivant*[488], une chose capitale! – le récit des sensations d'un homme qui a été mis en terre avant d'avoir poussé son dernier soupir – plein de goût, d'effroi, de sentiment, de métaphysique et d'érudition. On jurerait que l'auteur est né et a grandi dans un cercueil. Nous avons aussi les *Confessions d'un mangeur d'opium*[489] – bien, très bien! – somptueuse imagination – profonde philosophie – spéculation affûtée – plein d'ardeur et de fureur, et le tout bien assaisonné de passages résolument inintelligibles. C'était une belle fumisterie, qui a descendu tout droit dans la gorge des gens avec délices. On aurait pu croire que cet article avait été écrit par Coleridge[490] – mais non. Il a été rédigé par mon babouin domestique, Juniper[491], après un grand verre de genièvre de Hollande et d'eau, "chaud et sans sucre"». (J'aurais eu du mal à le croire si quelqu'un d'autre que Me. Blackwood me l'avait affirmé). «Ensuite, il y a eu *L'Expérimentateur involontaire*[492], racontant l'histoire d'un homme qui a été cuit dans un four et qui en sort vivant et indemne, bien qu'il se soit certainement fait une belle frayeur. Et il y a encore *Le Journal d'un médecin défunt*[493], dont le mérite réside dans son mélange de belles rodomontades et de grec indifférent – tous deux s'attirant les faveurs du public. Et il y a eu aussi *L'Homme dans la cloche*[494], un article, soit dit en passant, *Miss* Zenobia, sur lequel je ne saurais que trop attirer votre attention. C'est l'histoire d'une jeune personne qui s'endort sous le battant d'une cloche d'église et qui est réveillée quand elle sonne le glas pour un enterrement. Le bruit le rend fou et, par conséquent, tirant ses tablettes, il y consigne ses sensations. À bien y réfléchir, les sensations sont la grande affaire. Si jamais vous étiez noyée ou pendue, assurez-vous de noter vos sensations – elles vous rapporteront dix guinées[495] la feuille. Si vous voulez écrire avec vigueur, *Miss* Zenobia, prêtez bien attention aux sensations.

– Je n'y manquerai certes pas, Mr. Blackwood, ai-je dit.

– Fort bien ! a-t-il répondu. Je vois que vous êtes une élève selon mon cœur. Mais je vais vous mettre *au fait** des détails nécessaires à la composition de ce qu'on pourrait appeler un authentique article à sensations façon Blackwood – dont vous aurez compris que c'est le genre que je considère comme le meilleur sous tous rapports.

« La première chose qui s'impose, c'est de vous mettre dans un guêpier où personne ne s'est jamais mis auparavant. Le four, par exemple : c'était bien vu. Mais si vous n'avez pas de four ni de grande cloche sous la main, et s'il ne vous est pas loisible de tomber d'un ballon, d'être engloutie par un séisme ou bien coincée dans une cheminée, vous devrez vous contenter d'imaginer tout simplement une mésaventure de ce type. Néanmoins, je préférerais que vous ayez un fait réel à faire valoir. Rien n'aide aussi bien l'imagination qu'une connaissance empirique du sujet en question. "La vérité est étrange", vous savez, "plus étrange que la fiction[496]" – en outre, elle va davantage droit au but ».

Je l'ai assuré que je possédais une excellente paire de jarretières et que j'irais me pendre avec sur-le-champ.

« Bien ! a-t-il répondu, faites-le – bien que la pendaison

soit un sujet quelque peu rebattu. Peut-être pourriez-vous faire mieux. Prenez une dose de pilules de Brandreth[497] et donnez-nous ensuite vos sensations. Cependant, mes instructions s'appliqueront tout aussi bien à n'importe quel type de mésaventures, et en rentrant chez vous, vous pouvez fort bien être assommée, renversée par un omnibus, mordue par un chien enragé ou bien noyée dans un caniveau. Mais poursuivons.

« Une fois que vous avez déterminé votre sujet, vous devez ensuite considérer le ton ou la manière de votre narration. Il y a le ton didactique, le ton enthousiaste, le ton naturel, tous assez banals. Mais il y a aussi le ton laconique ou bref, qui connaît une vogue récente. Il consiste en phrases brèves. Un peu comme ceci : On ne peut être trop bref. On ne peut être trop brusque. Toujours un point. Et jamais de paragraphes.

« Et puis il y a le ton élevé, prolixe et interjectif. Certains de nos meilleurs romanciers en sont des habitués[498]. Les mots doivent tous être emportés dans un tourbillon, comme une toupie ronflant, et faire un bruit très similaire, qui tient remarquablement lieu de sens. C'est le meilleur de tous les styles possibles où l'écrivain est trop pressé pour penser.

« Le ton métaphysique est également un bon ton. Si vous connaissez de grands mots, c'est votre chance de les employer. Parlez des écoles ionienne et éléatique[499] – d'Archytas, Gorgias et Alcmæon[500]. Touchez un mot de l'objectivité et de la subjectivité. Malmener avec aplomb un certain Locke[501]. Renâclez devant les choses en général, et quand vous laissez échapper quelque chose d'un peu *trop* absurde, vous n'aurez pas besoin de vous donner la peine de le raturer, mais contentez-vous d'ajouter une note de bas de page et de dire que vous devez la profonde observation ci-dessus à la *Kritik der reinem Vernunft* ou bien à la *Metaphysische Anfangsgrunde der Naturwissenschaft*[502]. Cela paraîtra érudit et… et… et franc.

Il y a différents autres tons tout aussi célèbres, mais je me contenterai d'en mentionner deux autres : le ton transcendantal et le ton hétérogène. Dans le premier, le mérite consiste à voir dans la nature des choses beaucoup plus loin que n'importe qui[503]. Cette seconde vue est très efficace quand elle est correctement mise en œuvre. Un peu de lecture du *Dial*[504] vous ouvrira largement la voie. Évitez, dans ce cas, les grands mots ; utilisez les plus petits possibles et écrivez-les à l'envers. Jetez un œil aux poèmes de Channing[505] et citez ce qu'il dit d'un "gros petit homme à l'apparence illusoire d'un Pot"[506]. Ajoutez un mot sur l'Unité divine. Ne dites rien de la Dualité infernale. Par-dessus tout, étudiez l'insinuation. Faites allusion à chaque chose – sans jamais rien affirmer. Si vous vous sentez encline à dire "pain et beurre", ne le dites surtout pas en ces termes. Vous pouvez dire quelque chose *approchant* de "pain et beurre". Vous pouvez faire allusion à une galette de blé noir ou bien même aller jusqu'à évoquer une bouillie d'avoine, mais si c'est de pain et de beurre que vous voulez vraiment parler, veillez, ma *chère Miss* Psyché, à ne jamais dire, à aucun prix : "pain et beurre" ! »

Je l'ai assuré que je ne le dirais plus jamais tant que je vivrais. Il m'a embrassée et a poursuivi :

« Quant au ton hétérogène, c'est simplement un mélange judicieux, en proportions égales, de tous les autres tons du monde, qui est, par conséquent constitué de tout ce qu'il y a de profond, de grand, de bizarre, de piquant, de pertinent et de beau.

« Supposons à présent que vous ayez fait votre choix concernant les incidents et le ton. La partie la plus importante – en fait, l'âme de toute l'affaire, requiert encore toute votre attention – je veux parler du *remplissage*. On n'ira pas supposer qu'une *lady* ou un *gentleman* ait mené la vie d'un rat de bibliothèque. Et par-dessus tout, il est nécessaire que votre article ait des airs d'érudition, du moins qu'il fournisse la preuve de grandes lectures. Or, je vais vous mettre sur la voie pour vous tirer de ce mauvais pas. Regardez ici ! (Il a saisi trois ou quatre volumes d'aspect ordinaire qu'il a ouverts au hasard). En jetant un œil sur presque n'importe quelle page de n'importe quel livre au monde, vous serez capable de percevoir d'emblée toute une armée de petites bribes d'érudition ou de *bel-esprit**, qui font tout le sel d'un article façon Blackwood. Vous pouvez fort bien en noter quelques-unes pendant que je vous en fais la lecture. Je les diviserai en deux sections : premièrement, *Faits piquants pour la confection de comparaisons*, et deuxièmement, *Expressions piquantes à introduire quand l'occasion se présente*. Écrivez maintenant ! » – et j'ai écrit sous sa dictée.

« FAITS PIQUANTS POUR COMPARAISONS. "À l'origine, il n'y avait que trois Muses – Mélété, Mnémé, Aédé[507] – méditation, mémoire et chant". Vous pouvez tirer beaucoup de choses de ce simple fait si vous savez vous en servir correctement. Vous voyez qu'il n'est pas connu de tous et a l'air *recherché**. Vous devez être prudente et donner à la chose un air totalement improvisé.

« Un autre : "Le fleuve Alphée[508] est passé sous la mer et a émergé sans attenter à la pureté de ses eaux". C'est assez éculé, c'est sûr, mais bien habillé et présenté, ça paraîtra plus frais que jamais.

« Voici quelque chose de mieux : "L'Iris perse[509] semble posséder, pour certaines personnes, un doux parfum très puissant, tandis que pour d'autres il est totalement inodore". C'est joli et très délicat ! En le tournant un petit peu, ça fera des merveilles. Nous trouverons quelque chose d'autre dans la veine botanique. Il n'y a rien qui fasse aussi bien, en particulier avec l'aide d'un peu de latin. Écrivez !

« "L'*Epidendrum Flos Aeris*[510] de Java porte une très belle fleur et continue de vivre une fois déraciné. Les indigènes le suspendent par une corde au plafond et jouissent de son arôme pendant des années". C'est capital ! Voilà pour les comparaisons. Passons à présent aux Expressions piquantes.

« EXPRESSIONS PIQUANTES. "*Le vénérable roman chinois Ju Kiao Li*[511]". Bien ! En introduisant habilement ces quelques mots, vous montrerez votre connaissance intime de la langue et de la littérature chinoises. Grâce à cela, vous pouvez vous passez de l'arabe, du sanscrit et du chicacha[512]. Cependant, on ne peut faire abstraction de l'espagnol, de l'italien, de l'allemand, du latin et du grec. Je dois vous faire voir un petit échantillon de chaque. N'importe quelle bribe fera l'affaire, parce qu'il dépend de votre ingéniosité de la faire coller à votre article. Écrivez maintenant !

« "*Aussi tendre que Zaïre**[513]" – français. Fait allusion à la répétition fréquente de la phrase, *la tendre Zaïre**, dans la tragédie française du même nom. Correctement introduite, elle montrera non seulement votre connaissance de la langue, mais vos lectures et votre esprit. Vous pouvez dire, par exemple, que le poulet que vous mangiez (en écrivant un article racontant comment vous avez été mortellement étouffée par un os de poulet) n'était pas du tout *aussi tendre que Zaïre**. Écrivez !

"*Ven muerte tan escondida,*
Que no te sienta venir,
Porque el plazer del morir,
No me torne a dar la vida[514]"

« C'est de l'espagnol – de Miguel de Cervantes. "Viens vite, Ô mort ! mais ne me laisse pas voir que tu viens, de crainte que le plaisir que je sentirai en te voyant ne me ramène malheureusement à la vie." Vous pouvez glisser cela *à propos** quand vous luttez, agonisante, avec l'os de poulet. Écrivez !

> "*Il pover'uomo che non se'n era accorto,*
> *Andava combattendo e era morto.*"

« C'est de l'italien, comme vous pouvez le constater – c'est de l'Arioste[515]. Cela signifie qu'un grand héros, dans le feu du combat, ne se rendant pas compte qu'il a bel et bien été tué, a continué de se battre vaillamment, alors qu'il était mort. L'application de ces vers à votre propre cas coule de source – car je compte bien, *Miss* Psyche, que vous ne négligerez pas de vous débattre au moins une heure et demie après avoir été mortellement étranglée par l'os de poulet. Écrivez s'il vous plaît !

> "*Und sterb' ich doch, so sterb' ich denn*
> *Durch sie – durch sie !*"

« C'est de l'allemand – c'est de Schiller[516]. "Et si je meurs, au moins je meurs – pour toi – pour toi !" Ici, il est clair que vous apostrophez la *cause* de votre malheur, le poulet. En effet, quel *gentleman* (ou *lady*) sensé *refuserait* de mourir, j'aimerais bien le savoir, pour un chapon bien engraissé selon la vraie méthode d'élevage des Moluques[517], fourré aux câpres et aux champignons, et servi dans un saladier, avec de la gelée d'orange *en mosaïque** ? Écrivez ! (Vous pouvez en trouver chez Tortoni[518]). – Écrivez, je vous prie !

« Voici une jolie petite phrase en latin, et rare de surcroît (on ne saurait être trop *recherché** ou bref en latin, c'est devenu si banal) – *ignoratio elenchi*[519]. Il a commis une *ignoratio elenchi* – autrement dit, il a compris les mots de votre proposition, mais pas l'idée. L'homme était un *imbécile*, vous voyez. Un pauvre type à qui vous vous adressez tout en étouffant à cause de l'os de poulet et qui ne comprenait par conséquent pas précisément ce dont vous parliez. Jetez-lui l'*ignoratio elenchi* à la figure, et aussitôt vous l'aurez anéanti. S'il ose répondre, vous pouvez lui citer Lucain[520] (le voici) qui dit que les discours ne sont que pures *anemonae verborum*[521], des mots anémones. L'anémone, avec son grand éclat, n'a pas d'odeur. Ou bien, s'il commence à fanfaronner, vous pouvez lui tomber dessus avec *insomnia Jovis*, des rêveries de Jupiter – une phrase que Silius Italicus[522] (regardez ici !) applique aux pensées pompeuses et ampoulées. C'est infaillible et ça lui crèvera le cœur. Il ne pourra rien faire d'autre que de rouler sur lui-même et mourir. Auriez-vous l'amabilité d'écrire ?

« En grec, nous devons avoir quelque chose de charmant – de Démosthène[523], par exemple. Ανερο φευγων χαι παλιν μαχεσεται[524]. Il en existe une traduction acceptable dans *Hudibras*[525] :

Bien à propos prendre la fuite
En guerre est très-belle conduite.[526]

« Dans un article façon Blackwood, rien ne fait meilleur effet que votre grec. Les lettres elles-mêmes ont un air de profondeur. Remarquez juste, madame, l'air astucieux de cet Epsilon ! Ce Phi doit certainement être un évêque ! Y a-t-il jamais eu un type plus intelligent que cet Omicron ? Et observez ce Tau ! En bref, rien ne vaut le grec pour un authentique article à sensation. Dans le cas présent, l'utilisation que vous en faites est ce qu'il y a de plus évident au monde. Annoncez la sentence par un énorme juron, en guise d'*ultimatum* à l'adresse du scélérat stupide et bon à rien qui était incapable de comprendre votre bon anglais au sujet de l'os de poulet. Il saisira l'illusion et disparaîtra, vous pouvez compter dessus. »

Telles ont été toutes les instructions que Mr. B. a pu me transmettre sur le sujet en question, mais je sentais qu'elles n'étaient pas entièrement suffisantes. J'étais enfin capable d'écrire un authentique article façon Blackwood et résolue à m'y mettre sur-le-champ. En prenant congé de moi, Mr. B. s'est proposé de m'acheter l'article une fois écrit, mais étant donné qu'il ne pouvait m'offrir que cinquante guinées le feuillet[527], j'estimais qu'il valait mieux le laisser à notre société plutôt que de le sacrifier pour une somme aussi mesquine. Mais malgré sa ladrerie, l'homme m'a témoigné par ailleurs toute sa considération et m'a vraiment traitée avec la plus grande courtoisie. Ses paroles, au moment de prendre congé, ont fait forte impression sur mon cœur et j'espère toujours m'en souvenir avec gratitude.

« Ma chère *Miss* Zenobia, a-t-il dit, tandis que les larmes lui venaient aux yeux, y a-t-il *autre* chose que je puisse faire pour promouvoir la réussite de votre louable entreprise ? Laissez-moi réfléchir ! Il est tout simplement possible que vous puissiez, dès que cela vous siéra, vous... vous... vous noyer ou... vous étouffer avec un os de poulet ou... ou vous pendre... ou... être mordue par un... mais restez ! Maintenant que j'y pense, il y a un couple d'excellents bulldogs dans la cour... de belles bêtes, je vous l'assure... sauvages et tout... vous en aurez pour votre argent... ils vous dévoreront, *auriculas* et tout, en moins de cinq minutes (voici ma montre !)... et ensuite seulement, songez aux sensations ! Ici ! Ici, j'ai dit !... Tom !... Peter !... Dick, espèce de vaurien !... lâche-les donc »... mais comme j'étais vraiment très pressée et que je n'avais pas un instant de plus à perdre, j'ai été contrainte à contrecœur de précipiter mon départ et de prendre par conséquent congé *immédiatement* – un peu plus brusquement, je l'admets, que ne l'aurait permis la stricte courtoisie.

Mon premier soin, après avoir quitté Mr. Blackwood, a été de me mettre immédiatement dans le pétrin, en suivant ses conseils, et avec cette idée en tête, j'ai passé la majeure partie de la journée à errer dans Edinburgh en quête d'aventures désespérées – d'aventures à même de répondre à l'intensité de mes sentiments et adaptées au vaste caractère de l'article que j'avais l'intention d'écrire. Dans cette excursion, j'étais accompagnée de mon domestique noir Pompey et ma petite chienne bichon Diana[528], que j'avais emmenée avec moi depuis Philadelphia. Mais ce n'est qu'en fin d'après-midi que j'ai pleinement réussi dans mon entreprise ardue. Un événement important s'est alors produit, dont l'article façon Blackwood qui suit, dans le ton hétérogène, constitue la substance et le résultat.

UN BEAU PÉTRIN[529]

Quelle triste cause, jeune dame,
vous a ainsi éloignée d'eux ?
COMUS[530].

Par un après-midi calme et silencieux, je me rendais dans la bonne ville d'Edina[531]. La confusion et le brouhaha dans les rues étaient terribles. Les hommes parlaient. Les femmes hurlaient. Les enfants s'époumonaient. Les cochons sifflaient[532]. Les chariots cliquetaient. Les taureaux mugissaient. Les vaches meuglaient. Les chevaux hennissaient. Les chats miaulaient. Les chiens dansaient. *Dansaient* ! Comment est-ce donc possible ? *Dansaient* ! Hélas ! pensai-je, le temps de danser est révolu pour *moi* ! Il n'est plus. Quelle armée de souvenirs ténébreux se réveillera de temps à autre dans l'esprit de génie et de contemplation imaginative, en particulier chez un génie condamné à la durable, éternelle, continuelle et, pourrait-on dire, la… *continuation*… oui, la *continuation continue*, amère, harassante, dérangeante et, si je puis me permettre de m'exprimer ainsi, la *très* dérangeante influence de l'effet serein, divin, céleste, exalté, élevé et purifiant de ce qu'on pourrait appeler à bon droit la très enviable, la *vraiment* très enviable… oui ! la plus bénignement belle, la plus délicieusement éthérée et, pour ainsi dire, la plus *charmante* (si je puis me permettre une expression aussi hardie) *chose* (pardonne-moi, gentil lecteur) du monde – mais je me laisse toujours entraîner par mes sentiments. Dans un *tel* état d'esprit, je le répète, quelle armée de souvenirs se trouve ébranlée par une peccadille ! Les chiens dansaient ! Moi… je ne *pouvais* pas ! Ils batifolaient – je sanglotais. Ils gambadaient – je pleurais à chaudes larmes. Détails touchants ! qui ne peuvent manquer de remettre en mémoire chez le lecteur classique ce passage exquis en relation avec l'ordre des choses, que l'on trouve au commencement du troisième volume de cet admirable et vénérable roman chinois qu'est le *Chou-qui-a-un-lit*[533].

Au cours de ma balade solitaire dans la ville, j'avais deux humbles mais loyaux compagnons. Diana, ma petite chienne bichon ! la plus douce des créatures ! Elle avait une touffe de poils sur son œil unique et une faveur bleue élégamment nouée autour du cou. Diana ne faisait pas plus de treize centimètres de haut, mais sa tête était presque plus grande que son corps, et sa queue, coupée excessivement ras, donnait à cet intéressant animal un air d'innocence blessée qui en faisait le chouchou de tout le monde.

Et Pompey, mon Nègre ! – doux Pompey ! comment pourrai-je jamais t'oublier ? J'avais pris le bras de Pompey. Il faisait quatre-vingt-onze centimètres de haut (j'aime être précise) et avait environ soixante-dix ou peut-être quatre-vingts ans. Il avait les jambes arquées et était corpulent. On ne pouvait dire de sa bouche qu'elle était petite, ni que ses oreilles étaient courtes. Cependant, ses dents ressemblaient à des perles et ses yeux grands ouverts étaient d'un blanc délicieux. La Nature ne l'avait pas pourvu de cou et avais mis ses chevilles (comme il est d'usage chez cette race) au milieu de la portion supérieure du pied. Il était vêtu avec une simplicité frappante. Son seul et unique vêtement était un plastron de vingt-trois centimètres de haut et un pardessus de toile bise presque neuf qui avait été auparavant au service du grand, majestueux et illustre Dr Moneypenny. C'était un bon pardessus. Il était bien coupé. Il était bien fait. Le manteau était presque neuf. Pompey le relevait des deux mains pour qu'il ne traîne pas dans la boue.

Notre groupe était constitué de trois personnes et deux d'entre elles se sont déjà fait remarquer. Il y en avait une troisième – cette personne était moi-même. Je suis la *Signora* Psyche Zenobia. Je ne suis *pas* Suky Snobbs. Mon apparence en impose. Dans la circonstance mémorable dont je parle, j'étais vêtue d'une robe de satin cramoisie, avec un mantelet arabe bleu ciel. Et la robe avait pour parements des *agrafas* vertes et sept gracieux volants d'*auriculas* orangées. Je constituais donc le troisième membre du groupe. Il y avait la petite chienne bichon. Il y avait Pompey. Il y avait moi. Nous étions *trois*. Ainsi dit-on qu'il n'y avait, à l'origine, que trois Furies – Mathilde, Noémie et Édith – Méditation, Mémoire et Futilité.

Appuyée au bras du galant Pompey et suivie à distance respectable par Diana, je descendais l'une des rues populeuses et très agréables d'une Edina à présent déserte. Tout à coup, une église se présenta à ma vue – une cathédrale gothique – immense, vénérable et coiffée d'un grand clocher, qui se dressait dans le Ciel. Quelle folie alors s'empara de moi ? Pourquoi me ruai-je au-devant de mon destin ? Je fus prise d'un désir irrépressible de grimper le pinacle vertigineux pour embrasser du regard l'immense étendue de la ville. La porte ouverte de la cathédrale m'y invitait. Ma destinée l'emporta. Je pénétrai sous la voûte funeste. Où donc était mon ange-gardien ? – s'il existe bel et bien des anges. *Si* ! Monosyllabe angoissant ! Quel monde de mystère, de sens, de doute et d'incertitude se trouve impliqué dans tes deux lettres ! Je pénétrai sous la voûte funeste ! J'y pénétrai et, sans abîmer mes *auriculas* orangées, je passai sous le portail pour déboucher dans le vestibule. Ainsi dit-on que l'immense fleuve Alfred passait, indemne et à sec, sous la mer.

Je crus que l'escalier ne finirait jamais. *Il tournait*! Oui, il tournait et montait, tournait et montait, tournait et montait, jusqu'à ce que je ne puisse m'empêcher de supposer, avec le sagace Pompey, sur le bras duquel je m'appuyais avec toute la confiance d'une vieille affection – jusqu'à ce que je ne *puisse* m'empêcher de supposer que le dernier échelon de cette interminable échelle en spirale avait été, accidentellement ou peut-être à dessein, retiré. Je m'arrêtai pour reprendre ma respiration et, dans l'intervalle, un accident se produisit, d'une nature trop décisive, tant d'un point de vue moral que métaphysique, pour être passé sous silence. Il me semblait… en réalité, j'étais sûre de mon fait… je ne pouvais me tromper… non ! Depuis un moment j'observais attentivement et anxieusement les mouvements de ma petite Diana… je dis que *je ne pouvais pas* me tromper : Diana *flairait un rat*[534] ! J'attirai aussitôt l'attention de Pompey : et il… il fut de mon avis. Il n'y avait plus aucun mobile raisonnable d'en douter. Le rat avait été flairé – et par Diana. Dieu du ciel ! pourrai-je jamais oublier l'intense émotion du moment ? Hélas ! Qu'est-ce que la fameuse intelligence de l'homme ? Le rat – il était là – autrement dit, il était quelque part. Diana flairait le rat. Moi… *je ne pouvais pas* ! Ainsi dit-on que l'Isis de Bresse possède, pour certaines personnes, un doux arôme très puissant, tandis qu'elle est parfaitement inodore pour d'autres.

Nous étions tout en haut de l'escalier, et il ne restait plus à présent que trois ou quatre marches. Nous montâmes encore et il ne resta plus qu'une seule marche. Une marche ! Une petite, toute petite marche. Quelle somme de bonheur ou de malheur dépend bien souvent d'une pareille petite marche dans le grand escalier de la vie humaine ! Je songeai à moi, puis à Pompey et ensuite à la destinée mystérieuse et inexplicable qui nous entourait. Je songeai à Pompey ! – hélas ! Je songeai à l'amour ! Je songeai aux nombreuses *marches* que j'avais ratées et pourrais rater. Je décidai d'être plus prudente, plus réservée. J'abandonnai le bras de Pompey, triomphai sans son aide de la marche restante, et atteignis la chambre du beffroi. Je fus immédiatement suivie par ma petite chienne. Pompey seul restait derrière. Je m'immobilisai en haut de l'escalier et l'encourageai à monter. Il me tendit la main et, malheureusement, en agissant ainsi, il fut contraint de lâcher son pardessus qu'il tenait fermement. Les dieux ne cesseront-ils donc jamais leurs persécutions ? Pompey marcha sur le long pan traînant de son pardessus qui venait de glisser. Il trébucha et tomba – conséquence inévitable. Il tomba en avant et, de sa tête maudite, il me frappa... en pleine poitrine et m'entraîna la tête la première sur le sol dur, sale et détestable du beffroi. Mais ma vengeance fut assurée, soudaine et totale. En saisissant furieusement sa toison des deux mains, je déchirai une grande quantité de matière noire, crépue et bouclée, et la jetai loin de moi en manifestant tout mon dédain. Elle retomba au milieu des cordes du beffroi et y resta. Pompey se leva sans dire un mot. Mais il me regarda piteusement de ses grands yeux et... soupira. Grands dieux : quel soupir ! Il me toucha en plein cœur. Et ces cheveux – la toison ! Si j'avais pu récupérer cette toison, je l'aurais baignée de mes larmes, pour témoigner de mes regrets. Mais hélas ! Elle était désormais hors de portée. Comme elle pendillait au cordage de la cloche, je m'imaginai qu'elle vivait encore. Je m'imaginai qu'elle se hérissait d'indignation. Ainsi dit-on que le *Papydandy Flos Aeris* de Java porte une belle fleur qui continue de vivre quand elle est déracinée. Les autochtones l'accrochent au plafond à l'aide d'une corde et jouissent de son parfum pendant des années.

Notre différend était désormais terminé et nous cherchâmes une ouverture dans la pièce, par laquelle observer la ville d'Edina. Il n'y avait point de fenêtre. La seule lumière admise dans la chambre obscure provenait d'une ouverture carrée, d'environ trente centimètres, à environ deux mètres du sol. Mais que ne parvient pas à accomplir l'énergie d'un vrai génie ? Je décidai d'escalader jusqu'à ce trou. Une grande quantité de roues, de pignons et d'autres mécanismes d'aspect cabalistique se trouvaient en face du trou, tout près, et une baguette métallique venant du mécanisme passait à travers. Entre les roues et le mur où se trouvait le trou, il y avait tout juste assez de placc pour mon corps – mais j'étais désespérée et déterminée à persévérer. J'appelai Pompey près de moi.

«Tu vois cette ouverture, Pompey. Je veux regarder au travers. Tu vas te mettre juste en dessous du trou – comme ceci. Maintenant, tends une de tes mains, Pompey, et laisse-moi monter dessus – comme cela. Maintenant, l'autre main, Pompey, et ainsi, je grimperai sur tes épaules».

Il fit tout ce que je lui demandai et je m'aperçus, une fois en haut, que je pouvais facilement passer la tête et le cou à travers l'ouverture. La vue était sublime. Rien ne saurait être plus magnifique. Je m'arrêtai un moment juste pour dire à Diana d'être sage et assurer Pompey que je serais pleine d'égards et pèserais le plus légèrement possible sur ses épaules. Je lui dis que je me montrerais tendre avec ses sentiments – *ossi tendre que beefsteak*. Ayant rendu justice à mon loyal ami, je m'abandonnai avec force entrain et enthousiasme à la contemplation du paysage qui se déployait si obligeamment sous mes yeux.

Cependant, je m'abstiendrai de développer. Je ne décrirai pas la ville d'Edinburgh. Tout le monde est allé à Edinburgh – la classique Edina. Je me limiterai aux détails importants de ma lamentable aventure. Ayant satisfait, dans une certaine mesure, ma curiosité concernant l'étendue, la situation et l'apparence générale de la ville, j'eus tout le loisir d'observer l'église dans laquelle je me trouvais, et la délicate architecture du clocher. Je remarquai que l'ouverture par laquelle j'avais passé la tête se trouvait dans le cadran d'une horloge gigantesque et devait ressembler, depuis la rue, à une immense serrure, comme nous en voyons sur les montres françaises. Sans doute que le véritable but était de laisser passer le bras d'un employé pour ajuster, si nécessaire, les aiguilles de l'horloge de l'intérieur. Je remarquai aussi, non sans surprise, l'immense taille de ces aiguilles, dont la plus grande ne mesurait pas moins de trois mètres de long et, à l'endroit où elle était la plus large, entre vingt et vingt-trois centimètres. Elles étaient apparemment en acier massif et leurs extrémités semblaient affûtées. Ayant remarqué ces détails et d'autres, je tournai à nouveau les yeux vers la splendide vue à mes pieds et m'abîmai bientôt dans sa contemplation.

J'en fus tirée au bout de quelques minutes par la voix de Pompey, qui déclarait qu'il ne pouvait plus tenir et me demandait de bien vouloir redescendre. C'était déraisonnable et je le lui signifiai par un long discours. Il me répondit, mais en se méprenant de toute évidence sur mes idées à ce sujet. Partant, je m'échauffai et lui dis sans ambages que c'était un imbécile, qu'il avait commis un *ignoramus haie-blanchie*, que ses idées n'étaient qu'*insomnie Bovis* et que ses propos ne valaient guère mieux qu'un *ennemi-verbe-au-rhum*. Il parut satisfait et je repris ma contemplation.

Une demi-heure peut-être après cette altercation, alors que j'étais profondément absorbée par le décor céleste que j'avais sous les yeux, je fus tirée en sursaut de ma contemplation par quelque chose de très froid qui exerçait une douce pression sur ma nuque. Inutile de dire que je me sentis indiciblement effrayée. Je savais que Pompey était sous mes pieds et que Diana était assise, conformément à mes instructions explicites, sur ses pattes arrière dans un coin à l'autre bout de la pièce. Qu'est-ce que cela pouvait bien être ? Hélas ! Je ne le découvris que trop tôt. En tournant doucement la tête sur le côté, je vis, au comble de l'effroi, que l'immense et scintillante petite aiguille de l'horloge, qui ressemblait à un cimeterre, était, en suivant sa révolution horaire, *descendue sur ma nuque*. Je savais qu'il n'y avait pas une seconde à perdre. Je reculai immédiatement – mais il était trop tard. Il n'y avait aucune possibilité d'arracher ma tête de la gueule de cet horrible piège dans lequel je m'étais laissé prendre de mon plein gré, et qui rétrécissait de plus en plus avec une rapidité trop effroyable à concevoir. On ne peut imaginer l'angoisse de ce moment. Je levai les mains et tentai, de toutes mes forces, de soulever la lourde barre métallique. J'aurais aussi bien pu essayer de soulever la cathédrale elle-même. Elle descendait toujours, se rapprochait de plus en plus. Je criai à Pompey de me venir en aide, mais il me dit que j'avais blessé ses sentiments en le taxant de « vieil ignorant bigleux ». Je hurlai en direction de Diana, mais elle se contenta de répondre par un « boa-ouah-ouah » et que « je lui avais dit de ne bouger de son coin sous aucun prétexte ». Je n'avais donc aucun secours à attendre de mes associés.

Entre-temps, la lourde et terrifiante *Faux du Temps* (car je prenais conscience à présent du sens littéral de cette formule classique) ne s'était pas arrêtée et n'entendait pas s'arrêter dans sa course. Elle descendait encore et encore. Elle avait déjà enfoncé son tranchant de deux bons centimètres dans ma chair et mes sensations devenaient indistinctes et confuses. À un moment, je me suis imaginée être à Philadelphia avec l'imposant Dr Moneypenny, à un autre, dans le cabinet personnel de Mr. Blackwood en train de recevoir ses inestimables instructions. Et puis, à nouveau, le doux souvenir de jours anciens et meilleurs s'empara de moi et je songeai à cette période heureuse où le monde n'était pas qu'un désert et Pompey n'était pas totalement cruel.

Le tic-tac du mécanisme m'amusait. *M'amusait*, dis-je, car mes sensations confinaient désormais au bonheur parfait et les détails les plus insignifiants me procuraient du plaisir. L'éternel *tic-tac*, *tic-tac*, *tic-tac* de l'horloge était la musique la plus mélodieuse qui soit à mes oreilles, et me remettait de temps à autre en mémoire les réconfortantes harangues sermonneuses du Dr Ollapod[535]. Et puis il y avait les grands chiffres sur le cadran – ils avaient tous l'air si intelligents, si intellectuels ! Les voici qui se mettaient à danser la mazurka, et je crois que c'est le chiffre V qui me donna le plus de satisfaction. De toute évidence, c'était une dame qui avait du savoir-vivre. Rien de commun avec vos péronnelles, et absolument rien d'indélicat dans ses mouvements. Elle faisait admirablement la pirouette – en tournoyant sur sa pointe. Je tentai de lui tendre un siège, car je voyais qu'elle paraissait fatiguée par ses efforts – et ce n'est qu'à ce moment-là que je pris pleinement conscience de ma situation lamentable. Lamentable en effet ! La barre s'était enfoncée de cinq centimètres dans mon cou. Je ressentis une douleur exquise. J'invoquai la mort et, dans les affres du moment, je ne pus m'empêcher de me répéter ces vers exquis du poète Miguel de Cervantes :

Van Buren tan es candidat,
Couenne ôtée sienta venir,
Porc et plaisir[536] del morir,
Nommé, taré, doré, vidé !

Mais une nouvelle horreur se présentait à présent, suffisante pour ébranler les nerfs les plus solides. Mes yeux, sous la pression cruelle du mécanisme, sortaient littéralement de leurs orbites. Alors que je réfléchissais au moyen de me passer d'eux, l'un d'eux tomba de ma tête et roula sur le versant escarpé du clocher pour aller se loger dans la gouttière qui courait le long des larmiers de l'édifice principal. Ce n'est pas tant la perte de l'œil qui m'affligea, que l'air insolent d'indépendance et de mépris avec lequel il me regarda dès qu'il eut pris la poudre d'escampette. Il était là, dans la gouttière, juste sous mon nez, et les airs qu'il se donnait auraient été ridicules s'ils n'avaient été révoltants. On ne vit jamais de telles œillades, ni de tels clignements. Ce comportement de la part de mon œil dans la gouttière était non seulement exaspérant par son insolence manifeste et son ingratitude éhontée, mais aussi excessivement inconvenant en raison de la sympathie qui existe toujours entre les deux yeux d'une même tête, quand bien même ils sont éloignés l'un de l'autre. J'étais bien obligée, d'une façon ou d'une autre, de faire des œillades et de cligner, bon gré mal gré, à l'unisson de la chose scélérate qui se trouvait juste sous mon nez. Mais je fus bientôt soulagée par la chute de l'autre œil. En tombant, il prit la même direction (sans doute un complot prémédité) que son camarade. Tous deux roulèrent ensemble hors de la gouttière et, en vérité, je fus bien contente d'en être débarrassée.

La barre était à présent entrée d'onze centimètres dans ma nuque, et il ne restait plus qu'un petit lambeau de peau à couper. Mes sensations étaient celles d'un bonheur complet, car je sentais que d'ici quelques minutes, au pire, je serais délivrée de ma situation désagréable. Et mon attente ne fut pas déçue, loin s'en faut. À cinq heures vingt-cinq de l'après-midi précises, l'énorme petite aiguille avait suffisamment avancé dans sa terrible révolution pour trancher le peu qui restait de mon cou. Je ne fus pas fâchée de voir la tête qui m'avait causé tant d'embarras se détacher enfin de mon corps. Elle roula d'abord sur le versant du clocher, puis s'en alla se loger, pendant quelques secondes, dans la gouttière, avant de reprendre sa course, dans un plongeon, au milieu de la rue.

J'avouerai candidement que mes sentiments étaient à présent d'un caractère des plus singuliers – et même des plus mystérieux, déroutants et incompréhensibles. Mes sens étaient ici et là au même instant. Avec ma tête, je m'imaginais à un moment que moi, la tête, j'étais la vraie *Signora* Psyche Zenobia – à un autre, j'étais convaincue que moi, le corps, j'étais ma propre identité. Pour clarifier mes idées, je fouillai dans ma poche à la recherche de ma tabatière mais, en mettant la main dessus et en tentant d'appliquer une pincée de son réconfortant contenu selon la méthode ordinaire, je pris immédiatement conscience de ce qui me faisait défaut et jetai aussitôt la tabatière à ma tête, qui se trouvait plus bas. Elle prit une pincée avec grande satisfaction et m'adressa un sourire reconnaissant. Peu après, elle me tint un discours que, sans oreilles, je ne pus entendre qu'indistinctement. Mais j'en saisis assez pour savoir qu'elle était étonnée de me voir souhaiter rester vivante dans de telles circonstances. Pour conclure, elle cita les nobles mots de l'Arioste :

Il pover homme che non sera courtaud
Hanté va combattant un rat mort haut.

me comparant ainsi au héros qui, dans le feu du combat, ne s'étant pas aperçu qu'il était mort, continua de se battre avec une inépuisable bravoure. Il n'y avait désormais rien pour m'empêcher de tomber de tout mon haut, ce que je fis. Je ne pus découvrir ce que Pompey vit de *si* particulier dans mon apparence. Je n'ai jamais réussi à percer ce mystère. Le brave homme ouvrit la bouche d'une oreille à l'autre et ferma les yeux comme s'il tentait de casser des noix avec les paupières. Finalement, retroussant son pardessus, il bondit dans l'escalier et disparut. Je hurlai au scélérat les paroles véhémentes de Démosthène :

Andrew O'Phlégéton[537] tu prends bien vite la fuite,

puis je me tournai du côté de la prunelle de mes yeux, Diana la borgne aux poils hirsutes. Hélas ! Quelle horrible vision s'offrit à mon regard ? *Était*-ce un rat que je voyais regagner son trou ? *Sont*-ce là les os rongés du petit ange cruellement dévoré par le monstre ? Grands dieux ! et que *vois*-je – *est*-ce l'âme défunte, l'ombre, le fantôme de ma petite chienne bien-aimée, que j'aperçois, assise avec une grâce si mélancolique, dans le coin ? Écoutez ! car elle parle et, dieux du ciel ! dans l'allemand de Schiller :

Austère biche d'or, austère biche-daine
Torchis ! Torchis !

Hélas ! et ses paroles ne sont-elles pas que trop vraies ?

Et si je meurs, qu'au moins je meure
Pour toi – pour toi.

Douce créature ! Elle *aussi* s'est sacrifiée pour moi. Sans chien, sans nègre, sans tête, que reste-t-il *maintenant* à la malheureuse *Signora* Psyche Zenobia ? Hélas ! – *rien* ! J'ai fini.

LE DIABLE DANS LE BEFFROI[538]

Quelle heure qu'il est ?
Vieille expression

Chacun sait plus ou moins que le plus bel endroit du monde est – ou, hélas ! *était* – le bourg hollandais de Keeloerkieletonk[539]. Cependant, comme il se situe à bonne distance des axes principaux, il se trouve de ce fait à l'écart de tout, et il n'y a peut-être que très peu de mes lecteurs qui s'y soient jamais rendus. Pour le bénéfice de ceux qui n'ont pu faire le voyage, il est donc intéressant que j'entre dans le détail de certains points de son histoire. Et c'est en vérité d'autant plus nécessaire que, si je fais ici le récit des événements désastreux qui s'y sont déroulés dernièrement, c'est en espérant susciter ainsi la sympathie du public envers ses habitants. Tous ceux qui me connaissent ne douteront pas que le devoir que je m'impose ici sera accompli au mieux de mes capacités, avec la rigide impartialité, l'examen scrupuleux et la collecte assidue de faits indiscutables qui devraient toujours caractériser celui qui prétend au titre d'historien.

Grâce à l'apport conjoint des médailles, des manuscrits et des inscriptions diverses, je suis en mesure d'affirmer que le bourg de Keeloerkieletonk a toujours été, depuis son origine, identique à ce qu'il est aujourd'hui. Je déplore néanmoins de ne pouvoir parler de la date de cette origine qu'avec cette *imprécise précision* que les mathématiciens doivent parfois introduire dans certaines de leurs formules algébriques. Je puis donc dire que cette date, eu égard à sa lointaine antiquité, ne peut être postérieure à une quelconque quantité de temps attribuable.

En ce qui concerne l'origine du nom de Keeloerkieletonk, je confesse à regret que je me trouve, là encore, pris en défaut. Parmi la multitude d'opinions sur ce point sensible – certaines perspicaces, d'autres érudites, d'autres efficacement contraires –, je n'en trouve aucune qui puisse être considérée comme satisfaisante. Peut-être pourrait-on préférer, avec prudence, l'idée de Rohmküseck – qui se rapproche de celle de Plentchoukrout. La voici :

« *Keeloerkieletonk – Keel, lege viele – Loerkiele, quasi und Glörckul – Glörckul obsol : Glockenturm – tonk, lege danke*[540]. » Cette origine, à dire la vérité, se trouve plutôt confirmée par une inscription de remerciements visible au sommet du clocher de l'hôtel de ville. Je préfère cependant ne pas prendre parti dans un sujet de si grande importance et me contente d'indiquer au lecteur désireux d'en savoir davantage l'*Oratiuncitloe de Rebus Proeter-Veteris* de Bödentripp. Voir aussi Lurdbühz, *De derivationibus*, p. 27-5010, in-folio, édition en lettres gothiques, caractères noirs et rouges, avec index, sans code – où l'on peut consulter également, en marge, quelques notes autographes de Sufflundfars, et les sous-commentaires de Grognundbuff.

Malgré l'obscurité qui entoure ainsi la date de la fondation de Keeloerkieletonk et l'origine de son nom, on ne saurait douter, ainsi que je l'ai dit, que la ville ait de tout temps existé telle que nous la connaissons aujourd'hui. L'homme le plus âgé du bourg ne peut se rappeler la moindre différence dans l'aspect de quelque partie que ce soit, et pour tout dire la simple suggestion d'une telle possibilité serait considérée comme un affront. Le village est situé dans une vallée parfaitement circulaire, d'un demi-kilomètre de circonférence environ, entourée de faibles collines au-delà desquelles les habitants ne se sont jamais aventurés. Ils donnent comme explication à cela qu'ils ne croient pas qu'il y ait quoi que ce soit de l'autre côté.

Tout autour de la vallée (parfaitement plane, et pavée sur toute sa longueur) s'étend une rangée continue de soixante maisonnettes. Comme elles tournent le dos aux collines, leurs façades donnent bien entendu sur le centre de la plaine, qui se trouve à soixante mètres[541] exactement de la porte d'entrée de chacune d'entre elles. Chaque maison a devant elle un petit jardin, avec un chemin circulaire, un cadran solaire, et vingt-quatre choux. Elles sont si exactement semblables qu'il est impossible de les distinguer les unes des autres. En raison de leur origine très ancienne, leur architecture est d'un style quelque peu surprenant, mais qui n'en est pas moins étonnamment pittoresque. Elles sont faites de petites briques cuites au four, rouges et bordées de noir, si bien que les murs ressemblent à un vaste échiquier. Leurs façades sont à pignons et ornées de corniches, aussi grandes que le reste de la maison, qui courent sur l'avant-toit et au-dessus de la porte principale. Les fenêtres sont étroites et profondes, avec de tout petits carreaux et de grands vantaux. Le toit est recouvert d'une grande quantité de tuiles pannes, aux longues oreillettes bouclées. Les boiseries sont toutes de couleur sombre, très décorées, quoique avec peu de variété dans les motifs – en effet, depuis des temps immémoriaux, les sculpteurs sur bois de Keeloerkieletonk n'ont jamais su tailler que deux objets : les horloges et les choux. Mais ils le font avec infiniment de talent, et les disposent avec une extrême ingéniosité partout où ils trouvent de la place pour le faire.

Les habitations sont aussi semblables les unes aux autres à l'intérieur qu'elles le sont à l'extérieur. Les sols sont pavés de dalles carrées. Les chaises et les tables sont en bois noir avec des jambes fines et galbées et de petits pieds trapus. Les cheminées, hautes et vastes, n'ont pas seulement des horloges et des choux sculptés sur leur bandeau, mais une véritable horloge, qui, posée au milieu de la tablette, fait un tic-tac assourdissant, et, à chaque extrémité, l'escortant de part et d'autre, un pot de fleurs contenant un chou. Entre chaque chou et chaque horloge se trouve également un petit Chinois avec un gros ventre et un grand trou percé au milieu, à travers lequel on peut voir le cadran d'une montre.

Les foyers sont vastes et profonds, avec des chenets fortement stylisés. Un feu vigoureux y brûle en permanence, et au-dessus une énorme marmite pleine de porc et de choucroute, que la maîtresse des lieux surveille constamment. C'est une petite dame vieille et grosse, à la figure rouge et aux yeux bleus, qui porte une énorme capuche semblable à un pain de sucre et ornée de rubans pourpres et jaune. Sa robe est faite de berlingue orangée, très longue derrière et courte devant – et vraiment très courte à d'autres égards, n'atteignant même pas la moitié de sa jambe. Cette dernière est plutôt épaisse, ainsi que les chevilles, mais elles sont couvertes d'une jolie paire de bas verts. Chacune de ses chaussures – de cuir rose – est lacée à l'aide d'un bouquet de rubans jaunes froncés en forme de chou. Elle porte à sa main gauche une lourde montre hollandaise. De la droite elle manie une louche pour la choucroute et le porc. À ses côtés se tient un gros chat tigré, avec à sa queue un jouet doré en forme de montre que « les garçons » lui ont attaché pour s'amuser.

Les garçons en question sont tous les trois dans le jardin et surveillent le cochon. Chacun d'eux mesure soixante centimètres. Ils portent des chapeaux tricornes, des gilets pourpres qui leur descendent aux cuisses, des hauts-de-chausse en daim, des bas de laine rouge, de lourds souliers à grosses boucles d'argent, et de longues redingotes à grands boutons de nacre. Chacun a aussi une pipe à la bouche, et une petite montre trapue à la main droite. Il tire une bouffée et jette un coup d'œil à la montre, puis jette un coup d'œil et tire une bouffée. Le cochon, corpulent et paresseux, est occupé tantôt à ramasser les feuilles tombées des choux[542], tantôt à ruer contre le jouet doré que les galopins ont aussi attaché à *sa* queue, afin qu'il soit aussi beau que le chat.

Juste devant la porte d'entrée, assis dans un fauteuil à haut dossier, au siège en cuir, aux jambes galbées et aux pieds trapus comme ceux des tables, se trouve le vieil homme de la maison. C'est un petit vieillard extrêmement bouffi, avec de grands yeux ronds et un énorme double menton. Son habit ressemble à celui des garçons : je n'ai pas besoin d'en dire davantage. La seule différence est que sa pipe est nettement plus grande que la leur, et qu'il peut faire plus de fumée. Comme eux, il a une montre, mais il la tient dans sa poche. En vérité, il doit surveiller quelque chose de plus important qu'une montre, et je m'en vais expliquer de quoi il s'agit. Il est assis, l'air grave, sa jambe droite reposant sur son genou gauche, et garde toujours au moins un œil résolument fixé sur un objet singulier situé au centre de la plaine.

Cet objet se trouve sur le clocher de l'hôtel de ville. Les membres du conseil municipal sont tous des hommes très petits, très ronds et adipeux, très intelligents, avec des yeux grands comme des soucoupes et de gros doubles mentons. Ils ont des manteaux beaucoup plus longs et des boucles de leurs souliers beaucoup plus grosses que les habitants ordinaires de Keeloerkieletonk. Depuis mon séjour dans le bourg, ils ont tenu plusieurs séances extraordinaires, et ont adopté ces trois importantes résolutions :

«Il est mauvais de modifier le bon vieux cours des choses»
«Rien n'est tolérable en dehors de Keeloerkieletonk» – et:
«Nous resterons fidèles à nos horloges et à nos choux»

Au-dessus de la salle de réunion du conseil municipal il y a le clocher, et dans le clocher le beffroi, où se trouve, depuis des temps immémoriaux, l'orgueil et la merveille du village: la grande horloge du bourg de Keeloerkieletonk. Et c'est vers cet objet que sont tournés les regards des vieux messieurs assis dans leurs fauteuils aux sièges en cuir.

La grande horloge a sept cadrans – un sur chacun des sept côtés du clocher –, de sorte qu'on peut la lire aisément de tous les coins du village. Ces cadrans sont larges et blancs, et leurs aiguilles lourdes et noires. Il y a là un gardien dont le seul travail est de s'occuper du beffroi. Mais ce travail est vraiment une sinécure, car l'horloge de Keeloerkieletonk n'a jamais connu la moindre avanie. Jusqu'à récemment, le simple fait de penser que cela pût être envisageable était considéré comme hérétique: aussi loin que remontent les archives, la grosse cloche a toujours sonné les heures avec régularité. Et de fait, il en est toujours allé de même pour toutes les autres montres et horloges du bourg. Jamais il n'y eut de meilleur endroit sur terre pour indiquer l'heure exacte. Lorsque le gros battant estimait que le moment était venu de dire «midi!», tous ses fidèles disciples se faisaient entendre simultanément et répondaient comme en écho.

En résumé, les bons bourgeois raffolaient de leur choucroute, mais ils étaient fiers de leurs horloges.

Tous ceux qui tiennent des sinécures sont considérés avec plus ou moins de respect, et comme l'homme dans le beffroi de Keeloerkieletonk tient la plus parfaite des sinécures, il est le plus respecté de tous les hommes. Il est le plus haut dignitaire du bourg, et même les cochons le considèrent avec révérence. La queue de son manteau est *beaucoup* plus longue, sa pipe, les boucles de ses souliers, ses yeux, son estomac, *beaucoup* plus grands que ceux de tous les autres vieux messieurs du village – et son menton n'est pas double, mais triple.

J'ai dépeint ici l'état heureux de Keeloerkieletonk. Hélas ! quel malheur qu'un tableau si parfait ait pu un jour connaître de tels revers de fortune ! Depuis longtemps les habitants les plus sages se fiaient au dicton selon lequel « rien de bon ne peut venir d'au-delà des collines » – et il semble vraiment que ces mots contenaient quelque chose de prophétique.

Il était midi moins cinq avant-hier lorsqu'apparut un objet très étrange sur la crête d'une colline, à l'est. Évidemment cela attira l'attention de chacun, et tous les vieux petits messieurs assis dans leurs fauteuils aux sièges de cuir tournèrent avec stupeur un de leurs yeux en direction du phénomène – l'autre demeurant fixé sur l'horloge du clocher.

À midi moins trois, le drôle d'objet en question fut identifié comme un tout petit jeune homme d'allure étrangère. Il descendait la colline à grande vitesse, si bien que chacun put bientôt le détailler. C'était vraiment le plus étrange petit personnage qu'il fût jamais donné de voir à Keeloerkieletonk. Son visage était noir de fumée, et il avait un long nez crochu, des yeux comme des pois, une grande bouche et une magnifique rangée de dents, qu'il paraissait désireux d'exhiber en souriant jusqu'aux oreilles. Ajoutez à cela moustache et favoris, et il n'y avait rien d'autre à voir de son visage. Il allait tête nue, les cheveux soigneusement arrangés en *papillotes**. Il était vêtu d'un manteau noir et serré, à queue d'hirondelle, d'où pendait, à l'une des poches, un large tissu de mouchoir blanc, de hauts-de-chausse en cachemire noir, de collants noirs et d'escarpins épais et trapus noués à grand renfort de rubans de satin noir. Il portait sous une aisselle un énorme *chapeau de bras**[543], et sous l'autre un violon qui faisait presque cinq fois sa taille. Sa main gauche tenait une tabatière dorée de laquelle, tout en caracolant vers le bas de la colline et en effectuant toutes sortes de pas plus fantasques les uns que les autres, il puisait continûment du tabac avec un air d'extrême satisfaction. Ah ! mon Dieu ! C'était bien là un spectacle pour les honnêtes bourgeois de Keeloerkieletonk !

Pour parler franchement, le type avait, en dépit de son sourire, un air plutôt sinistre et arrogant – et tandis qu'il trottait vers le village, l'aspect bizarrement trapu de ses escarpins suscita de nombreuses interrogations. Sans compter que plus d'un bourgeois, parmi ceux qui le contemplaient ce jour-là, aurait volontiers donné quelque chose pour pouvoir jeter un coup d'œil à ce mouchoir de batiste blanche qui pendait si ostensiblement de la poche de son manteau à queue d'hirondelle[544]. Mais ce qui provoqua surtout une indignation bien compréhensible fut que ce misérable freluquet, alors qu'il esquissait deux ou trois pas de fandango par-ci et faisait une pirouette par-là, ne semblait pas avoir la moindre idée de ce que pouvaient être une mesure ou un *intervalle de temps*[545].

Les bonnes gens du bourg avaient à peine eu le temps d'ouvrir grands les yeux que, juste une demi-minute avant midi, ce voyou s'élança, ainsi que je vous le dis, au beau milieu d'eux, fit un pas *chassé** ici, un pas *balancé** là, puis, après une *pirouette** et un *pas de zéphyr**[546], fila comme à pigeon vole droit vers le beffroi de l'Hôtel de Ville[547], où le gardien stupéfait tirait sur sa pipe avec effarement et dignité. Le drôle le saisit prestement par le nez, le lui tordit, le lui tira, lui colla son grand *chapeau-de-bras** sur la tête, le lui vissa par-dessus les yeux et la bouche, puis, soulevant son énorme violon, s'en servit pour le battre si longtemps et si énergiquement que, le gardien étant très gros et le violon très creux, on aurait juré qu'il y avait tout un régiment de contrebasses et de tambours battant ensemble un rythme soutenu dans le beffroi du clocher de Keeloerkieletonk.

Nul ne sait à quel acte de vengeance désespéré cette scandaleuse attaque aurait pu pousser les habitants car, le fait est important, il était à présent midi moins une demi-seconde. La cloche était sur le point de sonner, et c'était une affaire d'impérieuse et primordiale nécessité que chacun vérifie l'heure à sa montre. Il était pourtant évident qu'à ce moment précis, le type dans le clocher s'occupait de l'horloge d'une manière aussi inaccoutumée qu'indue. Mais comme elle commençait à sonner, personne n'avait le temps de surveiller ses faits et gestes, car ils devaient tous compter les coups au fur et à mesure que la cloche les faisait retentir.

« Un ! » dit l'horloge.

« Hoenn ! » répondit en écho chaque vieux petit monsieur dans chacun des fauteuils à siège en cuir de Keeloerkieletonk. « Hoenn ! » disait aussi sa montre, « hoenn ! » disait la montre de son *épousse*, et « hoenn ! » disaient les montres des garçons, ainsi que les petits jouets dorés attachés aux queues du chat et du cochon.

« Deux ! » continua la grosse cloche, et :

« Teux ! » répéta tout le monde.

« Trois ! Quatre ! Cinq ! Six ! Sept ! Huit ! Neuf ! Dix ! » dit la cloche.

« Drois ! Guâdre ! Zennq ! Ziss ! Zed ! Ouitt ! Noïf ! Tiss ! » répondirent les autres.

« Onze ! » dit la grosse cloche.

« Honsse ! » approuvèrent les petits messieurs.

« Douze ! » dit la cloche.

« Tousse ! » répondirent-ils, pleinement satisfaits, et baissant d'un ton.

« Et il est pel et pien miti ! » dirent tous les vieux petits messieurs, rempochant leurs montres.

Mais la grosse cloche n'en avait pas fini.

« *Treize* ! » dit-elle.

« Der Teufel ![548] » haletèrent les vieux petits messieurs, estomaqués, pâlissant, laissant choir la pipe de leur bouche et la jambe droite du dessus de leur genou gauche.

« Der Teufel ! » gémirent-ils, « Dreisse ! Dreisse !! – Min Gott, dreisse goups ont zonné[549] !! »

Pourquoi chercher à décrire la scène terrible qui s'ensuivit ? Un invraisemblable tumulte éclata dans tout Keeloerkieletonk.

« Gu'est-il tonk arrifé à mon fentre ? » grondaient tous les garçons. « Ch'ai faim tépouis hine heire ! »

« Gu'est-il tonk arrifé à mes joux ? » criaient toutes les *épousses*, « ils zont en pouillie tépouis hine heire ! »

« Gu'est-il tonk arrifé à ma bibe ? » juraient tous les vieux petits messieurs, « Mille donnerres ! Elle est édeinde tépouis hine heire ! ».

Ils rembourrèrent leurs pipes avec colère et, s'enfonçant dans leurs fauteuils, tirèrent dessus avec tant de vigueur et d'acharnement que toute la vallée fut bientôt envahie d'une fumée impénétrable.

Pendant ce temps les choux étaient tous devenus rouges, et on aurait cru que le Vieux Cornu lui-même avait pris possession de tout ce qui avait une forme d'horloge. Celles qui étaient sculptées sur les meubles se mirent à danser comme si elles étaient ensorcelées, tandis que celles sur la cheminée, ne pouvant contenir leur fureur, continuaient à sonner leurs treize coups dans une telle agitation et un tel trémoussement de leurs balanciers que c'en était vraiment horrible à voir. Mais, pire que tout, ni les chats ni les cochons ne purent supporter plus longtemps le comportement des petits jouets attachés à leurs queues, et ils le manifestèrent en se mettant à galoper partout, grattant et poussant, grognant et criant, miaulant et hurlant, se jetant au visage des uns, se précipitant sous les jupons des autres, engendrant le vacarme le plus abominable et la pire des confusions qu'un être raisonnable puisse imaginer.

Et le misérable coquin là-haut dans le clocher faisait manifestement de son mieux pour rendre la situation encore plus désolante. À présent, chacun pouvait de temps à autre apercevoir ce voyou à travers la fumée. Il était là, dans le beffroi, bien assis sur le gardien qui gisait sur le dos. Le scélérat tenait la corde de la cloche entre ses dents, et il la secouait sans cesse en remuant la tête, ce qui faisait tant de bruit que mes oreilles bourdonnent encore rien que d'y penser. Sur ses genoux était posé l'énorme violon qu'il grattait à deux mains, sans le moindre rythme ni mélodie, contrefaisant, l'imbécile !, les airs de « Judy O'Flannagan » et « Paddy O'Raferty[550] ».

Les affaires s'étant si misérablement déroulées, je quittai les lieux, écœuré – et je lance à présent un appel à tous les amoureux de l'heure précise et du chou de qualité. Marchons en masse vers le bourg, et restaurons l'ancien ordre des choses à Keeloerkieletonk en éjectant du clocher ce petit vaurien !

L'HOMME RAFISTOLÉ[551]

Un récit de la récente campagne contre les Bugaboos et les Kickapoos[552]

Pleurez, pleurez mes yeux, et fondez-vous en eau !
La moitié de ma vie a mis l'autre au tombeau.*

CORNEILLE[553]

Je ne parviens pas à me rappeler aujourd'hui quand, ni où j'ai rencontré pour la première fois cet homme de si belle allure qu'est le Général de Brigade John A. B. C. Smith[554]. Je *sais* avec certitude que quelqu'un m'a présenté à lui : c'était lors d'une réunion publique, de cela j'en suis sûr ; une réunion qui se tenait au sujet de quelque chose de très important, sans nul doute ; et dans un endroit quelconque, j'en suis convaincu – mais inexplicablement, j'ai oublié le nom de cette personne[555]. En vérité, j'attendais d'être présenté à lui avec tant d'anxiété et d'embarras que j'ai oublié tout souvenir précis de la date et du lieu. Je suis d'un tempérament nerveux – c'est une tare familiale, je n'y peux rien. En particulier, la moindre manifestation d'un quelconque mystère, de n'importe quel point que je ne puis parfaitement saisir, suffit à me plonger dans un état de pitoyable fébrilité.

Il y avait quelque chose de tout à fait remarquable – oui, de *remarquable*, bien que le terme soit impuissant à exprimer avec précision ce que je veux réellement dire – dans l'apparence et la personnalité de cet homme. Il mesurait plus d'un mètre quatre-vingt, et sa présence en imposait vraiment. Tout, dans son comportement, témoignait d'un *air distingué** signe d'une excellente naissance et de l'habitude de la meilleure société. Sur ce point – sur l'apparence de Smith – j'éprouve comme une sorte de satisfaction mélancolique à entrer minutieusement dans les détails qui suivent.

Sa chevelure aurait fait honneur à Brutus : elle n'aurait pu être plus abondante, plus riche, plus brillante et plus lustrée[556]. Elle était d'un noir de jais – et c'était aussi la couleur, ou plus exactement l'absence de couleur, de ses incroyables favoris. Vous noterez que je ne parviens pas à les évoquer sans enthousiasme : il n'est pas excessif d'affirmer en effet qu'il s'agissait de la plus belle paire de favoris qu'on ait jamais vus. En tout état de cause, ils entouraient, et par endroits ombrageaient, une bouche absolument sans pareille. Là se trouvaient les dents les plus parfaitement régulières, les plus blanches, les plus brillantes qu'on pouvait imaginer. Elles livraient passage, chaque fois que c'était nécessaire, à une voix d'une clarté, d'une mélodie et d'une force insurpassables. En ce qui concerne les yeux, mon ami était, là aussi, particulièrement avantagé. Chacun des siens valait au moins une paire d'yeux ordinaires. Ils étaient d'une profonde couleur noisette, extrêmement grands et brillants, et on pouvait y discerner à l'occasion un très léger strabisme qui appuyait l'intensité du regard[557].

Le buste du Général était sans conteste le plus beau que j'aie jamais vu. Ses proportions étaient si harmonieuses qu'il était impossible d'y déceler le moindre défaut, et cela faisait ressortir de manière avantageuse une paire d'épaules qui aurait fait rougir de jalousie le visage de marbre de l'Apollon du Belvédère[558]. Moi qui ai une passion pour les belles épaules, je peux affirmer que je n'en avais jamais vu de si parfaites jusqu'alors. Ses bras étaient d'un bout à l'autre admirablement modelés, et ses jambes ne l'étaient pas moins. Elles étaient, en vérité, le *nec plus ultra* des belles jambes. Tous les connaisseurs en ce domaine l'admettaient : elles étaient parfaites, ni trop de chair ni pas assez, ni trop épaisses ni trop grêles. Il était impossible d'imaginer une courbe plus gracieuse que celle de l'*os femoris*, ou que celle, sur la partie postérieure du *fibula*[559], de la parfaite et douce proéminence qui soulignait parfaitement le mollet. J'aurais aimé que mon jeune et talentueux ami, le sculpteur Chiponchipino, pût un jour voir les jambes du Général de Brigade John A. B. C. Smith.

Mais bien que les hommes si parfaits ne soient pas aussi nombreux que les *raisons* ou les mûres[560], je ne parvenais pourtant pas à me convaincre tout à fait que le caractère *remarquable* que j'ai mentionné – cet étrange air de *je-ne-sais-quoi** que possédait mon nouvel ami – dépendait exclusivement de la suprême excellence de ses qualités physiques. Peut-être cela avait-il à voir aussi avec ses *manières* – encore que là non plus je ne saurais l'affirmer. Il *y avait* en effet quelque chose d'un peu guindé, si ce n'est une certaine raideur, dans son maintien – quelque chose de mesuré, ou, si je puis m'exprimer ainsi, une précision géométrique dans le moindre de ses mouvements qui, observée chez un personnage de moins haute stature, eût paru insipide, affectée, pompeuse ou forcée, mais qui, chez un gentleman constitué de la sorte, témoignait d'une certaine réserve, d'une *hauteur**, en un mot d'un sentiment tout à fait louable, allant de pair avec la dignité de ses imposantes proportions.

Le cher ami qui me présentait au Général Smith murmura à mon oreille quelques mots le concernant. Il s'agissait d'un homme *remarquable* – d'un homme *vraiment* remarquable – à coup sûr un des hommes *les plus* remarquables de l'époque.

Il rencontrait aussi un vif succès auprès des femmes, principalement en raison de sa grande réputation de courage.

« Sur ce point précis, il est sans rival – c'est une vraie tête brûlée, un authentique bagarreur, aucun doute là-dessus », dit mon ami en baissant considérablement la voix – et je fus saisi par son intonation mystérieuse.

« Un authentique bagarreur, oui, *aucun* doute là-dessus. Et il l'a prouvé, je dois le dire, dans les récents et terribles combats qu'il a menés là-bas dans les marais du Sud, contre les Indiens Bugaboos et Kickapoos. (Là mon ami ouvrit démesurément les yeux.) Ah ! Mon Dieu ! Mille tonnerres et tout le reste ! Quels *prodiges* de bravoure ! Vous avez entendu parler de lui, bien sûr ? Vous savez bien, c'est l'homme qui...

– Qui est là, voyez-vous ça ! Comment allez-vous ? Comment vous portez-vous ? Très heureux de vous voir, vraiment ! » interrompit le Général en personne, qui serra la main de mon compagnon en s'approchant de nous, puis m'adressa un salut raide et profond dès que je lui fus présenté.

Je pensai alors (et je le pense toujours) que je n'avais jamais entendu une voix plus claironnante, ni contemplé une plus belle rangée de dents. Mais je *dois* avouer que je regrettai cette interruption, survenue juste au moment où, suite aux murmures et insinuations susmentionnés, mon intérêt pour le héros de la campagne contre les Bugaboos et les Kickapoos s'était trouvé considérablement accru.

Cependant, la conversation délicieusement agréable du Général de Brigade John A. B. C. Smith dissipa bien vite cette contrariété. Mon ami nous ayant tout de suite quittés, nous eûmes un long *tête-à-tête** à l'issue duquel, non content d'être enchanté, j'appris vraiment beaucoup de choses. Jamais je n'avais entendu un causeur si brillant, ni un homme doté d'une telle culture générale. Avec une modestie bienséante, il s'abstint toutefois d'aborder le sujet qui me tenait le plus à cœur – je veux parler des détails mystérieux concernant la guerre des Bugaboos – et, de mon côté, soucieux de faire preuve du même tact et de la même délicatesse, je m'interdis d'en faire mention –même si, en réalité, j'en avais très envie. Je compris également que le galant soldat préférait les sujets philosophiques, et qu'il prenait notamment beaucoup de plaisir à commenter le rapide progrès des inventions mécaniques. Quelle que fût la tournure que je tentais de donner à notre conversation, il revenait toujours à ce même sujet.

« Il n'y a rien de plus enthousiasmant, disait-il. Nous sommes un peuple merveilleux et nous vivons une époque merveilleuse. Les parachutes et les chemins de fer, les pièges et les carabines ! Nos bateaux à vapeur sont sur toutes les mers, et la montgolfière de Nassau[561] proposera bientôt des trajets réguliers (vingt livres la traversée, dans n'importe quel sens) entre Londres et Tombouctou. Et qui donc calculera la prodigieuse influence qu'exerceront sur la vie en société, sur les arts, sur le commerce, sur la littérature, les résultats immédiats des grands principes de l'électromagnétisme[562] ! Et ce n'est pas fini, croyez-moi ! Il n'y a aucune limite à la marche en avant du progrès des inventions humaines ! Les plus magnifiques, les plus ingénieuses – et laissez-moi vous le dire, monsieur… monsieur… Thompson, je crois ? – oui, laissez-moi vous le dire, les plus *utiles*, les plus réellement *utiles* des découvertes mécaniques, jaillissent jour après jour comme des champignons, si je puis m'exprimer ainsi, ou, de manière plus métaphorique encore, comme – ah ! ah ! ah !.. – des sauterelles – oui, comme des sauterelles, Mr. Thompson, tout autour de nous et partout – ah ! ah ! ah !.. – partout alentour ! »

Bien entendu, mon nom n'est pas Thompson. Mais je quittai néanmoins le Général Smith avec un intérêt renforcé pour sa personne, émerveillé par la qualité de sa conversation, et convaincu du précieux privilège que nous avions de vivre en cette époque d'inventions mécaniques. Ma curiosité, cependant, n'était pas totalement satisfaite, et je résolus de mener sur-le-champ auprès de mes connaissances une enquête sur le Général de Brigade lui-même, et surtout au sujet des terribles événements *quorum pars magna fuit*[563] lors de l'expédition contre les Bugaboos et les Kickapoos.

La première occasion qui se présenta, et que je n'eus (*horresco referens*[564]) aucun scrupule à saisir, eut lieu dans l'église du Révérend Docteur Drummummupp[565] où je me trouvai, un dimanche au moment du sermon, assis non seulement sur le même banc, mais juste à côté d'une de mes bonnes amies, la noble et expansive Miss Tabitha T[566]. Ainsi installé, je me félicitai, non sans raison, de l'avancée de mon affaire. S'il y avait quelqu'un susceptible d'avoir des renseignements sur le Général de Brigade John A. B. C. Smith, il était évident que ce ne pouvait être que Miss Tabitha T. Nous nous fîmes quelques signes puis, *sotto voce*, engageâmes un rapide *tête-à-tête**.

« Smith ? dit-elle, en réponse à ma très sérieuse question. Smith ? Non, vous ne voulez tout de même pas parler du général John A. B. C. ? Mon Dieu, mais je pensais que vous saviez déjà tout de lui ! Ah, nous vivons une époque d'innovations magnifiques ! Mais quelle terrible affaire ! De maudits scélérats, ces Kupackoos ! Il s'est battu comme un héros ! Des prodiges de bravoure – une gloire immortelle ! Smith ! Le général de brigade John A. B. C. ! Mais vous savez, c'est l'homme qui...

– L'homme qui, interrompit le Dr Drummummupp d'une voix tonitruante tout en donnant un coup de poing qui faillit projeter la chaire sur nous, l'homme qui est né de la femme, sa vie est courte : il naît, il est coupé comme une fleur[567] ! »

Je me redressai à l'extrémité du banc et me rendis compte,

d'après les regards vifs lancés par le prélat, que la colère qui avait presque été fatale à la chaire avait été provoquée par les murmures échangés entre la dame et moi. Il n'y avait plus rien à faire, si bien que je me résignai de bonne grâce et me mis à écouter, dans un digne silence de martyr, l'équilibre parfait de ce remarquable sermon.

Le lendemain soir je me dirigeai, un peu tard, vers le théâtre Bohème, où j'étais certain de pouvoir satisfaire ma curiosité à peu de frais en me rendant simplement dans la loge des délicieuses, affables et fort savantes demoiselles Arabella et Miranda Cognoscenti[568]. L'excellent comédien Climax[569] jouait Iago devant une salle comble, et j'eus un peu de mal à faire comprendre le but de ma visite, d'autant plus que notre loge était tout près de la scène, qu'elle surplombait complètement.

« Smith ? dit Miss Arabella, lorsqu'elle comprit enfin le sens de ma requête. Smith ? Non, vous ne voulez tout de même pas parler du général John A. B. C. ?

– Smith ? demanda rêveusement Miranda. Ah, mon Dieu ! avez-vous déjà vu quelqu'un d'aussi beau ?

– Jamais, madame – mais dites-moi donc…

– D'aussi élégant ?

– Jamais, je le jure ! Mais s'il vous plaît, dites-moi…

– Quelqu'un qui saisisse aussi bien les subtilités de l'art dramatique ?

– Madame…

– Ou qui apprécie avec autant de justesse les beautés de Shakespeare ?

– Ah, au diable ! – et je me tournai à nouveau vers sa sœur.

– Smith ? dit-elle. Non, vous ne voulez tout de même pas parler du général John A. B. C. ? Une affaire vraiment terrible, n'est-ce pas ? Quels sauvages, ces Bugaboos… de véritables brutes, pour le moins. Mais nous vivons à une époque d'innovations magnifiques ! Smith ! Ah oui, un grand homme ! Une vraie tête brûlée… Une gloire immortelle – des prodiges de bravoure ! *Quoi, vous ne savez donc pas ?* (Elle s'était mise à crier.) Ah, ça alors ! Mais c'est l'homme qui n'a plus ni…

… ni le pavot ni la mandragore
Ni tous les sirops narcotiques du monde
Ne te rendront jamais ce doux sommeil
Que tu avais hier[570] ! »

hurla Climax à ce moment-là juste dans mon oreille, tout en secouant son poing devant mon visage d'une façon que je ne pus tolérer – et que je ne tolérai d'ailleurs pas : je quittai sur-le-champ les demoiselles Cognoscenti, me rendis aussitôt derrière la scène, et flanquai à ce dérisoire vaurien une raclée dont il se souviendra, j'en suis sûr, jusqu'à son dernier jour.

À la *soirée** de la charmante veuve Mrs. Kathleen Toutatout, j'étais à peu près certain de ne pas subir une telle mésaventure. À peine donc étais-je installé à la table de jeu, avec ma jolie hôtesse en *vis-à-vis**, que je me mis à lui poser ces questions dont les réponses étaient devenues essentielles à la paix de mon esprit.

« Smith ? dit ma partenaire. Non, vous ne voulez tout de même pas parler du général John A. B. C. ? Une affaire vraiment terrible, n'est-ce pas ? Vous avez annoncé carreau ? Quels terribles sauvages, ces Kickapoos ! Attention, Mr. Papote, c'est au *whist* que nous jouons. Mais nous vivons une époque d'inventions en tous genres, n'est-ce pas – et même l'époque *par excellence**, pourrait-on dire – vous parlez français ? Oh, c'est un véritable héros ! Une vraie tête brûlée ! Vous n'avez pas de cœurs, Mr. Papote ? Incroyable ! Une gloire immortelle, et tout ça… Des prodiges de bravoure ! *Quoi, vous ne savez donc pas* ? Mais c'est un magn…

– Mann ? Le *Capitaine* Mann[571] ? s'écria de l'autre bout du salon une petite impertinente. Vous voulez parler du Capitaine Mann et de son duel ? Oh, je dois écouter ça – allez-y, continuez, Mrs. Toutatout, continuez, je vous en prie !

Et Mrs. Toutatout continua, se mit à parler d'un certain Capitaine Mann, qui avait été fusillé ou pendu, ou qui aurait dû être à la fois fusillé et pendu. Oui : Mrs. Toutatout se mit à parler, et moi je me mis – à quitter les lieux. Il n'y avait aucune chance d'en entendre davantage au sujet du Général de Brigade John A. B. C. Smith.

Je me consolai pourtant en me disant que cette malchance ne pouvait pas durer, et me décidai à tenter un coup audacieux pour récolter des informations en me rendant au raout organisé chez cet ensorcelant petit ange, la gracieuse Mrs. Pirouette.

« Smith ? » dit Mrs. Pirouette tandis que nous virevoltions ensemble en un *pas-de-zéphyr**[572]. « Smith ? Non, vous ne voulez tout de même pas parler du Général John A. B. C. ? Terrible affaire que cette histoire avec les Bugaboos, n'est-ce pas ? Quelles affreuses créatures, ces Indiens ! Mais tournez donc vos pieds vers l'extérieur ! Vous me faites honte ! Un homme si courageux, le pauvre… Mais nous vivons une si merveilleuse époque d'inventions ! Oh, mon Dieu j'en ai le souffle coupé… Une vraie tête brûlée – Prodiges de bravoure ! *Quoi, vous ne savez donc pas* ? Je ne peux le croire ! Allons donc nous asseoir, et je vous éclairerai – Smith ! Mais c'est un magn…

– Man-*Fred*, vous dis-je ! » cria Miss Bas-Bleu[573] tandis que je conduisais Mrs Pirouette à un siège. « A-t-on déjà entendu quelque chose de semblable ? C'est Man-*Fred*, et certainement pas Man-*Friday*. »

À ce moment-là, Miss Bas-Bleu m'appela auprès elle d'un geste autoritaire, et je fus obligé, bon gré mal gré, de laisser là Mrs Pirouette pour aller discuter du titre d'une pièce de Lord Byron[574]. Malgré mon empressement à déclarer que le véritable titre était Man-*Friday* et certainement pas Man-*Fred*, lorsque je retournai vers Mrs Pirouette, celle-ci avait disparu, si bien que je quittai les lieux furieux et rempli d'animosité à l'égard de la race des Bas-Bleu.

L'affaire commençant à devenir préoccupante, je résolus de faire appel à mon cher ami Mr. Théodore Geinsinue : je savais qu'ici au moins je pourrais obtenir quelque chose qui ressemblerait à une information.

« Smith ? » dit-il, avec sa fameuse et si particulière manière de faire traîner les syllabes. « Smith ? Non, vous ne voulez tout de même pas parler du Général John A. B. C. ? Terrible affaire que sa confrontation avec les Kickapo-o-o-s, n'est-ce pas ? Dites ! Vous ne trouvez pas ? Une vraie tête brûlé-é-é-ée... Quel dommage, vraiment ! Mais nous vivons une époque si inventive ! Pro-o-o-odiges de bravoure ! À propos, avez-vous entendu parler du Capitaine Ma-a-a-ann ?

– Le diable emporte le Capitaine Mann ! dis-je, continuez donc votre histoire.

– Hum... Oh, très bien, très bien... Le diable ou ça, c'est d'ailleurs un peu *la même cho-o-o-ose**, comme on dit en France. Smith, hein ? Le Général de Brigade John A. B. C. ? Mais dites-moi... (Là Mr. Geinsinue jugea intéressant de poser un doigt sur l'aile de son nez) Dites-moi, vous ne voulez tout de même pas insinuer, vraiment, réellement et en votre âme et conscience, que vous ne connaissez pas aussi bien que moi l'histoire de Smith ? Hein ? Smith ? John A. B. C. ? Mais, bonté divine, c'est l'ho-o-o-omme auuuu...

– Mr. Geinsinue, l'implorai-je, serait-ce l'homme au Masque de fer[575] ?

– No-o-o-on ! dit-il, l'air rusé, pas plus qu'il n'est l'homme dans la lu-u-u-une[576].

Je considérai cette réponse comme un intolérable affront personnel et quittai aussitôt la maison, furieux et fermement résolu à demander bientôt réparation à mon ami Mr. Geinsinue pour sa conduite révoltante et si peu digne d'un gentleman.

En attendant, je n'avais aucunement l'intention de demeurer privé des informations que je désirais. Il me restait un dernier recours : j'irais directement les chercher à la source. J'irais rendre visite au Général, et lui demanderais, en termes des plus explicites, la clef de tous ces mystères. Là au moins il n'y aurait aucune place pour les tergiversations. Je serais clair, ferme, autoritaire : aussi cassant qu'une croûte de pain, aussi concis que Tacite ou Montesquieu[577].

Il était tôt lorsque je me présentai chez le Général, et il était en train de s'habiller. Mais j'invoquai une affaire urgente, et fus immédiatement introduit dans sa chambre par un vieux Noir qui continua à s'occuper de son maître pendant ma visite. Au moment où j'entrai dans la chambre, je cherchai évidemment mon hôte du regard, mais ne le vis pas tout de suite. Il y avait par terre un gros paquet informe, un sac de vieilleries apparemment, posé juste à côté de moi et, comme je n'étais pas d'excellente humeur, je lui donnai un coup de pied.

« Hem ! Ahem ! Eh bien, voilà qui est fort courtois ! » dit le paquet d'une ridicule petite voix, entre couinement et sifflet, la plus drôle que j'aie jamais entendue de toute ma vie. « Ahem ! Voilà qui est fort courtois, vraiment. »

Je poussai un cri de terreur et me précipitai de l'autre côté de la pièce.

« Bonté divine, mon cher ami ! siffla à nouveau le paquet, que… que… que… mon Dieu, que se passe-t-il *donc* ? J'ai vraiment l'impression que vous ne me reconnaissez pas. »

Que *pouvais-je* répondre à cela ? Que *pouvais-je* donc

répondre ? Je titubai jusqu'à un fauteuil et, les yeux grands ouverts, la bouche pendante, j'attendis la résolution de l'énigme.

« Bizarre que vous ne m'ayez pas reconnu, non ? » glapit à nouveau la chose indéfinissable, dont je percevais à présent qu'elle se livrait, sur le sol, à d'indescriptibles contorsions, comme si elle cherchait à enfiler un bas. Mais il n'y avait qu'une seule jambe d'apparente.

« Bizarre que vous ne m'ayez pas reconnu, non ? Pompey[578], apporte-moi cette jambe ! »

Pompey tendit alors au paquet une très belle jambe de liège, déjà toute vêtue, qu'il lui vissa en un rien de temps. Après quoi le paquet se dressa devant moi.

« Ah oui, ça a été un sacré combat, continua la chose, comme se parlant à elle-même. « Cela dit, on ne peut pas combattre les Bugaboos et les Kickapoos et espérer s'en sortir avec une simple égratignure. Pompey, merci de me passer ce bras. Thomas – il se tourna vers moi – est incontestablement le meilleur artisan pour les jambes de liège, mais si c'est un bras que vous voulez, mon cher ami, je me permets de vous recommander Bishop[579]. »

Et Pompey lui vissa son bras.

« Ah, on en a bavé, vous pouvez me croire. Et maintenant, vieux débris, enfile-moi donc les épaules et la poitrine ! Pettitt est celui qui fabrique les meilleures épaules, mais pour la poitrine, il vaut mieux aller voir Ducrow[580]. »

– La poitrine !.. m'écriai-je.

– Pompey, tu n'as pas encore fini avec la moumoute ? Être scalpé, ce n'est pas rien, c'est sûr. Mais ensuite vous pouvez vous procurer un magnifique postiche chez De L'Orme[581].

– Un postiche !..

– Et maintenant, négro, mes dents ! Pour un bon râtelier, il faut aller chez Parmly[582] : les prix sont élevés, mais le travail est excellent. Ah, c'est que j'en ai avalé une bonne quantité quand ce grand Bugaboo m'a enfoncé la crosse de son fusil dans la bouche.

– La crosse ?.. Dans la bouche ?.. Mon œil, oui !

– Oui, tiens, à propos : mon œil ! Pompey, vaurien, visse-le moi ! Ces Kickapoos ne sont pas maladroits lorsqu'il s'agit de faire sauter un œil à la gouge[583]. Mais le docteur Williams a été calomnié : vous n'imaginez pas à quel point j'y vois bien avec les yeux qu'il a fabriqués[584].

Je commençais maintenant à comprendre clairement que l'objet devant moi n'était autre que ma nouvelle connaissance, le Général de Brigade John A. B. C. Smith. Les manipulations de Pompey, je dois l'admettre, avaient radicalement modifié l'aspect du personnage. Pourtant la voix continuait à m'intriguer – mais ce mystère allait être rapidement résolu.

« Pompey, sombre crapule, glapit le Général, j'ai la très nette impression que tu me laisserais partir sans mon palais. »

Sur ce, le Noir, marmonnant une excuse, se dirigea vers son maître, lui ouvrit la bouche avec l'air connaisseur d'un jockey, et y ajusta non sans dextérité un drôle d'objet circulaire. Je ne pourrais expliquer comment il s'y prit, mais la métamorphose dans l'expression des traits du Général fut spectaculaire et instantanée. Lorsqu'il parla à nouveau, sa voix avait récupéré toute la mélodie, la richesse et la force que j'avais remarquées lorsque nous avions été présentés l'un à l'autre pour la première fois.

« Ah les salauds ! » dit-il sur un ton si claironnant que je ne pus m'empêcher de sursauter. « Ah, les salauds ! Non contents de m'arracher le palais, ils m'ont en plus coupé au moins les sept-huitièmes de la langue. Mais Bonfanti n'a pas d'équivalent, en Amérique, pour les articles de ce genre[585]. Je peux vous recommander auprès de lui en toute confiance – là le Général s'inclina – et je vous assure que je le ferais avec plaisir. »

Je le remerciai de son amabilité avec grande courtoisie, et pris congé de lui sur-le-champ, sachant à présent à quoi m'en tenir – ayant tout compris à ce mystère qui m'avait si longtemps troublé. C'était évident. L'affaire était très claire. Le Général de Brigade John A. B. C. Smith était un homme… était un homme *rafistolé*[586].

LA CHUTE DE LA MAISON USHER[587]

Son cœur est un luth suspendu ;
*Sitôt qu'on le touche il résonne**.

DE BÉRANGER.[588]

Pendant toute une journée morne, sombre et muette d'automne, alors que les nuages oppressants étaient bien bas dans les cieux, j'avais traversé seul, à cheval, une contrée singulièrement sinistre, et j'avais fini par me retrouver, alors que les ombres du soir gagnaient du terrain, en vue de la mélancolique Maison Usher. J'ignore comment cela fut possible, mais au premier regard que je jetai sur le bâtiment, une tristesse insupportable envahit mon esprit. Je dis bien insupportable, car elle ne se trouvait pas atténuée par le sentiment plus ou moins agréable, d'ordre poétique, avec lequel l'âme accueille d'ordinaire les images naturelles les plus sévères de la désolation ou de la terreur. Je contemplais le décor qui s'offrait devant moi – la simple demeure et le cadre banal du domaine, les murs lugubres, les fenêtres pareilles à des yeux vides, quelques rangées de laîches et quelques troncs d'arbres blancs et pourris – en éprouvant une forte dépression que je ne saurais mieux comparer qu'à la phase où l'opiomane sort de sa rêverie – le retour amer à la vie quotidienne, le moment effroyable où le voile retombe. Le cœur se glaçait, s'effondrait, ressentait un malaise – des pensées d'une irrépressible tristesse qu'aucun aiguillon de l'imagination ne parvenait à piquer pour les pousser vers le sublime. Qu'est-ce qui faisait – je m'arrêtai pour y réfléchir – qu'est-ce qui faisait que la contemplation de la Maison Usher me mettait tellement les nerfs à vif? C'était un mystère des plus insolubles, et j'étais incapable de lutter avec les sombres images qui s'emparaient de moi pendant que je m'interrogeais. Je fus forcé d'en arriver à la conclusion guère satisfaisante que, s'il *existe* des combinaisons d'objets naturels très simples qui ont le pouvoir de nous affecter ainsi, l'analyse de ce pouvoir s'abîme dans des considérations qui nous sont insondables. Il était possible, me suis-je fait la réflexion, qu'une disposition différente des éléments du décor et des détails du tableau eût suffi à modifier, voire à annihiler, cette capacité à générer des impressions pleines de tristesse. Mû par cette idée, je guidai mon cheval vers le bord vertigineux d'un petit étang sombre et macabre, miroir imperturbable au pied du bâtiment et je regardai, parcouru d'un frisson encore plus violent que la première fois, les images inversées et refaçonnées des laîches grises, des effroyables troncs d'arbres et des fenêtres pareilles à des yeux vides.

C'était néanmoins dans ce manoir mélancolique que je me proposais désormais de séjourner quelques semaines. Son propriétaire, Roderick Usher[589], avait été un de mes bons camarades d'enfance, mais plusieurs années s'étaient écoulées depuis notre dernière rencontre. Cependant, une lettre m'était parvenue récemment dans une partie reculée du pays – une lettre de lui – qui, de par sa nature farouchement importune, n'admettait d'autre réponse que ma venue. Le manuscrit laissait percer une agitation nerveuse. Son auteur parlait d'une grave maladie physique – d'un désordre mental qui l'oppressait – et du grand désir de me voir, étant son meilleur et, en vérité, seul ami proche, avec l'idée qu'il pourrait, grâce à ma compagnie enjouée, trouver quelque soulagement à son mal. La façon dont tout cela – et bien davantage encore – était dit, tout le *cœur* qu'il mettait dans sa requête, ne me laissaient aucune possibilité d'hésiter et, partant, j'obéis sur-le-champ à une convocation que je ne manquais pas de trouver très singulière.

Bien que, jeunes garçons, nous ayons été intimes, je connaissais en réalité peu de choses de mon ami. Il s'était toujours montré d'une réserve excessive. J'étais cependant conscient que sa famille très ancienne s'était illustrée, en des temps immémoriaux, par un tempérament particulièrement sensible qui s'était révélé, à travers les époques, dans maintes œuvres d'art exaltées, et s'était récemment manifesté par des actes répétés de charité aussi généreuse que discrète, ainsi que par une dévotion passionnée pour les difficultés, peut-être même plus que pour les beautés orthodoxes aisément reconnaissables, de la science musicale. J'avais également appris ce fait des plus remarquables : la souche de la race des Usher, aussi honorablement ancienne fût-elle, n'avait donné, à aucune époque, de branche durable ; en d'autres termes, la famille tout entière se perpétuait toujours en ligne directe, à quelques variations très insignifiantes et passagères près. C'était cette absence, me disais-je, en songeant au parfait équilibre entre le caractère des lieux et le caractère proverbial des gens, et en spéculant sur l'influence potentielle que l'une avait pu exercer sur l'autre au fil des siècles – c'était cette absence, sans doute, de branche collatérale et, par conséquent, cette transmission de père en fils, sans la moindre ramification, du patrimoine comme du nom qui avait, à la longue, si bien identifié les deux que le nom originel du domaine s'était fondu dans l'appellation équivoque et bizarre de « Maison Usher » – une appellation qui, dans l'esprit des paysans qui y recouraient, semblaient inclure à la fois la famille et le manoir familial.

J'ai dit que le seul effet de mon expérience quelque peu puérile – qui avait consisté à scruter le petit étang – avait été de renforcer ma première impression singulière. Impossible de douter que la conscience que j'avais de la rapidité avec laquelle ma superstition augmentait – car pourquoi ne lui donnerais-je pas ce nom ? – servait essentiellement à en accélérer l'accroissement. Telle est, je le sais depuis longtemps, la loi paradoxale de tous les sentiments reposant sur la terreur. Et il est possible que ce soit l'unique raison pour laquelle, quand j'ai levé les yeux pour regarder la maison, les détachant de son reflet dans l'eau, une étrange idée s'empara de moi – une idée si ridicule, en vérité, que je ne la mentionne que pour montrer la force vive des sensations qui m'oppressaient. Mon imagination avait tellement travaillé que j'en étais venu à croire réellement que le manoir et le domaine tout entiers, ainsi que leurs environs immédiats, baignaient dans une atmosphère qui leur était propre – une atmosphère qui n'avait aucune affinité avec l'air du ciel, mais qui montait des arbres en décomposition, des murs gris et de l'étang silencieux – une vapeur pestilentielle et mystique, pesante, indolente, à peine perceptible et couleur de plomb.

Chassant de mon esprit ce qui *devait* avoir été un rêve, j'examinai de plus près l'aspect réel du bâtiment. Sa principale caractéristique semblait être celle d'une excessive antiquité. Les siècles avaient laissé une décoloration importante. De minuscules champignons recouvraient tout l'extérieur et pendaient des larmiers en un fin entrelacs brodé. Mais tout cela ne traduisait aucun délabrement extraordinaire. Aucune portion de la maçonnerie ne s'était effondrée et il semblait y avoir une contradiction totale entre l'état parfait de ses parties et les pierres qui s'effritaient. Cela m'évoquait beaucoup l'intégrité trompeuse de vieilles boiseries qui auraient pourri pendant de longues années dans un caveau oublié, sans jamais être dérangées par le souffle de l'air extérieur. Cependant, mis à part cet indice d'une vétusté excessive, l'édifice ne laissait guère apparaître de signes d'instabilité. Peut-être que l'œil d'un fin observateur aurait pu découvrir une fissure à peine perceptible qui, partant du toit de la façade, redescendait le mur en zigzag pour se perdre dans les eaux maussades de l'étang.

Tout en remarquant ces choses-là, j'empruntai à cheval une courte chaussée menant à la maison. Un domestique prit ma monture et je pénétrai sous la voûte gothique de l'entrée. Un valet, à la démarche furtive, me conduisit en silence à travers maints couloirs obscurs et compliqués jusqu'au cabinet de son maître. Bien des choses que je croisai en chemin contribuèrent, j'ignore comment, à renforcer les vagues sentiments dont j'ai déjà parlé. Alors même que les objets qui m'entouraient ; alors même que les sculptures aux plafonds, les sombres tapisseries sur les murs, la noirceur d'ébène des parquets et les trophées armoriaux fantasmagoriques qui cliquetaient quand je marchais à grands pas, étaient des choses auxquelles j'avais été habitué depuis mon enfance ; alors même que je n'hésitais pas à reconnaître que tout cela m'était bien familier – je ne laissais pas d'être surpris par les pensées insolites que faisaient naître ces images ordinaires. Sur l'un des escaliers, je rencontrai le médecin de la famille. Sa physionomie, pensai-je, affichait une expression mêlée de vile fourberie et de perplexité. Il m'aborda avec anxiété et poursuivit son chemin. Le valet ouvrit alors une porte en grand et m'introduisit en présence de son maître.

La pièce dans laquelle je me trouvais était très grande et très haute. Les fenêtres étaient longues, étroites et pointues, et à une telle distance du plancher de chêne noir qu'elles en étaient inaccessibles. De faibles rayons de lumière cramoisie se frayaient un chemin à travers les carreaux à treillage et servaient à rendre suffisamment distincts les objets environnants les plus importants ; mais l'œil luttait en vain pour atteindre les angles les plus reculés de la chambre ou les recoins du plafond voûté et chantourné. De sombres draperies pendaient aux murs. Le mobilier était fourni, inconfortable, antique et vétuste. De nombreux livres et instruments de musique étaient éparpillés çà et là, sans parvenir à donner de la vitalité au décor. J'avais l'impression de respirer une atmosphère chagrine. Un air de mélancolie rude, profonde et irrémédiable régnait sur tout et envahissait tout.

Sitôt que je fus entré, Usher se leva d'un sofa sur lequel il était allongé de tout son long et m'accueillit avec une vive chaleur qui tenait trop, me dis-je d'abord, à une cordialité surfaite – à l'effort contraint de l'homme du monde *ennuyé**. Mais un simple regard porté à sa physionomie me convainquit de son absolue sincérité. Nous nous assîmes et pendant quelques instants, alors qu'il ne disait mot, je le fixai, partagé entre crainte et pitié. De toute évidence, jamais aucun homme avant lui n'avait aussi effroyablement changé, et en si peu de temps, que Roderick Usher ! Ce n'est pas sans mal que je parvins à admettre que l'homme que j'avais devant moi était bien le compagnon de mes années d'enfance. Les traits de son visage avaient toujours été singuliers. Une complexion cadavéreuse, de grands yeux liquides et d'une luminosité sans égale ; des lèvres assez fines et très pâles, mais d'une courbe excessivement belle ; un nez délicat de type hébraïque, mais avec des narines d'une largeur inhabituelle pour ce genre de forme ; un menton finement dessiné, dont le manque de proéminence traduisait un manque d'énergie morale ; des cheveux d'une douceur et d'une ténuité plus qu'arachnéennes – tous ces traits, auxquels s'ajoutait un développement disproportionné de la partie située au-dessus des tempes, lui conféraient une physionomie d'ensemble qu'il n'était pas facile d'oublier. Et à présent, dans la simple exagération de ces traits dominants et de l'expression qu'ils lui donnaient d'ordinaire, s'était opéré un tel changement que je doutais de la personne à qui je parlais. À présent, la pâleur effroyable de la peau et l'éclat miraculeux de ses yeux, par-dessus tout, m'inquiétaient et m'effrayaient même. Il avait laissé pousser inconsidérément ses cheveux soyeux et comme cette sorte de gaze échevelée flottait plutôt qu'elle ne retombait sur son visage, je ne parvenais pas, même en faisant un effort, à associer ses arabesques avec l'idée ordinaire de quelque chose d'humain.

Je fus frappé d'emblée par une forme d'incohérence – de contradiction – dans les manières de mon ami ; et je ne tardai pas à découvrir qu'elle venait de toute une série de menus et futiles efforts pour surmonter une excitation habituelle – une agitation nerveuse excessive. Je m'étais préparé à quelque chose de cette nature, non pas tant à cause de sa lettre qu'à cause du souvenir de certains traits remontant à son enfance et de conclusions tirées de sa conformation physique singulière et de son tempérament. Sa façon d'agir était tour à tour vive et renfermée. Sa voix variait rapidement d'une indécision tremblante (quand sa vivacité d'esprit semblait en suspens) à cette sorte de concision énergique, cette énonciation abrupte, pesante et posée qui rendait un son creux ; cette élocution gutturale lourde, équilibrée et parfaitement modulée que l'on peut observer chez l'ivrogne accompli ou l'incorrigible mangeur d'opium[590] pendant les périodes où son excitation est à son comble.

C'est sur ce ton qu'il parla de l'objet de ma visite, de son vif désir de me voir et du réconfort qu'il attendait que je lui procure. Il aborda assez longuement ce qu'il estimait être la nature de sa maladie. Il s'agissait, disait-il, d'un mal constitutionnel et familial, auquel il désespérait de pouvoir trouver un remède – une simple affection nerveuse, s'empressa-t-il d'ajouter, qui ne tarderait pas à passer, il n'en doutait pas. Elle se manifestait par une foule de sensations anormales. Certaines d'entre elles, pendant qu'il me les détaillait, m'intéressaient et me déroutaient, bien qu'il fût possible que les termes choisis et le ton général de la narration y aient beaucoup contribué. Il souffrait énormément d'une acuité morbide des sens ; seuls les aliments les plus insipides lui étaient supportables ; il ne pouvait porter des habits que d'un certain type de tissu ; les arômes de toutes les fleurs l'oppressaient ; une faible lumière suffisait à mettre ses yeux au supplice ; et il n'y avait que certains sons particuliers, ceux que faisaient les instruments à corde, qui ne lui inspiraient pas un sentiment d'horreur.

Je me rendis compte qu'il était l'esclave soumis d'une espèce de terreur anormale. « Je mourrai, déclara-t-il, je *dois* périr de cette déplorable folie. C'est ainsi, c'est ainsi et pas autrement, que je me perdrai. Je redoute les événements futurs, pas en eux-mêmes, mais dans leurs résultats. Je frémis à la pensée du moindre incident, même le plus trivial, qui soit susceptible d'agir sur cette insupportable agitation de mon âme. Je n'ai vraiment aucune aversion pour le danger, sauf dans son effet absolu – la terreur. Dans cet état de trouble – état pitoyable – je sens que le moment viendra, tôt ou tard, où vie et raison devront m'abandonner de concert, dans une lutte inégale contre ce sinistre fantôme qu'est la PEUR ! »

J'appris de surcroît, par intervalles et par d'équivoques allusions à demi-mot, un autre trait singulier de son état mental. Il était lié par certaines impressions superstitieuses concernant la demeure qu'il habitait et d'où il ne s'était jamais hasardé à sortir depuis bien des années – concernant une influence dont la force supposée fut évoquée en des termes trop obscurs pour être reproduits – une influence que certaines particularités dans la forme et la matière mêmes de son manoir familial avait, à force de souffrance, disait-il, imprimée sur son esprit – un effet dont le *physique** des murs gris, des tourelles et de l'étang sombre où ils se réfléchissaient tous, avait fini par imprégner le *moral* de son existence.

Il admit cependant, non sans hésiter, qu'une bonne part de la mélancolie singulière dont il était affligé pouvait avoir une origine plus naturelle et beaucoup plus palpable : la longue et sévère maladie – ou plutôt la fin, de toute évidence imminente – d'une sœur tendrement aimée, sa seule compagnie depuis de longues années, sa dernière et unique famille sur terre. « Sa mort, ajouta-t-il avec une amertume que je ne pourrai jamais oublier, ferait de lui (lui, si fragile et désespéré) le dernier membre de la vieille lignée des Usher ». Pendant qu'il parlait, *lady* Madeline (car c'est ainsi qu'elle s'appelait) traversa lentement une portion éloignée de la pièce avant de disparaître, sans même avoir remarqué ma présence. Je la regardai avec force étonnement, non sans un sentiment d'effroi – et pourtant, il me parut impossible de rendre compte de ces sentiments. Une sensation de stupeur m'oppressait, tandis que mes yeux suivaient ses pas qui se retiraient. Quand une porte se referma enfin sur elle, mon regard chercha instinctivement et fébrilement la physionomie de son frère – mais il avait enfoui son visage dans ses mains et je pus seulement voir qu'une pâleur hors du commun avait gagné les doigts émaciés à travers lesquels coulaient d'abondantes larmes passionnées.

La maladie de *lady* Madeline avait longtemps déjoué la science de ses médecins. Une apathie solidement installée, un dépérissement progressif de sa personne et des crises fréquentes, quoique passagères, de nature peu ou prou cataleptique : tels étaient les diagnostics inhabituels. Jusque-là, elle avait enduré sans ciller le poids de sa maladie et n'avait pas encore pris le lit, mais à la fin de la soirée où j'étais arrivé dans cette maison, elle succomba (comme me l'expliqua son frère pendant la nuit, en proie à une indicible agitation) à la force accablante du mal qui la détruisait, et j'appris que le rapide coup d'œil que j'avais pu lui jeter serait probablement le dernier – que je ne verrais plus la dame, du moins de son vivant.

Pendant les jours qui suivirent, son nom ne fut mentionné ni par Usher ni par moi-même : et durant cette période, je redoublai d'efforts pour alléger la mélancolie de mon ami. Nous peignions et lisions ensemble ; ou bien j'écoutais, comme dans un rêve, les déroutantes improvisations de sa guitare éloquente. Et ainsi, au fur et à mesure qu'une intimité de plus en plus étroite m'ouvrait l'accès sans réserve aux tréfonds de son âme, je me rendais amèrement compte de la vanité de toutes mes tentatives pour réconforter un esprit dont les ténèbres, comme une qualité positive inhérente, déversaient en permanence sur tous les objets de l'univers moral et physique une irradiation de ténèbres mélancoliques.

Je garderai toujours en moi le souvenir des nombreuses heures solennelles passées ainsi, seul avec le maître de la Maison Usher. Mais j'échouerais à donner une idée du caractère exact des études ou des occupations vers lesquelles il m'entraînait ou dont il me montrait le chemin. Une ardente idéalité, excessivement souffreteuse, projetait sur tout une lueur sulfureuse. Ses longs chants funèbres improvisés résonneront à jamais dans mes oreilles. Entre autres choses, je garde douloureusement à l'esprit une perversion et une intensification singulières de l'air entraînant de la dernière valse de Von Weber[591]. Quant aux peintures que ressassait son esprit fantasque et complexe et qui atteignaient, touche par touche, au vague qui me donnait des frissons d'autant plus électriques que je frissonnais sans savoir pourquoi – quant à ces peintures (si vivantes que leurs images sont maintenant devant moi), j'essaierais en vain d'en révéler plus qu'un détail susceptible de tenir dans le cadre des seuls mots écrits. Par l'absolue simplicité, par le dépouillement de ses motifs, il captait et subjuguait l'attention. Si jamais mortel a peint une idée, c'était bien Roderick Usher. Pour moi, du moins – dans les circonstances qui m'entouraient alors – s'élevaient des pures abstractions que l'hypocondriaque s'employait à projeter sur sa toile une terreur d'une intensité insupportable, dont je n'ai jamais senti l'ombre dans la contemplation des rêveries certes rayonnantes, mais encore trop concrètes, de Fuseli[592].

L'une des conceptions fantasmagoriques de mon ami, où l'esprit d'abstraction ne se montre pas trop rigide, peut être esquissée, quoique faiblement, avec des mots. Une petite toile représentait l'intérieur d'une cave ou d'un tunnel rectangulaire et immensément long, avec des murs bas, lisses et blancs, sans aucun motif ni interruption. Certains détails accessoires du dessin contribuaient à suggérer que cette galerie se trouvait à une profondeur excessive en dessous de la surface de la terre. On ne voyait aucune issue nulle part sur toute sa longueur, et on ne discernait pas la moindre torche ou source de lumière artificielle ; et pourtant, elle était envahie d'intenses rayons qui baignaient l'ensemble dans une splendeur blafarde et déplacée.

Je viens juste de parler de l'état morbide du nerf auditif qui rendait toute musique insupportable à ce pauvre hère, à l'exception de certains effets des instruments à corde. C'était sans doute les limites étroites dans lesquelles il s'était confiné à la guitare, qui avaient contribué, en grande part, au caractère fantastique de ses compositions. Mais on ne pouvait se représenter ainsi la fervente *facilité* de ses *impromptus**. Ils devaient être, et ils étaient bel et bien, dans les notes comme dans les paroles de ses fantaisies échevelées (car il s'accompagnait souvent d'improvisations verbales rimées), résultat de cet intense recueillement et de cette concentration dont j'ai dit plus haut qu'ils ne se manifestaient que dans les moments particuliers de la plus haute excitation artificielle. Je me suis facilement rappelé les paroles d'une de ces rhapsodies. Elle m'a sans doute davantage impressionné quand il l'a interprétée, parce que par sa portée intérieure ou mystique, je croyais percevoir, pour la première fois, qu'Usher avait parfaitement conscience que sa raison supérieure chancelait sur son trône. Les vers, qui s'intitulaient « Le Palais Hanté[593] », étaient, si ce n'est mot pour mot, à peu de choses près les suivants :

I

Dans la plus verdoyante de nos vallées,
Par de bons anges habitée –
Se dressait autrefois un palais radieux,
Un beau palais majestueux
Dans le domaine du monarque Pensée :
C'est là qu'il s'élevait !
Jamais séraphin n'avait survolé
Un édifice d'une telle beauté.

II

De jaunes étendards, glorieux et dorés,
Flottaient et claquaient sur son toit ;
(Cela – tout cela – se passait
Au temps glorieux des anciens rois)
Et de chaque brise venant souffler,
En ces belles journées,

Le long des remparts pâles et panachés,
S'échappait un doux parfum ailé.

III

Ceux qui passaient par cette heureuse vallée
Voyaient à travers deux fenêtres éclairées,
Des esprits en musique danser,
Obéissant à un luth bien accordé
Autour d'un trône où l'on voyait siéger
(Véritable Porphyrogénète[594])
En apparat digne de sa majesté,
Celui qui du royaume était le maître.

IV

Et rayonnante de perles, de rubis et de joyaux
La porte du beau palais,
Laissait couler à flots, à flots, à flots
Qui ne cessaient d'étinceler
Une troupe d'Échos dont la douce fonction
N'était que de chanter
De leur roi l'esprit et la modération
D'une voix d'une exquise beauté,

V

Mais des créatures du mal, en robes de chagrin,
Assaillirent le haut domaine du souverain;
(Ah! pleurons, car aucune aube jamais
Ne se lèvera plus sur lui, si affligé!)
Et tout autour de sa demeure, la lumière
Qui rayonnait et s'épanouissait,

N'est plus qu'un souvenir amer
Des défunts jours du temps passé.

VI

Et désormais ceux qui empruntent cette vallée,
Voient, à travers les fenêtres rougeoyantes,
De grandes formes fantasques s'agiter,
Sur une mélodie dissonante ;
Tandis que, tel un fleuve sinistre et incessant,
Par la pâle porte se rue,
Une foule hideuse à tout instant,
Qui rit – mais qui ne sourit plus.

Je me souviens bien que les suggestions qu'avait fait naître cette ballade nous avaient entraînés dans toute une série de réflexions au milieu desquelles une opinion d'Usher se fit jour, que je mentionne non pas tant pour sa nouveauté (d'autres hommes[595] avaient pensé de même), mais en raison de l'opiniâtreté avec laquelle il la soutenait. Cette opinion, dans sa forme générale, touchait à la sentience[596] de tous les êtres végétaux. Mais dans son imagination déréglée, l'idée avait pris un caractère plus audacieux et empiétait, sous certaines conditions, sur le royaume de l'inorganique. Les mots me manquent pour exprimer toute l'étendue ou tout l'*abandon** sincère de sa conviction. Toutefois, cette croyance se rattachait (comme je l'ai déjà laissé entendre) aux pierres grises de la demeure de ses ancêtres. Les conditions de sentience avaient été remplies ici, s'imaginait-il, par la méthode de construction de ces pierres – par l'ordre dans lequel elles étaient disposées ainsi que les nombreux champignons qui les recouvraient et les arbres en état de décomposition qui l'entouraient – mais par-dessus tout par l'endurance immuable de cet arrangement et sa duplication dans les eaux dormantes de l'étang. La preuve – la preuve même de la sentience – se voyait, disait-il (et je sursautai en l'écoutant parler) dans la condensation progressive mais avérée, au-dessus des eaux et des murs, d'une atmosphère qui leur était propre. On en découvrait le résultat, ajoutait-il, dans cette influence silencieuse mais importune et effroyable qui, depuis des siècles, avait façonné les destinées de sa famille et l'avait fait *lui* tel que je le voyais à présent – tel qu'il était. De telles opinions se passent de commentaires, et je n'en ferai aucun.

Nos livres – les livres qui, depuis des années, constituaient une bonne part de l'existence mentale du malade – étaient, comme on pouvait le supposer, en accord parfait avec ce caractère fantasmatique. Nous avons étudié ensemble des œuvres telles que le *Vert-Vert* et *La Chartreuse* de Gresset ; le *Belphégor* de Machiavel ; *Du Ciel (et de ses merveilles) et de l'Enfer* de Swedenborg ; *Le voyage souterrain de Niels Klim* par Holberg ; la *Chiromancie* de Robert Flud, de Jean d'Indaginé et de La Chambre ; *Le Voyage dans le Bleu* de Tieck ; et la *Cité du Soleil* de Campanella[597]. L'un de ses volumes préférés était une petite édition in-octavo du *Directorium Inquisitorium* par le dominicain Aymerich de Gérone[598], et il y avait des passages dans Pomponius Mela[599], au sujet des anciens satyres et ægipans[600] africains, sur lesquels Usher restait assis à rêvasser durant des heures. Mais il tirait ses plus grandes délices de la lecture scrupuleuse d'un in-quarto gothique excessivement rare et curieux – le manuel d'une église oubliée – le *Vigiliæ Mortuorum secundum Chorum Ecclesiæ Maguntinæ*[601].

Je ne pouvais m'empêcher de songer au singulier rituel décrit dans cet ouvrage et à son influence probable sur l'hypocondriaque quand un soir, m'ayant brusquement informé que *lady* Madeline n'était plus, il fit part de son intention de conserver son cadavre pendant une quinzaine de jours (avant son inhumation définitive), dans l'un des nombreux caveaux à l'intérieur des murs porteurs de l'édifice. Je ne me sentais pas en droit de contredire la raison factuelle qu'il avançait pour expliquer cette curieuse façon d'agir. En tant que frère, il avait été amené à prendre cette décision, me confia-t-il, après avoir considéré le caractère insolite de la maladie de la défunte, de certaines questions gênantes et appuyées de la part du corps médical et de l'emplacement éloigné et exposé au vent du cimetière familial. Je ne nierai pas que quand je me rappelai la sinistre physionomie de la personne que j'avais croisée dans l'escalier, le jour où j'étais arrivé au château, je n'eus aucune envie de m'opposer à ce que je considérais, au mieux, comme une précaution inoffensive et rien moins qu'anormale.

À la demande d'Usher, je l'aidai personnellement dans les préparatifs pour la sépulture temporaire. Le corps ayant été mis en bière, nous le portâmes, à deux, jusqu'au lieu où il devait reposer. Le caveau dans lequel nous l'installâmes (et qui était resté refermé si longtemps que nos torches, à moitié étouffées par son atmosphère oppressante, ne nous permirent guère de l'examiner) était petit, humide et sans la moindre lumière ; il était situé à une grande profondeur, immédiatement sous la partie du bâtiment où se trouvait ma chambre à coucher. Il avait visiblement, en des temps féodaux reculés, fait office d'oubliettes et, par la suite, de dépôt de poudre ou d'une matière hautement combustible, car une partie du sol et tout l'intérieur d'une voûte que nous avions traversée pour y parvenir étaient soigneusement revêtus de cuivre. La porte, en fer massif, avait également été protégée de la même manière. Son poids immense faisait un bruit excessivement grinçant et aigu quand elle roulait sur ses gonds.

Après avoir déposé notre funèbre fardeau sur des tréteaux dans cet endroit effroyable, nous tournâmes légèrement sur le côté le couvercle du cercueil qui n'avait pas encore été vissé et regardâmes le visage de son occupante. Une ressemblance frappante entre le frère et la sœur retint d'abord mon attention, et Usher, devinant sans doute mes pensées, murmura quelques mots qui m'apprirent que la défunte et lui-même étaient jumeaux, et que des sympathies d'une nature difficilement intelligible avaient existé entre eux. Nos regards, cependant, ne restèrent pas longtemps posés sur la morte – car nous ne pouvions la regarder sans être effrayés. La maladie qui avait entraîné dans sa tombe cette *lady* dans la plénitude de sa jeunesse, avait laissé, comme cela arrive dans toutes les maladies de nature strictement cataleptique, une légère rougeur grotesque sur la poitrine et le visage, et ce sourire équivoque et persistant sur les lèvres, qui est si terrible dans la mort. Nous replaçâmes et vissâmes le couvercle et, après avoir consolidé la porte de fer, nous regagnâmes, non sans peine, les appartements guère moins mélancoliques de l'étage supérieur du manoir.

Et ensuite, après que quelques jours de chagrin et d'amertume se furent écoulés, un changement visible intervint dans la nature du désordre mental de mon ami. Il ne se comportait absolument plus comme à son ordinaire. Ses occupations habituelles étaient négligées ou oubliées. Il errait de chambre en chambre d'un pas pressé, inégal et sans but. La pâleur de sa physionomie avait pris, si tant est que ce fût possible, une teinte encore plus livide –, mais la luminosité de ses yeux avait totalement disparu. On n'entendait plus le timbre parfois enroué de sa voix, et un tremblement craintif, comme en proie à une terreur extrême, caractérisait d'ordinaire son élocution. Certaines fois, en effet, je pensais que son esprit sans cesse agité était aux prises avec quelque secret oppressant et luttait pour trouver le courage nécessaire pour le divulguer. Parfois aussi, j'étais bien obligé de conclure tout simplement aux lubies inexplicables de la folie, car je le voyais regarder dans le vide pendant de longues heures, dans une attitude d'extrême attention, comme s'il écoutait un bruit imaginaire. Pas étonnant que son état me terrifiât, me contaminât. Je sentais glisser sur moi, par étapes lentes mais sûres, la terrible influence de ses propres superstitions impressionnantes, toutes fantastiques qu'elles fussent.

C'est en particulier quand je regagnai mon lit, tard le soir du septième ou huitième jour après que nous eûmes installé Lady Madeline dans le donjon, que je fis l'expérience de toute la puissance de ces sensations. Le sommeil ne s'approchait pas de ma couche – tandis que les heures s'écoulaient les unes après les autres. Je luttai pour raisonner la nervosité qui s'était emparée de moi. Je m'efforçais de me convaincre que tout ce que je ressentais était plus ou moins dû à l'influence déconcertante de l'ameublement lugubre de la pièce : de sombres draperies en lambeaux qui, malmenées par le souffle d'une tempête naissante, tanguaient par à-coups sur les murs et bruissaient péniblement autour des ornementations du lit. Mais mes efforts restèrent vains. Des frissons irrépressibles envahirent petit à petit tout mon être et, bientôt, un cauchemar né d'une angoisse sans raison vint peser sur mon cœur[602]. Je le chassai en haletant violemment, me redressai sur les oreillers et, scrutant l'obscurité épaisse de la chambre, je tendis l'oreille – j'ignore pourquoi, si ce n'est que l'instinct m'y poussait – à certains bruits faibles et indéfinis qui me parvenaient, dans les moments de répit de l'orage, par longs intervalles, dont j'ignorais la provenance. Terrassé par un intense sentiment d'horreur, aussi inexplicable qu'insupportable, j'endossai mes habits en toute hâte (car je sentais bien que je ne parviendrais plus à dormir de la nuit), et m'efforçai de me tirer de la situation pitoyable dans laquelle j'étais tombé, en faisant les cent pas dans la pièce.

À peine avais-je fait quelques tours ainsi qu'un pas léger sur un escalier voisin capta mon attention. Je ne tardai pas à reconnaître celui d'Usher. L'instant d'après, il frappait délicatement à ma porte et entrait, en tenant une lampe. Son teint était, comme d'habitude, d'une pâleur cadavéreuse – mais dans ses yeux se lisait, en plus, une folle hilarité – une *hystérie* manifestement contenue dans toute son attitude. Son air m'effraya – mais tout était préférable à cette solitude que j'avais endurée si longtemps, et j'accueillis même sa présence comme un soulagement.

– Et vous ne l'avez pas vue? demanda-t-il brusquement, après avoir regardé autour de lui, en silence, pendant quelques instants. Vous ne l'avez donc pas vue? – mais restez! vous la verrez. Tout en parlant ainsi et en ayant pris soin d'abaisser sa lampe, il se précipita vers l'une des croisées et l'ouvrit en grand à l'orage.

La fureur impétueuse de la rafale qui s'engouffra manqua presque de nous soulever du sol. C'était vraiment une nuit de tempête, mais terriblement belle, et extrêmement singulière dans son horreur et sa beauté. Un tourbillon avait apparemment concentré ses forces dans les parages, car des changements violents et fréquents intervenaient dans la direction du vent, et l'excessive densité des nuages – qui étaient si bas qu'ils en pesaient sur les tourelles du manoir – ne nous empêchait pas de percevoir la vélocité quasi vivante avec laquelle, de toutes parts, ils se ruaient les uns sur les autres, sans disparaître dans le lointain. J'ai dit que leur excessive densité ne nous empêchait pas de voir tout cela; pour autant, nous n'apercevions ni la lune ni les étoiles, et il n'y avait pas le moindre éclair. Mais la surface inférieure des énormes masses de vapeur agitée, ainsi que tous les objets terrestres dans notre environnement immédiat, rayonnaient à la lumière surnaturelle d'une exhalaison gazeuse, faiblement lumineuse mais distinctement visible, qui flottait autour du manoir et le recouvrait comme un linceul.

– Il ne faut pas... il ne faut pas que vous voyiez cela ! m'écriai-je, en frissonnant, à l'adresse d'Usher, en le reconduisant, avec violence et douceur, de la fenêtre à un siège. Ces apparitions, qui vous abasourdissent, ne sont que de simples phénomènes électriques des plus ordinaires – à moins qu'ils ne tirent leur effroyable origine des miasmes nauséabonds de l'étang. Refermons cette croisée – l'air est glacial et dangereux pour votre constitution. Voici l'un de vos romans préférés. Je vais vous faire la lecture et vous écouterez – et nous passerons ainsi, ensemble, cette terrible nuit.

L'antique volume que j'avais pris était le *Mad Trist* de *Sir* Launcelot Canning[603], mais j'avais dit que c'était l'un des préférés d'Usher plus pour plaisanter tristement que pour en parler sérieusement, car, en vérité, il n'y avait guère de quoi nourrir, dans sa prolixité fruste et dépourvue d'imagination, l'intérêt de mon ami pour l'idéalité suprême et spirituelle. Mais c'était le seul livre que j'avais immédiatement à portée de main, et je caressais le vague espoir que l'excitation qui s'était emparée de l'hypocondriaque pourrait trouver quelque soulagement (car l'histoire des troubles mentaux est remplie d'anomalies similaires) jusque dans l'outrance des folies que je m'apprêtais à lire. De fait, à en juger à la vivacité tendue avec laquelle il écoutait ou feignait d'écouter les mots du récit, j'aurais pu me féliciter du succès de mon entreprise.

J'étais arrivé à cette partie bien connue de l'histoire où Ethelred, le héros de *Mad Trist*, ayant cherché en vain à être admis dans la demeure de l'ermite, s'emploie à y pénétrer par la force. On se souvient que, ici, les propos du narrateur sont les suivants :

« Et Ethelred, qui était par nature un cœur vaillant et qui, en outre, était désormais puissant, en raison de la force que lui avait donnée le vin qu'il avait bu, n'attendit plus de parlementer avec l'ermite qui, en vérité, était de tempérament obstiné et malicieux, mais, sentant la pluie sur ses épaules et redoutant que la tempête n'éclate, il souleva sa massue et, en quelques coups, eut tôt fait de frayer un chemin à sa main gantée à travers les planches de la porte ; et en tirant vigoureusement, il fit craquer, se fendre et voler le tout en morceaux, le bruit creux du bois sec donnant l'alarme et se répercutant dans la forêt ».

À la fin de cette phrase, je sursautai et, l'espace d'un instant, je marquai une pause, car j'eus l'impression – bien que j'eusse aussitôt conclu que ce n'était que le fruit de mon imagination à vif – j'eus l'impression que, d'une partie fort reculée du manoir, était parvenu à mes oreilles ce qu'on aurait cru être, à cause de sa ressemblance exacte, l'écho – mais un écho de toute évidence sourd et étouffé – du bruit de bois qui craque et se fend, que *Sir* Launcelot avait décrit avec tant de détails. Sans l'ombre d'un doute, c'était la seule coïncidence qui avait retenu mon attention car, parmi le vacarme des châssis des fenêtres et les bruits confus de l'orage qui ne cessait de croître, le son, en lui-même, n'avait vraiment rien qui pût m'intéresser ou me troubler. Je repris l'histoire :

« Mais le brave champion Ethelred, passant à présent par la porte, fut fort en colère et ébaubi de n'apercevoir aucune trace du malicieux ermite, mais, à sa place, un prodigieux dragon recouvert d'écailles, avec une langue incandescente, qui menait la garde devant un palais d'or, avec un plancher d'argent et sur le mur, suspendu, un bouclier d'airain rutilant, avec cette légende gravée :

Celui qui pénètre ici, un conquérant a été ;
Celui qui tue le dragon, le bouclier aura gagné.

Et Ethelred souleva sa massue et frappa la tête du dragon, qui s'effondra à ses pieds et rendit son dernier souffle pestilentiel, en poussant un hurlement si effroyable, si âpre et si strident, qu'Ethelred dut se boucher les oreilles avec les mains pour se protéger de ce bruit affreux, tel qu'on n'en avait jamais entendu de semblable auparavant.»

À ce moment précis, je marquai à nouveau une pause soudaine, envahi par un sentiment de vif étonnement – car aucun doute n'était possible, en l'occurrence, j'entendais bel et bien (bien que je fusse incapable de dire d'où cela provenait), comme un cri ou un grincement faible et vraisemblablement lointain, sec, prolongé et des plus inhabituels – l'exact pendant du cri surnaturel du dragon décrit par le romancier, tel que je me l'étais imaginé.

Accablé comme je l'étais forcément, après cette seconde coïncidence si extraordinaire, par mille sensations contradictoires où dominaient l'étonnement et un extrême effroi, je parvins à garder suffisamment de présence d'esprit pour éviter d'exacerber, par une quelconque remarque, la nervosité si sensible de mon compagnon. Je n'étais absolument pas sûr qu'il eût remarqué les bruits en question, bien que, de toute évidence, son comportement eût connu une étrange altération au cours de ces dernières minutes. De sa position face à moi, il avait progressivement fait pivoter son fauteuil afin de se trouver assis le visage tourné vers la porte de la chambre, de sorte que je ne parvenais à en voir les traits qu'en partie, bien que j'aie noté que ses lèvres tremblaient comme s'il murmurait quelque chose d'inaudible. Sa tête était retombée sur sa poitrine – mais je savais qu'il ne s'était pas endormi, son œil, que j'apercevais de profil, étant resté fixe et grand ouvert. Le mouvement de son corps venait également contredire cette idée, car il se balançait d'un côté à l'autre en douceur, mais de façon constante et uniforme. Ayant noté tout cela rapidement, je repris le récit de *Sir* Launcelot, qui se poursuivait ainsi :

« Et maintenant, le champion, ayant échappé à la terrible fureur du dragon, se rappelant le bouclier d'airain, et que l'enchantement qui se trouvait dessus avait été rompu, écarta la carcasse et avança courageusement sur le sol d'argent du château pour s'approcher de l'endroit où le bouclier était accroché au mur qui, en vérité, n'attendit pas qu'il fût arrivé mais tomba à ses pieds, sur le sol d'argent, en retentissant violemment et effroyablement ».

À peine ces syllabes eurent-elles franchi mes lèvres que – comme si un bouclier d'airain était vraiment tombé lourdement sur un sol d'argent, à l'instant même – j'en entendis l'écho distinct, creux, métallique et retentissant, quoique apparemment étouffé. Extrêmement troublé, je bondis sur mes pieds, mais le balancement d'Usher n'avait rien perdu de sa régularité. Je me ruai sur le fauteuil dans lequel il était assis. Ses yeux regardaient fixement devant lui et toute sa physionomie était soumise à une rigidité de pierre. Mais quand je posai ma main sur son épaule, toute sa personne fut parcourue d'un violent tremblement, un sourire maladif frémit sur ses lèvres, et je vis qu'il parlait tout bas, dans un murmure précipité et bafouillant, comme s'il n'avait pas conscience de ma présence. En me penchant tout près de lui, je finis par saisir l'horrible portée de ses paroles :

– Vous ne l'entendez pas ? – oui, je l'entends, et je l'*ai* entendue. Longtemps – longtemps – longtemps – plusieurs minutes, plusieurs heures, plusieurs jours, je l'ai entendue – mais je n'osais pas – oh ! ayez pitié de moi, pauvre hère que je suis ! – Je n'osais pas – je n'*osais* pas parler ! *Nous l'avons mise vivante dans la tombe !* Ne vous ai-je pas dit que mes sens étaient extrêmement aiguisés ? Je vous dis *maintenant* que j'ai entendu ses premiers faibles mouvements au fond du cercueil. Je les ai entendus – il y a plusieurs jours – mais je n'osais pas – *je n'osais pas parler!* Et maintenant – cette nuit – Ethelred – ah! ah! – la porte brisée de l'ermite, le râle du dragon et le bruit retentissant fait par le bouclier! – disons plutôt son cercueil enfoncé, les gonds métalliques de sa prison qui grincent et sa lutte avec la voûte en cuivre du caveau! Oh! où m'enfuirai-je[604]? Ne sera-t-elle pas là d'un instant à l'autre? N'est-elle pas en train d'accourir pour me reprocher ma précipitation? N'ai-je pas entendu son pas dans l'escalier? Est-ce que je ne distingue pas les battements lourds et effroyables de son cœur? Pauvre fou! – et il bondit furieusement sur ses pieds et hurla ces syllabes, comme s'il rendait l'âme dans cet effort: "*Pauvre fou! Je vous dis qu'elle se trouve à présent de l'autre côté de la porte!*»

Comme si l'énergie surhumaine qu'il avait mise dans ces mots avait acquis la puissance d'un charme, les énormes panneaux antiques qu'il désignait du doigt ouvrirent lentement, à l'instant même, leurs lourdes mâchoires d'ébène. C'était l'œuvre de la bourrasque – mais derrière ces portes se *dressait* la silhouette altière et revêtue d'un linceul de *lady* Madeline d'Usher. Il y avait du sang sur ses habits blancs et les traces d'une âpre lutte se lisaient sur tout son visage émacié. L'espace d'un instant, elle demeura tremblante et titubante sur le seuil – puis, avec un cri faible et plaintif, elle retomba lourdement sur son frère et dans son ultime agonie, violente et mortelle, elle l'entraîna au sol, cadavre et victime des terreurs qu'il avait prévues.

Je m'enfuis, atterré, de cette chambre et de cette demeure. L'orage battait encore son plein quand je traversais la vieille allée. Soudain, une vive lumière se projeta sur le chemin et je me retournai pour voir d'où pouvait bien provenir une lueur si inhabituelle, car il n'y avait derrière moi que l'immense manoir et ses ombres. La lumière était celle de la pleine lune rouge de sang en train de se coucher, qui brillait désormait vivement à travers cette fissure à peine visible autrefois, dont j'ai dit qu'elle descendait du toit du bâtiment, en zigzag, jusqu'à sa base. Pendant que je regardais, cette fissure s'élargit rapidement – puis la tornade redoubla violemment – l'orbe lunaire tout entier explosa soudain sous mes yeux – ma tête chancela quand je vis les puissants murs s'effondrer – il y eut un long cri tumultueux, comme la voix d'un millier de grandes eaux[605] – et l'étang froid et profond à mes pieds se referma de mauvaise grâce et en silence sur les fragments de la "*Maison Usher*".

WILLIAM WILSON[606]

Qu'en dire ? Que dire de l'effrayante
CONSCIENCE,
Ce spectre sur mon chemin ?

CHAMBERLAYNE, *Pharonnida*[607]

Pour l'instant, disons que je m'appelle William Wilson[608]. La belle page blanche posée devant moi ne doit pas être souillée par mon véritable nom : pour le malheur de ma famille, il a déjà trop été objet de mépris – et même d'horreur. Les vents indignés n'ont-ils pas ébruité son incomparable infamie jusqu'aux régions les plus reculées du globe ? Oh, paria d'entre les parias ! N'es-tu pas mort à jamais pour cette terre ? Mort à ses honneurs, à ses fleurs, à ses hautes aspirations ? Un nuage épais, lugubre et infini n'est-il pas à jamais suspendu entre tes espoirs et les cieux ?

Même si je le pouvais, je ne voudrais pas consigner ici les souvenirs de mes dernières années d'indicible misère, de crimes impardonnables. Cette époque-là – ces dernières années – fut le théâtre d'une soudaine flambée de turpitudes dont je ne me proposerais ici que d'en déterminer l'origine. D'ordinaire, les hommes deviennent abjects par étapes successives. Moi, toute vertu m'a abandonné en un seul instant, comme un manteau chute soudain d'un corps.

D'un pas de géant, je suis passé d'un degré de méchanceté relativement banal à des énormités plus terribles encore que celles d'un Héliogabale.[609] À la suite de quel hasard, de quel événement précis, est survenue cette infortune, voilà ce que je m'apprête à raconter. Soyez indulgent avec moi. La mort approche, et l'ombre qui la précède exerce sur mon esprit une influence apaisante. Au moment de franchir la sombre vallée[610], j'espère la sympathie – j'allais dire la pitié – de mes semblables. J'aimerais les convaincre que j'ai été en quelque sorte l'esclave de circonstances incontrôlables. J'aimerais qu'ils trouvent en moi, dans les détails que je vais exposer, une petite oasis de *fatalité* dans un immense désert d'erreurs. J'aimerais qu'ils conviennent – et ils ne peuvent *pas* ne pas en convenir – que, bien que toutes sortes de tentations aient depuis toujours existé sur terre, jamais aucun homme avant moi ne fut tenté de cette manière – et aucun n'y succomba jamais de cette manière, c'est une certitude. Cela signifie-t-il donc que personne jamais n'a souffert de la sorte ? N'ai-je pas plutôt vécu un rêve ? Et ne suis-je pas à présent en train de mourir victime de l'horreur et du mystère des plus effroyables visions d'ici-bas ?

Descendant d'une lignée qui s'est depuis toujours distinguée par un tempérament imaginatif et facilement irritable, j'ai fourni dès ma plus tendre enfance la preuve que j'avais largement hérité ce caractère familial. Au fur et à mesure que j'avançai en âge, il se dessina plus fortement, jusqu'à devenir, pour de nombreuses raisons, un sujet de sérieuse inquiétude pour mes amis, et pour moi, un véritable handicap. En grandissant je devins autoritaire, sujet aux caprices les plus violents, et fus bientôt la proie de passions incontrôlables. Mes parents, de peu de volonté et affligés des mêmes infirmités que moi, ne pouvaient pas grand-chose contre mes mauvaises inclinaisons. Quelques efforts faibles et mal orientés se soldèrent par un échec complet, et signèrent mon triomphe. Dès lors dans la maison, c'est ma voix qui fit force de loi, et à l'âge où la plupart des enfants se laissent encore guider par la main de leurs parents, je fus libre d'agir selon ma propre volonté et de décider, si ce n'est du choix de mon nom, du moins de toutes mes actions.

Les premiers souvenirs de ma scolarité sont liés à une grande et extravagante demeure élisabéthaine quelque part en Angleterre, dans un village brumeux où se trouvaient quantité d'arbres gigantesques et noueux, et où toutes les maisons étaient extraordinairement anciennes. En vérité cette ville, si vieille, si vénérable, semblait comme sortie d'un rêve, et apaisait considérablement l'esprit. Au moment où j'écris ces lignes je sens encore l'agréable fraîcheur de ses ruelles ombragées, le parfum de ses milliers de jardinets, et je frissonne encore avec un indéfinissable plaisir au timbre sourd et profond du clocher qui, de son bourdonnement maussade, déchirait à chaque heure la sérénité de la sombre atmosphère dans laquelle se fondait et s'assoupissait le clocher gothique rongé par les ans[611].

La maison, je l'ai dit, était vieille, et de guingois. Le parc était vaste, entièrement entouré d'un haut et solide mur de briques recouvert d'une couche de mortier et de verre brisé. Ces remparts aux allures de murs de prison délimitaient le domaine. Nous ne pouvions voir ce qui se trouvait au-delà que trois fois par semaine : tous les samedis après-midi lorsque, accompagnés de deux surveillants, nous avions la permission de nous promener en groupe dans les champs environnants, et deux fois le dimanche lorsque, selon la même disposition, on nous exhibait aux offices du matin et du soir dans l'unique église du village.

Le pasteur de cette église était le directeur de notre école. Avec quel sentiment de profonde admiration et d'intense perplexité avais-je coutume de l'examiner depuis nos vieux bancs tandis qu'il montait à la tribune d'un pas lent et solennel ! Ce vénérable révérend, à l'aspect modeste et bienveillant, aux habits si brillants et d'une souplesse si ecclésiastique, à la perruque si minutieusement poudrée, si raide et si imposante, était-il bien le même homme que celui qui, à quelques minutes de là, le visage revêche et les vêtements sales de tabac, nous enseignait à grands coups de férule les Lois Draconiennes de l'école[612] ? Oh, monstrueux paradoxe, trop immense pour être résolu !

Dans un angle du massif mur d'enceinte se dressait, sévère, une porte plus massive encore. Elle était rivetée, parsemée de clous d'acier, et surmontée de piques dentelées. Quelle crainte profonde elle nous inspirait ! On ne l'ouvrait jamais, sauf pour les trois entrées et sorties hebdomadaires déjà mentionnées. Chaque grincement de ses gonds puissants faisait naître en nous tout un monde de mystères, de remarques solennelles, et de méditations plus solennelles encore.

Le vaste enclos était de forme irrégulière et ménageait plusieurs renfoncements spacieux. Trois ou quatre des plus grands constituaient la cour de récréation. Elle était plane et recouverte de fins et rudes graviers. Je me souviens qu'il n'y avait à l'intérieur ni arbres, ni bancs, ni rien de similaire. Bien sûr elle était située derrière la maison. Au-devant se trouvait un petit parterre de buis et d'autres arbustes. Mais nous ne traversions cet espace sacré qu'en de très rares occasions, telles que notre première arrivée à l'école, ou le départ définitif plus tard – ou parfois au moment où, un parent ou un ami nous ayant réclamés, nous rentrions joyeusement chez nous pour Noël ou les vacances d'été.

Mais cette maison ! quelle étrange vieille baraque c'était ! Pour moi, il s'agissait véritablement d'un palais enchanté… Ses détours – ses incompréhensibles subdivisions – étaient sans fin. Il était difficile, à n'importe quel moment de la journée, de déterminer avec certitude si l'on se trouvait au premier ou au deuxième étage. D'une pièce à l'autre, il y avait toujours trois ou quatre marches à monter ou à descendre. Les ramifications de chacune d'entre elles étaient innombrables, inconcevables, tournant et retournant si bien sur elles-mêmes que l'idée la plus proche que nous pouvions nous faire de la configuration de la maison tout entière ne devait pas être très éloignée de la représentation que nous nous faisions de l'infini. Pendant les cinq années de mon séjour là-bas, je n'ai jamais été capable de situer avec précision dans quelle partie du bâtiment se trouvait le petit dortoir que je partageais avec dix-huit ou vingt autres écoliers.

La salle d'étude était la plus vaste du bâtiment – et même du monde, du moins dans mon imagination. Elle était longue, étroite, basse et lugubre, avec des fenêtres gothiques en ogive et un plafond en chêne. Dans un angle reculé qui nous terrifiait se trouvait une enceinte carrée de deux mètres cinquante à trois mètres de côté comprenant le *sanctuaire* où se tenait notre principal, le révérend Dr Bransby, pendant les heures de cours. C'était une construction solide, avec une porte massive que nous n'aurions jamais ouverte en l'absence du « dominie[613] », préférant plutôt mourir de *la peine forte et dure*[★614]. Dans les autres angles se trouvaient deux autres loges, similaires mais beaucoup moins vénérées, quoique inspirant tout de même une grande terreur. L'une d'elles était la chaire du maître d'études classiques, l'autre du maître d'anglais et de mathématiques. Disséminés dans la salle, d'innombrables bancs et bureaux – noirs, anciens, rongés par les ans, sur lesquels s'empilaient des livres usés, épuisés d'avoir été trop manipulés – se mêlaient et s'entremêlaient en un désordre absolu, si profondément incrustés d'initiales, de noms entiers, de figures grotesques et d'autres créations du couteau qu'ils n'avaient plus la moindre ressemblance avec la forme originelle qui avait été la leur longtemps auparavant. Un énorme baquet rempli d'eau se tenait à une extrémité de la pièce, et une horloge aux dimensions stupéfiantes à l'autre.

Entouré des murs massifs de ce vénérable collège, j'ai pourtant passé, sans en éprouver ni ennui ni dégoût, les années du troisième lustre de ma vie[615]. L'esprit inventif des enfants n'a pas besoin du monde ni des événements extérieurs pour les occuper ou les amuser, et la monotonie de l'école, si lugubre en apparence, fut pourtant riche d'excitations plus intenses que ma jeunesse plus tardive n'en puisa jamais dans la volupté ni mon âge adulte dans le crime. Il faut croire pourtant que les premiers développements de ma psychologie révélaient en eux-mêmes quelque chose d'anormal – si ce n'est d'*outré**. En règle générale, les événements survenus pendant la petite enfance ne laissent pas de souvenirs bien précis à l'âge adulte : ils apparaissent dans une sorte de grisaille, comme une trace faible et confuse, un assemblage indistinct de vagues plaisirs et de douleurs fantasmagoriques. Pour moi il n'en va pas de même. Il faut forcément que j'aie ressenti dans ma prime jeunesse avec toute l'énergie d'un adulte ce que je trouve aujourd'hui incrusté dans ma mémoire avec des traits aussi vivants, profonds et durables que les *exergues*[616] des médailles carthaginoises.

En réalité pourtant – du moins selon ce que le monde appelle réalité – il y avait très peu de choses à se rappeler. Le réveil du matin, le rassemblement du coucher ; les leçons, les récitations ; les demi-journées de repos, les promenades ; la cour de récréation avec ses disputes, ses passe-temps, ses intrigues. Mais tout cela, par un tour de passe-passe psychologique depuis longtemps oublié, révélait en soi un foisonnement de sensations, un monde riche de surprises, un univers d'émotions diverses et variées, d'excitations parmi les plus exaltantes et les plus passionnées. « *Ô le bon temps que ce siècle de fer !**[617] »

Il se trouva que mon tempérament ardent, enthousiaste et autoritaire, fit bientôt de moi un leader naturel parmi mes camarades, et me donna peu à peu l'ascendant sur tous ceux qui n'étaient pas beaucoup plus âgés que moi – sur tous, à une seule exception. Cette exception était un élève qui, bien que nous ne fussions pas parents, portait les mêmes nom et prénom que moi – ce qui en soi n'était pas si remarquable étant donné que, malgré la noblesse de son origine, mon nom était un de ceux, extrêmement répandus, qui ont toujours semblé appartenir, de tout temps et de droit, à la masse des gens du commun[618]. Dans ce récit, je me suis donc déjà désigné en tant que William Wilson – un nom fictif, qui n'est pas très éloigné du vrai. Seul mon homonyme, parmi ceux qui, dans le vocabulaire de l'école, faisait partie de « notre petit groupe », se permettait de rivaliser avec moi dans le domaine des études scolaires, du sport et des disputes dans la cour de récréation, refusait de croire aveuglément à tout ce que je disais, de se soumettre à ma domination – osait, en bref, contrarier l'arbitraire de ma volonté, et ne me témoignait pas le moindre respect. S'il existe sur terre un despotisme inconditionnel et absolu, c'est celui du cerveau dominateur d'un enfant sur les esprits moins énergiques de ses camarades.

La rébellion de Wilson était pour moi une source de grand embarras – à tel point que, malgré l'arrogance avec laquelle je mettais un point d'honneur à le traiter en public, lui et ses prétentions, je sentais au fond de moi que je le craignais, et ne pouvais m'empêcher de penser que l'égalité qu'il maintenait si aisément entre nous était une preuve évidente de sa supériorité, puisque je devais sans cesse fournir un effort pour ne pas être dominé.

J'étais pourtant le seul à me rendre compte de cette supériorité – ou plutôt de cette égalité. Nos camarades, par un inexplicable aveuglement, ne semblaient même pas la soupçonner. En fait, sa rivalité, son opposition, et surtout sa manière impertinente et obstinée de contredire tout ce que je disais, ne s'affichaient vraiment qu'en privé. Il semblait dépourvu à la fois de l'ambition qui me poussait à vouloir briller, et de l'énergie passionnée par laquelle elle s'exerçait. Sa rivalité ne semblait être dirigée que par un désir capricieux de me contrarier, de me surprendre, ou de me blesser – bien qu'il y eût quelques fois où je ne pus m'empêcher de noter, avec un sentiment à la fois d'étonnement, d'humiliation et de colère, qu'il mêlait à ses outrages, ses insultes ou ses contradictions, une forme *affectueuse* dans ses manières, qui était tout à fait inappropriée, et assurément fort malvenue.

Peut-être était-ce ce dernier point dans l'attitude de Wilson, associé à notre homonymie et au simple hasard qui nous avait fait intégrer l'école le même jour, qui laissa croire aux élèves des classes supérieures que nous étions frères. Ils n'avaient pas pour habitude de se renseigner avec précision sur les affaires des plus jeunes. J'ai déjà dit, ou j'aurais dû dire, que Wilson n'avait strictement aucun lien de parenté avec ma famille. Mais assurément, si nous *avions été* frères, nous aurions été jumeaux car, après avoir quitté l'école du Dr Bransby, j'appris par hasard que mon homonyme était né le dix-neuf janvier 1813 – date qui, par une coïncidence remarquable, est précisément celle de ma propre naissance[619].

Il peut sembler étrange que, en dépit du souci permanent que me causaient la rivalité de Wilson et son intolérable esprit de contradiction, je n'aie pu me résoudre à le haïr complètement. Nous avions, immanquablement, presque une dispute par jour, à l'issue de laquelle, tout en m'attribuant publiquement les palmes de la victoire, il faisait en sorte de me faire ressentir que c'était lui qui les avait méritées. Un sentiment d'orgueil de mon côté un véritable sens de la dignité du sien nous maintenaient cependant « en bons termes », comme on dit, tandis que se révélaient dans nos tempéraments plusieurs points de convergence qui faisaient naître en moi un sentiment dont seules nos positions respectives empêchaient peut-être qu'il se transformât en amitié. Il m'est vraiment difficile de définir, ou même de décrire, mes sentiments à son égard. Il s'agissait d'un amalgame hétéroclite et disparate. Une hostilité bougonne qui n'était pourtant pas de la haine, un peu d'estime, pas mal de respect, beaucoup de crainte, et énormément de curiosité inquiète. Il serait inutile d'indiquer à un philosophe moraliste que Wilson et moi étions, en somme, les plus inséparables des camarades.

C'est sans nul doute cette étrange ambiguïté dans nos relations qui donnait à toutes mes attaques contre lui (et, franches ou dissimulées, elles étaient nombreuses) l'apparence de possibles et badines plaisanteries (qui pouvaient faire mouche, cependant, sous couvert de taquineries), plutôt que d'une hostilité plus sérieuse et plus déterminée. Mais mes efforts sur ce point ne furent jamais couronnés d'un succès durable, même lorsque mes plans étaient concoctés avec le maximum d'ingéniosité. Car le caractère de mon homonyme témoignait pour une grande part d'une sobre et calme austérité grâce à laquelle, tout en appréciant la qualité de ses propres plaisanteries, il ne dévoilait jamais le moindre talon d'Achille[620] et résistait à toute moquerie. Je ne lui trouvais en vérité qu'un seul point faible – il s'agissait d'une particularité provenant sans doute d'une insuffisance constitutionnelle, qui aurait été négligée par tout autre adversaire moins déterminé à causer sa perte que moi : mon rival souffrait d'une faiblesse dans les organes vocaux ou palataux qui l'empêchait *d'élever la voix au-dessus d'un imperceptible chuchotement*. De ce défaut, je ne manquai pas de tirer tous les malheureux avantages qui étaient en mon pouvoir.

Les représailles de Wilson furent nombreuses. Une notamment, due à sa remarquable perspicacité, me perturba outre mesure. Comment avait-il pu découvrir qu'une chose aussi infime aurait pour effet de me vexer, c'est un mystère que je n'ai jamais pu résoudre. Mais une fois qu'il l'eut découverte, il ne cessa de me tourmenter avec. J'avais toujours ressenti de l'aversion pour la rudesse de mon patronyme, ainsi que pour mon prénom très commun, si ce n'est plébéien. Ces deux mots m'écorchaient les oreilles ; et lorsque, le jour de mon arrivée, un deuxième William Wilson se présenta lui aussi à l'école, je lui en voulus de porter ce nom, que je détestai doublement du fait même qu'un étranger le portait – un étranger à cause de qui je l'entendrais deux fois plus qu'avant, que je trouverais constamment en ma présence, et dont les affaires, dans le quotidien de l'école, seraient souvent et inévitablement confondues avec les miennes en raison de cette détestable coïncidence.

Le sentiment de vive contrariété qui avait été ainsi amorcé devenait de plus en plus fort chaque fois qu'il était possible d'établir la moindre ressemblance, physique ou morale, entre mon rival et moi. Je n'avais pas encore découvert le fait pourtant remarquable que nous avions exactement le même âge ; mais je m'étais avisé que nous étions de la même taille, et me rendais compte qu'il existait une singulière ressemblance dans nos gabarits et nos physionomies. J'étais aussi exaspéré par cette rumeur, qui avait pris naissance dans les classes supérieures, au sujet de notre parenté. En un mot, rien ne pouvait m'agacer plus sérieusement (même si je dissimulais avec soin les effets de cet agacement) qu'une quelconque allusion à une similitude d'esprit, d'apparence ou de naissance entre nous. Mais en réalité, je n'avais aucune raison de croire que cette similitude eût jamais fait l'objet de quelque commentaire ou conversation que ce fût auprès de nos camarades, sauf pour ce qui concernait notre éventuelle parenté, ni même qu'elle eût été remarquée, sauf par Wilson lui-même. Qu'il l'ait étudiée, *lui*, sous tous les aspects, et avec autant d'attention que moi, c'était évident. Mais qu'il ait pu découvrir en pareilles circonstances à quel point cela était susceptible de me contrarier, voilà qui ne peut être attribué, ainsi que je l'ai dit, qu'à sa perspicacité hors du commun.

Son idée, qui était de m'imiter en tout point, se manifestait à la fois à travers ses gestes et ses paroles, et en cela il jouait parfaitement son rôle. Ma façon de m'habiller était facile à copier. Ma démarche et mes manières générales, il se les était appropriées sans difficulté. Et, malgré le défaut de sa constitution, même ma voix ne lui avait pas échappé. Il ne se risquait pas, bien sûr, dans les tons les plus élevés, mais le timbre en était identique, *et ses chuchotements si singuliers étaient devenus l'écho parfait des miens.*

Je ne me hasarderais pas à définir à quel point ce remarquable portrait de moi-même (car je ne pouvais pas, à bon droit, le qualifier de caricature) me tourmentait. Une seule chose me consolait : c'était qu'il n'y avait que moi, apparemment, qui m'avisais de cette imitation, et je n'avais de ce fait à supporter que les petits sourires entendus et étrangement sarcastiques de mon homonyme. Satisfait d'avoir produit sur moi l'effet souhaité, il semblait ricaner en secret de la blessure qu'il m'infligeait et se montrait singulièrement indifférent aux marques publiques d'admiration qu'il aurait pu si aisément obtenir par le succès de ses efforts ingénieux. Que personne dans l'école n'ait deviné ses intentions, n'en ait remarqué la réussite, ni n'ait partagé ses moqueries à mon égard, voilà une énigme que je n'ai pu, pendant de longs mois d'anxiété, parvenir à résoudre. Peut-être que le caractère *progressif* de son imitation ne l'avait pas rendue immédiatement perceptible. Peut-être aussi, et plus probablement, devais-je ma sécurité à la maîtrise de mon imitateur qui, dédaignant *la lettre* (ce qui dans un portrait saute immédiatement aux yeux des esprits obtus), ne reproduisait que *l'esprit* parfait de l'original, à ma seule intention et à mon grand dam.

J'ai déjà évoqué plusieurs fois l'air de dédain et de condescendance avec lequel il me considérait, ainsi que la façon qu'il avait de systématiquement et fréquemment venir contredire ma volonté. Cette contradiction prenait souvent la forme désagréable d'un conseil ; un conseil qui n'était pas donné ouvertement, mais suggéré ou insinué. Je le recevais avec un sentiment de répulsion qui ne fit que croître au fil des ans. Cependant, à présent que le temps a passé, je peux lui rendre au moins cette justice que je n'ai pas le souvenir que les suggestions de mon rival se fussent trouvées une seule fois du côté des erreurs ou des folies si communes à cet âge immature et inexpérimenté ; que son sens moral, sinon ses talents en général et sa connaissance du monde, était beaucoup plus aiguisé que le mien ; et que je serais peut-être aujourd'hui un homme meilleur, et donc plus heureux, si j'avais moins souvent rejeté les conseils contenus dans ces chuchotements lourds de sous-entendus qui ne m'inspiraient alors qu'une haine cordiale et un trop profond mépris.

Mais ce ne fut pas le cas. Je devins à la longue on ne peut plus hostile à sa déplaisante surveillance et détestai chaque jour plus ouvertement ce que je considérai comme une intolérable arrogance. J'ai dit que, dans les premières années où nous nous fréquentions à l'école, mes sentiments pour lui auraient pu aisément se transformer en amitié. Mais, dans les derniers mois de mon séjour, même si ses manières intrusives s'étaient, dans une certaine mesure, incontestablement réduites, mes sentiments, eux, avaient évolué en proportion vers une haine véritable. Il s'en rendit compte, je crois bien, lors d'une circonstance particulière, et par la suite il m'évita, ou feignit de m'éviter.

C'est à peu près à la même époque, si je me souviens bien, lors d'une violente altercation au cours de laquelle il avait plus que d'habitude baissé sa garde, et qu'il parlait et agissait avec une franchise et une ouverture assez étrangères à sa nature, que je découvris, ou crus découvrir, dans son accent, son attitude, son apparence globale, quelque chose qui d'abord m'étonna, puis m'intéressa vivement, car cela faisait remonter à ma mémoire de vagues souvenirs de ma prime enfance – des souvenirs bizarres, confus et précipités d'une époque où ma mémoire n'existait pas encore. Je ne saurais mieux décrire cette sensation oppressante qu'en disant que j'avais du mal à me débarrasser de la certitude d'avoir déjà rencontré, il y a très longtemps, l'individu qui se trouvait en face de moi – à une époque infiniment lointaine et reculée. L'illusion cependant s'évanouit aussi vite qu'elle était venue. Et je ne la mentionne ici que pour évoquer le jour de la dernière conversation que j'ai eue avec mon étrange homonyme.

La grande et vieille demeure, avec ses innombrables subdivisions, comprenait plusieurs chambres qui communiquaient entre elles, et où dormait la plus grande partie des écoliers. Il y avait néanmoins (ainsi que cela devait nécessairement se produire dans une bâtisse aussi étrange), de nombreux petits renfoncements et recoins – c'étaient les restes de la structure d'ensemble, que l'économe ingéniosité du Dr Bransby avait également transformés en dortoirs. Mais comme ils n'étaient pas plus grands qu'un placard, ils ne pouvaient contenir qu'une seule personne. Une de ces minuscules chambres était occupée par Wilson.

Une nuit, vers la fin de ma cinquième année à l'école, et

juste après l'altercation que je viens de mentionner, comme tout le monde était plongé dans le sommeil, je me levai du lit et, muni d'une lampe, je me glissai furtivement dans une succession de passages étroits entre ma chambre et celle de mon rival. Depuis longtemps je projetais de lui faire subir une de ces plaisanteries désagréables que j'avais, jusqu'ici, toujours échoué à monter. J'avais l'intention, à présent, de mettre mon plan à exécution, et j'étais résolu à lui faire ressentir toute l'étendue de ma malveillance. Ayant atteint sa chambre, j'y pénétrai silencieusement, laissant la lampe à l'extérieur, recouverte d'un abat-jour. Je fis un pas en avant, écoutant le bruit régulier de sa respiration. M'étant assuré qu'il était endormi, je fis demi-tour, pris la lampe, et revins vers le lit. Les rideaux qui l'entouraient étaient fermés. Je les écartai lentement, doucement, pour mener à bien l'exécution de mon projet. Des rayons de lumière blanche tombèrent directement sur le dormeur, et mes yeux, au même moment, sur son visage. Je le regardai – et un froid glacial, un engourdissement de tous les sens me pénétrèrent tout entier. Mon cœur battit plus fort, mes genoux chancelèrent, et mon esprit fut saisi d'une inexplicable et intolérable horreur. La respiration courte, j'abaissai la lampe au plus près de son visage. Je haletai. Étaient-ce bien là les traits de William Wilson ? Je pouvais voir que oui, mais je tremblais, comme en proie à un accès de fièvre, en imaginant que ce n'était pas le cas. Qu'y avait-il donc en eux pour me troubler de la sorte ? Je les observai, tandis que mon esprit battait la chamade sous l'effet d'une multitude de pensées incohérentes. Ce n'est pas à cela qu'il ressemblait – non, certainement pas *à cela* – lorsqu'il était éveillé, en pleine journée. Le même nom ! La même allure générale ! Le même jour d'arrivée à l'école ! Et puis ce désir inexplicable, obstiné, d'imiter ma démarche, ma voix, mon comportement et mes manières !

Était-il humainement possible que *ce que je voyais à présent* fût le simple résultat de la pratique régulière de cette sarcastique imitation ? Stupéfait, secoué de frissons, j'éteignis la lampe, sortis silencieusement de la chambre, et quittai au plus tôt les murs de cette vieille école, pour n'y jamais revenir.

Après quelques mois, que je passai chez moi en toute oisiveté, je fus inscrit au collège d'Eton. L'intervalle, si bref fût-il, avait été suffisant pour affaiblir en moi le souvenir des événements de l'école du Dr Bransby, ou tout au moins pour modifier les sentiments que ces souvenirs m'inspiraient. La réalité – la tragédie – de cette histoire n'était plus rien pour moi. Je trouvais à présent des raisons de douter de la réalité qu'avaient perçue mes sens, et ne me souvenais plus vraiment de cette histoire, sauf pour m'émerveiller de l'étendue de la crédulité humaine, et sourire à l'idée de la formidable puissance imaginative que j'avais héritée de ma famille. Cette forme de scepticisme, d'ailleurs, n'était pas susceptible de se trouver diminuée par le style de vie que je menais à Eton. Le maelström d'inconscience et de folie dans lequel je plongeai si vite et avec tant d'insouciance balaya tout, sauf l'écume des souvenirs, de même qu'il engloutit en un instant toute impression de solidité ou de sérieux, et ne laissa subsister en ma mémoire que les moments les plus futiles de mon existence précédente.

Je ne voudrais pas, cependant, entrer ici dans le détail de mes misérables débauches – lesquelles défiaient toute loi, d'autant qu'elles échappaient à la surveillance de l'établissement. Trois années d'excès de toutes sortes et dépensées sans nul profit ne m'avaient apporté que des vices ancrés au plus profond de moi, tandis que mon corps s'était développé de manière étonnante. Un jour, après une semaine de totale dissipation, j'invitai quelques-uns des étudiants les plus débauchés à une beuverie dans ma chambre. Nous

nous étions donné rendez-vous à une heure tardive de la nuit car nos frasques étaient supposées se prolonger scrupuleusement jusqu'au petit matin. Le vin coulait à flots, et il ne manquait pas d'autres séductions, peut-être plus dangereuses – si bien qu'au moment où l'aube grise commençait à pâlir faiblement vers l'est, nos folies et nos extravagances étaient à leur apogée. Totalement assommé par les cartes et l'ivresse, j'étais en train d'insister pour porter un toast plus vulgaire encore que d'habitude, lorsque mon attention fut soudain attirée par la porte de la chambre qui venait d'être vivement entrouverte et par la voix précipitée d'un domestique qui se tenait à l'extérieur. Il disait que quelqu'un d'apparemment fort pressé demandait à me parler dans le hall.

Considérablement excité par le vin, j'accueillis cette interruption inattendue avec plus de plaisir que de surprise. Je me levai en titubant et descendis les quelques marches qui menaient au vestibule. Cette salle étroite et basse ne possédait pas de lampe, et à l'heure qu'il était aucune lumière n'y pénétrait sauf celle, extrêmement ténue, de l'aube qui filtrait par la fenêtre semi-circulaire. Comme je posais le pied sur le seuil je remarquai la silhouette d'un jeune homme d'à peu près ma taille et vêtu d'une robe de chambre de cachemire blanc, coupée à la nouvelle mode, comme celle que je portais moi-même à ce moment précis. La faible lumière me permettait de le percevoir – mais je ne pouvais distinguer les traits de son visage. À peine fus-je entré qu'il se précipita vers moi à grands pas et, me saisissant par le bras d'un geste sec d'impatience, il me chuchota à l'oreille : « William Wilson ! »

En une seconde, je redevins parfaitement sobre.

Il y avait, dans l'attitude de l'étranger, dans le petit tremblement de son doigt dressé entre mes yeux et la lumière, quelque chose qui me remplissait d'un étonnement sans bornes. Mais ce n'était pas cela qui m'avait le plus fortement ému : c'était l'avertissement solennel contenu dans la prononciation singulière, basse et sifflante. Et surtout, c'étaient les caractéristiques, le ton, *le timbre,* de ces quelques syllabes simples, familières, mais *chuchotées*, qui venaient soudain, chargées des milliers de souvenirs des jours anciens, percuter mon âme avec l'énergie d'une pile électrique. Avant que j'aie pu reprendre mes esprits, il était parti.

Cet événement ne manqua pas de produire un effet très vif sur mon imagination perturbée – mais un effet aussi évanescent qu'il avait été vif. Pendant plusieurs semaines, certes, je me livrai aux plus sérieuses investigations, ou bien m'égarai dans des nuages de spéculations morbides. Je n'essayai pas de me dissimuler l'identité de l'étrange individu qui persistait à intervenir ainsi dans ma vie et me harcelait de ses conseils sous-entendus. Mais qui était – mais *qu'était* donc ce Wilson ? Et d'où venait-il ? Quelles étaient ses intentions ? Je ne pouvais répondre à aucune de ces questions. J'avais simplement pu établir qu'un soudain accident survenu dans sa famille avait provoqué son départ de l'école du Dr Bransby, l'après-midi même je m'étais enfui. Peu de temps après cependant, je cessai de réfléchir à tout cela, mon attention étant tout entière absorbée par les préparatifs d'un prochain départ pour Oxford. Là-bas, la prodigue vanité de mes parents me permettant de mener un train de vie dispendieux et conforme aux désirs de luxe si chers à mon cœur, j'en vins bientôt à rivaliser en libéralité avec les plus riches héritiers d'Angleterre.

Ainsi encouragée par tous les moyens mis à la disposition de mon vice, ma nature profonde éclata avec une ardeur redoublée, et, dans le tourbillon de mes débauches, je méprisai même les limites les plus communes de la décence. Mais il serait absurde de m'appesantir ici sur le détail de ces extravagances. Je me contenterai de dire que dans ce domaine j'outrepassai les excès d'Hérode[621] et que, découvrant quantité de nouvelles folies, j'ajoutai un chapitre, et pas des moindres, au long catalogue des vices alors répandus dans la plus dissolue des universités européennes[622].

On pourrait à peine croire, néanmoins, que j'avais ici-même déchu de mon rang de gentleman au point de vouloir me familiariser avec l'indigne activité de joueur professionnel et que, étant devenu un adepte de cette misérable science, je la pratiquai régulièrement afin d'accroître mes revenus déjà considérables aux dépens de mes condisciples les plus vulnérables. Pourtant c'était le cas. Et l'énormité même de cette offense contre tout sentiment d'honneur et de dignité constituait sans aucun doute la principale, si ce n'est la seule raison de mon impunité. Qui en vérité, parmi les plus dévergondés de mes camarades, n'aurait pas mis en doute l'évidence de ses sens plutôt que de suspecter que le gai, le franc, le généreux William Wilson – le plus noble et le plus libéral des compagnons d'Oxford –, lui dont les folies, disaient ses disciples, n'étaient que les folies de la jeunesse et d'une fantaisie débridée, dont les erreurs n'étaient qu'inimitables lubies, et les vices les plus noirs d'élégantes et insouciantes extravagances, fût capable d'un tel comportement ?

Cela faisait deux ans que j'employais ainsi mon temps avec succès, lorsqu'arriva à l'université un jeune noble *parvenu**, Glendinning[623], aussi riche, selon la rumeur, qu'Hérode Atticus – et d'une richesse aussi aisément acquise[624]. Rapidement, je lui trouvai une intelligence assez faible, et le choisis, bien entendu, comme victime idéale de mes talents. Je lui proposais souvent de jouer et faisais en sorte, selon la stratégie habituelle des joueurs, de lui laisser gagner des sommes considérables afin de le serrer par la suite plus efficacement dans mes filets. Enfin, le moment venu, je le rencontrai (avec la ferme intention qu'il s'agirait de notre ultime et décisive rencontre) dans la chambre d'un de nos camarades, Mr. Preston[625], qui était notre ami à tous deux mais qui, je dois lui rendre cette justice, ignorait tout de mes desseins. Pour rendre mon plan tout à fait crédible, j'avais pris soin de réunir une assemblée de huit à dix personnes, et avais été extrêmement attentif à ce que la mise en place des cartes parût accidentelle et n'eût lieu qu'à l'initiative de la dupe que j'avais choisie. Pour ne pas m'éterniser sur un sujet aussi misérable, disons que je ne négligeai aucune des basses manœuvres, si banales pourtant en de pareilles occasions qu'il est incroyable d'en trouver encore quelques-uns pour s'y laisser prendre et en être les victimes.

Nous avions prolongé la partie tard dans la nuit, et j'avais œuvré de manière à n'avoir plus que Glendinning comme adversaire. Nous jouions à l'*écarté**[626], mon jeu favori. Les autres membres de l'assemblée, intéressés par la progression de notre partie, avaient abandonné leurs cartes et demeuraient debout autour de nous en tant que spectateurs. Le *parvenu**, que par toutes sortes d'artifices j'avais amené à boire abondamment pendant la première partie de la soirée, battait les cartes, les distribuait et jouait à présent avec une nervosité que j'imaginais partiellement due à son ivresse, mais que celle-ci cependant ne suffisait pas à expliquer. Alors qu'il était devenu en très peu de temps mon débiteur pour une forte somme, il avala une longue rasade de porto et fit exactement ce que j'avais froidement prévu : il proposa que nous doublions nos mises, pourtant déjà très élevées. Feignant la réticence, je finis par accepter, mais pas avant que mes refus répétés n'aient provoqué chez lui des paroles agressives pouvant faire passer mon consentement pour une *pique**. Le résultat, bien entendu, ne fit que démontrer à quel point la proie était engluée dans ma toile : en moins d'une heure il avait multiplié sa dette par quatre. Depuis quelque temps son visage avait perdu la couleur rougeaude qu'il devait à l'abus de vin mais à présent, à mon grand étonnement, il était devenu d'une pâleur vraiment effrayante. Je le répète : à mon grand étonnement. Glendinning, ainsi que je m'en étais rendu compte après m'être soigneusement renseigné à son sujet, était extrêmement riche, si bien que les sommes qu'il venait de perdre, même si elles étaient importantes, ne pouvaient, supposai-je, le perturber outre mesure, et encore moins l'affecter si violemment. L'idée qui se présenta immédiatement à mon esprit fut qu'il était chamboulé par tout le vin qu'il avait absorbé. Et, davantage pour soigner mon image aux yeux de mes camarades que pour tout autre motif plus désintéressé, je m'apprêtai à insister avec autorité pour interrompre la partie, lorsque quelques mots prononcés à mes côtés parmi l'assistance, ainsi qu'une violente exclamation de profond désespoir de la part de Glendinning, me firent comprendre qu'en fait je l'avais totalement ruiné, et dans des circonstances qui, en faisant de lui un objet de pitié pour tous, auraient même dû le protéger des mauvais offices d'un démon.

Quelle conduite aurais-je ensuite adoptée, voilà qui est difficile à dire. La situation pitoyable dans laquelle se trouvait ma victime avait jeté dans la pièce un voile de gêne et de contrariété. Pendant quelques instants il y eut un profond silence, au cours duquel je ne pus m'empêcher de sentir mes joues frémir sous le feu des regards de reproche ou de mépris que me lançaient les moins débauchés de la compagnie. Je reconnais même que mon cœur fut délesté d'une insupportable charge d'anxiété par la soudaine et extraordinaire interruption qui suivit. Les larges et lourds battants des portes de la chambre s'ouvrirent en grand tous ensemble, avec une vivacité si violente et vigoureuse que toutes les chandelles de la pièce s'éteignirent comme par enchantement. Leurs lumières en mourant nous permirent toutefois de voir qu'un étranger venait d'entrer : un homme d'à peu près ma taille, enveloppé dans un manteau ajusté. Mais l'obscurité était à présent totale, et nous ne pouvions que *sentir* qu'il se tenait debout parmi nous. Avant même d'être revenus de la stupéfaction dans laquelle nous avait plongés cette brusque irruption, nous entendîmes la voix de l'intrus.

– Messieurs, dit-il d'une voix très basse, *chuchotée* mais distincte, inoubliable, qui me fit frissonner jusqu'à la moelle. Messieurs, je ne chercherai pas à excuser ma conduite, car en agissant ainsi j'ai rempli un devoir. Vous n'avez sans doute pas connaissance du véritable caractère de la personne qui, ce soir, a gagné à l'*écarté** une forte somme d'argent contre Lord Glendinning. Je vais donc vous indiquer une manière rapide et décisive d'obtenir cette nécessaire information. Examinez à votre aise, je vous prie, la doublure du revers de sa manche gauche, et les nombreux petits paquets que l'on peut trouver dans les vastes poches de sa robe de chambre brodée[627].

Pendant qu'il parlait, le silence était si profond qu'on aurait pu entendre une épingle tomber au sol. Et une fois qu'il eut terminé, il partit soudain, aussi brusquement qu'il était entré. Puis-je décrire mes sensations ? Dois-je le faire ? Dois-je dire que je ressentis toutes les affres de la damnation ? Je n'eus de toute façon que très peu de temps pour la réflexion. Plusieurs mains me saisirent sur-le-champ, et les lumières furent immédiatement rallumées. On me fouilla. Dans la doublure de ma manche on trouva les cartes maîtresses de l'*écarté**, et dans les poches de ma robe de chambre quelques jeux de cartes, identiques à ceux dont nous nous servions dans nos parties, à la seule différence que les miennes étaient de celles qu'on appelle techniquement des *arrondies**[628], les figures étant légèrement convexes en haut et en bas, et les cartes à points sur les côtés. Selon cette disposition, la dupe qui, en règle générale, coupe dans la longueur du paquet, donnera invariablement une figure à son adversaire, tandis que le tricheur, qui coupe dans la largeur, ne fournira à sa victime aucune carte qui puisse être comptée à son avantage.

Un tollé d'indignation consécutif à cette découverte m'aurait moins affecté que le silence méprisant et le calme ironique par lesquels elle fut accueillie.

– Mr. Wilson, dit notre hôte en se baissant pour ramasser à ses pieds un superbe manteau de fourrure, Mr. Wilson, ceci vous appartient. (Il faisait froid et, sur le point de quitter ma chambre, j'avais jeté sur mes épaules ce manteau que j'avais quitté en arrivant dans la salle où nous jouions.) Je présume qu'il est inutile de chercher ici (il désignait du regard les doublures du vêtement et souriait amèrement) une preuve supplémentaire de votre habileté. Pour nous, cela suffit. Vous comprendrez de vous-même, je suppose, la nécessité de quitter Oxford – celle, tout au moins, de quitter immédiatement ma chambre.

Ainsi rabaissé, humilié et traîné dans la boue, il est probable que j'aurais réagi avec violence à ces propos vexants, si mon attention n'avait pas été arrêtée à cet instant par un fait des plus surprenants. Le manteau que j'avais apporté était d'une fourrure rare et précieuse : quelle était au juste son extravagante valeur ? Je ne me hasarderai pas à le dire. Sa coupe particulière était de ma propre et fantasque invention – car en matière de frivolité, j'atteignais d'absurdes sommets de dandysme. Et donc, lorsque Mr. Preston me tendit celui qu'il avait ramassé au sol, près des portes de la chambre, je me rendis compte avec un étonnement mêlé de terreur que j'avais déjà le mien sur mon bras, où je l'avais sans doute placé sans y penser, et que celui que l'on me présentait en était la parfaite imitation, jusque dans ses moindres détails.

L'étrange individu qui m'avait si désastreusement mis à nu était, je m'en souvenais, revêtu d'un manteau. Or aucun des membres de notre compagnie, à part moi, n'en portait ce soir-là. Conservant quelque présence d'esprit, je pris celui que me tendait Preston, le plaçai discrètement sur le mien, et quittai la chambre avec un air résolument hautain et menaçant. Le lendemain matin à l'aube, je quittai précipitamment Oxford pour le continent, submergé de honte et d'angoisse.

Mais je fuyais en vain. Ma destinée maudite me poursuivit, triomphante, démontrant que sa mystérieuse domination ne faisait que commencer. À peine avais-je débarqué à Paris que j'eus une nouvelle preuve de l'intérêt détestable de Wilson pour mes affaires. Les années s'écoulèrent, sans que je trouve le moindre repos. Le misérable ! À Rome, avec quel zèle furtif et malvenu s'interposa-t-il entre mes ambitions et moi ! À Vienne également ! À Berlin ! Et à Moscou ! Où donc, en vérité, ne trouvais-je *pas* de raison de le maudire amèrement du fond du cœur ? Saisi de panique face à son insondable tyrannie je le fuyais comme j'aurais fui la peste – mais jusqu'au bout du monde, *je fuyais en vain.*

Et toujours, toujours, dans le secret de mon âme, je m'interrogeais : « Qui est-il ? D'où vient-il ? Quel est son dessein ? » Mais je ne trouvais pas de réponse. J'examinais avec rigueur et minutie les manières, les méthodes, tous les traits caractéristiques de son insupportable surveillance, mais ne trouvai que très peu d'indices sur lesquels bâtir une quelconque hypothèse. Il était remarquable notamment que, parmi les multiples et récentes occasions qu'il avait eues de croiser mon chemin, il ne l'ait fait que pour contrarier des plans ou perturber des actions qui, s'ils avaient été menés à leur terme, n'auraient eu pour conséquence qu'une amère déconvenue. Piètre justification en vérité, pour une autorité si tyranniquement usurpée ! Piètre dédommagement pour les droits naturels de mon libre-arbitre, si obstinément et injurieusement déniés !

J'étais bien forcé aussi de remarquer que depuis très longtemps, alors même qu'il conservait scrupuleusement, et avec une remarquable habileté, cette habitude de s'habiller comme moi, mon persécuteur se débrouillait toujours pour que, lors de ses diverses interventions contre ma volonté, je ne puisse pas distinguer les traits de son visage. Quoi que pût être Wilson, *ceci* du moins n'était que le comble de la coquetterie, ou de la stupidité. Pouvait-il imaginer un seul instant que, dans le donneur de conseils à Eton, le fossoyeur de mon honneur à Oxford, celui qui avait contrecarré mes ambitions à Rome, ma vengeance à Paris, mon amour passionné à Naples, ou ce qu'il avait appelé à tort mon avarice en Égypte, pouvait-il, mon ennemi juré et mon mauvais génie, imaginer que dans tout cela je ne reconnaîtrais pas le William Wilson de mes années d'écolier, l'homonyme, le compagnon, le rival – le rival honni et redouté du collège du Dr Bransby ? Impossible ! Mais il est temps de me hâter vers la dernière scène du drame.

Jusque-là, j'avais totalement succombé à son impérieuse domination. Le sentiment de profond respect avec lequel j'avais pris l'habitude de considérer le caractère supérieur, la sagesse majestueuse, l'apparente omniprésence de Wilson, auquel venait s'ajouter la sensation de terreur permanente que m'inspiraient d'autres traits de son caractère et d'autres hypothèses le concernant, tout cela m'avait convaincu de ma totale faiblesse et de mon impuissance, et m'avait entraîné vers une soumission tacite, quoique amère et réticente, à l'arbitraire de sa volonté. Mais, ces derniers temps, je m'étais entièrement adonné au vin, dont l'influence excitante sur mon tempérament héréditaire me rendait de plus en plus désireux de contrôle et de maîtrise. Je commençai à murmurer, à hésiter – à résister. Et n'était-ce vraiment que mon imagination qui me poussait à croire qu'en accroissant ma propre fermeté, celle de mon persécuteur irait décroissant dans les mêmes proportions ? Quoi qu'il en fût, je commençai à présent à ressentir l'aiguillon d'un vif espoir, et finis par nourrir en secret la résolution sérieuse et inflexible de mettre fin à cet esclavage.

C'était à Rome, pendant le carnaval de 18... J'assistais à un bal masqué dans le palais du duc napolitain Di Broglio. Je m'étais abandonné plus que d'ordinaire aux excès du vin, et l'atmosphère suffocante des salons bondés m'irritait au-delà du possible. Sans compter que la difficulté à me frayer un chemin à travers la foule contribuait grandement à m'exaspérer. Je cherchais anxieusement (je ne dirai pas pour quelle indigne raison) la jeune, la joyeuse, la belle épouse du vieux, de l'amoureux Di Broglio. Avec une confiance sans scrupule, elle m'avait indiqué le secret de son déguisement et maintenant que je venais de l'apercevoir, je me dépêchai de la rejoindre. À ce moment je sentis une main se poser doucement sur mon épaule, et j'entendis cet inoubliable, ce profond, cet épouvantable *chuchotement* au creux de mon oreille.

Pris d'un accès de colère frénétique, je me tournai brusquement vers celui qui m'avait ainsi interrompu, et le saisis violemment au col. Il était vêtu, comme je m'y attendais, d'un costume exactement semblable au mien : il portait un manteau espagnol de velours bleu, avec à la taille une ceinture pourpre où était suspendue une épée. Un masque de soie noire couvrait entièrement son visage.

– Crapule ! m'écriai-je d'une voix rauque de rage, tandis que chaque syllabe que je prononçais alimentait ma colère, Crapule ! Imposteur ! Sale traître ! Tu ne me harcèleras pas ainsi jusqu'à la mort ! Suis-moi, ou je t'égorge sur place ! Et je quittai la salle de bal pour me diriger vers une petite antichambre adjacente, l'entraînant irrésistiblement à ma suite.

En entrant, je le projetai furieusement loin de moi. Il chancela contre le mur, tandis que je fermai la porte en jurant et lui ordonnai de dégainer son épée. Il hésita un instant. Puis, laissant échapper un faible soupir, il dégaina en silence, et se mit en position.

Le combat fut très bref. J'étais animé d'une véritable frénésie, et trouvai dans un seul bras la puissance et l'énergie d'une multitude de membres. Au bout de quelques secondes, je l'acculai contre les boiseries et, le tenant ainsi à ma merci, je plongeai à plusieurs reprises, avec une brutale férocité, mon épée dans sa poitrine.

À ce moment-là quelqu'un actionna le verrou dc la porte. Je me dépêchai de prévenir toute intrusion, et retournai immédiatement auprès de mon adversaire mourant. Mais quelle langue humaine pourrait exprimer pleinement l'étonnement et l'horreur indicibles qui me saisirent face au spectacle que j'avais sous les yeux ? Le bref instant pendant lequel je m'étais détourné avait été suffisant pour produire, apparemment, un changement dans la disposition de certains éléments tout au bout de la pièce. Un grand miroir – c'est ainsi du moins qu'il m'apparut dans ma confusion – se trouvait à présent à l'endroit où il n'y en avait pas jusque-là. Et tandis que je marchai vers lui, saisi d'une terreur sans nom, ma propre image, les traits pâles et maculés de sang, avançait dans ma direction d'une démarche faible et titubante.

C'est ainsi que cela m'apparut, dis-je, mais ce n'était pas la réalité. C'était bien mon adversaire, c'était Wilson, qui se tenait debout face à moi dans l'agonie de sa fin. Son masque et son manteau gisaient au sol, où il les avait projetés. Il n'y avait pas un fil de ses vêtements, pas un trait de toute sa physionomie si singulière qui ne fussent, de manière absolument identique, *les miens* !

C'était Wilson. Mais il ne chuchotait plus, et j'aurais pu croire que c'était moi-même qui parlais lorsqu'il dit :

« *Tu as vaincu, et je meurs. Pourtant, désormais tu es mort toi aussi – mort au Monde, au Ciel et à l'Espérance ! C'est à travers moi que tu existais – et tu peux voir dans l'image de ma mort, qui est aussi la tienne, combien tu t'es pleinement toi-même assassiné !* »[629]

LA CONVERSATION ENTRE EIROS ET CHARMION[630]

Πυϱ σοιπϱοσισω
« Je t'apporterai le feu. »
EURIPIDE, *Andromaque* [631].

EIROS
Pourquoi m'appelles-tu Eiros ?

CHARMION
Ainsi dorénavant seras-tu toujours appelée. Tu dois aussi oublier mon nom terrestre, et m'appeler Charmion.

EIROS
Ce n'est donc pas un rêve !

CHARMION
Nous n'avons plus de rêves – mais remettons ces mystères à plus tard. Je me réjouis de te voir ainsi, l'air bien en vie et l'esprit rationnel. Le voile de l'ombre a déjà disparu de tes yeux. Sois courageuse, et ne crains rien. Le temps de la stupeur est révolu. Et demain, c'est moi qui t'initierai aux joies et aux merveilles de ta nouvelle existence.

EIROS

C'est vrai : je n'éprouve pas la moindre stupeur – absolument aucune. Le malaise violent, les horribles ténèbres m'ont abandonnée, et je n'entends plus ce son précipité, terrible et démesuré « comme un bruit de grandes eaux[632] ». Pourtant, Charmion, mes sens sont quelque peu déconcertés par l'acuité de ma perception du *nouveau*.

CHARMION

Dans peu de jours il n'y paraîtra plus. Mais je te comprends très bien, et je compatis : cela fait maintenant dix années terrestres que j'ai subi ce qu'à présent tu subis – et j'en ai toujours le souvenir. Sache toutefois que tu as dès à présent enduré toutes les souffrances que l'on peut endurer dans l'Aidenn[633].

EIROS

Dans l'Aidenn ?

CHARMION

Dans l'Aidenn.

EIROS

Oh ! mon Dieu ! Aie pitié de moi, Charmion ! Je suis accablée par la majesté de tout cela – de l'inconnu à présent révélé, de l'hypothétique Futur qui se mêle à l'indiscutable et auguste Présent.

CHARMION

N'affronte pas encore de telles pensées. Demain nous parlerons de tout cela. Ton esprit vacille, et son agitation trouvera l'apaisement dans le rappel de simples souvenirs. Ne regarde ni autour de toi ni loin devant – mais en arrière.

Je brûle d'impatience d'entendre le récit du prodigieux événement qui t'a amenée ici parmi nous. Raconte-moi. Parlons de choses familières, dans le langage ancien et familier du monde qui a si atrocement péri.

EIROS

Le plus atrocement qu'on puisse imaginer ! Et cela, ce n'est pas un rêve.

CHARMION

Il n'y a plus de rêves. Ai-je beaucoup été pleurée, ma très chère Eiros ?

EIROS

Pleurée, Charmion ? Oh oui, intensément. Jusqu'à la dernière heure, un nuage d'intense mélancolie et de pieuse tristesse assombrissait ta maisonnée.

CHARMION

Cette dernière heure : raconte-la. Rappelle-toi que je ne sais rien, si ce n'est qu'une catastrophe est survenue. Lorsque, ayant quitté le monde des humains, j'ai traversé la Tombe pour entrer dans la Nuit, à ce moment-là, si je m'en souviens bien, le désastre qui a tout embrasé n'était aucunement pressenti. Mais il est vrai que je connaissais assez peu les théories spéculatives de l'époque.

EIROS

La catastrophe elle-même n'avait été, comme tu le dis, aucunement pressentie. Mais de semblables désastres avaient depuis longtemps fait l'objet de nombreuses discussions parmi les astronomes. Inutile de te dire, mon amie, que déjà, au moment où tu nous as quittés, les hommes étaient convenus de considérer les passages des livres saints qui évoquent la destruction ultime de l'univers entier par le feu comme s'ils ne concernaient, en réalité, que la surface du globe terrestre[634]. Mais pour ce qui était de la cause immédiate d'un tel désastre, les prévisions étaient erronées depuis l'époque où le savoir astronomique avait cessé de considérer les comètes comme détentrices d'un pouvoir incendiaire et destructeur. La faible densité de ces corps célestes avait été démontrée. On avait observé leurs passages entre les satellites de Jupiter sans noter la moindre altération dans la masse ou la trajectoire de ces planètes secondaires. Longtemps nous avions considéré ces astres errants comme des corps vaporeux d'une extrême ténuité, incapables de causer le moindre dommage à notre planète, même en cas de collision. Mais on ne redoutait aucune collision, car tout ce qui concernait les comètes était parfaitement connu. Que ce soit parmi elles qu'il faille chercher une quelconque menace de destruction par le feu avait semblé, pendant de longues années, totalement inconcevable. Mais depuis quelque temps des croyances en toutes sortes de merveilles et prodiges s'étaient étonnamment répandues parmi l'humanité et, même s'il n'y eut que quelques rares ignorants pour éprouver de véritables craintes à l'annonce, par les astronomes, de la découverte d'une *nouvelle* comète, il reste que cette annonce fut globalement accueillie avec je-ne-sais-quoi d'agitation et de méfiance.

Les caractéristiques de ce nouvel astre furent immédiatement calculées, et tous les observateurs établirent assez vite que sa trajectoire, à son périhélie[635], l'amènerait tout près de la terre. Mais il y eut deux ou trois astronomes de seconde zone qui affirmèrent haut et fort qu'un contact était inévitable. Je peux difficilement décrire les effets de cette annonce sur la population. Pendant quelques jours, les gens ne voulurent pas croire à une assertion que leur intellect, depuis si longtemps attaché aux choses terrestres, ne pouvait en aucune manière appréhender. Mais la vérité d'un fait d'une importance vitale se fraye toujours un rapide chemin, même dans les esprits les plus bornés. Finalement, chacun comprit que la science de ces astronomes avait vu juste, et se mit à attendre la comète.

Au début, son approche parut assez lente, et son apparence n'avait rien d'inhabituel. Elle était d'un rouge terne ; sa queue était à peine perceptible. Durant sept ou huit jours, on ne nota aucune augmentation de son diamètre apparent – seule sa couleur avait légèrement varié. Pendant ce temps, les affaires ordinaires étaient suspendues : chacun se trouvait absorbé dans un grand débat qui prenait de plus en plus d'importance, lancé par les savants et les philosophes, au sujet de la nature des comètes. Même les plus ouvertement ignorants utilisaient leurs maigres capacités dans de telles considérations. Les érudits mirent alors toute leur intelligence – toute leur âme –, non à apaiser les craintes, non à confronter leurs théories favorites, mais à chercher obstinément la vérité, à implorer la science exacte des faits. *La vérité* se dressa alors dans toute la majestueuse pureté de sa force ; les sages s'inclinèrent devant elle et l'adorèrent.

L'opinion selon laquelle la collision redoutée entraînerait d'importants dommages matériels sur Terre et à ses habitants perdait chaque jour un peu plus de crédit auprès des savants, si bien qu'ils avaient à présent toute latitude pour tenter de raisonner les foules. Il fut démontré que la densité du noyau de la comète était bien inférieure à celle du plus rare de nos gaz. Le passage sans conséquences d'un astre similaire entre les satellites de Jupiter fut un fait sur lequel on insista beaucoup, et qui servit grandement à dissiper les craintes. Les théologiens, avec un zèle accru par la peur, s'appuyèrent sur les prophéties bibliques et les exposèrent au peuple avec une clarté et une simplicité qu'on ne leur avait jamais connues. C'est par le feu que la terre serait totalement détruite : voilà ce qu'ils affirmaient, avec une énergie qui partout emportait l'adhésion. Or, ainsi que chacun le savait à présent, les comètes n'étaient *pas* faites de feu – et c'était là une vérité qui, pour l'essentiel, soulageait la population des appréhensions de la grande catastrophe annoncée. Il est à noter que les préjugés habituels et les erreurs populaires concernant les épidémies et les guerres – erreurs qu'on avait l'habitude de voir se répandre à chaque observation de comète – n'apparurent pas cette fois. C'était comme si, par un soudain effort convulsif, la raison avait en très peu de temps fait culbuter la superstition du haut de son trône. Les esprits les plus simples avaient été fortifiés par cet excès d'assurance.

Les principales discussions portaient sur la nature des dommages véniels provoqués par la collision. Les érudits parlèrent de légères perturbations géologiques, de probables altérations du climat, et donc de la végétation, de probables conséquences magnétiques et électriques. Beaucoup émirent l'hypothèse qu'il n'en résulterait aucun effet visible ou perceptible. Et pendant que de telles discussions suivaient leur cours, l'objet céleste approchait peu à peu : son diamètre apparent grandissait, son éclat augmentait. Et plus il approchait, plus les hommes pâlissaient. Toutes les affaires humaines furent suspendues.

Il y eut un moment particulier dans l'évolution du sentiment général : ce fut celui où la comète atteignit une longueur qui dépassait celle de toutes les comètes précédemment observées. Les populations, abandonnant tout espoir que les astronomes puissent s'être trompés, éprouvèrent alors la certitude du désastre. Le caractère chimérique de leurs craintes s'était évanoui. Les cœurs les plus vaillants battaient violemment dans les poitrines. En très peu de temps, ces sentiments se muèrent en émotions encore plus insupportables. Nos pensées *habituelles* ne pouvaient plus s'appliquer à cet astre étranger. Les points de repère *historiques* avaient disparu. Il nous oppressait par la terrible *nouveauté* de l'émotion qu'il suscitait. Nous ne le considérions plus comme un phénomène astronomique, mais comme un cauchemar qui pesait sur nos cœurs[636] – une ombre sur nos esprits. Avec une incroyable rapidité, il prit l'apparence d'un immense manteau de flammes pâles s'étendant d'un bout à l'autre de l'horizon.

Un jour pourtant, les hommes se mirent à respirer plus aisément. Nous étions de toute évidence sous l'influence de la comète, et pourtant nous vivions. Nous éprouvions même une inhabituelle souplesse du corps, une étonnante vivacité d'esprit. L'extrême ténuité de l'objet de nos terreurs nous devint évidente, puisque tous les corps célestes se laissaient voir au travers. Dans le même temps, la végétation s'était quelque peu modifiée – et, ce fait ayant été annoncé, nous accordâmes de nouveau quelque crédit à la clairvoyance des sages. Des formes végétales luxuriantes et jusqu'alors totalement inconnues explosèrent littéralement sur toutes celles déjà existantes.

Un autre jour encore – et le malheur ne s'était toujours pas complètement abattu sur nous. Il était à présent évident que ce serait le noyau qui nous atteindrait le premier. Mais un étrange changement s'était opéré dans la population, et la première sensation de *douleur* donna le signal violent de la lamentation et de la terreur générales. Cette première sensation de douleur consista en une puissante compression de la poitrine et des poumons, associée à une insupportable sécheresse de la peau. Nul ne pouvait nier que l'air que nous respirions avait été profondément modifié. La composition de cette atmosphère et les possibles modifications qu'elle avait subies étaient à présent au cœur de toutes les discussions.

Leurs conclusions provoquèrent comme un frisson électrique généralisé, signe de la plus intense terreur qu'aient jamais éprouvée les humains.

Nous savions depuis longtemps que l'air que nous respirions était composé de vingt et un pour cent d'oxygène et de soixante-dix-neuf pour cent d'azote[637]. L'oxygène, principe de la combustion et véhicule de la chaleur, était absolument nécessaire à la vie animale. Il était en outre l'élément naturel le plus énergique et le plus puissant. L'azote au contraire était impropre à la vie animale, ainsi qu'au feu. Un excès anormal d'oxygène pouvait entraîner, ainsi que nous l'avions observé et subi, une élévation des esprits vitaux. C'cst cette idée qui, poussée à l'extrême, avait engendré la terreur : quelle serait la conséquence d'une *diffusion massive de l'azote* ? Une irrésistible combustion, dévorante, universelle, immédiate – l'exact accomplissement, dans le moindre de leurs terribles détails, des épouvantables et ardentes prophéties du Livre Sacré.

À quoi bon te décrire, Charmion, la frénésie à présent déchaînée de l'humanité ? L'aspect ténu de la comète, qui jusqu'alors avait suscité de l'espoir, devenait source amère de désespoir. Dans sa nature impalpable et gazeuse, nous percevions clairement l'accomplissement de la destinée. Un autre jour passa, emportant avec lui les dernières ombres de l'espérance. Nous haletions sous l'effet des rapides modifications de l'air. Notre sang battait violemment, trop à l'étroit dans ses canaux. Un délire furieux s'empara de tous les hommes et, les bras tendus raides vers les cieux menaçants, ils tremblaient et criaient avec force. Mais le noyau de l'astre destructeur était à présent au-dessus de nous – et même ici dans l'Aidenn, je frémis encore à cette évocation.

Je serai brève – aussi brève que la catastrophe qui nous a anéantis. Pendant quelque temps il n'y eut qu'une étrange et lugubre lumière qui inonda et pénétra toutes choses. Ensuite

– prosternons-nous, Charmion, devant la puissante majesté de Dieu ! – ensuite, ce fut un son puissant et pénétrant, universel, comme provenant directement de LUI. Et à ce moment-là, toute la masse existante d'éther dans laquelle nous vivions explosa en une sorte de flamme intense dont l'insurpassable éclat et la prodigieuse chaleur n'ont de nom nulle part, pas même parmi les anges des hautes sphères du savoir universel. Et ainsi tout fut achevé.

NOTES

UN RÊVE

1. «*A Dream*» fut publié le 13 août 1831 dans le *Saturday Evening Post*. Cette nouvelle est attribuée à Poe, sans qu'il y ait sur ce point de preuve incontestable. À noter que le 12 février de la même année avait eu lieu une éclipse de Soleil, sans doute à l'origine de la nouvelle.

2. L'expression «Le Créateur de toutes choses» est tirée d'une citation que Poe a intégrée à son recueil intitulé *Pinakidia*, publié en août 1836 dans le *Southern Literary Messenger*: «Il y a dans *La Souda* une lettre de Denys l'Aréopagite à son ami Apollophane, écrite à Héliopolis dans la quatrième année de la CCII^e^ olympiade (l'année de la crucifixion du Christ), dans laquelle est mentionnée une éclipse totale de Soleil à midi. "Ou le Créateur de toutes choses souffre, écrit Denys, ou il compatit avec quelqu'un qui souffre."»

3. Lord George Gordon Byron (1788-1824), *Le rêve*, III, 1.

4. Vallée étroite et profonde qui s'étendait au sud et à l'ouest de la Jérusalem antique. Elle est associée à l'idolâtrie (2 Rois 23, 10). Dans la tradition juive, elle est une porte de l'enfer: son nom (Ge Hinnom) a donné naissance à la «Géhenne» (V. aussi dans «Morella»).

5. L'association entre Jésus et la nature renvoie à la mort du grand Pan dans un dialogue de Plutarque (*Sur la disparition des oracles*), où la nature entière gémit de désespoir à l'annonce de la mort du dieu.

6. Citation probablement dérivée d'un écrit religieux anonyme, mais attribué à un certain Thomas Sherman, *Divine Breathings, or: A Pious Soul Thirsting after Christ* (1767), dans lequel on trouve cette phrase: «Chacune des lignes que nous dessinons doit être parallèle avec l'éternité.»

7. Mc, 15, 17: «Ils le revêtent de pourpre, et lui posent sur la tête une couronne d'épines qu'ils ont tressée.»

8. L'amarante est le symbole de l'immortalité ; le cyprès, celui du deuil.

9. Mt, 27, 51-52 : « Et voici, le voile du temple se déchira en deux, depuis le haut jusqu'en bas, la terre trembla, les rochers se fendirent, les sépulcres s'ouvrirent, et plusieurs corps des saints qui étaient morts ressuscitèrent. » À noter que le dernier des rois d'Israël peut cependant difficilement être qualifié de « saint » : il s'agit d'Osée (qui signifie « Délivrance »), qui régna de 730 à 722 av. J.-C. après qu'il se fut rebellé contre Pekach (« Vision divine ») et l'eut assassiné. Salmanesar, roi d'Assyrie, ayant découvert qu'Osée conspirait ensuite contre le roi d'Égypte, « le fit enfermer et enchainer dans une prison » (2 Rois, 17, 4).

METZENGERSTEIN

10. « *Metzengerstein* » a initialement paru le 14 janvier 1832, dans le *Philadelphia Saturday Courier*. Dans la version donnée au *Southern Literary Magazine* du 2 janvier 1836, l'histoire porte comme sous-titre : « Une histoire imitée de l'allemand par Edgar A. Poe ».

11. « Vivant, j'étais pour toi la peste, mort, je serai ta mort », hexamètre adressé par le théologien et réformateur allemand Martin Luther (1483-1546) au pape Paul III.

12. 3. « Mercier, dans *L'an deux mille quatre cent quarante*, soutient sérieusement les doctrines de la Métempsycose, et I. D'Israeli déclare qu'« aucun système n'est assez simple et répugne moins à l'intelligence ». On dit aussi que le colonel Ethan Allen, le *Green Mountain Boy*, a été un sérieux métempsycosiste. » (*N.d.A.*). –Louis-Sébastien Mercier (1740-1814), auteur de *L'An 2440, rêve s'il en fut jamais* (1770). Isaac D'Israeli (1766-1848), écrivain anglais. Ethan Allen (1738-1789), révolutionnaire américain. – La citation exacte de Jean de La Bruyère *Les Caractères* (« De l'homme ») est : « Tout notre mal vient de ne pouvoir être seuls : de là le jeu, le luxe, la dissipation, le vin, les femmes, l'ignorance, la médisance, l'envie, l'oubli de soi-même et de Dieu. »

13. Les patronymes inventés des deux familles peuvent se comprendre ainsi : dans Metzengerstein, on reconnaît les mots allemands « Metzger » (boucher) et « Stein » (pierre) ; Berlifitzing signifie plus ou moins « petit fils d'un ours ».

14. Cf. William Shakespeare, *Hamlet*, Acte III sc. 2 v. 16. L'expression, qui fait allusion à la cruauté et aux excès d'Hérode le Grand (73 av. J.-C. – 4 av. J.-C.) – notamment le Massacre des innocents (Mt 2, 16-18) – sera à nouveau utilisée par Poe dans « William Wilson » et « Le masque de la Mort rouge » (tome 2).

15. Caligula (Caius Julius Caesar Augustus Germanicus, 12-41), troisième empereur romain. Il succéda à Tibère à vingt-cinq ans. Il fut un empereur autocratique, violent, aimant les chevaux, et mourut assassiné.

16. Allusion probable à la marque de Caïn : « Et l'Éternel mit un signe sur Caïn pour qui quiconque le trouverait ne le tuât point. » (Gn 4, 15).

17. Allusion ironique à la formule du *Book of Common Prayers* prononcée pendant la cérémonie du mariage, pour souligner la relation « contre-nature » de Metzengerstein et de son cheval.

18. Allusion à Azraël, l'ange musulman de la mort.

LE *DUC** DE L'OMELETTE

19. « *The Duke de L'Omelette* » a initialement paru le 3 mars 1832 dans le *Philadelphia Saturday Courier* et repris sous le titre « The Duc de L'Omelette » dans le *Southern Literary Magazine*, en février 1836.

20. *The Task*, I, v. 337 du poète anglais William Cowper (1731-1800).

21. On a coutume de dire que le poète anglais John Keats (1795-1821) serait mort d'une crise cardiaque après une violente critique de John Wilson Crocker parue dans la *Quarterly Review* d'avril 1818.

22. Montfleury. L'auteur du *Parnasse Réformé* le fait parler ainsi dans l'Hadès : « *L'homme donc qui voudrait savoir ce dont je suis mort, qu'il ne demande pas si ce fût de fièvre ou de podagre ou d'autre chose, mais qu'il entende que ce fut de "L'Andromache"** ». (*N.d.A.*). – Poe a emprunté cette note à l'article « Tragic Actors » d'Isaac D'Israeli (voir note 16) paru dans *Curiosities of Literature*. – Zacharie Jacob dit Montfleury (1608-1667) est un acteur français ; selon la tradition, il serait mort d'avoir fourni un effort trop important pour son imposante corpulence, en déclamant la tirade de la folie d'Oreste lors d'une représentation d'*Andromaque* de Jean Racine. – L'auteur du *Parnasse réformé* (1668) est l'avocat et écrivain français Gabriel Guéret (1641-1688).

23. Marcus Gavius Apicius (25 av. J.-C. – 37 apr. J.-C.), personnalité épicurienne de la société romaine.

24. La description de l'intérieur du Duc de L'Omelette pourrait être une satire de la description qu'avait faite de son propre intérieur, le directeur de *The American Monthly Magazine*, Nathaniel Parker Willis (1806-1867), avec ses chiens, un oiseau exotique (imaginaire), des rideaux couleur cramoisie, des ottomanes, des divans, des fleurs japonaises et une bouteille de Rudesheimer accompagnée d'olives...

25. Baal Zebub est le dieu d'Ékron (voir 2 Rois 1, 2-6) et l'associé de Satan dans le *Paradis Perdu* du poète anglais John Milton (1608-

1674), qui donnera son nom à Belzébuth. Son nom signifie, littéralement : « seigneur de tout ce qui vole ».

26. L'expression « fils de Bélial » est traduite par le mot vaurien. Le nom de Bélial est mentionné à plusieurs reprises dans la Bible. Bélial est également un des anges déchus du *Paradis Perdu*.

27. Allusion à l'orichalque, métal ou alliage métallique légendaire, utilisé par les Atlantes (voir Platon, *Critias*, 114e)

28. Voir Pomponius Mela, *De Situ Orbis*, III, 10, qui utilise cette formule pour parler du Mont Atlas. Il y avait à Boston des immeubles particulièrement hauts.

29. Nom donné par les Musulmans aux anciens Persans adorateurs du feu.

30. Cypris est le nom chypriote de la déesse grecque Aphrodite. – Astarté est une déesse phénicienne, assimilée également à Aphrodite. – Astoreth semble avoir ici le même sens, même si on trouve ce nom sous sa forme plurielle d'Astaroth pour désigner un démon dans la Bible, sous le nom de la déesse Astarté (2 Rois 23, 13).

31. Raffaelle Sanzio (1483-1520), peintre et architecte italien. L'allusion reste énigmatique.

32. Le diable.

33. Louis Gaultier (Aloisius Édouard Camille Gaultier dit, v. 1746-1818), prêtre et pédagogue français. Il est l'auteur des *Cours complets de jeux instructifs* (1807).

34. L'écarté est un jeu de cartes, très en vogue au XIXe siècle, qui se joue normalement à deux joueurs, avec un jeu de 32 cartes, dans lequel chaque joueur a le pouvoir d'autoriser ou d'interdire le remplacement de cartes. Il en est également question dans « William Wilson ».

35. Allusion à un des *Apophtegmes* de Francis Bacon mettant en scène François Ier et Charles Quint.

36. Allusion à la visite d'Alexandre le Grand à Diogène de Sinope dans son tonneau, à Athènes.

UNE HISTOIRE À JÉRUSALEM

37. « *A Tale of Jerusalem* » a d'abord paru le 9 juin 1832, dans le *Philadelphia Saturday Courier*, avant d'être repris dans le *Southern Literary Messenger*, en avril 1836, et le *Broadway Journal*, le 20 septembre 1845. Cette nouvelle s'inspire directement du roman *Zillah, a Tale of the Holy City* (1828) de l'écrivain anglais Horatio Smith (1779-1849), auquel Poe fait de nombreux emprunts, et dont elle paraphrase le sous-titre. Elle se présente sous la forme d'un « collage », où Poe intègre littéralement certaines envolées lyriques de l'auteur pour s'en

moquer, telles que « aussi vrai que le Pentateuque » ou « plus grand que la lettre yod ». La dernière phrase de la nouvelle reprend une phrase du roman de Smith. La trame même de la nouvelle de Poe est directement empruntée à une histoire que raconte Dinah, la nourrice de Zillah, l'héroïne de Smith : « Quand la Ville sainte fut assiégée, il n'y a pas si longtemps, on mettait chaque jour, dans un panier que l'on faisait descendre le long de l'enceinte, l'argent nécessaire pour acheter les agneaux destinés aux sacrifices quotidiens, que l'on remontait par le même panier. Mais un Juif, qui parlait grec, ayant informé les assiégeants que tant que des sacrifices seraient offerts la ville ne serait pas prise, les hérétiques mirent un cochon dans le panier à la place des victimes habituelles, et depuis ce jour nous maudissons tous ceux qui parlent grec. » En revanche, si Smith situe l'action de son roman en 40 av. J.-C., pendant le siège et la conquête de Jérusalem par Hérode, et si la source de l'histoire commune du cochon remonte à la guerre civile ayant abouti à la domination romaine en 63 av. J.-C., Poe situe celle de sa nouvelle en l'an 181 de notre ère, bien après le dernier grand soulèvement juif de Bar Kochba, en 135.

38. Marcus Annaeus Lucanus (39-65), poète latin, dont la seule œuvre conservée, *La Pharsale*, raconte la guerre civile entre Jules César et Pompée. Poe a changé le mot *descendere* en *ascendere*. Ainsi, dans le livre II, v. 375-376, de *La Pharsale*, Lucain écrit : « Il avait laissé de longues mèches descendre toutes blanches sur son front impassible », tandis que la citation modifiée par Poe, à des fins comiques, peut se lire ainsi : « Il avait senti ses cheveux blancs se dresser sur son front austère. »

39. L'épigraphe anglaise, « *a bristly bore* », contient un jeu de mots intraduisible avec l'homonymie entre *bore* (« raseur, casse-pieds », traduit ici par « fâcheux », en référence à l'issue de la nouvelle) et *boar* (« verrat, sanglier ») qui fait allusion au cochon de la fin.

40. Abel-Sittim signifie « bosquet d'acacias » et est le nom d'un endroit situé sur la plaine de Moab (voir Nombres 33, 49). – Buzi est le père du prophète Ézéchiel (voir Ézéchiel 1, 3) ; c'est un lévite, autrement dit un membre de la tribu de Lévi, l'une des douze tribus d'Israël qui relève du patriarcat de Lévi, troisième fils de Jacob. Pharisiens : parti juif actif en Judée du IIe siècle av. J.-C. au Ier siècle ap. J.-C., qui se distingue par le recour à la Torah pour fixer la loi juive.

41. Dixième mois de l'année hébraïque.

42. Selon le calendrier hébraïque, l'an 3941 correspond à l'année 65-64 av. J.-C. du calendrier grégorien.

43. Cf. Jérémie 38, 7. « La cité de David », c'est-à-dire Jérusalem, et plus précisément l'ancien quartier où David avait édifié sa capitale.

44. Cnaeus Pompeius Magnus (106-48 av. J.-C.), général et homme d'État romain.

45. Voir Exode 29, 38 : «Voici ce que tu offriras sur l'autel : deux agneaux d'un an, chaque jour à perpétuité.»

46. Baal ou Ba'al est une divinité sémitique puis phénicienne.

47. Le Pentateuque désigne les cinq premiers livres de la Bible, équivalent de la Torah chez les juifs.

48. Mot hébreu, signifiant «Mon Seigneur», en usage chez les Phéniciens pour leur dieu Tammouz qui est à l'origine du nom grec Adonis.

49. Peuple biblique, presque toujours en guerre contre les Hébreux, battu à plusieurs reprises par Jephté, Saül et David.

50. Le shekel est le nom hébreu du sicle, l'unité de poids utilisée par les Hébreux.

51. Poe a lu dans *Zillah* que «les Juifs comptaient cinq coins à leurs barbes – un sur chaque joue, un sur chaque lèvre et un sous le menton – qu'un prêtre avait interdiction de raser.» (Voir également Lévitique 21, 5 : «Les sacrificateurs [...] ne raseront point les coins de leur barbe.»)

52. Voir *Zillah*, IV, 144 : «Le pharisien frappeur, appelé ainsi parce qu'il rampait à l'écart, en signe d'humilité, le talon d'un pied touchant le grand orteil de l'autre, sans jamais soulever les pieds de terre, de sorte que ses orteils frappaient contre les pierres.»

53. Voir 2 Corinthiens 12, 7 : «Et pour que l'excellence même de ces révélations ne m'enorgueillisse pas, il m'a été mis une écharde dans la chair...»

54. Voir Lévitique 19, 14 : «Tu ne mettras point d'obstacle devant un aveugle, mais tu craindras ton Dieu.»

55. Peuple de l'Antiquité, combattu par Samson.

56. Voir Psaume 2, 6 : «C'est moi qui ai oint mon roi sur Sion, ma montagne sainte !»

57. La coudée égyptienne mesure environ une cinquantaine de centimètres.

58. Nom qui signifie «choisi de Dieu», site du Temple. (Voir Gn 22, 2 : «Dieu dit à Abraham : "Prends ton fils, ton unique, que tu chéris, et va-t'en au pays de Moriyya et là tu l'offriras en holocauste sur une montagne que je t'indiquerai."»)

59. Littéralement : «la foudre du Seigneur», nom d'un roi de Bezek, capturé par Jérusalem durant la conquête de Canaan (voir Juges 1, 5-7).

60. Un pied vaut environ 30 cm.

61. Le temple de Bélus à Babylone, souvent confondu avec la tour de Babel, est décrit par Hérodote comme «un des plus merveilleux ouvrages qui fût dans le monde» (*Histoires*, livre I, 181). Strabon, dans la description qu'il en fait (*Géographie*, livre XVI), l'appelle «pyramide» parce qu'elle allait en décroissant de tour en tour, et lui attribue une hauteur d'un stade, soit environ 150 m.

62. Voir Gn 22, 17 : « Je rendrai ta postérité aussi nombreuse que les étoiles du ciel et que le sable qui est sur le bord de la mer. »

63. Voir Mt 3, 4 : « Jean se nourrissait de sauterelles et de miel sauvage. »

64. Voir Josué 15, 7 : « La frontière [du pays des fils de Juda] tournait au nord vers le cercle de pierre qui est en face de la montée d'Adummin. »

65. Aleph (« bœuf ») et tav (« signe ») sont, respectivement, la première et la dernière lettre de l'alphabet hébreu.

66. Dixième lettre de l'alphabet hébreu, qui signifie « main » ; c'est aussi la plus petite.

67. Phœbus, nom latin d'Apollon signifiant « le brillant », est le dieu du Soleil personnifié, qui traverse le ciel sur son chariot de feu.

68. Juron latin signifiant « par Pollux ».

69. Terme qui signifie Dieu dans la Bible hébraïque. Dans le cas présent, c'est une interjection de colère.

70. Les gentils désignent les non-juifs dans la Bible.

71. Terme utilisé dans l'Ancien Testament en référence au panthéon des dieux sémitiques, que l'on pourrait traduire par « idoles » (voir Juges 17, 5 et Osée 3, 4).

72. Nergal est le dieu de Cuth (et des Enfers du panthéon mésopotamien). – Ashima est la déesse de Hamath (l'actuelle Hama, en Syrie). – Nibchaz et Tharthak sont les dieux d'Avva. – Adrammélec et Anammélec sont des divinités pour qui les habitants de Sepharvaïm faisaient brûler leurs propres enfants. – Succoth Benoth est le dieu de Babylone (pour ces sept divinités, voir 2 Rois 17, 30-31). – Dagôn est le dieu des Semences et de l'Agriculture de diverses populations sémitiques, en particulier des Philistins (voir Juges 16, 23 et 1 Samuel 5, 2-7). – L'expression « fils de Bélial » est traduite par le mot « vaurien ». Le nom de Bélial est mentionné à plusieurs reprises dans la Bible. Bélial est également un des anges déchus du *Paradis perdu* du poète anglais John Milton (1608-1674). – Baal Perith ou Baal Berith est le dieu vers lequel se tournèrent les enfants d'Israël après la mort de Gédéon (voir Juges 8, 33 et 9, 4). – Baal Peor est un dieu vénéré par les Moabites (voir Nombres 25, 3). – Baal Zebub est le dieu d'Ékron (voir 2 Rois 1, 2-6) et l'associé de Satan dans le *Paradis perdu*, qui donnera son nom à Belzébuth.

73. En hébreu moderne, ce mot désigne les catholiques – mais ce serait ici anachronique. Poe a plus probablement en tête ce passage de *Zillah* (I, 43) : « Deux Katholikin, ou gardiens du Trésor. »

74. Voir Gn 45, 18 : « Je vous donnerai le meilleur de la terre d'Égypte et vous vous nourrirez de la graisse du pays. »

75. Injure marquant un profond mépris. Voir Mt 5, 22 : « Celui qui dira à son frère : Raca, méritera d'être condamné par le conseil. »

76. Voir 1 Samuel 24, 1 : « David monta de là et s'établit dans les refuges d'Engaddi. »

77. Lieu du Jugement dernier dans Joël 3, 2 : « Je rassemblerai toutes les nations et je les ferai descendre dans la vallée de Josaphat. »

78. Voir Gn 4, 4 : « Et Abel en fit un des premiers-nés de son troupeau. »

79. Voir Exode 28, 15 : « Tu feras le pectoral du Jugement brodé comme l'éphod, tu le feras d'or, de pourpre violette et écarlate, de cramoisi et de fin lin retors. » (Il s'agit du pectoral du grand prêtre.)

80. Voir Psaume 22, 13 : « Des taureaux nombreux me cernent, de fortes bêtes de Bashân m'encerclent. »

81. Voir Daniel 3, 5 ; Psaume 98, 6 : « Avec les trompettes et au son du cor poussez des cris de joie devant le roi, l'Éternel ! » et Psaume 150, 4 : « Louez-le par la danse et le tambour, louez-le par les cordes et les flûtes. » – Selon le *Littré*, le psaltérion était « chez les anciens, [un] instrument de musique à plusieurs cordes que l'on pinçait ou que l'on touchait avec le plectre » ; le chalumeau, un « instrument de musique pastorale qui n'était dans l'origine qu'un roseau percé de plusieurs trous » ; le sistre, un « instrument de musique d'Égypte, à l'usage des prêtres d'Isis, qui était un petit cerceau de métal, traversée de plusieurs baguettes, lesquelles produisaient un son lorsqu'on les agitait » ; la saquebute, une « espèce de trompette, à quatre branches qui se démontent, beaucoup plus longue que la trompette ordinaire ».

82. Exclamation signifiant « Dieu soit avec nous ».

LE SOUFFLE PERDU

83. La nouvelle a d'abord paru sous le titre « *A Decided Loss* » le 10 novembre 1832, dans *Saturday Courier*, avant d'être reprise sous son titre définitif, « *Loss of Breath* », dans *Southern Literary Messenger* en septembre 1835 et dans *Broadway Journal* le 3 janvier 1846. Pour Georges Walter (*Enquête sur Edgar Allan Poe, poète américain*, Phébus, 1998, p. 187), cette « aventure d'un homme qui a perdu son haleine comme Peter Schlemihl son ombre est une satire avouée des histoires du *Blackwood's Magazine* ».

84. *Blackwood's Magazine* (1817-1890), revue londonienne fondée par l'éditeur anglais William Blackwood (1776-1834), spécialisée dans les histoires fantastiques et populaires. Le premier sous-titre de cette nouvelle était « Une histoire à la Blackwood ».

85. Début de « *Oh! breathe not this name* » dans les *Irish Melodies* du poète irlandais Thomas Moore (1779-1852).

86. Salmanazar V (VIIIe s. av. J.-C.), roi d'Assyrie et de Babylone, mentionné dans le second Livre des Rois (17, 3 à 18, 9).

87. La Samarie est le nom biblique d'une région montagneuse du Proche-Orient. Pour son siège, voir le second Livre des Rois (17, 3-6).

88. Autre nom d'Assourbanipal (VIIe s. av. J.-C.), roi d'Assyrie.

89. Diodore de Sicile (Ier s. apr. J.-C.), historien romain, auteur de la *Bibliothèque historique*.

90. Ancienne ville d'Assyrie, au nord de la Mésopotamie.

91. Un lustre équivaut à cinq années.

92. Ashdod est une des cinq principales villes des Philistins, où était adoré le dieu Dagôn (voir note 72), mentionnée dans Josué 13, 3.

93. Aristée de Proconnesus, poète semi-légendaire, qui aurait été une des sources d'Hérodote.

94. Psammétique Ier (VIIe s. av. J.-C.), pharaon de la XXVIe dynastie. Le siège d'Ashdod par Psammétique Ier, qui dura vingt-neuf ans, est évoqué par Hérodote dans ses *Histoires* (livre II, 157).

95. De bonne foi.

96. *Julie ou la Nouvelle Héloïse* (1761), roman épistolaire de Jean-Jacques Rousseau (1712-1778). La citation exacte est : « C'est le chemin des passions qui m'a conduit à la philosophie » (partie IV, lettre III de milord Edouard à Julie).

97. Poe a pu lire la description de ce pas de danse, qui revient dans plusieurs de ses histoires (voir « Le diable dans le beffroi » et « L'homme rafistolé »), dans différents manuels de danse : *The Quadrille Dancer* (1818) d'Edward Payne, *Elements of the Art of Dancing* (1822) d'Alexander Strathy, ou bien *A Short Essay on the French Danse of Société* (1827) de Charles Mason. Littré en donne la définition suivante : « Pas qui se fait en se tenant sur un pied, et balançant l'autre en avant et en arrière. »

98. *Mandeville* (1817), vol. III, ch. III, § 8, du philosophe et écrivain anglais William Godwin (1756-1836).

99. Anaxagore (v. 500-428 av. J.-C.), philosophe présocratique. Il disait en réalité qu'il devait bien y avoir du noir dans la neige pour qu'elle se transforme en eau sombre, à la suite de quoi le philosophe français Pierre Bayle (1647-1706) dans son *Dictionnaire* (1696) l'accusa d'avoir dit que la neige était noire – erreur qui a été souvent reprise par la suite.

100. Il y avait, à cette époque, un coiffeur du nom d'Auguste Grandjean au 1 Barclay Street à New York City.

101. *Metamora* (1829), tragédie du dramaturge et acteur américain John Augustus Stone (1800-1834).

102. Démosthène (384-322 av. J.-C.), homme d'État et orateur athénien. Bègue, il se serait entraîné à parler avec des cailloux dans la bouche, selon la légende.

103. Phalaris (VIe s. av. J.-C.), tyran d'Acragas en Sicile, qui faisait rôtir ses ennemis dans un taureau d'airain.

104. Rappelons que le célèbre poème de Poe, «The Raven» («Le corbeau»), a paru initialement dans l'*American Review* de février 1845.

105. Luigi Galvani (1737-1798), physicien et médecin italien. Ses travaux sur les mouvements réflexes des grenouilles l'avaient amené à formuler l'hypothèse d'une «électricité animale». Cette découverte, à laquelle adhéra Alessandro Volta dans un premier temps, donna lieu à une vive polémique, dans toute l'Europe, entre tenants de l'électricité animale et de l'électricité métallique.

106. Hippocrate de Cos (v. 460-v. 370 av. J.-C.), médecin et philosophe grec.

107. Célèbre mais ennuyeux poème (1828) du poète anglais Robert Montgomery (1807-1855).

108. Angelica Catalani (1780-1849), soprano italienne. Poe fait un jeu de mots entre *cat*, «chat», et Catalani.

109. Gaumata ou le Pseudo-Smerdis ou Sphendadates († 522 av. J.-C.) avait usurpé le trône achéménide et avait été condamné par Cyrus à avoir les oreilles tranchées (voir Hérodote, *Histoires*, livre III).

110. Zopyre (VIe s. av. J.-C.), satrape mède qui, d'après Hérodote, se trancha le nez et les oreilles pour faciliter à Darius Ier la prise de Babylone insurgée. Se plaignant d'avoir été défiguré ainsi par la cruauté du roi, il fut accueilli dans la ville, finit par en prendre le gouvernement et en ouvrit les portes à Darius.

111. Le bandit en question était George Wilson qui, avec son complice James Porter, cambriola un bureau de poste. Arrêtés, ils furent tous deux condamnés à la peine capitale, mais seul le second fut pendu le 2 juillet 1830 à Philadelphie, des amis influents du premier ayant obtenu sa grâce auprès du président Andrew Jackson.

112. Le terme cynisme vient du grec ancien κύων qui signifie «chien».

113. Probable allusion à l'essai «On the Inconveniences of Being Hanged» de l'écrivain anglais Charles Lamb (1775-1834).

114. Le *De ebrietate sua* de Marc Antoine est mentionné dans l'*Histoire naturelle* (XIV, 28) de Pline.

115. Le mot *pinxit*, qui peut se traduire par «il peignit», suit ou précède la signature du peintre sur certains tableaux. Dans la mythologie grecque, Marsyas était un satyre phrygien qu'Apollon, pour le punir de l'avoir défié à la flûte, fit écorcher vif.

116. Le vers n'est pas tiré du *Mécontent*, mais d'*Antonio et Mellida*

(partie I, acte III, sc. II, v. 194-195), du dramaturge anglais John Marston (1576-1634).

117. Dans l'*Oxford English Dictionary*, ce mot figure comme néologisme forgé par Poe.

118. George Crabbe (1754-1832), poète et entomologiste anglais. Dans le cas présent, Poe n'y fait allusion que pour le jeu de mots sur son patronyme.

119. Autre nom du jeté passé en arrière dans un ballet.

120. Le mot «canicule» vient du latin *caniculus*, «chien», en liaison avec l'étoile Sirius de la constellation du Grand Chien, qui se lève et se couche avec le soleil du 22 juillet au 22 août.

121. Le mont Pélion, culminant à 1 548 mètres, se situe au sud-est de la Thessalie, comme le mont Ossa, culminant à 1 978 mètres, qui se situe entre le précédent et le mont Olympe. Voir Virgile, *Les Géorgiques*, livre I, v. 281 : «Leur [aux Géants] audace entassa montagnes sur montagnes, / Ossa sur Pélion, Olympe sur Ossa.» Voir également Homère, *Odyssée*, XI, 315 : «Ils [les Géants] entreprirent d'entasser le mont Ossa sur le mont Olympe et de porter le Pélion sur l'Ossa afin de pouvoir escalader les Cieux.»

122. Hans Pfaall, le héros de «L'histoire à nulle autre pareille d'un certain Hans Pfaall», est pour sa part réparateur de soufflets.

123. *A Short Description of the Bones* (1825), par le chirurgien anglais John Flint South (1797-1882).

124. Robert Barclay Allardice of Ury (1779-1854) surnommé le capitaine Barclay, célèbre marcheur écossais dont le fait d'armes fut de parcourir à pied 1 000 miles en mille heures pour 1 000 guinées en 1809.

125. Dans le texte original, Poe mentionne l'homme politique anglais William Windham (1750-1810), pour le jeu de mots autour de *wind*, «vent».

126. Phiz était le nom de plume de l'illustrateur anglais Hablot Knight Browne (1815-1882), qui illustra entre autres Dickens. Il y a également un jeu de mots avec *to fizz*, «faire des bulles».

127. «*Tenera res in feminis fama pudicitiæ, et quasi flos pulcherrimus, cito ad levem marcesit auram, levique flatu corrumpitur, maxime, &c*» – Hiéronyme à Salvina (*N.d.A.*). – Cette phrase, tirée de la lettre XXXV de saint Jérôme à Salvina, signifie : «L'honneur, la réputation d'une femme est chose fragile ; c'est une très belle fleur qui se flétrit au moindre souffle, et se dessèche au moindre vent», etc. ; la suite de la phrase est : «... surtout dans un âge porté au plaisir, et quand il n'y a plus là l'autorité maritale, dont l'ombre seule protège une épouse.»

128. Allusion à ce fragment, parfois considéré comme apocryphe, d'Épictète : «Dans la prospérité, il est très facile de trouver un ami ; dans l'adversité, rien n'est plus difficile.»

129. Voir William Shakespeare, *Jules César*, acte III, sc. II, v. 37 : « J'attends une réponse. »

130. Parti de la droite libérale.

131. Voir *Zillah, a Tale of the Holy City*, d'Horatio Smith (livre I, 151) : « Les Juifs s'étaient convaincus que les portes des Cieux s'ouvriraient à quiconque répondrait *Amen* de toutes ses forces. »

132. Épiménide (VIe s. av. J.-C.), poète crétois (voir Diogène Laërce, *Vies* I, 3).

133. Probable combinaison de deux pseudonymes : « Barry Cornwall » était celui de l'auteur de chansons anglais Bryan Walter Procter (1787-1874), que Poe mentionne à de nombreuses reprises, et « Mary Littleton » celui du romancier et homme politique américain John Pendleton Kennedy (1795-1870), le « mentor » de Poe, pour son roman *Horse-Shoe Robinson*. Poe l'utilisera à nouveau dans « Mystification ».

BON-BON

134. La nouvelle a initialement paru sous le titre « *The Bargain Lost* » le 1er décembre 1832 dans *Saturday Courier*, avant d'être reprise sous son titre définitif « Bon-Bon » dans *Southern Literary Messenger* en avril 1835 et dans *Broadway Journal* le 19 avril 1845. La nouvelle pourrait lui avoir été inspirée par le septième chapitre, « Le non éternel », du deuxième livre du *Sartor Resartus*, roman de l'écrivain écossais Thomas Carlyle (1795-1881), initialement paru dans le *Fraser's Magazine for Town and Country* entre 1833 et 1834, dans lequel le héros, le professeur de « choses en général », à l'université allemande Weissnichtwo Diogenes Teufelsdröckh (dont le patronyme signifie « excrément du diable ») déclare : « Être stupide et bien digérer, cela suffit à l'homme pour affronter presque tout. En cette époque morne et sans imagination, que sont les terreurs de la conscience comparées aux crises de foie ! Ce n'est pas sur la morale, mais sur la cuisine que nous devons construire notre forteresse ; et en brandissant notre poêle à frire comme un encensoir, offrons ces suaves erreurs au diable et vivons de la nourriture grasse qu'il procure en abondance à ses élus ! » (Thomas Carlyle, *Sartor Resartus*, traduit de l'anglais par Maxime Berrée, José Corti, 2008, p. 180-181.)

135. Jean-Louis Guez de Balzac (1595-1654), écrivain libertin français, membre originel de l'Académie française. – Guy du Faur de Pibrac (1529-1584), poète et diplomate français. – Dans la mythologie grecque, Charon était le passeur psychopompe des Enfers, qui faisait traverser l'Achéron sur sa barque aux ombres des défunts. – Dans la mythologie grecque, Éaque, fils de Zeus et de la nymphe Égine,

était le roi de l'île d'Égine et le grand-père d'Achille et d'Ajax. – Poe a trouvé cette citation dans *Les Premiers Traits de l'érudition universelle* (livre II, ch. VII), de l'écrivain allemand Jakob Friedrich von Bielfeld (1717-1770), au chapitre «Versification», et l'a consignée dans son recueil de notes intitulé *Pinakidia* (n° 154) en la commentant ainsi: «Le vaudeville qui suit est un des plus drôles du genre.»

136. *Sic* pour *pâtés de foie*.

137. En philosophie, un *dictum* est l'énoncé d'une thèse.

138. Rappelons que l'Académie (qui tire son nom du domaine situé près du tombeau du héros Académos) était l'école philosophique fondée par Platon à Athènes vers 387 av. J.-C.; Aristote, qui fut son disciple à l'Académie, était pour sa part le fondateur du Lycée (qui doit son nom au fait qu'il était situé près du temple d'Apollon lycien).

139. «De fil en aiguille».

140. École philosophique grecque qui compte Thalès, Anaximandre et Héraclite.

141. Georges de Trébizonde (1396-1472), philosophe et humaniste grec, commentateur critique d'Aristote.

142. Basilius Bessarion (1403-1472), patriarche latin de Constantinople et cardinal, né également à Trébizonde, dans l'actuelle Turquie. Dans son *In calumniatores Platonis*, il avait répondu sévèrement à la comparaison que Georges de Trébizonde avait faite entre Platon et Aristote.

143. Dans ses *Marginalia* (n° 285), Poe écrit: «On a affirmé qu'en Chine l'abdomen était le siège de l'âme; et les judicieux Grecs estimaient qu'il n'y avait pas besoin de plus d'un seul terme, φρενες, pour désigner à la fois l'esprit et le diaphragme.»

144. «Φρενες» (*N.d.A.*). – Mot grec qui signifie «cerveau».

145. «Haut-relief».

146. Catulle (84-54 av. J.-C.), poète romain.

147. Le saint-péray est un cépage de la vallée du Rhône, le clos-vougeot et le chambertin sont des cépages de Bourgogne.

148. Le saint des saints.

149. Sans doute Eusèbe de Césarée (v. 265-339), évêque et théologien palestinien, élève d'Origène.

150. Les œufs à la Princesse sont accompagnés de pointes d'asperges, de truffes et d'une crème. – L'omelette à la Reine est accompagnée d'une purée de poulet à la sauce suprême faite de beurre, de farine, de bouillon de poulet, d'œufs, de crème, d'olives et de champignons.

151. Poinçon pour écrire en gravant sur une tablette de cire ou d'argile.

152. Autrement dit, d'aspect mélancolique.

153. Voir les *Problemata*, XXXIII, 9 où Aristote dit que «l'éternuement vient [...] de la tête [...] siège de la raison».

154. «L'esprit est souffle.»

155. «L'esprit est lumière.»

156. Dans le *Koran* (III, 152) de Richard Griffith, Poe a pu lire ce qui suit: «Au début du seizième siècle, un prêtre, étant tombé sur ce passage d'un auteur grec, *ho nous estin aülos, mens humana immaterialis est*, et ayant trouvé, dans son lexique, que *aülos* signifiait une flûte ou un fifre, avança pas moins de quinze arguments, dans un exercice académique, pour prouver que l'âme humaine était une flûte.» En changeant un λ en un γ, le mot devient *augos*, qui signifie «lumière du matin».

157. «Ils escrivaient sur la Philosophie, (*Cicero, Lucretius, Seneca*) mais c'etait la Philosophie Grecque». – *Condorcet*. (*N.d.A.*). – La citation est tirée d'*Esquisse d'un tableau historique des progrès de l'esprit humain*, Époque V du philosophe et mathématicien français Nicolas de Condorcet (1743-1794). Poe a traduit en français l'édition anglaise du livre de Condorcet; la citation exacte est la suivante: «Cicéron, Lucrèce et Sénèque écrivirent éloquemment dans leur langage sur la philosophie; mais c'était sur celle des Grecs.»

158. Diogène Laërce (IIIe s.), poète et biographe grec. Voir en l'occurrence les *Vies, doctrines et sentences des philosophes illustres*, X, 17.

159. Voir Aristote, *De Anima*, II, 1-4.

160. Cratinos (v. 520 – v. 423 av. J.-C.), poète comique grec.

161. Platon, dit «le Comique», poète grec du ve siècle av. J.-C, contemporain d'Aristophane.

162. Cnaeus ou Naevius (264-194 av. J.-C.), dramaturge romain. – Livius Andronicus (v. 280 – v. 200 av. J.-C.), poète et dramaturge romain, qui traduisit en latin l'*Odyssée*. – Titus Maccius Plautus (v. 254-184 av. J.-C.), auteur comique latin. – Publius Terentius Afer (v. 190-159 av. J.-C.), poète comique latin. – Caius Lucilius (180 ou 148 – 102/101 av. J.-C.), poète latin fondateur de la satire. – Nason est le poète latin Ovide (Publius Ovidius Naso, 43 av. J.-C. – 17/18 apr. J.-C.). – Quintus Horatius Flaccus est le poète latin Horace (65-8 av. J.-C.).

163. Le *Carmen Saeculare* est un hymne en mètres saphiques d'Horace.

164. Les Quirites, mot signifiant «hommes armés d'une lance», désignent le peuple romain pris collectivement.

165. Locution latine signifiant «n'être étonné par rien», tirée des *Epistolae*, I, vi, 1 d'Horace.

166. Ménandre (ive s. av. J.-C.), auteur comique grec.

167. Dans cette liste, Poe met en relation un poète latin et un grec: Nicandre de Colophon (IIe av. J.-C.), poète, grammairien et médecin grec. – Théocrite (v. 315 – v. 250 av. J.-C.), poète bucolique grec. – Marcus Valerius Martialis (v. 40 – v. 104), poète épigrammatique latin.

– Archiloque (712-664 av. J.-C.), poète élégiaque grec. – Titus Livius (v. 59 av. J.-C. – 17 apr. J.-C.), historien romain. – Polybe (v. 208 – v. 126 av. J.-C.), homme d'État et historien grec.

168. L'ase fétide est une plante herbacée de la famille des Apiacées, dont on tire une résine l'*Asa foetida* dont l'odeur d'œuf pourri vient de la grande quantité de soufre qu'elle contient.

169. Cette appellation désuète désigne aujourd'hui une forme de gastroentérite aiguë due à une salmonelle.

170. Le corps vivant.

171. Dans la Genèse, Nimrod est un roi de Babylone, descendant de Noé. – Denys l'Ancien (431-367 av. J.-C.), tyran de Syracuse. – Pisistrate (v. 600 – 527 av. J.-C.), tyran d'Athènes.

172. Machiavel. Mazarin. Robespierre.

173. Elizabeth Ire (1533-1603), reine d'Angleterre de 1558 à sa mort. – George IV (1762-1830), roi du Royaume-Uni de 1820 à sa mort.

174. « *Quere* – Arouët ? » (*N.d.A.*). – François-Marie Arouet est le vrai nom de Voltaire (1694-1778).

175. Voir les *Visions* de Francisco Gómez de Quevedo Villegas y Santibáñez Cevallos (1580-1645) : « les âmes perses fricassées avec de la graisse de démon ».

MANUSCRIT TROUVÉ DANS UNE BOUTEILLE

176. « *MS. found in a Bottle* » a initialement paru le 19 octobre 1833, dans *Baltimore Saturday Visiter*. La nouvelle sera reprise sous le titre « *Manuscript found in a Bottle* » dans *The Gift for 1836* (1835), destinée à servir de cadeau de Noël puis sous son titre originel et définitif dans *Southern Literary Messenger* en décembre 1835, et dans *Broadway Journal*, le 11 octobre 1845.

177. Philippe Quinault (1635-1688), poète et dramaturge français. Les vers cités sont tirés d'*Atys* (Acte I, sc. VI, v. 15-16).

178. Ou scepticisme, doctrine de Pyrrhon d'Élis (360-275 av. J.-C).

179. Doctrine selon laquelle toutes les connaissances sont réductibles aux lois de la physique.

180. Ancien nom de Djakarta.

181. Archipel corallien de l'Océan Indien, à l'ouest de la côte indienne de Malabar.

182. Barque de commerce utilisée jadis sur les côtes de l'Inde.

183. Une brasse = 1,83 mètre.

184. Le simoun, ou sirocco, est en réalité un vent chaud humide qui souffle en Méditerranée, depuis les zones désertiques africaines

jusqu'en Italie. Ici, le terme est utilisé dans le sens général de «tempête tropicale». Il est pour Poe synonyme de destruction.

185. «Terme de marine. Forte pièce de bois élevée à l'extrémité de la quille sur l'arrière du bâtiment.» (Littré).

186. Souvenir probable du poème *Le Dit du Vieux marin* (1798), du poète anglais Samuel Taylor Coleridge (1772-1834), où le navire hanté file à grande vitesse vers le pôle sud («Puis surgit alors le vent de tempête / Fort et tyrannique (...) /Le bateau cinglait, le vent rugissait / Et vers le sud, oui, nous fuyions.») (v. 41-50).

187. Ancien nom de l'Australie.

188. «Mât d'avant, mât qui est auprès du beaupré.» (Littré).

189. Monstre marin des légendes scandinaves.

190. Nouvel écho du *Dit du vieux marin* de Coleridge (v. 167), à l'apparition d'une barque fantôme.

191. «Terme de marine. Longues pièces de sapin dont on fait de petits mâts, des bouts-dehors de vergue, etc.». (Littré).

192. *Quercus falcata*, en anglais «Spanish oak», arbre endémique d'Amérique du Nord.

193. «Terme de marine. Vergue dite aussi gui, sur laquelle se borde la voile nommée brigantine.» (Littré).

194. «Terme de marine. Nom donné à de seconds mâts qui s'arborent sur les hunes du grand mât et de la misaine, et sur celles du beaupré et de l'artimon, aux voiles que ces mâts portent.» (Littré).

195. C'était la taille d'Edgar Poe, soit environ 1,72 mètre

196. Baalbek, au Liban, est l'ancienne Héliopolis des Romains. Tadmor est l'autre nom de Palmyre en Syrie. Persépolis est une des anciennes capitales de l'empire achéménide, en Iran.

197. Réminiscence d'une théorie émise en 1818 par John Cleves Symmes Jr (*Théorie de Symmes à propos des sphères concentriques, démontrant que la terre est creuse, habitable, et largement ouverte aux Pôles)* : la théorie de la Terre creuse, à laquelle on pouvait accéder par de gigantesques cataractes situées aux pôles. Symmes l'illustra lui-même dans son roman *Symzonia* (1820), publié sous le pseudonyme d'Adam Seaborn et dont Poe se souviendra par ailleurs à la fin des *Aventures d'Arthur Gordon Pym*.

198. Date fantaisiste : la nouvelle, probablement écrite au début de 1833, a été pour la première fois publiée dans le *Baltimore Saturday Visiter* en juin de cette même année.

199. Gerhard Kremer (1512-1594), qui se faisait appeler Gerardus Mercator, était le plus grand cartographe de son temps. Il publia en 1568 sa fameuse «projection» dans laquelle un immense rocher noir occupe l'emplacement du pôle nord. Les ouvertures situées aux pôles proviennent quant à elles de la théorie de Symmes (voir note 197).

200. La nouvelle a initialement paru sous le titre « *The Visionary* » en janvier 1834, dans *Lady's Book*, avant d'être repris sous ce titre dans *Southern Literary Messenger*, en juillet 1835, puis sous son titre définitif, « The Assignation » dans *Broadway Journal*, le 7 juin 1845.

201. *The Exequy*, v. 89-90 du poète et évêque de Chichester, Henry King (1592-1669).

202. Voir William Shakespeare, *Mesure pour Mesure*, Actes II, sc. 3, v. 11 : « Une damoiselle qui, en tombant dans les flammes de sa propre jeunesse, a fait une ampoule à sa réputation. »

203. Allusion au Psaume 23, 4 : « Quand je marche dans la vallée de l'ombre de la mort. »

204. Dans la mythologie grecque, l'Élysée est cette partie des Enfers qui accueille les héros et les hommes vertueux.

205. Adjectif faisant référence à l'architecte italien Andrea di Pietro della Gondola dit Andrea Palladio (1508-1580), auteur du traité *Les Quatre Livres de l'architecture.*

206. Le Pont des Soupirs, qui reliait les prisons aux cellules d'interrogatoires du palais des Doges.

207. La nouvelle fait référence à la liaison entre Lord George Gordon Byron (1788-1824) et la comtesse Teresa Gamba Guiccioli (1800-1873). Elle avait dix-neuf ans, sortait juste du couvent, et était mariée depuis trois jours au comte Alessandro Guiccioli, de quarante ans son aîné, quand elle fit la rencontre du poète anglais sur le Grand Canal, en janvier 1818. Teresa fut le dernier grand amour d'un Byron au sommet de sa gloire, qui devint son chevalier servant pendant cinq ans, la suivant à Ravenne, où il alla jusqu'à s'installer dans le propre palais du comte Guiccioli, pour y respecter « le plus strict adultère », comme il l'écrivit à son ami Douglas Kinnaird. Le vieux comte finira par prendre les deux amants sur le fait. Il chassera Byron de chez lui, tandis que Teresa se réfugiera chez son père, qui obtiendra du pape la séparation du couple. On peut également reconnaître dans le narrateur le poète irlandais Thomas Moore (1779-1852), à qui Byron confia son journal lors de leur séjour commun à Venise.

208. Voir Homère, *Odyssée*, VI, 231 : « De sa tête, elle (Minerve) fit descendre ses cheveux en boucles, pareils à la fleur de jacinthe. »

209. Dans la mythologie grecque, Niobé est la fille de Tantale. En l'occurrence, il s'agit d'un groupe d'une douzaine de statues exposées à la Galerie des Offices à Florence ; retrouvées à Rome au XVIe siècle, ce serait une copie d'une œuvre de Praxitèle ou de Scopas.

210. Voir *Childe Harold*, III, XXXIII, 1-3 de Lord George Gordon Byron : « Comme un miroir brisé qui se multiplie dans chaque frag-

ment, et répète un millier de fois l'image, d'une qu'elle était, et plus on brise le miroir, plus l'image se reproduit : ainsi plus le cœur est brisé, plus se multiplieront ses souvenirs amers. »

211. Nouvelle allusion à Lord Byron, réputé être un très bon nageur.

212. Le sénateur et avocat romain Pline le Jeune (61/62 – 113/115) dit de l'acanthe, dans *Epistolae*, V, vi, 16, qu'elle est « *mollis et paene dixerim, liquidus* » (« si tendre et liquide sous les pieds, qu'on la sent à peine »).

213. Imperator Caesar Lucius Aelius Aurelius Commodus Augustus Pius Felix Sarmaticus Germanicus Maximus Britannicus (161-192), empereur romain de 180 à sa mort, qui avait la réputation d'être une grande beauté.

214. Poe écrit « Chili gold » ; il s'agit ici de l'ancienne province de Zhili au nord de la Chine sous la Dynastie Ming.

215. Thomas More (1478-1535), philosophe, humaniste et théologien anglais, auteur de *L'Utopie*.

216. L'anecdote est racontée dans l'ouvrage du biographe anglais William Roper (v. 1496-1578) *The Mirrour of Vertue in Worldly Greatness ; or the Life of sir Thomas More* (Paris, 1626).

217. Jean Tixier de Ravisi (v. 1480-1524), savant et humaniste français. Poe fait ici allusion au chapitre « *De gaudio et risu mortuis* » de son *Theatrum Poetarum* (Paris, 1520).

218. « Jovial, joyeux ».

219. Dans ses *Vies parallèles*, Plutarque raconte que Lycurgue tenait de Sosibius qu'il avait consacré une statue au rire à Sparte.

220. Au sens d'outrances.

221. Lord Byron avait un pied bot.

222. Cenni di Pepo, dit Cimabue (v. 1240-1302), peintre italien de la pré-Renaissance.

223. La *virtù* est avec la *fortuna*, selon Machiavel, l'une des principales qualités du prince. Elle peut être comprise comme une disposition humaine à la réaction ou à l'absence de réaction face à un événement, et la capacité d'imposer sa volonté à la chance (*fortuna*). Abusivement traduite par le mot « vertu », son étymologie la rattache au latin *virtus*, « courage ».

224. Voir l'*Elegy*, v. 4, du poète anglais Thomas Gray (1716-1771) : « Et livre le monde aux ténèbres et à moi. »

225. Guido Reni (1575-1642), peintre bolonais, dont la *Madonna* se trouve dans sa ville natale.

226. Célèbre sculpture grecque du Ier siècle de notre ère, copie d'une statue de Praxitèle.

227. Antonio Canova (1757-1822), sculpteur italien, dont la *Vénus* est en réalité un portrait de Pauline Bonaparte nue.

228. Sans doute l'Apollon du Belvédère.
229. Antinoüs était le favori de l'empereur Hadrien.
230. Dans le deuxième livre de ses *Vies* (section XVI), Diogène Laërce dit que « [Socrate] s'étonnait de ce que les statuaires fissent tous leurs efforts pour façonner la pierre à l'image de la nature, et se donnassent si peu de peine pour ne pas ressembler eux-mêmes à la pierre ».
231. Michel-Ange, *Sonnets à Vittoria Colonna* : « L'artiste vrai jamais ne conçoit un dessein / Que le seul marbre en lui n'enferme et ne comporte. »
232. Persépolis : voir note 196.
233. Angelo Ambrogini, dit Agnolo Poliziano (1454-1494), humaniste florentin de la Renaissance, auteur du drame en vers *Fabula di Orfeo* (1494).
234. Ce poème fut publié en 1845 dans *The Raven and Other Poems* sous le titre « To One in Paradise ».
235. *The Tragedy of Bussy d'Ambois* (1603-1607), acte V, sc. IV, v. 96-98, du dramaturge anglais George Chapman (v. 1559-1634).
236. Vin du Rhin.
237. Région du monde grec antique, située autour de l'actuelle ville d'Izmir, en Turquie.
238. Le verre vénitien médiéval était supposé se briser quand il était rempli de poison.

BÉRÉNICE

239. Cette nouvelle a initialement paru, sous le titre « *Berenice – A Tale* », en mars 1835 dans *Southern Literary Messenger*, avant d'être reprise sous le simple titre de « *Berenice* » dans *Broadway Journal*, le 5 avril 1845. Dans une lettre du 30 avril 1835 à Thomas Willis White, le directeur du *Southern Literary Messenger*, Poe explique l'origine de cette histoire : « Un mot ou deux concernant *Bérénice*. Vous avez vu juste. Le sujet est bien trop effroyable, et je dois vous avouer que j'ai hésité à vous l'envoyer, en particulier comme échantillon de mes capacités. Le conte a pour origine un pari. Le pari que je ne serais pas capable, si je traitais avec sérieux un sujet aussi singulier, de parvenir à quelque chose d'efficace. »
240. « Mes compagnons me dirent que si je visitais la tombe de mon amie, cela pourrait alléger quelque peu mes souffrances. » La citation provient d'une source française, le *Kitab al-Aghani* (*Livre de chansons*), un recueil du Xᵉ siècle publié en 1697 dans la *Bibliothèque orientale* de Barthélemy d'Herbelot de Molainville (1625-1695). Abou

Giafar Mohammed ben Abdalmalek ben Abban, connu sous le nom de Ben Zaiat, ou Ebn Zaiat, était un poète et grammairien de Bagdad qui écrivit une élégie sur la mort d'une esclave qu'il aimait. Il mourut aux alentours de l'an 218. La source de la version latine que cite Poe reste inconnue.

241. Voir Gen. 9, 13 : « J'ai placé mon arc dans la nue, il servira de signe d'alliance entre moi et la terre. »

242. Allusion à *L'Enfer* de Dante, chant V, v. 120-122 : « Il n'est de plus grande douleur que de se souvenir des temps heureux dans la misère » (trad. Jacqueline Risset).

243. Dans la mythologie grecque, Egeus, ou Egée, fils de Pandion, est roi d'Athènes et père de Thésée. Dans le *Songe d'une nuit d'été* de Shakespeare, il est aussi le père d'Hermia, qu'il veut forcer à épouser Démétrius, dont elle ne veut pas. Il demande à Thésée de l'aider en ce sens, menaçant de tuer ou d'enfermer Hermia pour le restant de ses jours si elle persiste à refuser.

244. Les sylphes (du latin *sylphus*, « génie ») sont des esprits élémentaires de l'air, à mi-chemin entre les anges et les elfes. La baronne Anne d'Arnheim, épouse d'Arnold de Geierstein, est l'héroïne du roman de Walter Scott *Anne de Geierstein* ou *la Fille des brumes* (1829). Elle aurait le don d'ubiquité, et on soupçonne dans le roman qu'elle « ne puise pas son origine dans la race d'Adam, mais dérive plus ou moins directement d'un de ces esprits élémentaires dont on a tant parlé dans les temps anciens et modernes ». En mars 1847, douze ans après « Bérénice », Poe écrivit une nouvelle intitulée « Le domaine d'Arnheim ».

245. Dans la mythologie grecque, nymphe aquatique qui vit dans les eaux douces.

246. Simoun, ou sirocco : Voir note 184.

247. « Aiguillon, stimulant » (Gaffiot).

248. Cf. le poème de Poe « *The conqueror worm* » (« Le ver conquérant »), v. 21-22 : « À l'intérieur d'un cercle qui sans cesse revient / Sur lui-même à son point de départ. » (V. aussi dans « Ligeia. »)

249. *De la grandeur de l'heureux règne de Dieu*, de Celio Secondo Curione, ou Caelius Secundus Curio (1503-1569), humaniste italien protestant, théologien et philologue, qui soutenait notamment que l'enfer était moins peuplé que le paradis.

250. Dans *La Cité de Dieu*, écrit entre 413 et 427, saint Augustin oppose la Rome matérielle à la grandeur spirituelle de la cité divine, et a notamment pour ambition de convaincre des bienfaits de la religion chrétienne les lettrés de la haute fonction publique romaine arrivés en Afrique après le sac de Rome par Alaric en 410 et tentés par le néo-platonisme.

251. Quintus Septimus Florens Tertullianus, dit Tertullien (Carthage, v. 150-v. 220), berbère converti au christianisme, théologien et figure emblématique de la communauté chrétienne de Carthage. *De la chair de Jésus-Christ,* publié vers 206, contient dans sa cinquième section ce célèbre paradoxe : « Le fils de Dieu est mort ; c'est croyable parce que c'est absurde ; et inhumé, il a ressuscité ; c'est certain parce que c'est impossible. »

252. Ptolémée Héphaistion, ou Ptolémée Chennos, grammairien et mythographe grec originaire d'Alexandrie, qui vivait à la fin du premier siècle et au début du deuxième. Ses textes sont aujourd'hui perdus, mais l'érudit et patriarche de Constantinople Photios (820-891) lui consacre une notice et résume certaines de ses œuvres dans sa *Bibliothèque*. L'écrivain et mythographe britannique Jacob Bryant (1715-1804), auquel Poe fait souvent référence, évoque dans son *Ancient Mythology* un passage du *Troisième Livre* de Ptolémée Héphaistion où il est question d'un rocher nommé Petra Gigonia, situé probablement dans les environs de Gades (l'actuelle Cadix), qu'un brin d'herbe aurait fait chanceler. Poe semble avoir simplement converti l'herbe en asphodèle, fleur liée à la mort puisque utilisée dans l'Antiquité pour couvrir les tombeaux – d'où la légende du pré de l'Asphodèle située dans les Enfers de la mythologie grecque.

253. « Jupiter accordant sept jours de chaleur pendant la saison d'hiver, les hommes ont appelé cette période clémente et tempérée "la nourrice de la belle Alcyone" – Simonide » (*N.d.A.*). – Poe cite ici un fragment du poète iambique grec Simonide d'Amorgos (dates inconnues, sans doute VIIe s. av. J.-C.) recueilli dans l'*Historia animalium* d'Aristote. Il l'utilisa aussi dans une première version de sa nouvelle « Morella ». Pline, dans son *Histoire naturelle*, indique que les alcyons, oiseaux fabuleux apparentés aux martins-pêcheurs et devant leur nom à la fille d'Éole (Alcyone, si éperdue de chagrin devant le corps de son époux, le roi Céyx, mort en mer, que les dieux les métamorphosèrent l'un et l'autre en martins-pêcheurs), font leur nid une semaine après le solstice d'hiver, et couvent leurs cinq œufs pendant sept jours appelés « jours alcyoniens », durant lesquels la mer de Sicile est extrêmement calme.

254. Marie Sallé (1707-1756) était une danseuse célèbre, amie de Voltaire. Le vers cité figure dans le « Prologue » du ballet *Les Festes grecques et romaines* (1723) de Louis Fuzelier (1672-1752), publié dans le *Recueil général des opéras* (Paris, 1734, vol. XIII).

255. Voir note 240.

256. «*Morella*» a initialement paru en avril 1835 dans *Southern Literary Messenger*, avant d'être repris en novembre 1839 dans *Burton's* et le 21 juin 1845 dans *Broadway Journal*. Dans sa biographie de Poe (*op. cit.*, p. 210), Georges Walter précise au sujet de cette nouvelle: «Il est vrai que lorsqu'il écrivait "Morella", Virginia avait un peu plus de dix ans, vrai aussi que cette adolescente qu'il allait épouser avait le même visage de femme enfant que, sur son portrait, sa mère Elizabeth Poe, et vrai encore que la jeune épouse, elle aussi, mourra prématurément.» Le prénom de l'héroïne est «emprunté à l'enfant prodige catalane Julia Morella, née en 1595, dont l'érudition était immense» (Georges Walter, *op. cit.*).

257. Platon, *Le Banquet*, 211b.

258. Aujourd'hui Bratislava, capitale de la Slovaquie, où jadis étaient couronnés les rois de Hongrie, et qui était supposée être un centre de magie noire.

259. La vallée de Hinnom, près de la Jérusalem antique, qui est associée à l'idolâtrie dans le second Livre des Rois (23, 10), est devenue dans la tradition juive une porte de l'enfer (Ge-Hinnom / Géhenne). Elle est mentionnée aussi dans «Un rêve».

260. Johann Gottlieb Fichte (1762-1814), disciple de Kant, qui postula l'idée d'une volonté morale de l'univers.

261. «Palingénésie», dont Littré nous dit qu'elle est une «régénération, renaissance».

262. Friedrich Wilhelm Joseph von Schelling (1775-1854), philosophe idéaliste allemand, disciple de Fichte.

263. John Locke (1632-1704), philosophe anglais, précurseur des lumières.

264. «Principe d'individuation», formulé par le philosophe et médecin persan Avicenne (980-1037), puis par le théologien écossais Duns Scot (v. 1266-1308).

265. Le cyprès est un symbole de la vie éternelle.

266. Virgile, *Géorgiques* IV, 119: «[...] et les roseraies de Paestum à la double floraison.»

267. Anacréon (550-464 av. J.-C.), poète lyrique né à Téos, célèbre pour sa poésie amoureuse.

268. C'est-à-dire Vénus et Bacchus. «*The myrtle and the vine*» est le titre d'un recueil de chansons amoureuses de Charles Henry Wilson (1756-1808). «Le myrte et le pampre» est par ailleurs une image fréquemment utilisée à l'époque – voir par exemple Lamartine dans ses *Méditations* («Tristesse», v. 14-15: «Là, sous les orangers, sous la vigne fleurie, / Dont le pampre flexible au myrte se marie»).

269. Référence à la coutume d'enterrer le musulman qui a fait le pèlerinage à La Mecque (*hadj*) dans l'habit qu'il portait là-bas.

270. Ésaïe 66, 24 : « Leur ver ne mourra pas et leur feu ne s'éteindra pas, et ils seront pour chacun un objet d'horreur. »

271. Dix ans.

272. La grande ciguë était considérée comme une plante utilisée dans les rituels de magie noire. Le cyprès, on l'a dit, est un des symboles de la vie éternelle.

PARMI LES LIONS

273. Cette nouvelle a initialement paru sous le titre « *Lion-izing. A Tale* » en mai 1835, dans *Southern Literary Messenger*, puis sous le titre « *Some Passages in the Life of a Lion* » le 15 mars 1845, dans *Broadway Journal*, avant d'être reprise sous son titre définitif « *Lionizing* » dans le recueil *Tales* (New York, Wiley & Putnam, 1845). – Le titre original (*Lionizing*) contient un jeu de mots intraduisible : le mot « lion » signifie, outre l'animal, un dandy qui cherche à tout prix à réussir dans « le monde » – d'où la coterie aristocratique et mondaine des « lions » dans la nouvelle. (En France, un des plus célèbres « dandys-lions » était Charles Lautour-Mézeray [1801-1861], qui servit probablement de modèle à Balzac, qui l'admirait, pour le personnage d'Émile Blondet.) Le verbe *to lionize* signifie approximativement « aduler » quelqu'un (en général une célébrité), le poursuivre de ses assiduités, rechercher sa compagnie. La nouvelle vise notamment l'écrivain et journaliste américain Nathaniel Parker Willis (1806-1867), considéré comme un « lion littéraire », mondain et très européanisé, qui fréquentait assidûment les salons, tant aux États-Unis qu'en Angleterre où il séjourna de 1834 à 1837. Poe par la suite, tout en demeurant persuadé que sa célébrité devait au moins autant à son cercle de relations qu'à son talent littéraire, l'appréciera cependant, et Willis sera le premier à publier son poème « *The Raven* » en 1845 dans l'*Evening Mirror*. Dans une lettre du 11 février 1836 adressée à son mentor John P. Kennedy, Edgar Poe déclare simplement que *Lionizing* est une satire « de l'engouement pour les lions et de la facilité qu'il y a à en devenir un ».

274. Joseph Hall (1574-1656) était un évêque, satiriste et moraliste anglais. Poe a modifié une citation provenant d'une de ses satires intitulées *Virgidemiarum* (1597 ; VI, III, 19-20) : « *Genus ans Species long since barefoote went / Upon their ten-toes in wilde wanderment* » (« Les créatures des genres et espèces depuis toujours pieds nus / Se dressèrent émerveillés sur leurs dix doigts de pieds »).

275. Junius était le pseudonyme d'un auteur de lettres politiques

publiées dans le *Public Advertiser* de Londres entre 1769 et 1772. On estime qu'il pourrait s'agir de l'homme politique et pamphlétaire Sir Philip Francis (1740-1818) qui appartenait au parti whig. – L'homme au Masque de fer était un célèbre prisonnier politique français, très populaire à l'époque de Poe, dont on a pu avancer, entre autres hypothèses, qu'il était le frère jumeau de Louis XIV, un amant de la reine, Nicolas Fouquet ou encore d'Artagnan. Il demeura enfermé à la prison de la Bastille de 1669 à sa mort en 1703. Il a inspiré de nombreuses œuvres littéraires, dont *Le Vicomte de Bragelonne* d'Alexandre Dumas, puis cinématographiques. Poe y fait aussi allusion dans « L'homme rafistolé » – Le nom de la ville Fum-Fudge puise sans doute son origine dans le roman de l'écrivain, dessinateur et politicien britannique Benjamin Disraeli (1804-1881) *Vivian Grey* (1826), plusieurs fois cité dans la nouvelle, où un personnage s'appelle Mr. Foaming Fudge – ou alors dans le roman à succès du poète, écrivain et chanteur irlandais Thomas Moore (1779-1852) *The Fudge Family in Paris* (paru en 1818).

276. La nosologie (du grec *nosos*, « maladie ») est en réalité une branche de la médecine qui étudie la classification des maladies. Poe use d'un jeu de mots avec *nose* pour en faire la science des nez.

277. Référence au « Westminster Shorter Catechism », qui commence par : « Quel est le but ultime de tout homme ? »

278. Thomas Bartholin (1616-1680), médecin, mathématicien et théologien danois, auteur notamment de traités d'anatomie. Il est également cité dans *Tristram Shandy*, de Laurence Sterne, une des sources de Poe, où il est plusieurs fois question de la science des nez (livre II, ch. LIV à LVIII notamment).

279. « Inspiration divine ». Terme provenant du *De natura deorum* (*De la nature des dieux*) de Cicéron.

280. Poe recense ici certains des journaux et journalistes britanniques de l'époque, parmi lesquels William Blackwood (1776-1834), fondateur de la célèbre revue londonienne *Blackwood's Magazine* (1817-1890), à laquelle il fait référence à plusieurs reprises (voir « Le souffle perdu », « Comment écrire une histoire à la Blackwood » et « Un beau pétrin »).

281. La famille Bas-Bleu, ou Bluestocking, apparaît aussi dans « L'homme rafistolé ». Le terme « bas-bleu » désigne péjorativement une femme qui a des prétentions littéraires.

282. En anglais « *duchess of Bless-my-soul* » : allusion à Marguerite de Blessington (1789-1849), écrivaine anglaise, amie de Dickens, de Byron et de la famille Bonaparte. Le peintre Thomas Lawrence (1769-1830) réalisa son portrait en 1822. Nathaniel Parker Willis (voir note 273) chercha à la rencontrer dès son arrivée à Londres en

1834, et c'est elle qui, l'introduisant dans les cercles mondains, fit de lui un « lion » littéraire.

283. Voir note 223 dans « Le rendez-vous ».

284. Quartier de Londres à la mode.

285. « His Majesty » dans la première version de la nouvelle, puis « Her Majesty » après l'accession au pouvoir de la reine Victoria à la mort de William IV, le 20 juin 1837.

286. La mention du prince de Galles fut ajoutée en 1845. Personne ne portait ce titre entre 1820, où George IV devint roi, et 1842 où Albert Edward, futur Edward VII, le reçut alors qu'il avait moins de deux ans. Poe pensait peut-être à ce dernier – bien qu'il ne fût ni triste ni petit.

287. Porphyre de Tyr (234-305), Jamblique (250-330), Plotin (205-270), Proclus (412-485), Hiéroclès d'Alexandrie (Ve siècle), Maxime de Tyr (IIe siècle) et Syrianos (Ve siècle) sont tous des philosophes grecs néoplatoniciens. Probable nouvelle référence au roman *Vivian Grey* de Benjamin Disraeli (voir note 275), où on lit, dans le sixième chapitre du premier livre : « Père ! Je veux être spécialiste des derniers platoniciens. Je veux étudier Plotin, et Porphyre, et Jamblique, et Syrianos, et Maxime de Tyr, et Proclus, et Hiéroclès, et Salluste et Damascios. »

288. Anne Robert Jacques Turgot (1727-1781), homme politique et économiste français ; Richard Price (1723-1791), pasteur, moraliste, philosophe, économiste et mathématicien gallois ; Joseph Priestley (1733-1804), pasteur, théologien, théoricien politique, philosophe et chimiste anglais ; Nicolas de Condorcet (1743-1794), philosophe, mathématicien, économiste et homme politique français ; Germaine de Staël (1766-1817), écrivaine et philosophe française. *Conversation with an Ambitious Student in Ill Death* (*Conversation avec un étudiant ambitieux en mauvaise santé*) est un livre paru en 1832 du dramaturge et romancier britannique Edward Bulwer-Lytton (1803-1873), par ailleurs collaborateur du *Blackwood's Magazine*.

289. Voir « La lettre dérobée » (tome III), où le préfet de police estime que tous les fous sont poètes, et que tous les poètes sont fous.

290. Il est question de « l'âme bipartite » dans « William Wilson » et dans « La chute de la Maison Usher » ; elle est aussi mentionnée dans « Les crimes de la rue Morgue » (tome II). – L'homéomérie est la doctrine selon laquelle les substances élémentaires sont composées de parties dont chacune est semblable à l'ensemble qu'elles forment (ancêtre de la théorie des fractales).

291. Eusèbe de Nicomédie, évêque de Constantinople, mourut en 341 et participa aux querelles religieuses relatives à la nature du Christ et à ses rapports avec Dieu le Père. Arius (256-326), le fondateur de l'arianisme, enseignait que le Fils était inférieur au Père, doctrine contestée lors du concile de Nicée en 325. Le puseyisme est

une doctrine anglicane d'Edward Pusey (1800-1882) qui cherchait à se rapprocher de la religion catholique en adoptant certains de ses rites et cultes. L'homoousisme est la doctrine catholique, adoptée au concile de Nicée en 325, de la consubstantialité du Père et du Fils. L'homoiousisme est une doctrine apparue quelques années plus tard et contestant l'homoousisme.

292. Le *Rocher de Cancale* est le nom d'un restaurant parisien que l'on considérait, à l'époque de Poe, comme le meilleur de la ville. Il sert de cadre à de nombreuses scènes dans *La Comédie humaine* de Balzac (notamment dans *Illusions perdues* et *Splendeur et misères des courtisanes*).

293. La langue Muriton en sauce rouge est un des plats figurant dans un menu mentionné, à nouveau, dans *Vivian Grey* de Benjamin Disraeli (livre IV ch. II). Alexandre Dumas contribuera à la célébrité du veau à la Sainte-Ménehould, spécialité argonnaise, grâce à la description qu'il en donne dans son *Grand Dictionnaire de la cuisine* (1873).

294. Nom supposément irlandais signifiant « gros buveur » (*bumper* signifie « chope »).

295. Poe commet ici quelques erreurs que nous avons rectifiées. Dans une première version de la nouvelle, Bibulus O'Bumper n'apparaît pas, et c'est Fricassée du Rocher de Cancale qui énumère à la fois recettes et vins (« Il mentionna le latour, le marcobrunner et le maraschino, la langue Muriton en sauce rouge et le velouté de choux-fleurs, etc. »). Le marcobrunn est un vin du Rhin ; le richebourg et le saint-georges (sans doute pour nuits-saint-georges) sont des vins de Bourgogne ; le léoville est un vin de Charente ; le château-latour, le haut-brion, le médoc, le barsac, le reignac, le graves, le sauternes et le château-lafite sont des vins de Bordeaux ; l'amontillado est une sorte de xérès qui a donné son titre à une nouvelle du tome III (« Le fût d'Amontillado ») ; pour le saint-péray, le clos-vougeot et le chambertin, voir note 147.

296. Nom forgé à partir de *tint* (« teinte »), allusion au peintre Jacopo Robusti, dit Tintoretto (1518-1594).

297. Les artistes cités sont : Cimabue (voir note 222) ; Giuseppe Cesari, dit le Cavalier d'Arpin ou Chevalier Josépin, peintre maniériste romain (1568-1640) ; Vittore Carpaccio, peintre vénitien (v. 1460-v. 1525) ; Agostino dalle Prospettive, peintre bolognais actif vers 1525, ou Agostino Tassi, peintre maniériste de Pérouse (1578-1644) ; Michelangelo Merisi da Caravaggio, dit le Caravage (1571-1610), peintre baroque italien ; Francesco Albani, dit l'Albane, peintre baroque de Bologne (1578-1660) ; Tiziano Vecellio, dit Titien (1488-1576), peintre et graveur italien de l'école vénitienne ; Pierre-Paul Rubens, peintre baroque allemand (1577-1640) et Jan Steen (1626-1679), peintre baroque hollandais.

298. On trouve tout cela dans le chapitre II du livre III de *Vivian Grey* de Benjamin Disraeli. Dans le texte original, Poe, qui suit Disraeli, indique par erreur Bubastis à la place de Bastet : Bubastis n'est pas le nom d'une déesse, mais celui d'une ville égyptienne dans laquelle était célébré le culte de Bastet, déesse de la joie du foyer, de la chaleur solaire et de la maternité, représentée sous la forme d'un chat, que les Grecs identifiaient avec Artémis. Pour Bendis, divinité thrace partiellement associée à Artémis, voir la *République* de Platon (327a).

299. Coqs (*cocks*) et taureaux (*bulls*) : jeu de mots sur «*cock and bull story*» – «histoire à dormir debout».

300. Il sera de nouveau question de ces légendes fantaisistes dans «La mille et deuxième histoire de Schéhérazade» (tome III).

301. Eschyle (v. 526-456 av. J.-C., le plus ancien tragique grec ; Isée et Lysias, orateurs grecs du Ve siècle av. J.-C. ; Théophraste, philosophe et naturaliste, élève d'Aristote (v. 371-v. 288 av. J.-C.) ; Apollonius de Perga (v. 262-v. 190 av. J.-C.), géomètre et astronome grec ; Pindare, poète lyrique (518-438 av. J.-C.) ; Homère le Jeune, ou Homère de Byzance, poète tragique grec du IIIe siècle. À l'exception des tragédies d'Homère le Jeune, toutes les autres œuvres disparues sont mentionnées dans «*Some Ancient Greek Authors*» paru dans le *Southern Literary Messenger* en avril 1836.

302. Un trapp désigne un vaste plateau continental constitué de dépôts basaltiques ; la blende est l'autre nom de la sphalérite, minéral obtenu par cristallisation du sulfure de zinc ; la hornblende désigne génériquement plusieurs types de silicates ; le poudingue est une roche sédimentaire détritique constituée de débris d'anciens galets ; le cyanite est l'autre nom du disthène, roche métamorphique du groupe des silicates ; l'hématite est un minéral de couleur noire composé essentiellement d'oxyde de fer ; la trémolite est une roche du groupe des silicates dont la couleur varie du blanc au vert, en fonction de sa teneur en fer ; l'antimoine désigne à la fois un élément chimique et un corps simple métalloïde ; la calcédoine est une roche constituée de cristallites de quartz ; le manganèse est un élément chimique métallique présent dans de nombreux sédiments et de nombreuses roches.

303. Les bals d'Almack étaient une institution mondaine créée en 1765 par le riche marchand William Almack († 1781). Ils se déroulaient dans King Street. On n'y accédait qu'avec un billet d'invitation.

304. «Diable !» (italien) ; «Dieu garde !» (espagnol) ; «Mille diables !» (allemand).

305. Interjection familière. Mot à mot : «Tonnerre et éclairs !»

306. Chalk-Farm était un célèbre lieu de duels au nord de Regent's Park.

L'HISTOIRE À NULLE AUTRE PAREILLE D'UN CERTAIN HANS PFAALL

307. La nouvelle a paru initialement sous le titre «*Hans Pfaall – A Tale*» en juin 1835, dans *Southern Literary Messenger*, avant d'être reprise sous son titre définitif «*The Unparalleled Adventure of One Hans Pfaall*» dans le premier volume posthume (*Tales*) de *The Works of the Late Edgar Allan Poe*, édité par Rufus Wilmot Griswold (1850), exécuteur testamentaire de Poe, qui après sa mort œuvrera largement pour le discréditer.

308. Poème anonyme du début XVIIe siècle. Il provient d'un article d'Isaac D'Israeli (voir note 162) intitulé «Tom O'Bedlam» et publié dans *Curiosities of Literature* (1818). Bedlam était le nom populaire du Bethleem Royal Hospital, un asile d'aliénés londonien fondé en 1400. Tom O'Bedlam («de Bedlam») était le nom donné à certains fous, inoffensifs et mendiants, qui parcouraient les routes d'Angleterre. Le personnage d'Edgar est déguisé en Tom O'Bedlam lorsqu'il rencontre le roi Lear dans la pièce de Shakespeare.

309. *Mijnheer* signifie «monsieur» en néerlandais. *Superbus* signifie, en latin, «fier», «arrogant», surnom donné au dernier empereur de Rome, Lucius Tarquinius Superbus († 495 av. J.-C.), surnommé Tarquin l'Orgueilleux. *Underduk* apparaît, en contrepoint, comme un jeu de mots aux entrées multiples : «sous-canard» (*underduck*), «sous-duc» (*underduke*) ou bien «le perdant, l'opprimé» (*underdog*).

310. *Hey Betty Martin* était une mélodie populaire à l'époque de Poe. Par ailleurs l'expression «*All my eye and Betty Martin!*» signifie approximativement «N'importe quoi!».

311. «Madame», en néerlandais.

312. Il convient de noter que le couple de héros portent pratiquement les mêmes prénoms que dans le conte de Grimm *Hänsel et Gretel*, l'allusion se trouvant renforcée un peu plus loin, puisque Poe a donné à l'inventeur de l'appareil à condensation le nom des célèbres frères Jacob (1785-1863) et Wilhelm (1786-1859) Grimm, extrêmement populaires à cette époque dans les pays anglo-saxons. Autant d'éléments qui viennent renforcer l'aspect conte, ou canular, de toute l'histoire.

313. Sur ce néologisme de Poe, voir note 117.

314. Le nom «Rubadub» donné par Poe fait référence à une célèbre comptine anglaise de la fin du XVIIIe siècle : «*Rub-a-dub-dub / Three men in a tub. / And who do you think they be? / The butcher, the baker / the candlestick-maker; / Turn 'em out, knaves all three*» («Rataplan / Trois hommes prennent un bain. / Qui sont-ils d'après vous ? / Le boucher, le boulanger / Le fabricant de chandelles / Virez-les, ce sont trois filous»).

315. Dans «Le souffle perdu», Du Pont est fabricant de soufflets (voir note 122).

316. Johann Franz Encke (1791-1865), éminent astronome allemand, directeur de l'observatoire de Berlin.

317. Orthographe allemande de Nantes.

318. Poe utilise ici un terme juridique: *moiety*.

319. Le nom de Grimm renvoie évidemment aux contes de fées. L'appareil pour la condensation de l'air atmosphérique pourrait être l'un de ceux inventés par le chimiste anglais Joseph Priestley (1733-1804), célèbre à l'époque.

320. Le mot *make-weight* désigne également un complément de poids.

321. Plat amérindien constitué de graisse et de moelle animales, de viande séchée et réduite en poudre, ainsi que de baies, que Littré décrit ainsi: «Préparation de viande très nutritive sous un petit volume, qu'on emporte dans les longues traversées.»

322. Tous ces chiffres sont tirés du *Traité d'astronomie* (1833) du mathématicien et astronome anglais Sir John Frederick William Herschel (1792-1871).

323. Point de l'orbite d'un astre où il se trouve à la distance la plus courte de la Terre.

324. Volcan d'Équateur culminant à 5897 m d'altitude.

325. Louis Joseph Gay-Lussac (1778-1850), chimiste et physicien français connu pour ses travaux sur les propriétés des gaz. – Jean-Baptiste Biot (1774-1862), physicien, astronome et mathématicien français, pionnier de l'utilisation de la lumière polarisée pour l'étude des solutions.

326. La comète d'Encke avait été découverte le 17 janvier 1786 par l'astronome français Pierre Méchain (1744-1804). C'est la seconde comète périodique découverte, après celle de Halley; elle est également celle qui possède la plus courte période avec 3,3 ans.

327. Point de l'orbite d'un astre où la distance au Soleil est la plus courte.

328. Point de l'orbite d'un astre où la distance au Soleil est la plus grande.

329. Jean Élias Benjamin Valz (1787-1867), célèbre astronome français.

330. «La lumière zodiacale est sans doute ce que les Anciens appelaient *Trabes. Emicant Trabes quas docos vocant.* – Pline liv. II, p. 26.» (*N.d.A.*) – Elle désigne une faible lueur triangulaire que l'on peut voir dans le ciel, de nuit, le long du plan de l'écliptique.

331. «Depuis la première publication de *Hans Pfaall*, j'apprends que Mr. Green, célèbre pour son ballon Nassau, et d'autres aéronautes

ultérieurs nient les assertions de Humboldt à ce sujet, et parlent d'une gêne *décroissante* – en accord parfait avec la théorie avancée ici. » (*N.d.A.*) – « Hans Phaall – A Tale » avait initialement paru dans le *Southern Literary Messenger* de juin 1835. Charles Green (1785-1870) était un célèbre astronaute anglais, qui relia en ballon Londres au duché de Nassau en Allemagne, en 1836, premier vol longue distance de ce type. Poe y fait également allusion dans « L'homme rafistolé ». – Alexander von Humboldt (1769-1859), naturaliste, géographe et explorateur allemand.

332. Cette fonction trigonométrique, noté *versin* en mathématiques, aujourd'hui tombée en désuétude depuis l'arrivée des calculs informatiques, était utilisée, en particulier dans la navigation, pour calculer, entre autres, l'orthodromie ou distance du grand cercle (autrement dit la plus petite distance entre deux points situés sur une sphère). La Terre étant approximativement une sphère, calculer la distance du grand cercle permettait d'établir la distance entre deux coordonnées dont la latitude et la longitude étaient connues.

333. « Instrument de chirurgie destiné à comprimer les vaisseaux pour suspendre le cours du sang pendant une opération » (Littré).

334. Voir le poème « *Dreamland* » (1844) : « *Bottomless vale, and boundless floods / And chasms, and cave, and Titan woods* » (« Vallée insondable et flots infinis / Abîmes, grottes et forêts titanesques »).

335. Voir le poème « *The Valley Nis* » (1836) : « *Nothing there is motionless :/ Nothing save the airs that brood / O'er the enchanted solitude* » (« Il n'est rien d'immobile : / Rien que les cieux qui pèsent / Sur la solitude enchantée »).

336. Terme de marine désignant un temps « qui permet au bâtiment toute espèce de manœuvre » (Littré).

337. Le dix-neuvième siècle a vu se multiplier les expéditions polaires. Poe en tira la matière de son roman *The Narrative of Arthur Gordon Pym of Nantucket* (*Les Aventures d'Arthur Gordon Pym de Nantucket*, 1838).

338. Cette idée selon laquelle le pôle Nord est formé en son centre d'une cavité concave et sombre est ici encore inspirée de la « théorie de la Terre creuse » formulée par John Cleves Symmes Jr en 1818 (*Théorie de Symmes à propos des sphères concentriques, démontrant que la Terre est creuse, habitable, et largement ouverte aux pôles*), selon laquelle ces cavités aux centres des pôles donnent accès aux mondes souterrains (voir note 197).

339. Grand cercle d'intersection du plan de l'orbite terrestre avec la sphère céleste.

340. Grand axe de l'orbite d'une planète.

341. Actuelle Solferata, plaine sulfureuse près de Naples.

342. Johannes Hieronymus Schröter (1745-1816), éminent astronome allemand, auteur d'un ouvrage de sélénographie, *Selenotopographische Fragmenter* (1791).

343. Ville de Basse-Saxe.

344. Un pied royal équivaut à 12,8 pouces soit 32,5 cm.

345. Poe s'est largement inspiré de l'article « Lune » dans *The Cyclopædia ; or, Universal Dictionary of Arts, Sciences, and Literature*, du révérend Abraham Rees (1743-1825), mais entend laisser croire que son héros s'est plongé dans *Philosophical Transactions of the Royal Society of London*, cité par Rees dans l'article en question.

346. « Hevelius écrit qu'il a constaté plusieurs fois, dans des cieux parfaitement clairs, quand même les étoiles de sixième et septième magnitudes étaient visibles, à la même altitude de la Lune, à la même élongation de la Terre et avec le même excellent télescope, la Lune et ses *maculæ* n'apparaissaient pas aussi lumineuses à chaque instant. D'après les circonstances de cette observation, il est évident que la cause de ce phénomène ne se trouve ni dans notre atmosphère, ni dans le tube, ni dans la Lune, ni dans l'œil de l'observateur, mais qu'il faut la chercher dans quelque chose (une atmosphère ?) existant autour de la Lune. Cassini observa fréquemment que Saturne, Jupiter et les étoiles fixes, quand en s'approchant de la Lune elles étaient occultées, voyaient leur forme circulaire changée en un ovale et, dans d'autres occultations, il n'avait constaté absolument aucun changement de forme. On pourrait donc en déduire que, *par moments*, mais pas à d'autres, il y a une matière dense qui enveloppe la Lune où les rayons des étoiles sont réfractés. » (*N.d.A.*) – Johannes Hevelius (Jan Heweliusz, 1611-1687), éminent astronome polonais auteur d'une topographie de la Lune. Les Cassini sont une importante famille d'astronomes français, mais il s'agit vraisemblablement ici de Jean Dominique Cassini (1625-1712).

347. « Dans le vide ».

348. Cette note justificative a été rédigée par Poe en 1839 et a paru dans le premier volume de *The Works of the Late Edgar Allan Poe*, édité par Rufus Wilmot Griswold en 1850. Dans le *New York Sun*, entre le 25 et le 31 août 1835, a paru un pseudo-reportage intitulé « Great Astronomical Discoveries Lately Made by Sir John Herschel, LL. D., F. R. S., & C., at the Cape of Good Hope », signé en réalité d'un journaliste de Cambridge, un certain Richard Adams Locke (1800-1871), et plus connu sous le nom de « *Moon-Story* » ou « *Moon-Hoax* » (« Le canular lunaire »). Le texte de Locke paru, comme le rappelle Poe, environ deux mois après la publication de « Hans Pfaall » avait fait grand bruit – on avait même parlé de « canular du siècle ». Se plaignant d'être la victime d'un plagiat dans une lettre à son ami l'écrivain

John Pendleton Kennedy, le 11 septembre 1835 («Avez-vous vu les "Découvertes de la Lune"? Ne trouvez-vous pas que ça a été totalement inspiré par *Hans Phaal[l]* ?»), Poe ne pouvait pas ne pas réagir.

349. Voir note précédente et note 3-7.

350. Sir John Frederick William Herschel (1792-1871), philosophe, savant et astronome anglais, pionnier de la photographie.

351. Nom savant du coquelicot.

352. Ville écossaise, près de Glasgow, qui comptait plusieurs entreprises de fabrication de lentilles et de verres optiques.

353. Edmund March Blunt (1770-1862) était un navigateur et hydrographe américain, éditeur de magazines nautiques, auquel on doit des cartes des côtes américaines et de la Micronésie, mais pas de la Lune.

354. Respectivement, la mer des Nuées, la mer de la Tranquillité et la mer de la Fécondité : trois «mares lunaires» situées sur sa face visible.

355. Parmi les animaux fantastiques de la Lune décrits dans le récit de Locke se trouve en effet une sorte d'humanoïde muni d'ailes de chauve-souris, appelé *Vespertilio-homo*.

356. *The Life and Adventures of Peter Wilkins, a Cornishman* (1751) est un roman d'aventures maritimes et imaginaires de l'écrivain et avocat anglais Robert Pattock (1697-1767). Un mélodrame en deux actes en avait été tiré, dont la première avait eu lieu à Londres et à New York en 1827.

357. *Sir* David Brewster (1781-1868), physicien et inventeur écossais, inventeur du kaléidoscope et d'un stéréoscope à deux lentilles, qui a travaillé sur la polarisation de la lumière.

358. *Lord* William Parsons Rosse (1800-1867) était un riche astronome irlandais qui se fit construire un gigantesque télescope, surnommé le «Léviathan de Parsontown». Il fut le premier à mettre en évidence la structure des galaxies spirales. (Poe écrit par erreur «Ross»).

359. Un miroir.

360. Le livre paru en 1648 à Paris est la traduction par l'écrivain français Jean Baudoin (v. 1590-1650), membre fondateur de l'Académie française, d'un roman de l'évêque et écrivain anglais Francis Godwin (1562-1633), *The Man in the Moon ; or A Discourse of a Voyage Thither by Domingo Gonsales, the Speedy Messenger* (1638).

361. L'écrivain français Savinien de Cyrano de Bergerac (1619-1655) est l'auteur de l'*Histoire comique des Estats et Empires de la Lune* (1657).

362. Montagne irlandaise culminant à 685 mètres d'altitude, dans le comté de Cork.

363. La nouvelle a initialement paru sous le titre «*King Pest the First. A Tale containing an Allegory*» en septembre 1835, dans *Southern Literary Messenger*, avant d'être reprise sous son titre définitif, «*King Pest. A Tale containing an Allegory*» dans *Broadway Journal*, le 18 octobre 1845. Elle constitue une parodie du premier chapitre du Livre VI du roman *Vivian Grey* de Benjamin Disraeli (voir note 285), dans lequel le Duc de Johannisberger donne une soirée au cours de laquelle les convives ont des traits outranciers et où un hôte qui n'était pas invité se voit contraint de boire plusieurs verres de liqueur.

364. *Gorboduc (Ferrex and Porrex)* (1561), v. 606-607, première pièce de théâtre en vers anglaise des dramaturges Thomas Norton (1532-1584) et Thomas Sackville Lord Buckhurst (1536-1608).

365. Edward III (1312-1377), roi d'Angleterre de 1327 à sa mort. Il y eut plusieurs épidémies de Peste Noire durant son règne, dont celle de 1348.

366. Nom qui signifie: «Désinvolte.»

367. Une goélette.

368. Ville néerlandaise de Zélande, dont le nom signifie: «L'Écluse.»

369. Nom qui signifie: «Jambes.»

370. «Pièces de bois qu'on ajoute à chaque bout de vergue du grand mât et du mât de misaine, et qui servent à porter des bonnettes quand le vent est faible.» (Littré)

371. Un rire cachinatoire est un fou rire, un rire aux éclats.

372. Point culminant des îles Britanniques, avec 1 344 mètres d'altitude, situé en Écosse, dans le comté d'Inverness.

373. Aux États-Unis, le tarpaulin désignait à l'époque une toile goudronnée ou à prélarts.

374. Boisson forte, dont le nom signifie: «truc qui fait fredonner».

375. Possible allusion à l'église St. Andrew, à Holborn, non loin du 18, Basingall Street, où se trouvait le siège anglais du bureau de John Allan, le père adoptif de Poe.

376. L'hydropisie est un épanchement de liquide dans le corps. Jeu de mots intraduisible: le mot anglais, *dropsy*, utilisé par Poe est également un terme désuet pour désigner une soif inextinguible.

377. Un *puncheon* désigne un tonneau pouvant contenir de 273 à 379 litres.

378. Autrement dit, de grande distinction.

379. Porto.

380. Le terme anglais, *blue ruin*, utilisé par John Keats dans l'un de ses poèmes, désigne un mauvais gin.

381. On trouve dans le n°108 de *The Spectator*, le journal de Joseph

Addison (1672-1719) et Richard Steele (1672-1729), un Will Wimble, fils cadet d'un noble, incapable de faire des affaires, qui gaspilla son temps. Le mot anglais « wimble » désigne un vilebrequin, une tarière, mais aussi une guimpe.

382. Chacun des six « Peste » est une allégorie, affublée d'un attribut : le roi Peste, au front haut, est celui qui ne sait rien faire de son intellect ; la reine Peste à l'énorme bouche est une bavarde qui répète tout ce qu'elle entend ; l'Archiduc Pest-iféré, fier de son costume, se pavane et fait l'important ; le Duc Pest-ilentiel, aux grandes oreilles qui réagissent à l'ouverture d'une bouteille, est un ivrogne invétéré ; le Duc Em-peste, aux yeux globuleux, voit tout mais ne participe à rien ; l'Archiduchesse Ana-peste, au long nez, est le mauvais poète (l'anapeste est un vers antique formé de deux brèves et une longue) qui fourre son nez partout mais ne sait rien faire par lui-même. Mais cette soirée pourrait être une allusion à un banquet particulièrement arrosé donné en l'honneur du Président des États-Unis Andrew Jackson, le 8 janvier 1835. Ainsi, derrière les différents protagonistes de l'histoire se cacheraient en réalité : sous les traits du Roi Peste, Andrew Jackson (1767-1845), 7e président des États-Unis de 1829 à 1837 (le fait qu'il « préside » à la tablée vient renforcer cette hypothèse) ; sous ceux de la Reine Peste, son épouse Rachel Donelson Robards Jackson (1767-1828) ; sous ceux de l'Archiduchesse Ana-Peste, Margaret O'Neile « Peggy » Eaton (1799-1879), qui, par son remariage avec le sénateur de John Eaton, un proche de Jackson, joua un rôle majeur dans le scandale Petticoat qui entraîna la chute du Cabinet Jackson ; sous ceux du Duc Pest-ilentiel, le colonel et sénateur Thomas Hart Benton (1782-1858) ; sous ceux de l'Archiduc Pest-iféré, Francis Preston Blair (1791-1876), rédacteur en chef du *Washington Globe* ; sous ceux du Duc Em-peste, le journaliste, avocat et homme politique, ardent partisan de Jackson, Amos Kendall (1789-1869) ou bien au Secrétaire du Trésor américain William Harris Crawford (1772-1836) ; sous ceux de Tarpaulin, le successeur de Jackson à la présidence des États-Unis, Martin Van Buren (1782-1862), qui sera par ailleurs mentionné et caricaturé par Poe dans « Un beau pétrin » et « Le diable dans le beffroi », et sous ceux de Legs, le major Jack Downing.

383. Sorte de mauvaise mélasse. – Un gallon équivaut à environ 3,8 litres.

384. « Belay that ! » dans le texte original : le mot *belay* est également un terme de marine, qui pourrait se traduire, dans le cas présent par : « Amarre donc ! »

385. Voir, entre autres, Daniel 6, 18 : « Maintenant, ô roi, confirme la défense, et écris le décret, afin qu'il soit irrévocable, selon la loi des Mèdes et des Perses, qui est immuable. ».

386. Probable allusion à William Shakespeare, *Le Marchand de Venise*, Acte IV, sc. 1, où Shylock s'écrie : « Une sentence ! »

387. Nom vraisemblablement construit sur *hurly-burly*, tohu-bohu, et *hurdy-gurdy*, orgue de Barbarie.

OMBRE – UNE PARABOLE

388. La nouvelle a initialement paru sous le titre « *Shadow. A Fable* » en septembre 1835, dans *Southern Literary Messenger*, avant d'être reprise sous son titre définitif « *Shadow. A Parable* » le 31 mai 1845, dans *Broadway Journal*.

389. *Psaumes* 23 : 4. Bien que les traductions grecque et latine indiquent généralement « Quand je marche dans la vallée de l'ombre *de la mort* », certains pensent que l'expression dans le texte original signifie simplement « ombre ». Poe, qui utilise aussi l'expression « Down the valley of the shadow » dans son poème « Eldorado » et dans quelques autres nouvelles, connaissait cette double interprétation.

390. Cf. Mt 6 : 5.

391. Cf. Jérémie 17 : 1

392. Les astrologues considèrent généralement que la conjonction de Jupiter et de Saturne est source de changements et que, lorsqu'elle se produit dans le signe du Bélier, elle est annonciatrice de violence et de malheurs. Son occurrence tous les 794 ans est mentionnée dans la section « *Les Mathématiques** » de l'encyclopédie favorite de Poe, *Bielfeld*, Livre I, ch. XLIX, section 78.

393. De nombreuses cités antiques se nommaient Ptolémaïs, parmi lesquelles Ptolémaïs Hermiou, une des trois cités grecques de l'Égypte antique, située à 120 km en aval de Thèbes. Le vin de l'île de Chios est célébré dans l'*Histoire naturelle* de Pline, XIV, 9.

394. Cf. *Le paradis perdu* de John Milton, XII, 255 *sqq.* : « Sev'n Lamps as in a Zodiac representing / The Heav'nly fires » (« ... sept lampes, représentant, comme dans un zodiaque, les flambeaux du Ciel» (trad. Châteaubriand, 1861).

395. Anacréon (550-464 av. J.-C.) poète lyrique né à Téos, célèbre pour sa poésie amoureuse. Cf. l'introduction de Poe à ses *Poèmes* (1831) : « For, being an idle boy lang syne / Who read Anacreon, and drank wine / I early found Anacreon rhymes / Were almost passionate sometimes » (« Ayant été jadis un garçon paresseux / qui lisait Anacréon tout en buvant du vin / je découvris bien tôt que ses rimes et vers / exprimaient par endroits une grande passion ».)

396. Le personnage est mort mais son nom (Zoïlus) évoque la vie (*zôê*, en grec).

397. Anacréon. Dans la nouvelle « Morella », Poe évoque aussi Anacréon, qu'il désigne simplement par « L'homme de Téos » (« The Teian »)

QUATRE BÊTES EN UNE

398. La nouvelle a initialement paru sous le titre « *Epimanes* » en mars 1836, dans *Southern Literary Messenger*, avant d'être reprise sous son titre définitif, « *Four Beasts in One* » dans *Broadway Journal*, le 6 décembre 1845. La plupart des critiques considèrent aujourd'hui que le personnage d'Antiochos, souverain qui n'hésitait pas à se mêler « démocratiquement » à la foule, mais dont les ambitions étaient impériales et qui s'identifiait à Zeus, est pour Poe un équivalent du président démocrate Andrew Jackson (1767-1845, président de 1829 à 1837), roturier et de haute ambition, à la fois dur et proche du peuple – Poe, qui quant à lui penchait en faveur des Républicains, a déjà offert un portrait à charge du président Jackson dans « Le roi Peste » (voir note 382).

399. Le caméléopard (du grec « kamelopardalis ») est l'ancien nom de la girafe, par contraction des mots « chameau » (« kamelis ») et « léopard » (« pardalis ») – la girafe donnant l'impression d'associer la tête et le cou du chameau au pelage tacheté du léopard. Les quatre bêtes qu'évoque le titre sont sans doute à la fois la girafe, le chameau, le léopard et l'homme. L'association entre girafe et royauté est particulièrement d'actualité à l'époque de Poe, et ce depuis les deux spécimens offerts par le Pacha d'Égypte Mohammed Ali aux cours royales d'Angleterre et de France. La girafe du Jardin des Plantes de Paris, une femelle, avait attiré 600 000 visiteurs en 1827 – année qu'on avait d'ailleurs désignée comme étant « l'année de la girafe ». La popularité de l'animal avait inspiré plusieurs couturiers pour leurs créations de gants et de divers tissus en imitation de peau de girafe, et de nombreux caricaturistes avaient représenté Charles X et ses ministres sous les traits de divers animaux : la girafe pour le Roi lui-même, le loup, le renard et d'autres pour ses conseillers.

400. Prosper Jolyot de Crébillon, ou Crébillon père (1674-1762) : *Xerxès* (1714), Acte IV, scène 2, v 4.

401. Dans *Ézéchiel* 38-39, Gog est prince de Magog, un ensemble de peuplades païennes qui vivent « au nord du monde » et qui représentent les forces du Mal. Antiochos IV Epiphane (dit « L'illustre »), né vers 215 av. J.-C., régna sur l'empire séleucide (allant de la Syrie à l'Indus) de 175 à 164 av. J.-C. Il est considéré comme une figure de l'Antéchrist.

402. Cambyse II, fils de Cyrus le Grand, régna sur l'Empire perse de 529 à 522 av. J.-C. après avoir conquis l'Égypte et en être devenu le Pharaon.

403. Soit en 175 av. J.-C. Poe suit ici la théorie du primat d'Irlande James Ussher (1581-1666) dans ses *Annales de l'Ancien Testament, retracées depuis l'origine du monde* (1650), selon laquelle Jésus serait né en 4 av. J.-C., et le monde créé en 4004 av. J.-C.

404. Aucune source n'indique qu'Antiochos IV ait tenté de piller le temple de Diane à Ephèse. Polybe ou Tite-Live font état du pillage de celui d'Élymaïde, mais par Antiochos III, le père d'Antiochos IV.

405. Taba est une ville d'Egypte où l'historien grec Polybe (208 – 126 av J.-C.), indique, dans ses *Histoires* (XXXI, 9) qu'a péri Antiochos IV – mais en réalité il est mort en Perse, à Gabae, dans la province du Fars, au sud-est de l'Iran actuel, en 164 av. J.-C.

406. Depuis la création du monde en 4004 av. J.-C., soit en 174 av. J.-C. (voir note 403).

407. La nymphe Daphné, fille du fleuve Pénée, transformée en laurier-rose par son père pour échapper à Apollon.

408. Seleucus Ier Nicator (358 – 281 av. J.-C.) fut général de Philippe II, puis d'Alexandre le Grand, satrape de Babylone et roi de Syrie. Il fonda la dynastie des Séleucides. La parenthèse de Poe n'est pas justifiée : il n'y a jamais eu de doute sur le fait qu'il ait bel et bien fait construire la ville d'Antioche Epidaphné (appelée aussi Antioche sur Oronte).

409. Lucius Aurelius Verus (130-169), coempereur romain (avec Marc-Aurèle) à partir de 161 ; Flavius Julius Valens (328-378) coempereur (avec Valentinien Ier, puis Valentinien II et Gratien) de 364 à sa mort.

410. C'est au Moyen Âge que Damas remplacera Antioche en tant que capitale de la Syrie.

411. William Shakespeare, *La nuit des rois*, III, 3, v. 22-24.

412. cf. Exode 10, 21 : «Yahvé dit à Moïse : Étends ta main vers le ciel et que des ténèbres palpables recouvrent le pays d'Égypte.»

413. Elagabal (Dieu de la Montagne) était le nom du dieu Soleil qu'on vénérait notamment dans la cité d'Emesa (l'actuelle Homs, en Syrie) où naquit le neveu de l'empereur Caracalla, Varius Avitus Bassianus (203-222), qui devint grand prêtre du dieu dès l'âge de treize ans. Après l'assassinat de Caracalla en 217 il fut nommé empereur sous le nom de Marcus Aurelius Antoninus. Tentant ensuite d'étendre le culte du dieu Elagabal à Rome, il ajouta à ses surnoms celui de «grand prêtre du dieu soleil invincible Elagabal» et fut de ce fait surnommé Élagabale, puis Héliogabale à la suite d'une confusion avec le dieu grec du soleil, Hélios.

414. Un des gitons du roi Antiochos IV, que ce dernier nomma satrape de Médie.

415. Frère de Timarchus, et ministre des finances d'Antiochos IV.

416. Déesse d'Hamath, en Syrie. Voir note 78 dans « Une histoire à Jérusalem ».

417. « Flavius Vopiscus dit que l'hymne mentionné ici fut chanté par la populace en l'honneur d'Aurélien qui, lors de la guerre des Sarmates, avait assassiné de sa propre main neuf cent cinquante ennemis. » (*N.d.A.*)

– Flavius Vopiscus est l'auteur fictif d'un ensemble de biographies de la fin du IVe siècle intitulé *Histoire Auguste* et comprenant les vies de plusieurs empereurs romains, d'Hadrien à Numérien. Les vers latins, que Poe traduit en brodant quelque peu, sont extraits du sixième chapitre de l'*Histoire Auguste* (*Scriptores Historiae Augustae*), « Divus Aurelianus ». Aurélien, né en 215, fut empereur de 270 à sa mort en 275. Les Sarmates sont un ancien peuple de nomades scythes du nord de la mer Noire qui combattirent souvent les Romains aux Ier et IIe siècles.

418. Dans Deutéronome 4, 19, l'expression « lever les yeux vers le ciel » figure dans un passage interdisant d'adorer toute chose, au profit du seul Dieu : « Veille sur ton âme, de peur que, levant tes yeux vers le ciel, et voyant le soleil, la lune et les étoiles, toute l'armée des cieux, tu ne sois entraîné à te prosterner en leur présence et à leur rendre un culte. »

419. Ainsi que cela a été mentionné plus haut (voir note 398), Poe vise dans cette fable et à travers ce portrait le président Andrew Jackson, dont la vie considérée comme dissolue choquait certains, et dont la femme et la maîtresse seraient ici représentées par les deux concubines d'Antiochos.

420. La première version de la nouvelle indiquait « Qui donc est dieu sinon Épiphanes ?, etc. ». Poe l'a modifiée pour ne pas choquer.

421. Il était fréquent, chez les anciens Romains, de remettre ainsi les honneurs à l'avance. Mais la fable est aussi une allégorie politique, qui fait ici allusion aux élections présidentielles de 1837, l'année qui suivit la parution de la nouvelle, où allait être élu Martin van Buren, le vice-président d'Andrew Jackson, quant à lui déjà élu deux fois, en 1829 et 1833, et à qui Poe était opposé.

MYSTIFICATION

422. La nouvelle a initialement paru sous le titre « *Von Jung, the Mystific* » en juin 1837, dans *American Monthly Magazine*, avant d'être reprise sous son titre définitif, « Mystification », dans *Broadway Journal*, le 27 décembre 1845. La première version de cette nouvelle, dont Poe a supprimé par la suite plusieurs paragraphes, contient un certain nombre d'allusions à des personnages et des lieux des États-Unis, en

particulier « Gotham », le surnom donné par l'écrivain Washington Irving (1783-1859) à New York. Or « Mystification » a été écrit comme une joute littéraire contre le contemporain et compatriote de Poe, Theodore Sedgwick Fay (1807-1898), rédacteur du *New York Evening Mirror*. Ainsi, la mention de « Gotham » et l'épisode du miroir sont-ils à prendre comme une attaque directe contre le nom du journal dirigé par Fay. En décembre 1835, Poe avait en effet rendu compte, dans le *Southern Literary Messenger*, du roman de Fay, *Norman Leslie : A Tale of the Present Times*, en des termes rien moins qu'élogieux : « Ça y est ! – nous y sommes ! Voilà *le* livre – le livre *par excellence** – le livre encensé, placardé et *Miroité* », qualifiant le style même de l'auteur d'« indigne d'un écolier ». Fay rétorqua à cette attaque en publiant, le 9 avril 1836 dans son journal, « The Successful Novel !! » qui se voulait une parodie du « Lion-izing » de Poe, dont il n'avait apparemment pas compris qu'il s'agissait déjà d'une parodie, ou du moins d'une référence à Nathaniel Parker Willis (voir note 283). Poe écrivit alors « Mystification » comme une parodie d'un chapitre du roman de Fay, « The German Student's Story », paru dans le *New York Evening Mirror* le 11 juin 1835.

423. Citation tirée d'*Every Man in His Humor*, acte IV, scène 6 (c'est en réalité Edward Knowell qui dit ces mots dans la pièce) du dramaturge anglais Ben Jonson (1572-1637) (trad. Maurice Castelain).

424. *Ritzen* et *Jung* signifient respectivement graver et jeune en allemand.

425. Comme Metzengerstein et Berlifitzing dans « Metzengerstein ».

426. Néologisme créé par Poe, qu'il reprendra dans « Les crimes de la rue Morgue » (tome II).

427. Johann Ludwig Tieck (1773-1853), écrivain romantique allemand.

428. Sans doute Göttingen, dont l'université était réputée pour les nombreux duels qui s'y déroulaient, mais dans laquelle il faut reconnaître, par prétérition, celle de Virginie à Charlottesville, où Poe étudia les langues anciennes et modernes en 1826 et d'où son père adoptif, John Allan, le retira, excédé par les dettes de jeu contractées par le jeune Edgar. Dans sa biographie, Georges Walter (*op. cit.*, p. 95) apporte cette précision : « Si Poe choisit pour décor de son récit l'université de G...n (pour Göttingen), c'est qu'il avait besoin d'un milieu où le duel ait engendré avec un code d'honneur une étiquette compliquée. » Dans *A Tramp Abroad* (1880), Mark Twain consacre plusieurs chapitres à la tradition des duels dans les universités américaines.

429. Héraclite d'Éphèse (VIe s. av. J.-C.), philosophe grec dont il ne nous est parvenu que des fragments.

430. Autre néologisme français créé par Poe.

431. Expression latine, signifiant «mère nourricière», qui désigne en l'occurrence l'université.

432. Une célèbre anecdote courait sur le compte de Samuel Coleridge (voir note 186). Ayant demandé à son ami l'écrivain Charles Lamb : «M'avez-vous jamais entendu prêcher ?», ce dernier lui aurait répondu : «Je ne vous ai jamais entendu faire autre chose.»

433. Sous son règne (1285-1314), Philippe IV le Bel supervisa près de 350 ordonnances. Poe a sans doute en tête le *Traicté contre les Duels, Avec l'Edict de Philippe le Bel, de l'an* M.CCC.VI, *non encore imprimé* (1610), du jurisconsulte français Jean Savaron (1566-1622). – André Favyn (1560- ?), écrivain héraldiste et avocat au pParlement, auteur du *Théâtre d'honneur et de chevalerie, ou l'Histoire des ordres militaires des roys et princes* (1620). – Vital d'Audiguier (v. 1565-1624), poète et écrivain français, traducteur de Cervants, auteur du *Vray et Ancien Usage des duels confirmé par l'exemple des plus illustres combats et deffys qui se soient faits en la chrestienté* (1617).

434. Pierre de Bourdeille, dit Brantôme (v. 1537-1614), abbé, militaire et écrivain français, dont les *Anecdotes de la cour de France, touchant les duels* ont paru à Leyde en 1665-1666.

435. Caractères typographiques qui tirent leur nom d'une famille de typographes néerlandais.

436. Nicolas-Denis Derôme (1731-1790), célèbre relieur parisien.

437. *Lois écrites ou non sur le duel, et autres* – titre inventé par Poe.

438. «Insultes par l'application, par l'analyse et en soi».

439. De prime abord.

440. Guillaume de Salluste du Bartas (1544-1590), écrivain français, huguenot, guerrier, auteur notamment du vaste poème *La sepmaine*, inspiré par la Bible.

441. Voir note 133.

SILENCE – UNE FABLE

442. La nouvelle a initialement paru sous le titre «*Siope – A Fable*» en 1838, dans *Baltimore Book*, avant d'être reprise sous son titre définitif, «*Silence – A Fable*», dans *Broadway Journal*, le 6 septembre 1845.

443. Alcman, poète lyrique grec du VIIe s. av. J.-C.

444. Ancien nom portugais du fleuve Congo long de 4700 km. – «Libye» est le nom que donnaient les Grecs anciens à l'Afrique tout entière.

445. Archipel écossais.

446. Créature biblique gigantesque d'origine babylonienne, ressemblant selon les sources à un taureau, un hippopotame ou un

rhinocéros, et associée au Léviathan, mentionnée dans le livre de Job (40, 15-24).

447. Prêtresses d'Apollon personnalisant la divinisation.

448. Sanctuaire oraculaire dédié à Zeus et à la déesse-mère Dioné, situé en Épire sur les pentes du mont Tomaros.

449. Animal sacré d'Apollon, symbole de divination.

LIGEIA

450. «*Ligeia*» a initialement paru en septembre 1838, dans *Baltimore American Museum*, avant d'être reprise dans *New World* le 15 février 1845, et dans *Broadway Journal* le 27 septembre de la même année. – «Ligeia» est le féminin de l'adjectif grec λιγυς («ligys»), qui peut signifier à la fois «son clair, harmonieux» ou «son aigu, perçant». On trouve dans Virgile (*Géorgiques* IV, 336) une nymphe du nom de Ligeia, ainsi qu'une sirène, personnification de l'harmonie de la nature, qui porte ce même nom dans un poème de John Milton, *Comus* (v. 880). C'est aussi le nom d'un esprit médiateur entre le Ciel et les mondes inférieurs dans un poème de Poe, «Al Aaraaf» (1829).

451. Cette citation du penseur et théologien anglais Joseph Glanvill (1636-1680) semble avoir été inventée par Poe. Glanvill croyait en l'existence de la sorcellerie et du surnaturel, et a publié à titre posthume en 1681 un recueil intitulé *Saduscimus triumphatus* (*La Défaite des saducéens* – ou, mot à mot : *Le Saducéisme triomphalement vaincu*) dans lequel il attaque le scepticisme au sujet de la sorcellerie en associant les sceptiques aux saducéens – une secte juive qui niait l'immortalité de l'âme.

452. Invocation déjà présente dans le poème «Al Aaraaf» : «*Ligeia ! Ligeia ! / My beautiful one !*»

453. Cf. Deutéronome 13, 6 («Si ton frère, fils de ta mère, ou ton fils, ou ta fille, ou la femme de ton cœur, ou ton ami...») et 28, 54 («L'homme tendre et très délicat au milieu de toi regardera d'un œil méchant son frère et la femme de son cœur, et le reste de ses fils qu'il a conservés»).

454. Oeno, Spermo et Aelaïs, filles du roi de Délos, Anios, lui-même fils d'Apollon, à qui l'île de Délos est consacrée. Surnommées les Œnotropes (les «Vigneronnes»), elles étaient respectivement les déesses du vin, du blé et de l'huile.

455. Francis Bacon, philosophe anglais (1561-1626), fut nommé baron Verulam par le roi Jacques Ier. – La citation provient du livre des *Essais*, n° 43, «De la beauté».

456. L'épithète (qui n'est pas homérique) fait référence à

Hyacinthe : dans la mythologie grecque il s'agit d'un jeune homme d'une grande beauté, à l'imposante chevelure noire et bouclée, aimé à la fois d'Apollon et de Zéphyr. Il meurt frappé accidentellement à la tempe par un disque lancé par Apollon, et de son sang naît la fleur qui porte son nom.

457. Cléomène (IVe siècle av. J.-C.), fils d'Apollodore l'Athénien, est considéré par Pline l'Ancien dans son *Histoire naturelle* (XXVI, IV) comme l'auteur des Muses du temple de la Félicité, à Rome. On a pu dire aussi qu'il était l'auteur probable de la Vénus de Médicis, puisqu'on trouve mention de son nom au bas de la statue – mais l'inscription est généralement considérée comme datant de la Renaissance.

458. Allusion probable à *The History of Nourjahad*, roman posthume (1767) de la romancière irlandaise Frances Sheridan (1724-1766), qui connut un très large succès.

459. Dans la religion musulmane, les houris sont les vierges du paradis qui récompensent les bienheureux. Elles sont notamment surnommées « houris aux grands yeux ». Leur peau est blanche et leurs yeux noirs.

460. « En réalité nous ne savons rien, car la vérité est au fond d'un puits. » – Démocrite, philosophe matérialiste grec (v. 460-v. 370 av. J.-C.), fragment cité par Diogène Laërce (*Pyrrhon*, livre IX, section LXXII).

461. Castor et Pollux, qu'on appelle « les Dioscures », fils de Léda dans la mythologie, et les deux étoiles les plus brillantes de la constellation des Gémeaux.

462. La grande étoile de la constellation de la Lyre est Véga. L'étoile double à laquelle Poe fait allusion est Epsilon Lyrae.

463. Voir note 451.

464. Cf. Proverbes 23, 5 : « Veux-tu poursuivre du regard ce qui va disparaître ? Car certainement la richesse se fait des ailes. Et comme l'aigle, elle prend son vol vers les cieux. »

465. Mouvement spirituel et philosophique américain, marqué par le romantisme anglais et la philosophie allemande, qui prônait la bonté naturelle de l'être humain et de la nature, ainsi que la corruption engendrée par la vie en société. Les principaux représentants de ce mouvement furent Ralph Waldo Emerson (1803-1882) et Henry David Thoreau (1817-1862). Mais le transcendantalisme auquel Poe fait allusion ici semble plutôt signifier la croyance en un savoir intuitif.

466. C'est-à-dire le plomb italien. – Saturnia est un nom poétique pour l'Italie (cf. *Géorgiques* II, 173 : « Salut, grande mère de récoltes, terre de Saturne, grande mère de héros ! » Le plomb italien est le graphite – qui est particulièrement terne. Saturne est par ailleurs le nom du plomb dans la tradition alchimique.

467. Ange musulman de la Mort (voir note 18).

468. Ce poème, écrit en 1842, fut d'abord publié en 1843 dans *Graham's Magazine* sous le titre «The conqueror worm» («Le ver conquérant»), avant d'être inséré en février 1845 dans la deuxième édition de «Ligeia», dans la revue *New World.*

469. Rowena est le nom de l'héroïne blonde dans *Ivanhoé,* de Walter Scott (1771-1832) – une des sources probables de *Ligeia*: l'héroïne brune (Rebecca), injustement accusée de sorcellerie (Ligeia quant à elle étudie l'alchimie, un savoir interdit proche de la sorcellerie), épouse Ivanhoé, qui par la suite épousera la blonde Rowena, tout en aimant toujours Rebecca. Trevanion est un nom de famille anglais qui provient sans doute de Trevena, autre nom de Tintagel, en Cornouailles, lieu associé à la légende arthurienne et à la magie. *Tremaine* est le titre d'un livre d'un certain R. P. Ward dont il est question dans le roman *Vivian Grey,* de Benjamin Disraeli (1804-1881), dont Poe était un grand lecteur (v. note 275 et les multiples références dans «Parmi les lions»).

470. Cf. *Iliade* VIII 18-26: «Du haut du ciel suspendez une chaîne d'or à laquelle vous vous attacherez tous», où la chaîne permet à Zeus d'élever tout l'univers à lui, et *Le Paradis perdu,* de John Milton, II, 1003-1004: «Il perçoit attaché au bout d'une chaîne d'or ce monde suspendu», où elle sert de chemin aux anges.

471. Ville de Haute-Égypte sur le Nil, site de l'antique cité de Thèbes.

472. Cf. William Shakespeare, *Hamlet,* II, II: «*Hamlet*: Le rêve lui-même n'est qu'une ombre. *Guildenstern*: Et je tiens l'ambition pour chose si vaine et inconsistante qu'elle n'est que l'ombre d'une ombre.»

473. Cette nouvelle a paru initialement sous le titre «The Psyche Zenobia» en novembre 1838 dans *American Museum,* avant d'être reprise sous son titre définitif, «How to Write a *Blackwood* Article», dans *Broadway Journal,* le 12 juillet 1845. – Sur William Blackwood et le *Blackwood's Magazine,* voir note 84.

474. Citation attribuée au fantôme du Dr. Samuel Johnson (1709-1784) dans le chapitre «Johnson's Ghost» de l'ouvrage populaire paru en 1812 *Rejected Addresses: or The New Theatrum Poetarum,* d'abord publié anonymement, en 1812, dont l'auteur était en réalité l'écrivain et éditeur anglais Horace Smith (1779-1849).

475. «Agrafes».

476. «Oreillettes».

477. *Turnip* signifie «navet». Le personnage réapparaîtra dans «L'homme rafistolé».

478. Le proverbe dit: «On ne peut faire couler le sang d'un navet.»

479. Septimia Bathzabbai, plus connue sous le nom de Zénobie (IIIe s.), usurpatrice romaine, impératrice de Palmyre.

480. On pourrait traduire ce nom par: Dr. Deux-francs-six-sous.

481. En argot, un *grec* peut désigner un ivrogne, un tricheur.

482. Henry Peter Brougham (1778-1868), homme politique et écrivain anglais.

483. Le *syllabub* est un dessert aromatisé et sucré, à base de crème caillée et de jus de fruit, de cidre ou de vin doux.

484. Depuis Aristote, en particulier, la cause première est le principe de toutes les causes, de l'ordre de l'univers.

485. Voir *Histoire de Tom Jones*, IV, iv dans lequel l'écrivain anglais Henry Fielding (1707-1754) parle de «l'éternel ordre des choses», par allusion à la théorie éthique du théologien anglais Samuel Clarke (1675-1729).

486. Le jeu de mots dans le texte original est autour de *cant*, qui signifie «clichés, jargon» – homonymie évidente avec le philosophe Kant, que l'on retrouve mentionné ailleurs dans le récit.

487. *The Times* (fondé en 1785) et *The Examiner* (1808-1886) sont, respectivement, un quotidien et un hebdomadaire londoniens, le premier étant de centre droit, le second exprimant des principes réformateurs radicaux. – John Gully (1783-1863) est un ancien boxeur anglais à mains nues devenu membre du Parlement. – *New Compendium of Slang-Whang* est un titre fantaisiste que l'on pourrait traduire par *Nouveau Bréviaire de l'argot tonitruant.*

488. «*The Dead Alive*» a paru dans *Fraser's Magazine* en avril 1834. Une autre nouvelle, «*The Buried Alive*» («L'enterré vivant»), était parue dans le *Blackwood's Magazine* en 1821. Poe lui-même a écrit deux nouvelles autour de ce thème: «Le souffle perdu» (dont le premier sous-titre était «Un conte à la Blackwood») et «L'enterrement prématuré».

489. *Confessions of an English Opium Eater* (1822) de l'écrivain anglais Thomas De Quincey (1785-1859). Le texte a paru initialement dans le *London Magazine* en octobre 1821.

490. Sur Coleridge, ami de Quincey, voir note 186.

491. Mot qui signifie «genièvre».

492. «*The Involuntary Experimentalist*» a paru dans *Blackwood's* en octobre 1837.

493. *Passages from the Diary of a Late Physician*, du médecin, avocat et écrivain anglais Samuel Warren (1807-1877), a commencé à paraître dans *Blackwood's* en août 1830.

494. «*The Man in the Bell*» a paru dans *Blackwood's* en novembre 1821, signé Thomas Mann, nom de plume derrière lequel se cachait l'écrivain et journaliste irlandais William Maginn (1793-1842).

495. Ancienne pièce d'or anglaise frappée de 1663 à 1813, valant 21 shillings (une livre et un shilling).

496. Voir Lord George Gordon Byron, *Don Juan*, XIV, CI, 1-2:

« C'est étrange – c'est vrai ; mais la vérité est étrange ; / Plus étrange que la fiction. »

497. Benjamin Brandreth (1809-1880), pharmacien, pionner de la publicité pour promouvoir le laxatif qui porte son nom.

498. « *Some of our best novelists patronize this tone* » : le verbe *to patronize* signifie aussi « traiter de haut ».

499. L'école ionienne est une école philosophique présocratique, à laquelle sont rattachés Thalès, Anaximandre, Héraclite d'Éphèse, Anaxagore ou bien Cratyle. – L'école éléatique est une école philosophique fondée par Xénophane de Colophon, dont les principaux représentants sont Parménide, Empédocle et Zénon.

500. Archytas de Tarente (v. 435-347 av. J.-C.), philosophe, militaire et stratège grec. – Gorgias de Léontinoi (v. 480-v. 375 av. J.-C.), philosophe présocratique, contemporain de Socrate, qui apparaît dans plusieurs dialogues de Platon. – Alcméon de Crotone (VIe s. av. J.-C.), médecin, astronome et philosophe pythagoricien.

501. John Locke : voir note 263.

502. *Critique de la raison pure* (1781) et *Principes métaphysiques de la science naturelle* (1786) d'Emmanuel Kant.

503. Allusion au célèbre essai *Nature* (1836) du père du transcendantalisme américain, Ralph Waldo Emerson (1803-1882).

504. *The Dial*, revue fondée par Emerson, considérée comme l'organe du transcendantalisme qui paraîtra de 1840 à 1844.

505. William Ellery Channing (1818-1901), poète transcendantaliste américain. Poe rédigera un compte rendu défavorable de ses *Poems* (1842) dans *Graham's* en août 1843.

506. Poe cite approximativement deux vers du poème « *Thoughts* » : « *Thou meetest a common man, / With a delusive show of can* ». En outre, le mot *can*, ici, peut rappeler Kant par paronymie.

507. Aédé, Mnémé et Mélété sont trois sœurs, filles de Mnémosyne, qui étaient les trois Muses béotiennes, vivant sur l'Hélicon. Mélété était la muse de la Méditation et de l'Exercice, Mnémé celle de la Mémoire et Aédé celle du Chant.

508. Alphée est un fleuve-dieu du Péloponnèse. En réalité, l'Alphée passait sous le Péloponnèse pour ressortir en Sicile, au niveau de la source Aréthuse.

509. *Iris persica* est un iris à bulbe, de la famille des iridacées, très parfumé.

510. Espèce d'orchidées, appelées épidendrons, originaires d'Amérique tropicale et semi-tropicale, de la famille des orchidacées.

511. Célèbre roman chinois, appartenant au genre *caizi jiaren*, très populaire pendant la dynastie Ming, genre dont l'intrigue implique une histoire d'amour entre un jeune érudit et une belle jeune fille.

La traduction anglaise, *Ju-Kiao-Li or the Two Fair Cousins* (Londres, 1827), en avait été faite à partir de la traduction française de 1826 (*Les Deux Cousines, roman chinois*) du sinologue Jean-Pierre Abel-Rémusat (1788-1832).

512. Les Chicachas, ou Chickasaws, sont un peuple amérindien séminole du sud-est des États-Unis.

513. Voltaire, *Zaïre*.

514. Voir Miguel de Cervantès, *Don Quichotte*, II, XXXVIII.

515. Ludovico Ariosto, dit l'Arioste (1474-1533), est un poète italien, auteur du célèbre *Orlando furioso* (*Roland furieux*, 1532). Mais ces vers ne sont pas de l'Arioste ; ils seraient un souvenir approximatif de l'*Orlando innamorato* de Matteo Maria Boiardo (1440/1441-1494).

516. Friedrich von Schiller (1759-1805), poète romantique allemand. Mais les vers cités proviennent de la ballade « *Das Veilchen* » de Goethe.

517. Archipel indonésien.

518. Célèbre café parisien, situé à l'angle du boulevard des Italiens et de la rue Taitbout.

519. Sophisme, signifiant « conclusion excessive », qu'Aristote décrit dans ses *Réfutations sophistiques* : « L'*ignoratio elenchi* repose sur l'absence de définition ou sur la définition défectueuse d'un syllogisme ou d'une réfutation. »

520. Lucain : voir note 38.

521. Phrase qui ne figure pas dans Lucain, mais est une traduction latine de la section XXIII du *Lexiphanes* de Lucien de Samosate (v. 120-v. 180).

522. La citation est tirée en réalité de *Sur le sublime* (X, XIV) de Longin. – Tiberius Catius Asconius Silius Italicus (26-101), poète et homme politique romain.

523. Démosthène : voir note 102.

524. Les mots grecs sont en réalité tirés du *Monosticha* de Ménandre, tel que préservé par Aulus Gellius, mais attribué à Démosthène par Francis Bacon dans ses *Apophtegmes* (n° 139).

525. *Hudibras*, poème héroïque parodique de l'écrivain anglais Samuel Butler (1612-1680).

526. Samuel Butler, *Hudibras*, Poëme écrit dans le Tems des Troubles d'Angleterre et traduit en vers françois avec des Remarques & des Figures, Tome Troisième, À Londres, 1757, chant VIII, v. 243-244, p. 35.

527. Une somme considérable : environ cinquante livres sterling.

528. Tous deux réapparaissent dans la nouvelle suivante, « Une situation difficile ». Le domestique Pompey apparaît également dans « L'homme rafistolé ».

UN BEAU PÉTRIN

529. Cette nouvelle a initialement paru sous le titre « *The Scythe of Time* », à la suite de « *The Psyche Zenobia* », en novembre 1838, dans *American Museum*, avant d'être reprise sous son titre définitif « *A Predicament* » à la suite de « *How to Write a* Blackwood *Article* » dans *Broadway Journal*, le 12 juillet 1845.

530. John Milton, *Comus* (v. 277) in *Œuvres choisies*, traduction nouvelle avec le texte en regard de J.-B.-M.-C. Kervyn de Lettenhove, Charles Gosselin éditeur, 1839, p. 29.

531. Edinburgh.

532. Il n'était pas rare de voir des enseignes d'auberge avec un cochon qui siffle.

533. Dans cette histoire, qui fait immédiatement suite à « Comment écrire un article façon *Blackwood* », le personnage de Psyche Zenobia reprend tous les conseils et suggestions de Mr. Blackwood, mais en les déformant. Ainsi, le roman chinois *Ju-Kiao-Li* devient-il sous sa plume *Chou-qui-a-un-lit*. Plus loin *Epidendrum flos aeris* se transformera en *Papydandy flos aeris*, le fleuve Alphée en fleuve Alfred, un *ignoratio elenchi* en *ignoramus haie-blanchie*, etc.

534. L'expression *to smell a rat* signifie « sentir quelque chose de louche, d'inhabituel ».

535. Le Dr Ollapod est un personnage de la farce *The Poor Gentleman* (1802) du dramaturge anglais George Colman le Jeune (1762-1836). Dans une autre version de ce conte, Poe avait modifié son nom en Dr Morphine, pour souligner le caractère soporifique de ses sermons. Ollapod est une forme abrégée d'*olla podrida* qui désigne une sorte de ragoût espagnol, mais également, au sens figuré, un mélange littéraire.

536. Les mots « porc et plaisir » rappellent un célèbre vers du poème « *A Lady Coming of Age* » de Samuel Johnson : « *Pride and pleasure, pomp and plenty.* » Le poème fait allusion au président démocrate Martin Van Buren (en poste de 1837 à 1841). Les démocrates étaient comparés à des « porcs » ou des « cochons » par les républicains (voir « Le diable dans le beffroi »).

537. Fleuve de feu dans les Enfers, affluent de l'Achéron, dans la mythologie grecque.

LE DIABLE DANS LE BEFFROI

538. La nouvelle a initialement paru sous le titre « *The Devil in the Belfry. An Extravaganza* » le 18 mai 1839, dans *Saturday Chronicle*,

avant d'être reprise sous le seul titre de « *The Devil in the Belfry* » dans *Broadway Journal*, le 8 novembre 1845.

539. Rendu phonétique approximatif d'une prononciation germanique de « quelle heure qu'il est donc ». Dans la version anglaise il s'agit de Vondervotteimittiss (« *wonder what time it is* », « me demande l'heure qu'il est »). Tous les noms propres dans la nouvelle sont ainsi basés sur le principe de jeux de mots à connotation germanique et liés à la nourriture et la boisson : plus loin on trouve Rohmküseck (Rhum cul sec) et Plentchoukrout (Plein de choucroute) – dans la version anglaise Grogswigg (grog swig, rasade de grog) et Kroutaplenttey (kraut a plenty, gros plein de choucroute) –, puis Bödentripp (Bedaine tripes), Lurdbühz (Lourde buse), Sufflundfars (Souffle et Farce) et Grognundbuff (Grogne et Bouffe) – dans la version anglaise respectivement Dunderguts (de dunderhead, imbécile, et guts, tripes), Blunderbuzzard (de blunder, bévue, et buzzard, buse), Stuffundpuff (de stuff, farcir, et puff, souffler) et Gruntundguzzell (de grunt, grogner, et guzzle, s'empiffrer).

540. « *Keeloerkieletonk – Keel*, lire *viele* (*beaucoup*) ; *Loerkiele*, semblable à *Glörckul* – obsolète pour *Glockenturm (clocher) ; tonk*, lege *danke* (*merci*). »

541. Le village est organisé selon un principe numérique lié à la succession des heures : soixante mètres comme il y a soixante minutes dans une heure, vingt-quatre choux comme vingt-quatre heures dans une journée, etc.

542. Allusion à l'élection présidentielle qui allait avoir lieu un an après la parution de la nouvelle. Poe était pour les républicains, qui comparaient les démocrates à des cochons et conseillaient au président démocrate Martin Van Buren (1782-1862, huitième président des États-Unis de 1837 à 1841), qui était d'origine hollandaise, de retourner cultiver ses choux.

543. Un bicorne.

544. L'élégance souriante et arrogante du personnage, ainsi que sa petite taille, sont des allusions au président démocrate Martin Van Buren, réputé pour son dandysme, dont on disait qu'il portait un corset à lacets pour affiner sa silhouette, et qui était affublé de nombreux surnoms, dont celui de « The Little Magician » – en raison notamment de sa (relativement pour l'époque) petite taille (1,67m). Les sympathies de Poe, rappelons-le, allaient du côté des républicains.

545. « ... *such a thing as keeping time in his steps* », expression qui signifie à la fois « être ponctuel » et « aller en mesure » – les deux caractéristiques des habitants du village.

546. Poe écrit « chassez » et « balancez » pour « pas chassé » et « pas balancé » – qui, comme la pirouette et le pas de zéphyr (également

mentionné dans « Le souffle perdu » et « L'homme rafistolé » – voir notes 97 et 572), sont des pas de danse.

547. Nouvelle allusion au président Van Buren, surnommé également « *The Flying Dutchman* » (« le Hollandais Volant ») en raison de ses origines.

548. « Le diable ! »

549. « Quand l'horloge sonnera treize fois » est une expression signifiant « jamais ». Il arrive cependant qu'une horloge, en de rares occasions, sonne à treize reprises : le phénomène est alors considéré comme signe de mort prochaine ou de mauvais sort.

550. « Judy O'Flannagan » est un poème de Thomas Moore (1779-1852) mis en musique par Sir John Andrew Stevenson (1761-1833) et paru dans *Irish Melodies*. « Paddy O'Rafferty » est un vieux poème irlandais qui fut mis en musique par Beethoven, Wo O 153. Les partisans démocrates de Van Buren étaient souvent des Irlandais – que Poe ridiculise ici en détruisant le village des choux et des cochons auxquels ils étaient associés par les républicains, et en faisant interpréter leurs airs par un diablotin associé à Van Buren lui-même (voir note 542).

L'HOMME RAFISTOLÉ

551. « *The Man That Was Used Up* » a initialement paru en août 1839, dans *Burton's Gentleman's Magazine*, avant d'être repris dans *Broadway Journal*, le 9 août 1845.

552. Les Indiens Kickapoos, ou Kickapous, étaient à l'époque engagés dans les guerres indiennes de Floride. Il semble n'y avoir en revanche aucune trace d'une quelconque tribu Bugaboo aux États-Unis. Le mot signifie approximativement « croquemitaine », mais peut aussi désigner des « gros mots ».

553. *Le Cid*, acte III, scène III, v. 7-8.

554. Le début de la nouvelle est une autoparodie de Poe, qui reproduit presque textuellement la première phrase de « Ligeia » : « Je ne parviens pas à me rappeler, en vérité, comment, quand, ni même où exactement j'ai fait la connaissance de Lady Ligeia ». Il était par ailleurs évident pour les contemporains de Poe que ce héros au nom des plus communs, John Smith A, B, C (possible allusion au capitaine John Smith qui au début du XVIIe siècle combattit vigoureusement les Algonquins et fut sauvé, dit-on, de la mort par la célèbre Pocahontas), était en réalité le portrait du vice-président des États-Unis Richard Mentor Johnson (1780-1850), tueur d'Indiens (notamment du chef Shawnee Tecumseh lors de la bataille de la Thames en 1813)

qui lors des campagnes électorales exhibait volontiers les blessures de guerre lacérant son torse.

555. Cf. «Ligeia» de nouveau: «Je n'ai *jamais su* le nom de famille de celle qui fut mon amie et ma promise.»

556. Bien que ce soit plutôt Cincinnatus qui était célébré pour sa belle chevelure (cf. Suétone, *Vies des douze Césars*, «Caligula», ch. XXXV), il existait une tradition qui consistait à faire jouer le Brutus de Shakespeare par un acteur aux longs cheveux.

557. Dans une première version de la nouvelle, Poe cite une phrase des *Essais* de Francis Bacon qu'il a déjà utilisée dans *Ligeia*: «Il n'existe pas de beauté exquise qui n'ait quelque *étrangeté* dans ses proportions.» (Voir note 455.)

558. Copie romaine en marbre d'une statue grecque en bronze, exposée aujourd'hui au musée Pio-Clémentin du Vatican.

559. «Péroné».

560. Le texte anglais écrit *reasons* («raisons»), qui se prononce comme «raisins» – le jeu de mots est une référence au *Henri IV* de Shakespeare (acte II, scène IV, v. 265), où Falstaff dit: «*Give you a reason on compulsion! If reasons were as plentiful as blackberries, I would give no man a reason upon compulsion*» («Vous donner une raison par contrainte! Même si les raisons étaient aussi abondantes que les mûres, je n'en donnerais à personne sous la contrainte»).

561. Sur la montgolfière de Nassau, voir note 331.

562. Le XIXe siècle a vu de nombreuses découvertes majeures dans ce domaine, dues au Danois Hans Christian Ørsted (1777-1851), à l'Anglais Michael Faraday (1791-1867) et au Français André-Marie Ampère (1775-1836).

563. «… auxquels il prit une part importante.» Citation légèrement modifiée de Virgile, *L'Énéide* II, 6: «*Et quorum pars magna fui*» («Et j'y pris moi aussi une part importante»).

564. Cf. *L'Énéide* II, 204 : «Je frémis à ce souvenir.»

565. Jeu de mots difficilement traduisible (*drum'em up*) sur le verbe *to drum up*: «racoler», «démarcher».

566. Peut-être peut-on retrouver là Miss Tabitha Turnip (Navet), qui apparaît sous son nom intégral dans «Comment écrire une histoire façon Blackwood». Mais il est possible aussi que ce soit une allusion à Tabitha Tag-rag, personnage du très populaire roman de Samuel Warren (1807-1877) *Ten Thousand a-Year*, d'abord paru en feuilleton dans le *Blackwood magazine* jusqu'en 1839, et qui allait être publié en 1841. Créateur du personnage récurrent du «Docteur», détective confronté à de mystérieuses affaires criminelles à la frontière de l'occulte, Samuel Warren aurait influencé Arthur Conan Doyle, Sheridan Le Fanu, ou encore Maupassant pour son *Horla*.

Poe était un de ses détracteurs, et signera notamment un article très sévère au sujet de *Ten Thousand a-Year* dans le *Graham's Magazine* en novembre 1841.

567. Citation légèrement modifiée de Job 14, 1-2 : « L'homme né de la femme, sa vie est courte, et sans cesse agitée : il naît, il est coupé comme une fleur. »

568. « Cognoscenti » : « Personnes particulièrement bien informées sur un sujet donné » (*Oxford English Dictionary*).

569. « Apogée ».

570. William Shakespeare, *Othello*, III, III, v. 330-333.

571. Le capitaine Daniel Mann avait été mis en cause dans un procès à grand bruit intenté au Dr Thomas W. Dyott, célèbre médecin, homme d'affaires et verrier, convaincu de banqueroute frauduleuse.

572. Un pas de ballet mentionné également dans « Le souffle perdu » et « Le diable dans le beffroi » (voir notes 97 et 546), ainsi que dans « L'ange de l'étrange » (tome III).

573. La famille Bas-Bleu apparaît aussi dans « Parmi les lions ». « Bas-bleu » est un terme qui désigne, de façon assez péjorative, une femme à prétentions littéraires.

574. *Man-Fred* est une parodie de l'humoriste anglais Gilbert Abbott à Beckett (1811-1856), à partir de la pièce de Byron *Manfred* (parue en 1817). La première représentation eut lieu en 1834.

575. L'homme au Masque de fer : voir note 275.

576. *The Man in the Moon*, récit de l'évêque et écrivain anglais Francis Godwin (1562-1633).

577. La comparaison provient sans doute des *Lectures de rhétorique* du prédicateur écossais Hugh Blair (1718-1800), où il est indiqué, dans la lecture XVII : « Les deux exemples pour moi les plus remarquables de concision poussée à l'extrême sont l'historien Tacite et le président Montesquieu dans *L'Esprit des loix* [*sic*]. »

578. Personnage déjà présent dans « Un beau pétrin » (voir note 528).

579. John F. Thomas était un fabricant de membres artificiels à Philadelphie. Dans une première version de la nouvelle, Poe donne même son adresse (79 Race Street). Aucune trace en revanche d'un Bishop dans la même branche d'activité : seuls sont identifiés sous ce nom un chimiste, un tailleur et un fabricant de meubles.

580. Nicholas Pettitt, 119 North Second Street, était un tailleur renommé à Philadelphie en 1837. Ducrow n'est pas identifié.

581. Il n'y a aucun perruquier de ce nom à Philadelphie, New York ou Baltimore à cette époque, mais *De L'Orme* est le titre d'un roman (1830) de l'Anglais George Payne Rainsford James (1799-1860) que Poe indique avoir lu dans un article de 1839.

582. Il y avait à l'époque, à Philadelphie, plusieurs dentistes de ce nom.

583. La gouge est un ciseau à tranchant semi-circulaire utilisé en chirurgie.

584. Le Dr John Williams avait une réputation de charlatan. Il est décrit dans le *Philadelphia Saturday Courier* du 21 décembre 1839 comme un escroc s'étant abusivement qualifié lui-même d'« oculiste de Sa Majesté » (le roi d'Angleterre William IV) lors de son voyage aux États-Unis en 1837. Un de ses patients l'avait poursuivi en justice car, étant aveugle d'un œil, il l'avait consulté pour recouvrer la vue et était devenu totalement aveugle suite à son intervention.

585. Joseph Bonfanti, basé à New York, vendait des poupées parlantes.

586. On a pu noter une référence possible à cette nouvelle dans un passage du chapitre III du *Diable boiteux*, d'Alain-René Lesage (1648-1747), ouvrage très populaire à l'époque de Poe : « J'aperçois dans la maison voisine deux tableaux assez plaisants : l'un est une coquette surannée qui se couche, après avoir laissé ses cheveux, ses sourcils et ses dents sur sa toilette ; l'autre un galant sexagénaire qui revient de faire l'amour. Il a déjà ôté son œil et sa moustache postiches, avec sa perruque qui cachait une tête chauve. Il attend que son valet lui ôte son bras et sa jambe de bois, pour se mettre au lit avec le reste [...] Cette jeune beauté qui vous frappe est sœur aînée de ce galant qui va se coucher. On peut dire qu'elle fait la paire avec la vieille coquette qui loge avec elle. Sa taille, que vous admirez, est une machine qui a épuisé les mécaniques. Sa gorge et ses hanches sont artificielles, et il n'y a pas longtemps qu'étant allée au sermon elle laissa tomber ses fesses dans l'auditoire. » – Dans « Le souffle perdu », le narrateur trouve par hasard « un lot de fausses dents, deux paires de hanches, un œil ».

LA CHUTE DE LA MAISON USHER

587. « *The Fall of the House of Usher* » a paru initialement en septembre 1839, dans *Burton's*, avant d'être repris dans *Bentley's Miscellany* en août 1840, dans *Boston Nation* le 5 septembre 1840, dans *Oquawka Spectator* les 23 et 30 août 1848, ainsi que dans *Tales* (1845) et *Prose Writers of America* (1847).

588. « Le refus », v. 41-42, du chansonnier Pierre-Jean de Béranger (1780-1857), poème adressé au général Galignani, pour lui signifier son refus d'une pension que ce dernier voulait lui faire obtenir pour ses « services » rendus pendant la révolution de 1830. Poe a modifié le premier mot : il faut lire « mon » et non « son ».

589. Les personnages de Roderick et Madeline Usher semblent s'inspirer de personnages ayant réellement existé, James Campbell (1807-?) et Agnes Pye Usher (1809-1834). Ils étaient les enfants de Luke Usher et Harriet L'Estrange, qui avaient fondé le théâtre de Montréal en 1808, et avaient connu David et Elizabeth Poe, les parents de l'écrivain. Selon toute vraisemblance, Poe aurait fréquenté James et Agnes à Philadelphie entre 1829 et 1831.

590. Possible allusion à Thomas De Quincey (voir note 489).

591. Valse en réalité composée par Carl Gottlieb Reissiger (1798-1859) et recopiée par son ami Carl Maria baron von Weber (1786-1826), pour être jouée dans ses concerts à Londres.

592. Henry Fuseli (Johann Heinrich Füssli dit, 1741-1825), peintre anglais d'origine suisse admiré par William Blake, il illustra les œuvres de Shakespeare, Dante ou bien encore l'épopée des Nibelungen.

593. Le poème fut publié sous ce titre dans *The Raven and Other Poems* en 1845.

594. Désigne ce qui évoque la splendeur impériale.

595. « Watson, Dr. Percival, Spallanzani, et en particulier l'évêque de Llandaff. – Voir "Essais chimiques", vol. V. » (*N.d.A.*) – Richard Watson (1737-1816), professeur de chimie à Cambridge et futur évêque de Llandaff dans le pays de Galles, auteur de *An Essay on the Subjects of Chemistry* (1711). – Thomas Percival (1740-1804), médecin anglais. – Lazzaro Spallanzani (1729-1799), prêtre, biologiste et physiologiste italien.

596. La sentience désigne, chez les philosophes du XVIIIe siècle, la capacité à éprouver les choses subjectivement.

597. Jean-Baptiste Gresset (1709-1777), poète et dramaturge français, membre de l'Académie française, auteur de *Ver-Vert, histoire d'un perroquet de Nevers* (1734), poème dans lequel le perroquet d'un couvent déclame des prières, et de *La Chartreuse* (1734), qui vante les bienfaits de la solitude. – Niccolò Machiavelli (1469-1527), philosophe et humaniste italien, auteur de *Belfagor arcidiavolo* (1515), roman dans lequel un archange déchu arrive sur terre, séduit les femmes et retourne en enfer. – Emanuel Swedenborg (1688-1772), théologien et philosophe suédois, auteur de *De coelo et ejus mirabilibus, et de l'inferno, ex Auditis et visis* (1758) où se trouve exposée la doctrine du spiritualisme swedenborgien. – Ludwig Holberg (1684-1754), écrivain danois, auteur de *Nicolai Klimii iter subterraneum* (1741), (*Le Voyage souterrain de Nils Klim*), roman qu'on a souvent approché du Gulliver de Swift et dans lequel sont décrits plusieurs mondes souterrains où règnent différentes sociétés. – Robert Fludd (1574-1637), mystique et rosicrucien anglais, auteur de *Tractatus de geomantia* (1687). – Marin Cureau de La Chambre (1594-1669),

philosophe français, médecin de Louis XIV, auteur de *Discours sur les principes de la chiromancie* (1653). – Johannes Indagine (v. 1467-1537), astronome allemand, auteur d'*Introductiones apoteles maticae elegantes, in chyromantiam, physiognomiam, astrologiam naturalem* (1522). – Johann Ludwig Tieck (1773-1853), poète et écrivain allemand, auteur du conte de fées *Das alte Buch und die Reise ins Blaue hinein* (1834). – Tommaso Campanella (1568-1639), moine dominicain et philosophe italien, auteur de *Civitas solis* (1623), une utopie politique égalitariste située dans le Soleil.

598. Nicolás Aymerich (v. 1320-1399), théologien et inquisiteur catalan, originaire de Gérone, auteur du *Directorium inquisitorium* (1376).

599. Pomponius Mela (Iᵉʳ s. apr. J.-C.), premier géographe romain.

600. Dans la mythologie grecque, l'ægipan est une divinité champêtre mi-homme mi-animal, associée au dieu Pan.

601. Avant le concile de Trente, les textes des bréviaires variaient d'un endroit à l'autre. Les *Veilles des morts selon l'usage de l'église de Mainz* ont été publiées en 1500.

602. Comme dans « Conversation entre Eiros et Charmion », possible allusion au célèbre tableau *Le Cauchemar*, de Johann Heinrich Füssli, par ailleurs nommé dans la nouvelle (voir notes 592 et 636).

603. Auteur et ouvrage inventés par Poe. Le titre, qui peut se traduire par *Le Concile des fous* et qui évoque une rencontre secrète (*a trist* ou *tryst*) et absurde, ou folle (*mad*), renvoie sans doute à la rencontre entre le narrateur et Usher. À noter que Canning était un pseudonyme utilisé par le poète anglais Thomas Chatterton (1752-1770) pour signer certains de ses pastiches.

604. Voir psaume 139, 7 : « Où irais-je loin de ton esprit ? Et où m'enfuirais-je loin de ta face ? »

605. Voir Ézéchiel 43, 2 : « Sa voix était pareille au bruit des grandes eaux », et Apocalypse 1, 15 : « Sa voix était comme le bruit des grandes eaux. »

WILLIAM WILSON

606. La nouvelle a initialement paru sous le titre « *William Wilson. A Tale* » en septembre 1839, dans *The Gift : A Christmas and New Year's Present for 1840* (où Poe avait déjà publié « Manuscrit trouvé dans une bouteille » en 1835), puis reprise sous ce titre dans *Burton's* en octobre 1839, avant d'être publiée sous le simple titre « *William Wilson* » dans *Broadway Journal* le 30 août 1845. – Poe connaissait réellement deux hommes nommés William Wilson, avec qui son père adoptif John Allan

était en affaires. L'un était un quaker qui vivait à Kendal, l'autre un employé du Washington College (aujourd'hui Washington and Lee University) à Lexington, Virginie. Ainsi qu'il l'indique dans une lettre adressée à Washington Irving (1783-1859) le 12 octobre 1839, l'argument de la nouvelle est inspiré d'un article de ce dernier intitulé «*An Unwritten Drama of Lord Byron*» paru en 1836 dans le magazine *Gift*.

607. La citation n'est pas extraite du roman en vers *Pharonnida* (1659) du médecin et poète anglais William Chamberlayne (1619-1679), mais sans doute s'agit-il du souvenir d'un passage d'une pièce du même auteur, *Love's Victory* (1658) : «La conscience m'attend comme m'attendent les ombres effrayantes / Des fantômes, sombres messagers de la mort.»

608. L'incipit peut faire penser à celui de *Moby Dick* : «Je m'appelle Ishmaël. Mettons» (trad. J. Giono), paru douze ans plus tard.

609. Héliogabale, voir note 413. Poe y fait aussi référence dans «Quatre bêtes en une», ainsi que dans *Mellonta Tauta* (tome III).

610. Cf. psaume 23,4 : «Quand je marche dans la vallée de l'ombre de la mort, je ne crains aucun mal car tu es avec moi» – passage fréquemment évoqué par Poe (voir «Ombre» et «Mystification» notamment).

611. La description provient de souvenirs d'Edgar Poe, qui fut mis en pension en 1817, à l'âge de huit ans, à la Manor House School de la petite ville de Stoke Newington (actuellement un quartier du nord-ouest de Londres). Il y resta trois ans. Le nom de son principal, le révérend Bransby, n'a d'ailleurs pas été modifié (v. *infra*).

612. Les Lois draconiennes, promulguées par le législateur athénien Dracon (vers 625 av. J.-C.), étaient réputées pour être particulièrement sévères. Les écoliers anglais, à l'époque de Poe, étaient châtiés à coups de bâton sur la peau nue pour chaque indiscipline.

613. Terme anglo-écossais issu du latin *domine* et signifiant «maître d'études».

614. La «peine forte et dure» était une peine du droit anglais qui consistait à écraser sous des poids ceux qui refusaient de plaider coupable ou non coupable : ce faisant, leurs biens n'étaient pas confisqués puis remis à la Couronne (alors que s'ils avaient plaidé coupable ou non coupable, puis été sanctionnés par la peine de mort, tel aurait été le cas), mais transmis à leurs héritiers.

615. Un lustre est une période de cinq ans, il s'agit donc ici de la onzième à la quinzième année du narrateur.

616. Date, inscription ou devise au bas des médailles et pièces de monnaie.

617. Voltaire, *Le mondain*, v. 21 (satire composée en 1736).

618. Quelques biographes (Arthur Hobson Quinn dans *Edgar Allan Poe*

– *A Critical Biography*, ou Sidney P. Moss dans *Poe's Literary Battles*) indiquent que le nom de Poe ne le satisfaisait pas : les gens du Sud le prononçaient *poor* (« pauvre ») ; « Poh ! » est une expression de dégoût ; et il y avait un calembour sur l'homophonie avec le « pot » (de chambre) français et écossais. David Poe, le père d'Edgar, comédien alcoolique, avait ainsi essuyé en 1809 les critiques du magazine *Rambler's* qui avait publié à son sujet une épigramme (en français) intitulée « Sur un POE de chambre ».

619. Poe était bien né un 19 janvier, mais de l'année 1809 – quoiqu'il lui arrivât parfois d'indiquer 1811 ou 1813. Les trois dates apparaissent d'ailleurs dans trois des variantes du texte.

620. La nymphe Thétis plongea son fils Achille dans le Styx afin que le contact des eaux le rendent invulnérable, mais comme elle le tenait par le talon, cette partie-là du corps ne fut pas protégée, et Achille mourut tué par Pâris qui planta sa flèche dans le « tendon d'Achille ».

621. Expression également utilisée dans « Metzengerstein » (voir note 14) et « Le masque de la Mort rouge » (tome II).

622. Poe vise ici l'Université de Virginie à Charlottesville, où il fut étudiant et qui avait cette réputation aux États-Unis.

623. Glendinning était le nom du successeur de Poe en tant que sergent-major dans l'armée fédérale (qu'il quitta en avril 1829). Notons au passage que Melville donnera ce nom au personnage masculin du roman *Pierre ou les Ambiguïtés* (1852), à propos duquel on a pu dire qu'il contenait plusieurs références à l'œuvre de Poe, notamment à « William Wilson », et que le personnage de Pierre Glendinning faisait par certains côtés allusion à Poe lui-même (cf. Kathleen E. Kier, *Melville Encyclopedia*, Whitston publ. 1994 ; Burton R. Pollin ; *Poe's seductive Influence on Grand Writers*, Penn State University Press, 2004 ; ou Jennifer Rae Greeson, *Our South*, Harvard University Press, 2010).

624. Hérode Atticus (101-177), rhétoricien grec à la fortune colossale, héritée de son père, lequel avait trouvé une partie du trésor dissimulé par son grand-père jadis condamné à la confiscation de ses biens par l'empereur Vespasien – un trésor que l'empereur Trajan lui avait permis de conserver.

625. Un des camarades de classe de Poe à Richmond, dont il resta l'ami toute sa vie, s'appelai John T. L. Preston.

626. Voir note 34.

627. Poe s'inspire ici d'une anecdote relatée dans « *The Gamesters* », le chapitre XXXIII du recueil d'essais *The Bachelor* (1814) de l'écrivain et législateur William Wirt (1772-1834), que Poe connaissait bien, dans lequel un honnête personnage découvre que son sosie est un escroc et se trouve expulsé de son groupe d'amis qui le confondent avec ce sosie, surpris par eux en train de tricher aux cartes.

628. Poe écrit « arrondées ».

629. La théorie de l'âme bipartite, selon laquelle chaque homme ne dispose que d'une moitié d'âme et les deux réunies ne sont qu'une même conscience, est évoquée dans « Parmi les lions » et « La chute de la maison Usher », ainsi que dans « Les crimes de la rue Morgue » (tome II).

LA CONVERSATION ENTRE EIROS ET CHARMION

630. « *The Conversation of Eiros and Charmion* » a initialement paru en décembre 1839, dans *Burton's*, puis le 1er avril 1843, dans *Saturday Museum*, avant d'être repris dans *Tales* (1845). – Ce conte philosophique a sans doute été inspiré à la fois par une pluie de météorites qui s'abattit sur Baltimore le 13 novembre 1833, et par le passage de la comète de Halley en novembre 1835. Les deux personnages sont nommés d'après deux servantes de Cléopâtre mentionnées dans les *Vies parallèles* de Plutarque («Vie d'Antoine », ch. LXXXV), dans *Antoine et Cléopâtre* de Shakespeare, et dans *All for Love* du dramaturge anglais John Dryden (1631-1700). Mais Shakespeare utilise le nom de « Charmian » au lieu de « Charmion », tandis que Dryden appelle l'autre personnage « Iras ». Le conte a été traduit une première fois en français du vivant de Poe, par Isabelle Meunier, sous le titre « Le colloque d'Eiros et Charmion », dans le journal fouriériste *La Démocratie pacifique* (3 juillet 1847).

631. Euripide, *Andromaque*, v. 257.

632. Voir note 605 dans « La chute de la maison Usher »

633. Poe écrit « Aidenn » pour « Eden », ainsi qu'il le fera plus tard dans « Le pouvoir des mots » (tome III) et dans le poème « Le corbeau ».

634. Cf. 2 Pierre 3, 10 : « Et la terre et les œuvres qui sont en elle seront brulées entièrement. »

635. Point de l'orbite d'un corps céleste le plus proche de l'astre autour duquel il tourne.

636. Nouvelle allusion probable au célèbre tableau *Le Cauchemar*, de Johann Heinrich Füssli (1741-1825) voir aussi note 602 dans « La chute de la maison Usher ».

637. Tout ce passage est directement issu d'un livre, *Christian Philosopher* (1823), du révérend Thomas Dick (1774-1857), scientifique et écrivain écossais qui tentait d'associer science et christianisme.

TABLE

LIBRETTO

Dernières parutions

ANA MARÍA MATUTE	*Les Brûlures du matin*
GÉRARD DE CORTANZE	*Indigo*
DANIEL PICOULY	*La Victoire du nègre*
GUZEL IAKHINA	*Zouleikha ouvre les yeux*
SERGE FILIPPINI	*L'Homme incendié*
CHARLES DICKENS	*Voyage en Amérique*
CHARLOTTE PERKINS GILMAN	*La Séquestrée*
700. NIKOLAÏ MIKLOUKHOMAKLAÏ	*Le Papou blanc*
699. ELIZABETH GOUDGE	*La Colline aux gentianes*
698. SYLVAIN TESSON	*Vérification de la porte opposée*
697. FÉLIX VALLOTTON	*La Vie meurtrière*
696. G. LENOTRE	*Mes secrets de Paris*
695. ANTOINETTE PESKÉ	*La Boîte en os*
694. WOLFGANG AMADEUS MOZART	*Voyage à Paris*
693. ESTHER MEYNELL	*Petite Chronique d'Anna Magdalena Bach*
692. PIERRE DAC	*Un Français libre à Londres en guerre*
691. FRANTZ FUNCKBRENTANO	*L'Affaire du collier*

690.	HIPPOLYTE TAINE	*Par nos villes et nos campagnes*
689.	DENIS DIDEROT	*Lettre sur le commerce des livres*
688.	GÉRARD DE CORTANZE	*Frida Kahlo, le petit cerf blessé*
686.	JEAN D'ALEMBERT	*Trois mois à la cour de Frédéric*
685.	ANONYME	*Épopée de Gilgamesh*
684.	G. LENOTRE	*Histoires étranges qui sont arrivées*
683.	MIKHAÏL CHICHKINE	*Dans les pas de Byron et Tolstoï*
682.	LUDWIG VAN BEETHOVEN	*Carnets intimes*
681.	ALEXANDER KENT	*Au nom du roi*
680.	JEAN CHARDIN	*Voyages en Perse*
679.	DANIEL DE ROULET	*Dix petites anarchistes*
678.	KLAUS MANN	*Point de rencontre à l'infini*
677.	JUSTIN McCARTHY	*L'Aventure de Maître François Villon*
676.	WASHINGTON IRVING	*Astoria*
675.	ANDRÉ LAFON	*L'Élève Gilles*
674.	ALFRED E. W. MASON	*Les Quatre Plumes blanches*
673.	ANNEMARIE SCHWARZENBACH	*Les Amis de Bernhard*
672.	HECTOR MATHIS	*K.O.*
671.	BLANDINE DE CAUNES	*L'Involontaire*
670.	WILLIAM GODWIN	*Les Aventures de Caleb Williams*

669.	JOSEPH SHERIDAN LE FANU	*Invitation au crime*
668.	GILES LYTTON STRACHEY	*Ermyntrude et Esmeralda*
667.	MARGUERITE AUDOUX	*Douce lumière*
666.	EDWARD PAGE MITCHELL	*L'Homme le plus doué du monde*
	ÉTIENNE-JEAN DELÉCLUZE	*Le Mécanicien roi*
665.	CAMILLE LEBOULANGER	*Bertram le baladin*
664.	ZIAY-ED-DIN NAKHCHABI /MOHAMMED QADERI	*Contes du perroquet*
663.	MARK TWAIN	*Un Yankee à la cour du roi Arthur*
662.	AHMAD AL-QALYOÛBÎ	*Histoires étranges et merveilleuses*
661.	HERMANN BANG	*Ida Brandt*
660.	CHRISTIAN KRACHT	*Imperium*
659.	DAVID CALVO	*Sous la colline*
658.	NICOLAS BOKOV	*La Tête de Lénine*
657.	DRAGO JANČAR	*Cette nuit, je l'ai vue*
656.	GUILLERMO ARRIAGA	*Mexico, quartier Sud*
655.	JACQUES RENOIR	*Le Tableau amoureux*
654.	ALAIN RENÉ LESAGE	*Les Aventures de Beauchesne, capitaine de flibustiers*
653.	MARCEL SCHNEIDER	*Jours de féerie*
652.	KLAUS MANN	*Alexandre* suivi de *Ludwig*
651.	ALEXANDER KENT	*Cœur de chêne*
650.	FRANÇOIS TAILLANDIER	*Mémoires de Monte-Cristo*

649. EMMANUEL CHASTELLIÈRE — *Célestopol*

648. EDWARD BULWER-LYTTON — *Les Derniers Jours de Pompéi*

647. LINDSEY DAVIS — *Les Saumons d'argent*

646. GEORGES LE FÈVRE — *La Croisière jaune*

645. AL-QÂSIM AL-HARÎRÎ — *Le Livre des Malins*

644. FÉLIX FÉNÉON — *Nouvelles en trois lignes*

643. ÉLIE BERTHET — *La Bête du Gévaudan*

642. ANONYME — *Aventures merveilleuses de Huon de Bordeaux*

641. THOMAS EDWARD LAWRENCE — *Les Sept Piliers de la sagesse II*

640. THOMAS EDWARD LAWRENCE — *Les Sept Piliers de la sagesse I*

639. ARTHUR BERNÈDE — *Belphégor*

638. ROBERT MARGERIT — *Les Amants*

637. HOWARD CARTER — *La Fabuleuse Découverte de la tombe de Toutankhamon*

636. AUGUSTE BIARD — *Le Pèlerin de l'Enfer Vert*

635. CHARLES DICKENS — *Voyage en Amérique*

634. SIDO — *Lettres à Colette, 1903-1912*

633. FELDRIK RIVAT — *Le Chrysanthème Noir*

632. SALVADOR DALÍ — *Visages cachés*

631. MORITZ THOMSEN — *La Ferme sur le río Esmeraldas*

630. WILLIAM CHAMBERS MORROW — *Le Singe, l'Idiot et Autres Gens*

629. MIRABEAU — *La Morale des sens*

628. ALEXEÏ TOLSTOÏ — *Les Sept Jours où le monde fut pillé*

627. MAURICE LEVEL — *La Malle sanglante* suivi de *Laquelle ?*

626. GEORGE MACDONALD — *La Princesse légère*

625. CHARLEMAGNE ISCHIR DEFONTENAY — *Star ou Ψ de Cassiopée*

624. FELDRIK RIVAT — *La 25ᵉ Heure*

623. JACK LONDON/ROBERT LLOYD FISH — *Le Bureau des Assassinats*

622. MEHMED UZUN — *La Poursuite de l'ombre*

621. ROBERT D'ORBIGNY — *Floire et Blanchefleur*

620. THEODOR PLIEVIER — *Berlin*

619. FREDERICK GUSTAVUS BURNABY — *Khiva*

618. JÂMI — *Medjnoûn et Leïla*

617. DRAGO JANČAR — *Aurore boréale*

616. KURBAN SAID — *Ali et Nino*

615. DOROTHY LEIGH SAYERS — *Le Cœur et la Raison*

614. LONGUS — *Daphnis et Chloé*

613. ODILE GODARD — *Les Soupers de Schéhérazade*

612. ALEXANDER KENT — *Un vaisseau de haut bord*

611. MARIE BARTHELET — *Celui-là est mon frère*

610. VICTOR SEGALEN — *Les Immémoriaux*

609. SYLVAIN ROUMETTE — *Lilith dans l'île*

608. ROBERT GRAVES — *Adieu à tout cela*

607. RICHARD LESCLIDE — *La Diligence de Lyon*

606. BERNARD OLLIVIER — *Longue marche, suite et fin*

605. LAURA MANCINELLI — *Les Douze Abbés de Challant*

604. SAADI — *Le Jardin des roses et des fruits*

603. LUIGI DA PORTO — *Roméo et Juliette*

602. NATHANIEL HAWTHORNE — *Contes étranges*

601. MARIE GOUDOT — *Lettre américaine*

600. CHRISTINE ORBAN — *Le Collectionneur*

599. TIMOTHY FINDLEY — *Guerres*

598. ROBERT MARGERIT — *Le Dieu nu*

597. MAXIME GORKI — *Une confession*

596. GUILLAUME APOLLINAIRE — *L'Enchanteur pourrissant*

595. ANONYME — *Le Plaisir après la peine*

594. OLIVIER BELLAMY — *Un hiver avec Schubert*

593. SERGE FILIPPINI — *Rimbaldo*

592. CLAUDE TILLIER — *Mon oncle Benjamin*

591. CHARLES PALLISER — *Mère et fille*

590. CHARLES LE GOFFIC — *Morgane la sirène*

589. WILLIAM MORRIS — *La Source au bout du monde II*

588. COLETTE — *Trois... Six... Neuf...*

587. MIR AMMAN — *Les Aventures des quatre derviches*

586. WILLIAM MORRIS — *La Source au bout du monde I*

585. FABIEN CLAVEL — *Feuillets de cuivre*

584. ANGÉLIQUE VILLENEUVE	*Les Fleurs d'hiver*
583. ANTOINE DE MEAUX	*Le Fleuve guillotine*
582. GUILLERMO ARRIAGA	*Le Bison de la nuit*
581. WILLIAM BECKFORD	*Vathek*
580. ANDRÉS NEUMAN	*Le Voyageur du siècle*
579. DANIEL DEFOE	*Colonel Jack*
578. DRAGO JANČAR	*L'Élève de Joyce*
577. JEAN GALTIER-BOISSIÈRE	*Mon journal dans la Grande Pagaïe*
576. HERBERT ERNEST BATES	*L'Aviateur anglais*
575. WILLIAM TREVOR	*Les Enfants de Dynmouth*
574. GASTON LEROUX	*Un homme dans la nuit*
573. BOOTH TARKINGTON	*La Splendeur des Amberson*
572. ALEXANDRE DUMAS FILS	*La Dame aux camélias*
571. JOHN COWPER POWYS	*Owen Glendower II : Les forêts de Tywyn*
570. RENÉ BOYLESVE	*L'Enfant à la balustrade*
569. ALEXANDER KENT	*Sans relâche*
568. ANTHONY SATTIN	*Un hiver sur le Nil*
567. JOHN COWPER POWYS	*Owen Glendower I : Les tours de Mathrafal*
566. ÉTIENNE GUÉREAU	*La Sonate de l'anarchiste*
565. MIKE DASH	*L'Archipel des hérétiques*
564. GEORGE SAND	*Les Beaux Messieurs de Bois-Doré*
563. MARTIN PROVOST	*Bifteck*

562. RICHARD E. BYRD	*Seul*
561. ABU BAKR IBN TUFAYL	*L'Éveillé*
560. JEAN GALTIER-BOISSIÈRE	*Mon journal dans la Drôle de paix*
559. ANONYME	*Fierabras*
558. ROBERT MARGERIT	*Le Château des Bois-Noirs*
557. THEODOR PLIEVIER	*Stalingrad*
556. ANONYME	*Neh Manzer, ou les Neuf-loges*
555. CHRISTIAN CHAVASSIEUX	*L'Affaire des vivants*
554. PÉTRONE	*Satyricon*
553. JESSE BROWNER	*Villa du crépuscule*
552. ALEXANDER KENT	*Le Sabre d'honneur*
551. R. A. DICK	*Le Fantôme et Mrs Muir*
550. MOHAMMED AL-MAHDI	*Les Dix Soirées malheureuses*
549. ROBERT GRAVES	*King Jesus*
548. ELIZABETH GOUDGE	*Les Amants d'Oxford*
547. GILES MILTON	*Les Miscellanées*
546. ALBERT ADÈS & ALBERT JOSIPOVICI	*Le Livre de Goha le Simple*
545. HONORÉ D'URFÉ	*L'Astrée*
544. JACK LONDON	*Croc-Blanc*
543. HERMAN BANG	*Mikaël*
542. ANTONI LIBERA	*Madame*
541. FERDYNAND OSSENDOWSKI	*Esclaves du soleil*
540. KLAUS MANN & STEFAN ZWEIG	*Correspondance 1925-1941*

539.	MYRIAM CHIROUSSE	*Miel et Vin*
538.	FRANÇOISE CLOAREC	*De père légalement inconnu*
537.	DRAGO JANČAR	*Katarina, le paon et le jésuite*
536.	JEAN GALTIER-BOISSIÈRE	*Mon journal depuis la Libération*
535.	SERGIUSZ PIASECKI	*L'Amant de la Grande Ourse*
534.	RAFAEL SABATINI	*Scaramouche*
533.	W. WILKIE COLLINS	*Quand la nuit tombe*
532.	THOMAS RAIN CROWE	*Ma vie dans les Appalaches*
531.	ALEXANDER KENT	*Second ne daigne*
530.	DOMINIQUE SCALI	*À la recherche de New Babylon*
529.	MAURICE LEBLANC	*Voici des ailes*
528.	VALERIE MARTIN	*Mary Reilly*
527.	ÉMILE GUIMET	*Huit jours aux Indes*
526.	O. HENRY	*Contes du Far West*
525.	ODILON REDON	*Il rêve et autres contes*
524.	KURBAN SAID	*La Fille de la Corne d'Or*
523.	R. BURTON ET H. SPEKE	*Aux sources du Nil*
522.	ANNE BRONTË	*La Recluse de Wildfell Hall*
521.	HENRY DUPUY-MAZUEL	*Le Miracle des loups*
520.	ANONYME	*Le Roman d'Antar*
519.	HENRYK SIENKIEWICZ	*Quo vadis ?*
518.	ANONYME	*Les Aventures du chevalier Jaufré*

Cet ouvrage
a été mis en pages par In Folio

Achevé d'imprimer
sur les presses numériques de Dupliprint (95)
Dépôt légal : février 2022

Imprimé en France